INSIGHT GUIDE

NIEUW-ZEELAND

D1726773

cambium

Uitgeverij Cambium B.V., Zeewolde

NIEUW-ZEELAND

TER INTRODUCTIE

U kunt ons ook vinden op Internet
http://www.cambium.nl

Oorspronkelijke titel: Insight Guide
New Zealand
© 1999 APA Publications GmbH &
Co. Verlag KG Singapore Branch

© Ned. editie:
Uitgeverij Cambium B.V., Zeewolde
Vertaling:
Dorothée van Hooft-van Dijk
Tracey Drost-Plegt B.tr
Redactie: Copywrite, Zeewolde

Drukwerk: Insight Print Services
(Pte) Ltd., Singapore

Derde, geheel herziene druk 2000
ISBN 90 6655 113 5

Nieuw-Zeeland, de laatste plek ter wereld waar nog te pionieren viel, is opgeklommen naar een hoge notering op de lijst van vakantiebestemmingen. Dit is het land waar ecotoerisme een vanzelfsprekend begrip is, waar de lucht naar Chardonnay smaakt en waar men bij wijze van ontspanning aan een lang elastiek een kloof induikt. In Nieuw-Zeeland werken nog steeds pioniers - met name in de toeristische sector. De keuze is enorm, de mogelijkheden eindeloos.

Hoe gebruikt u dit boek?

Aan de hand van de gekleurde balken bovenaan iedere pagina, weet u precies in welk gedeelte van het boek u bent. In grijze kaders en in de kantlijnen vindt u speciale tips en achtergrondinformatie die een extra dimensie aan de tekst geven. In de rubriek *Wetenswaard* en

op de themapagina's komen diverse specifieke onderwerpen in woord en beeld tot leven. Volgens de unieke formule van de *Insight Guides* wordt een bijzonder informatieve, onderhoudende en goed geschreven tekst gecombineerd met een tot de verbeelding sprekende fotojournalistieke benadering. Het boek is zorgvuldig ingedeeld om inzicht te geven in het land en de cultuur, maar ook om informatie te bieden over bezienswaardigheden en activiteiten.

Voordat u het huidige Nieuw-Zeeland kunt begrijpen, is het nodig dat u zich eerst in de geschiedenis, de mensen en de cultuur van het land verdiept. Het eerste gedeelte zal u helpen een steeds duidelijker beeld te vormen.

In het gedeelte *Reizen door Nieuw-Zeeland* komen de vele bezienswaardigheden en acti-

viteiten op een zorgvuldige, informatieve maar bovenal levendige manier aan bod. Bij de belangrijkste hoogtepunten staan in de tekst cijfers of letters die corresponderen met de bijbehorende kaart of plattegrond. In de rechterbovenhoek van elke rechterpagina wordt vermeld waar u de desbetreffende kaart kunt vinden.

Het gedeelte *Reisinformatie* tot slot, geeft u praktische informatie over vervoer, accommodatie, nuttige adressen en nog veel meer. Als u gebruik maakt van de index op de achterflap kunt u de gezochte informatie snel vinden. U kunt hem tevens als boekenlegger gebruiken.

De Medewerkers

Deze *Insight Guide* is gemaakt onder leiding van **Gordon McLauchlan**, één van de bekendste Nieuw-Zeelandse schrijvers, van onder andere *New Zealand Encyclopedia*.
Michael King schreef de hoofd-

stukken over pre-Europese geschiedenis en *De Huidige Maori's*. **David McGill** was de ideale keuze voor *De Smeltkroes*, *Wellington* en het hoofdstuk over Antarctica.
Janet Leggett schreef *Waikato*. **John Harvey**, redacteur van de *Evening Standard*, Palmerston North, heeft *Manawatu en Wanganui* geschreven.
Poverty Bay en Hawke's Bay werd herschreven door **Geoff Collett**.
De hoofdstukken *Het Boerenbedrijf* en *Christchurch* zijn van de hand van **John Goulter**.
Verschillende stukken van dit boek over het Zuidereiland zijn geschreven door twee van de beste Nieuw-Zeelandse toeristische schrijvers: **Les Bloxham** en **Robin Charteris**.
Southland, Fiordland en Stewart Island zijn beschreven door **Clive Lind**.
William Hobbs is de auteur van het verhaal *Nelson en Marlborough*.
Phil Gifford, deskundig sportcommentator, schreef de sportstukken. **Katherine Findlay** schreef *Het Culturele Leven* en werkte voor het bekendste Nieuw-Zeelandse kunstprogramma op televisie. **Terence Barrow** schreef *De Kunst van de Maori's*.
John Costello schreef *Paardenrennen*.
Jim Wilson, een academicus en bekwaam bergbeklimmer, heeft het hoofdstuk *Buitensporten* geschreven.
Jack Adlington is verantwoordelijk voor *Het Historische Northland* en **Joseph Frahm** voor *Coromandel en de Bay of Plenty*. Het hoofdstuk over Rotorua is van de hand van **Colin Taylor** en **Wendy Canning** heeft uitgebreide achtergrondwerkzaamheden voor het boek verricht.

Wij wensen u veel lees- en kijkplezier en een goede reis.

De uitgever.

Legenda

• —	nationaal park/natuurreservaat
– – – –	vaarroute veerboot
✈ ✈	luchthaven
🚌	busstation
Ⓟ	parkeerplaats
❶	toeristeninformatie
✉	postkantoor
† ⚭ ♂	kerk/ruïne
☽ ♀	moskee
✡ ✡	synagoge
♂ ♂	kasteel/ruïne
∴	archeologische vindplaats
∩	grot
★	interessante bezienswaardigheid

In het gedeelte *Reizen door Nieuw-Zeeland* staan bij de meest interessante bezienswaardigheden in de tekst letters of cijfers die corresponderen met de bijbehorende kaart of plattegrond (zoals ❶). In de rechterbovenhoek van elke rechterpagina wordt vermeld waar u de desbetreffende kaart kunt vinden.

NIEUW-ZEELAND

INHOUD

Kaarten

Auckland
Noordereiland
Wellington
Christchurch
Zuidereiland

Op de binnenflap vindt u een volledige kaart van Nieuw-Zeeland.
Op de achterflap vindt u een kaart van Auckland.

Introductie

Geschiedenis

Karakteristieken

AOTEAROA

Nieuw-Zeeland of Aotearoa, zoals de Maori's het land noemen, is een land van adembenemende landschappen, avontuurlijke sporten en fascinerende mythen.

Dit is Nieuw-Zeeland. *Haere mai.* Welkom. Dit is een land van indrukwekkende, besneeuwde bergtoppen en maagdelijke regenwouden, van glasheldere, visrijke meren en azuurblauwe baaien met beboste eilanden, van gletsjers en fjorden, geisers en vulkanen. Het is een land van *kauri*-bossen en kiwiplantages, van moderne wereldsteden en afgelegen schapenfokkerijen, van loopvogels en prehistorische brughagedissen. Het is een land van rugby-velden en skipistes, van barbecues en bungee jumping. Dit door vadertje tijd vergeten land is een land dat door gewone stervelingen niet gauw zal worden vergeten. Het is ook het land - en misschien is dat wel het belangrijkst - van de Maori's.

Volgens antropologen zijn de Polynesische voorvaderen van de Maori's in de 8e eeuw via de Grote Oceaan naar deze eilanden gekomen. Maar de Maori-legende vertelt hoe, in de stilte van een lange, donkere nacht (Te Po) uit luchtvader Rangi en aardmoeder Papa alle levensvormen zijn ontstaan.

Hun oudste zoon, Tane, de god van de wouden, ontworstelde zich in de duisternis aan zijn ouders en wist hen na een langdurige strijd uiteen te drijven. Hij schonk Rangi de zon, de maan en de sterren en gaf Papa de planten en de dieren, zodat het nieuwe universum licht en kleurrijk werd. Rangi was echter zo verdrietig over de scheiding van zijn partner, de aarde, dat de tranen die uit zijn ogen vloeiden haar bedekten met oceanen en meren.

Het is begrijpelijk, waarom de huidige Nieuw-Zeelanders - zowel de Maori's als de *Pakeha's* (de afstammelingen van Europese kolonisten) - zich zo sterk verbonden voelen met hun geboorteland. Het water van Rangi's tranen heeft bijgedragen tot het ontstaan van een fantastisch landschap, dat nergens op aarde zijn gelijke kent.

Op deze pagina's kan uw ontdekkingsreis beginnen. Hier kunt u te weten komen wat experts denken dat Nieuw-Zeelanders maakt tot wat ze zijn. Hier kunt u kennismaken met de Maori's en lezen hoe ze hun Polynesische cultuur hebben aangepast aan het land dat ze Aotearoa noemen. Ook de Maori-kunst en de herleving van hun taal komen aan bod.

Verder worden de Europese ontdekkingsreizen behandeld die Nieuw-Zeeland hebben ontsloten voor de rest van de wereld. Vervolgens kunt u zelf de Nieuw-Zeelandse wijnen en gerechten proeven, kennismaken met het reilen en zeilen op de Nieuw-Zeelandse boerderijen en het leven van de Nieuw-Zeelanders dat zich grotendeels buiten afspeelt. Ontdek ook wat veranderd is en wat hetzelfde is gebleven.

Blz. 6-13: Diverse manieren om Nieuw-Zeeland te verkennen - per boot naar Fiordland; per jeep naar de Ninety Mile Beach van Northland; per vliegtuig naar de gletsjer van Mount Cook en per Shotover Jet langs de ruige rotsen.
Links: Pohutu Geyser, Rotorua.

BELANGRIJKE DATA

Prehistorie

130.000.000 jaar geleden Er ontstaat een breuk tussen de landmassa van het huidige Nieuw-Zeeland en Nieuw-Caledonië, Oost-Australië, Tasmanië en Antarctica.

80.000.000 jaar geleden Nieuw-Zeeland wordt door het ontstaan van de Tasman Sea gescheiden van Gondwana.

60.000.000 jaar geleden Nieuw-Zeeland bereikt zijn huidige positie op meer dan 1500 km van Australië.

Handelaren en Ontdekkingsreizigers

950 n.Chr. De eerste Polynesiërs komen volgens overlevering onder aanvoering van de Polynesische

ontdekkingsreiziger Kupe aan in Nieuw-Zeeland. Hij noemde het land Aotearoa, wat Land van de Lange Witte Wolk betekent, en keert later terug naar zijn geboorteland Hawaiiki.

14e eeuw Twaalf kano's met immigranten komen naar verluidt uit Hawaiiki. Ze brengen de *taro*, *yam* en *kumara* (bataat) mee evenals de rat en de hond.

1642: Abel Tasman van de Verenigde Oost-Indische Compagnie ziet als eerste Europeaan het land dat hij Nieuw-Zeeland noemt.

1769: De Engelsman kapitein James Cook is de eerste die voet op Nieuw- Zeelandse bodem zet en het land verkent.

1791-92: Begin van de walvisvaart.

1814: De anglicaanse Church Missionary Society (CMS) wordt opgericht in Rangihoua, Bay of Islands.

1818: De zogenoemde *Musket Wars* beginnen als de Maori's Europese musketten in handen krijgen. Ongeveer 20.000 mensen worden tijdens deze twaalf jaar durende stammenoorlogen gedood.

1837: Tweehonderd Britse kolonisten dienen een petitie in bij hun vorst betreffende het gebrek aan orde.

1839: Kapitein W.B. Rhodes begint het eerste veebedrijf in Akaroa op het Zuidereiland.

Kolonisatie

1840: De eerste groep kolonisten van de *New Zealand Company* komt aan in Port Nicholson en sticht de nederzettingen Wanganui, New Plymouth, Nelson en Wellington.

1840: Kapitein William Hobson komt in de Bay of Islands aan en roept zichzelf uit tot luitenant-gouverneur-generaal.

1840: Ongeveer vijftig Maori-stamhoofden ondertekenen het Verdrag van Waitangi, en dragen zo de soevereiniteit over aan de Britse koningin. De koningin garandeert de Maori's in ruil daarvoor het bezit van land, bos, visgronden en andere eigendommen.

1840: Kapitein Hobson kondigt de Britse soevereiniteit af voor het hele land en roept Auckland uit tot de hoofdstad van Nieuw-Zeeland.

1844: Hone Heke, de eerste Maori die het Verdrag van Waitangi had ondertekend, hakt in Kororareka de vlaggenmast met daaraan het symbool van het verdrag, driemaal om en plundert de stad om hem vervolgens plat te branden. Dit uit protest tegen landverkopen. Ongeveer 1000 Maori's nemen de wapens op tegen de Britten.

1848: In Otago vestigen zich Schotse boeren.

1850: In Canterbury vestigen zich kolonisten.

1852: Overeenkomstig de *Constitution Act* wordt het land in zes provincies onderverdeeld.

1852: De *Plymouth Company* begint met de kolonisatie van Taranaki.

1853: Begin van de Maori-koningsbeweging bij de Waikato-Manipoto-stammen met als doel de bescherming van hun land.

1856: Nieuw-Zeeland wordt een autonome Britse kolonie. Goudkoorts en conflicten om land.

1860: De Maori-landoorlogen beginnen met de aanspraak die Wiremu Kingi op Waitara maakt. Grote stukken land van rebellerende stammen worden geconfisqueerd.

1861: In Otago heerst goudkoorts nadat Gabriel Read bij Blue Spur, Tuapeka, goud heeft gevonden.

1865: Wellington wordt de hoofdstad.

1867: De Maori's krijgen stemrecht.

1868: Overvallen door de Maori-stamhoofden Titokowaru en Te Kooti veroorzaken een crisissituatie in de kolonie.

1869: Te Kooti wordt verslagen bij Ngatapa.

1870: De eerste rugby-wedstrijd in Nieuw-Zeeland.

1877: Het Verdrag van Waitangi wordt nietig verklaard door opperrechter Prendergast.

1877: Leerplicht/kosteloos onderwijs worden ingevoerd.

1882: Eerste koeltransport van agrarische producten naar Engeland.

1886: Bij een uitbarsting van Mount Tarawera komen 153 mensen om het leven.

Sociale Hervormingen en Wereldoorlogen

1890: De Liberal Party onder leiding van John Ballance introduceert nieuwe wetten inzake de arbeidsomstandigheden in fabrieken. Bibliotheken en scholen worden gebouwd.

1893: Vrouwen krijgen stemrecht - 25 jaar eerder dan in Groot-Brittannië en de Verenigde Staten.

1896: Het aantal Maori's bedraagt nog maar slechts 42.000 (1769: 100.000) ten gevolge van ziekte.

1898: De liberaal Richard Seddon introduceert het eerste pensioen voor mannen ter wereld.

1899-1902: Nieuw-Zeelandse troepen vechten in de Boerenoorlog.

1901: Nieuw-Zeeland annexeert de Cookeilanden.

1907: De kolonie Nieuw-Zeeland wordt een *dominion* (autonoom deel van het Britse Gemenebest).

1908: Ernest Rutherford krijgt de Nobelprijs voor scheikunde.

1914: Eerste Wereldoorlog. Nieuw-Zeeland betreurt relatief gezien het grootste aantal slachtoffers van alle geallieerden.

1918-19: Nieuw-Zeeland wordt getroffen door een griepepidemie die aan 6700 mensen het leven kost.

1938: Gezondheidszorg en sociale voorzieningen worden geïntroduceerd.

1939: Tweede Wereldoorlog. Nieuw-Zeeland betreurt veel slachtoffers.

1941: Dreiging van een Japanse invasie.

1947: Nieuw-Zeeland wordt volledig onafhankelijk.

1950: Nieuw-Zeelandse troepen vertrekken naar Korea.

1951: Nieuw-Zeeland tekent het ANZUS-verdedigingspact met Australië en de Verenigde Staten.

1953: De Nieuw-Zeelander Edmund Hillary en de Nepalese sherpa Tenzing bereiken als eersten de top van Mount Everest.

1953: De Tangiwai Bridge stort in en dat veroorzaakt de ergste treinramp in de geschiedenis van Nieuw-Zeeland.

1965: Troepen worden naar Vietnam gestuurd ondanks sterke protesten van de bevolking.

1968: *MV Wahine*, een veerboot die 's nachts de oversteek maakt, loopt bij Wellington Harbour tijdens een storm op een rif. Hierbij komen 51 mensen om het leven.

1971: Nieuw-Zeeland wordt lid van het *South Pacific Forum*. Economische problemen en onrust.

1973: Groot-Brittannië wordt lid van de Europese Economische Gemeenschap. Twee jaar later, als de olieprijzen stijgen, krijgt Nieuw-Zeeland te kampen met een zeer ernstig tekort op de betalingsbalans.

1974: De Gemenebest Spelen worden gehouden in Christchurch.

1975: *Treaty of Waitangi Act* wordt goedgekeurd door het parlement; krachtens deze wet wordt het *Waitangi Tribunal* opgericht dat claims onderzoekt.

1983: Een akkoord betreffende een nauwere economische samenwerking wordt getekend met Australië.

1985: Het Greenpeace-schip *Rainbow Warrior* ingezet bij protesten tegen Franse kernproeven, wordt door Franse geheimagenten in Auckland tot zinken gebracht.

1985: Sir Paul Reeves wordt als eerste Maori be-

edigd als gouverneur-generaal.

1985: In het kader van drastische economische hervormingen wordt het mes gezet in de verzorgingsstaat.

1985: De regering verbiedt schepen met kernwapens Nieuw-Zeelandse havens binnen te lopen.

1990: De Gemenebest Spelen worden gehouden in Auckland.

1993: Evenredige vertegenwoordiging (MMP) wordt ingevoerd.

1995: Nieuw-Zeeland wint de America's Cup.

1997: Jenny Shipley van de National Party wordt de eerste vrouwelijke minister-president van Nieuw-Zeeland.

1999: Nieuwe verkiezingen. Helen Clark van de New Zealand Labour Party wordt de nieuwe vrouwelijke minister-president.

Blz. 16-17: Minerale meren bij Rotoua.
Links en rechtsboven: Nieuw-Zeelandse vrouwen vroeger en nu.

DE KOMST VAN DE MAORI'S

Rond 800 n.Chr. kwamen Polynesische kolonisten naar Nieuw-Zeeland waar ze een hoge, bijzonder goed georganiseerde beschaving ontwikkelden.

Afgezien van Antarctica was Nieuw-Zeeland de laatste grote landmassa die door mensen zou worden verkend. De vroegste zeevaarders uit het gebied van de Grote Oceaan waren al acht eeuwen eerder actief dan de eerste ontdekkingsreizigers uit Europa. Zij waren de 'Vikingen van de dageraad' en hun afstammelingen zouden bekend worden als de Maori's.

Weinig onderwerpen zijn zo controversieel als de oorsprong van de Maori's. In de 19e eeuw hielden de geleerden er allerlei merkwaardige theorieën op na. Sommigen gingen ervan uit dat de Maori's rondtrekkende Ariërs waren, anderen dachten dat ze van oorsprong Hindoestanen waren en weer anderen waren ervan overtuigd dat ze tot een verloren stam uit Israël behoorden. In de 20e eeuw begon men voorzichtiger te oordelen. Tegenwoordig denken de meeste deskundigen dat de Maori's afstammelingen zijn van Austronesische volken die oorspronkelijk uit Zuidoost-Azië kwamen. Toch zijn er nog geleerden die het niet eens zijn met deze theorie. Zij veronderstellen dat de Maori's afkomstig zijn uit Egypte dan wel uit Mesopotamië of uit Zuid-Amerika.

Aan de hand van taalkundig en archeologisch bewijsmateriaal heeft men echter kunnen vaststellen dat de Maori's van Nieuw-Zeeland een Polynesisch volk zijn en dat hun voorouders twee- tot drieduizend jaar geleden het Aziatische vasteland hebben verlaten om de Zuid-Chinese Zee op te gaan. Sommigen kwamen uiteindelijk op Madagaskar terecht. Anderen voeren in zuidoostelijke richting langs de Maleisische, Indonesische en Filipijnse eilandengroepen.

Oude Zeevaartbegrippen

Deze lange reizen in Zuidoost-Azië werden mogelijk na de introductie van het zeil en de uitvinding van de kano met buitenboordse drijvers. In de Austronesische talen die de volkeren van de eilanden in de Grote Oceaan en de Zuidoost-Aziatische archipels met elkaar delen, zijn de woorden voor 'zeil', 'mast', 'drijver' en 'giek' het meest algemeen en dus het oudst.

De Austronesiërs uit de Grote Oceaan die langs de Melanesische eilanden trokken, deden rond 1300 v.Chr. Fiji aan en bereikten Tonga nog voor 1100 v.Chr. De gevonden fragmenten van

het aardewerk dat ze achterlieten, vertonen opmerkelijke versieringen. Dit aardewerk wordt Lapita genoemd en het volk dat het maakte, wordt met dezelfde naam aangeduid. Deze mensen hadden niet alleen aardewerk bij zich, maar ook varkens, honden, ratten, kippen en gekweekte planten. Dit alles was afkomstig van het vasteland van Zuidoost-Azië, met uitzondering van de *kumara* (bataat) die uit Zuid-Amerika stamt.

De Polynesische cultuur zoals wij die nu ken-

nen, heeft zich ontwikkeld vanuit het Lapita-volk op Tonga en Samoa. De migratie naar Nieuw-Zeeland is vanuit het oosten van Polynesië begonnen, waarschijnlijk vanaf de Genootschapseilanden of de Marquesas. De Oost-Polynesische kenmerken van vroege Maori-overblijfselen, de oudste koolstofdateringen en de mate waarin het Maori-volk in omvang toenam en zich verspreidde, wijzen erop dat Nieuw-Zeeland rond 800 n.Chr. voor het eerst door mensen werd bereikt.

Het land had niets weg van andere gebieden die de Polynesiërs elders in de Grote Oceaan hadden aangetroffen. Het was veel groter (meer dan 1500 km van noord naar zuid) en gevarieerder dan de eilanden die ze voordien hadden gekoloniseerd. De bergen waren er hoger en de rivieren breder. De temperatuur in Nieuw-Zeeland was

---

Links: Tijdens één van Cooks expedities maakte de kunstenaar Sydney Parkinson deze schets van een Maori-stamhoofd.
Rechts: Maori-verendoos.

eerder gematigd dan tropisch en op het Zuidereiland was het meestal zo koud, dat er geen traditionele gewassen konden worden verbouwd. De voorouders van de Maori's moesten zich aanpassen aan nieuwe klimatologische omstandigheden. Afgezien van vleermuizen waren er geen zoogdieren op het land, totdat ze de ratten (*kiore*) en honden (*kuri*) vrijlieten die ze hadden meegebracht. Mogelijk hebben ze ook nog varkens en pluimvee bij zich gehad. In tegenstelling tot de voorouders van de Maori's die zeer standvastig waren en een enorm aanpassingsvermogen hadden, bleken deze dieren niet in staat te overleven.

Het gebrek aan vlees werd goedgemaakt door een overvloed aan voedsel uit zee: vissen, schelpen schaaldieren, zeewier, zee-egels en zoogdieren zoals walvissen, dolfijnen en robben. Het land leverde varenwortels die, fijngestampt, het hoofdbestanddeel van het voedsel vormden en er waren bijna tweehonderd soorten vogels, waarvan er vele eetbaar waren. Verder konden de binnenwateren als extra voedselbron worden benut.

De nieuwkomers hadden zelf gekweekte gewassen meegebracht: *taro, kumara, yam*, pompoen en papiermoerbei. Bij wijze van aanvulling op het vlees van vogels, vissen en zeezoogdieren aten ze, hoewel beperkt, ook honden en ratten.

Wellicht het opzienbarendste element in het nieuwe land was een loopvogel, de moa. Er kwamen diverse soorten voor, variërend van de *Anomalopteryx*, die de afmetingen had van een kalkoen, tot de reusachtige *Dinornis maximus*, die

KWALITATIEF HOOGWAARDIGE MATERIALEN

De bomen in de Nieuw-Zeelandse wouden waren groter dan de bomen die de Polynesiërs ooit hadden gezien. Van het hout konden ze forsere boomstamkano's bouwen en er ontstond een traditie van houtbewerking. Later gingen ze houten balken gebruiken bij de bouw van hun woningen. Materialen als *raupo* en *nikau* waren uitermate geschikt voor het bouwen van muren en daken. Vlas liet zich gemakkelijk verwerken tot touw en manden en leverde fijne vezels voor kleding. Er was steen voor bijlen en boorpunten; been voor vishaken en versierselen; obsidiaan voor messen. De Nieuw-Zeelandse Polynesiërs hebben met behulp van deze materialen één van de meest verfijnde neolithische culturen ter wereld tot ontwikkeling gebracht.

vele male groter was dan een struisvogel of emoe. Deze vogels vormden een voedselbron die groter was dan waar in Polynesië ook, behalve dan op plaatsen waar walvissen aanspoelden. Sommige van de eerste groepen Maori's waren grotendeels afhankelijk van de moa's - totdat de intensieve jacht er uiteindelijk toe leidde dat de dieren uitstierven.

De geschiedenis van de eerste kolonisten, vanaf het moment van hun aankomst tot de komst van de Europeanen, draait voornamelijk om de wijze waarop ze zich hebben aangepast aan de hiervoor beschreven omstandigheden. Ze waren in staat hun vaardigheden en culturele achtergronden hiermee in overeenstemming te brengen, en ze ontwikkelden nieuwe kenmerken in hun cultuur als antwoord op die omstandigheden.

Het Leven van de Maori's

Etnologen onderscheiden tegenwoordig twee afzonderlijke, maar verwante fases in de cultuur van het Maori-volk. De Nieuw-Zeelands/Oost-Polynesische of archaïsche Maori-cultuur komt tot uitdrukking in de archeologische overblijfselen van de eerste kolonisten en hun directe afstammelingen. De tweede, de klassieke Maori-cultuur, werd aangetroffen en vastgelegd door de eerste Europese zeevaarders die het land bereikten. Het proces waardoor de eerste fase overging in de tweede is complex.

Wat echter met zekerheid kan worden gezegd, is dat, toen kapitein James Cook in 1769 Nieuw-Zeeland zag liggen, het land door Nieuw-Zeelandse Polynesiërs bewoond werd. De bewoners ren vochten en waarom. Naast de voorouders van hun stam vereerden de Maori's ook goden die de natuurlijke elementen (aarde, lucht, wind, zee en dergelijke) symboliseerden. Het hele leven was ingekaderd in een gelijkgestemde visie waarin alle bestaansaspecten verband hielden met elkaar. De algemene aanvaarding van begrippen, zoals *tapu* (heiligheid), *mana* (spirituele autoriteit), *mauri* (levenskracht), *utu* (tevredenheid), en het geloof in *makutu* (tovenarij) beheersten alle facetten van het leven.

Hiërarchie bij de Maori's

De Maori's kenden een gelaagde samenleving. De mensen werden geboren als leden van *rangatira* of stamhoofdelijke families dan wel als *tutua*

spraken een taal die het mogelijk maakte dat ze elkaar overal in het land verstonden, hoewel er verschillen waren in dialect, met name tussen het Noorder- en het Zuidereiland. Ondanks regionale verschillen in de details en de tradities van de cultuur, waren de belangrijkste kenmerken ervan in het hele land terug te vinden.

Onderlinge stammenstrijd vormde de basis van het Maori-leven. De familie en de *hapu* (onderstam) waren de eenheid binnen de maatschappij die bepaalde wie er met wie trouwde, waar de mensen woonden, waar en wanneer ze met andere

Links: Maori-fort (*pa*), nalatenschap van een krijgshaftig volk.
Boven: Vroege afbeelding van de traditionele begroeting (*hongi*).

(gewone mensen). Ze werden tot slaaf gemaakt als ze tijdens een oorlog gevangen werden genomen. Het rechtstreekse gezag lag bij de *kaumatua*, de stamoudsten, die aan het hoofd stonden van de familie. Hele leefgemeenschappen die van een gemeenschappelijke voorouder afstamden, vielen onder de rechtsbevoegdheid van de *rangatira*, waarvan het gezag gedeeltelijk erfelijk was en gedeeltelijk was gebaseerd op geleverde prestaties. Zo nu en dan kwamen federaties van *hapu* en stammen bijeen om hun krachten te bundelen onder leiding van een *ariki* (groot opperhoofd), bijvoorbeeld om gezamenlijk oorlog te voeren tegen vreemde elementen, om handel te drijven of om op zoek te gaan naar nieuwe bronnen van bestaan. De meest voorkomende relatie tussen *hapu* was echter geduchte concurrentie, zelfs als ze nauw aan elkaar verwant waren.

De leefgemeenschappen, variërend van een handjevol tot ruim vijfhonderd huishoudens, woonden in dorpen die met het woord *kainga* aangeduid werden. Deze dorpen waren gebaseerd op het feit dat de dorpelingen tot een bepaalde *hapu* behoorden. De *kainga* lagen meestal dicht bij water, voedselbronnen en bouwland. Sommige nederzettingen (*pa* genoemd) waren versterkt. De *kainga* lagen echter doorgaans naast een op een heuvel gelegen *pa*, waarbinnen de dorpelingen zich in geval van nood konden terugtrekken.

Omgaan met Schaarste

Als in een *kainga* of *pa* voedingsmiddelen schaars werden, werd er een *rahui* of tijdelijk verbod opgelegd, teneinde de voorraden te sparen.

bronnen aanwezig waren (bijvoorbeeld steen voor het maken van gereedschap) en soms om zich te wreken voor beledigingen. Ook probeerde men door middel van oorlog genoegdoening te verkrijgen, wanneer de leden van een andere *hapu* ervan werden verdacht tegen de sociale gedragscode te hebben gehandeld. En soms wilde men met oorlog de oplossing afdwingen van ernstige conflicten ten aanzien van leiding of gezag.

Vóór de introductie van het musket leidden de meeste oorlogen zelden tot volledige vernietiging. Vaak was er slechts sprake van enkele indi-

Defensieve Nederzettingen

De *pa* van de Maori's was een uitgebreid bouwsel, dat bestond uit een vesting, omgeven door grachten, aardwallen en omheiningen. Sommige waren onneembaar; andere werden diverse malen binnen één generatie ver- en heroverd. Enkele geleerden menen dat het de primaire functie van de op een heuvel gelegen *pa* was, te voorkomen dat *kumara*-knollen werden gestolen.

Het leven in een Maori-dorp draaide om het verzamelen en het verbouwen van voedsel en om het voeren van oorlog.

Het voeren van oorlog was in het grootste deel van het land een belangrijke vorm van krachtmeting in het leven van de Maori's. Soms werd er oorlog gevoerd om gebieden in handen te krijgen waar volop voedsel of andere natuurlijke hulp-

viduen of groepjes die vanuit hinderlagen incidentele, kortdurende aanvallen deden. Zelfs als grotere groepen met elkaar in gevecht raakten of bij een beleg betrokken waren, vielen er betrekkelijk weinig doden. De meeste gevechten vonden plaats in de zomer en speelden zich, behalve in het geval van een grootscheepse migratie, vrijwel altijd af in de buurt van het woongebied.

Zowel voor de individuele mannen als voor de stammen als geheel was het begrip *mana* (respect) van het grootste belang. *Mana* van het individu werd sterker en groter door een overwinning en nam aan betekenis af door verlies. Moed en bedrevenheid in de strijd speelden ook een essentiële rol bij de inwijding en de acceptatie door mannelijke gelijken, met name bij stamhoofden. De favoriete wapens waren *taiaha* (lange zwaarden met een houten kling) en korte knuppels die *patu* en *mere* werden genoemd.

Niet-strijders konden in achting stijgen via vormen van kunst of door het werken met occulte krachten als *tohunga* (priesters of specialisten). Er was geen geschreven taal en de inheemse Maori's maakten gebruik van mondelinge overlevering. Veel respect was er voor de beste vertellers. Bedrevenheid in het maken van snijwerk stond eveneens in hoog aanzien. Hout, been en steen werden bewerkt met grote vaardigheid; de ingewikkelde en verfijnde werkstukken die in Nieuw-Zeeland werden gemaakt, werden bijna nergens anders ter wereld geëvenaard. Het mooiste houtsnijwerk werd aangebracht op de balken boven de deuren, in de geveltoppen van de hui-

zen en op de voorstevens van de kano's. Bewerkte stenen en botten vonden toepassing als *tiki's* (amuletten), hangers en halskettingen. Voor het snijwerk werd bij voorkeur *pounamu* (dit is Nieuw-Zeelandse jade of groensteen) gebruikt.

Net als de andere Polynesiërs beschikten de Maori's niet over metaal. *Pounamu* werd dan ook gewaardeerd om zijn hardheid en omdat er zeer scherpe randen aan geslepen konden worden. *Pounamu* heeft echter ook een mystieke betekenis.

Bij gebrek aan dierenhuiden, maakten Maori-

Links: Geïdealiseerde afbeelding van Maori's door Sydney Parkinson.
Boven: Portret van een Maori-krijger gemaakt door Parkinson.

wevers van veren, vlas en vele andere materialen ceremoniële kleding met ingewikkelde patronen.

Persoonlijke versierselen in de vorm van *moko* (tatoeage) waren eveneens kenmerkend voor de Maori kunst. De mannen versierden voornamelijk hun gezicht en billen, terwijl de vrouwen hun gezicht en borsten onder handen namen. Zij gebruikten hiervoor meestal geen getand, maar een recht mesje. Dit liet een rimpelig litteken achter dat meer weg had van snijwerk dan van een tatoeage.

Ondanks de stammenindeling, de rivaliteit en de onderlinge oorlogsvoering, werd er op grote schaal handel gedreven. Bewoners van het Zuidereiland voerden groensteen uit naar andere delen van het land voor de verwerking tot *patu*, beitels en sieraden. Vanuit de Bay of Plenty werd gehandeld in hoogwaardig obsidiaan, afkomstig van Mayor Island. Bewoners van Nelson Island en D'Urville Island dolven argilliet en verhandelden het. Voedsel dat in het ene gebied ruimschoots voorhanden, maar in andere gebieden schaars was - zoals het vlees van dunbekpijlstormvogels - werd geconserveerd en eveneens verhandeld.

De mensen legden lange afstanden af om aan materiaal en lekkernijen te komen. Hoewel zeewaardige vaartuigen tegen de 18e eeuw uit Nieuw-Zeeland verdwenen waren, werden kano's nog op grote schaal gebruikt voor het transport over rivieren en meren en langs de kust.

Land van de Lange, Witte Wolk

Uit medisch onderzoek op pre-Europese overblijfselen blijkt dat het Maori-volk zelden ouder werd dan dertig jaar. Rond die leeftijd kregen de Maori's last van ernstige vormen van artritis, ontstoken tandvlees en het uitvallen van tanden en kiezen als gevolg van het eenzijdige varenwortel dieet. Veel van de gezond uitziende 'bejaarde' mannen die kapitein James Cook in 1770 beschreef, waren waarschijnlijk hooguit veertig jaar.

Zo verliep het leven van de Maori's waarmee James Cook en andere zeevaarders aan het einde van de 18e eeuw werden geconfronteerd. De bevolking telde honderdduizend tot honderdtwintigduizend zielen. De Maori's hadden geen besef van nationaliteit, aangezien ze zo lang gescheiden hadden geleefd van andere culturen. Ze leefden in stamverband en ontleenden hun identiteit zeer duidelijk aan hun voorouders en het lidmaatschap van de *hapu*. Een ding hadden alle Maori's, ongeacht de stam waartoe ze behoorden, echter gemeen: ze voelden zich sterk verbonden met het land en met de gewassen die het voortbracht. Ze noemden het land Aotearoa - 'het land van de lange, witte wolk'.

ONTDEKKINGSREIZEN

Een Nederlander die op zoek was naar het 'grote zuidelijke continent' ontdekte in 1642 bij toeval Nieuw-Zeeland, maar pas honderddertig jaar later kwamen de Europeanen terug.

Het zuiden van het Grote-Oceaangebied was het laatste bewoonbare deel van de wereld dat door de Europeanen zou worden ontdekt. Destijds waren de eilanden alleen maar bereikbaar over zee en wel na een lange reis langs de kust van Zuid-Amerika aan de ene kant of van Afrika aan de andere kant. Vanaf de rand van de grootste oceaan ter wereld, moesten de zeevaarders enorme afstanden overbruggen. Een reis naar het onbekende gebied vereiste dus niet alleen vastberadenheid en moed, maar ook zeer veel navigatietalent.

De landen in het zuidelijke oceaangebied - gegroepeerd aan de onderkant van de aardbol - werden nadat de eerste Europeanen het westen van de Grote Oceaan hadden bereikt nog bijna honderdvijftig jaar lang ongemoeid gelaten. Aan Nieuw-Zeeland werd zelfs nog eens honderddertig jaar lang geen aandacht geschonken, nadat de Nederlander Abel Janszoon Tasman in 1642 voor het eerst de Nieuw-Zeelandse kust had gezien.

Het was de Engelsman James Cook die het zuidelijke deel van het Grote-Oceaangebied een plek gaf op de wereldkaart. Een bekende Nieuw-Zeelandse historicus en de biograaf van kapitein Cook, dr. J.C. Beaglehole, schreef het volgende over de drie grote reizen van James Cook: '... het succes van zijn carrière wordt niet zozeer gerechtvaardigd door het benadrukken van de details, als wel door de kaart van de Grote Oceaan van vóór zijn eerste reis te vergelijken met die aan het einde van de eeuw. Zijn leven was rechtlijnig en veelomvattend; zijn passie voor wetenschappelijke precisie was gekoppeld aan de onuitputtelijke energie van de toegewijde ontdekkingsreiziger...'.

Hollandse Kooplieden

In Europa was de kennis van de Grote Oceaan in de loop van de 16e en de 17e eeuw geleidelijk toegenomen, nadat Vasco Nuñez de Balboa er in 1513 een blik op had geworpen vanaf de landengte van Panama. Onverschrokken Spaanse en Portugese zeevaarders zoals Magalhães en Quiros, maar ook de Engelsman Francis Drake, ondernamen heldhaftige expedities. De Spanjaarden werden gemotiveerd door hun verlangen om het katholieke geloof te verspreiden en de mogelijkheid om zeldzame, kostbare metalen en specerijen te vinden.

Blz. 26-27: Een replica van Cooks *Endeavour* uit 1990. **Links**: Kapitein Cook arriveert in 1769 in Nieuw-Zeeland.
Rechts: Cooks schip, de *Endeavour*.

Maar tegen het einde van de 16e eeuw ontwikkelde Holland zich tot een belangrijke zeevarende handelsnatie in het centrale en westelijke deel van de Grote Oceaan. Aan het begin van de 17e eeuw stichtten ze op het eiland Java een groot bestuurs- en handelscentrum in Batavia dat tegenwoordig bekend staat onder de naam Jakarta - een operatie die werd geleid door de Verenigde Oost-Indische Compagnie. Tweehonderd jaar lang waren de Hol-

landers heer en meester in het gebied. Gedurende het grootste deel van die periode werden ontdekkingsreizen alleen ondernomen als onderdeel van handelsactiviteiten.

De Hollanders ontdekten uiteindelijk dat ze na het ronden van Kaap de Goede Hoop, een zuidelijke koers aan moesten houden. Dan konden ze bijna tot de westkust van Australië gebruik maken van de constante westenwinden, waardoor de reis naar Java een stuk sneller verliep dan via de traditionele route. Hierbij zeilden ze dicht langs de oostkust van Afrika in noordelijke richting en wachtten dan de passaat af voor de reis naar het oosten. Dankzij deze snellere route konden eilanden voor de Australische westkust en gedeelten van de kust zelf in kaart worden gebracht. Men besefte echter niet dat het om de westkant van een enorm continent ging. Toen kwam het moment waarop de ambitieuze gouverneur van Batavia, Anthony van Diemen, een bredere interesse aan de dag legde voor het ontdekken van nieuwe handelsgebieden dan de meeste van zijn voorgangers.

Het Bezoek van Tasman
In 1642 werd Abel Janszoon Tasman aangewezen als leider van een expeditie naar het zuiden, en de zeer bekwame Frans Visscher werd zijn navigatie-officier. De voorgenomen reis zou hen eerst naar Mauritius en vervolgens zuidwestwaarts brengen; daarna zouden ze tussen 50° en 55° zuiderbreedte op zoek gaan naar het grote zuidelijke continent, *Terra Australis Incognita*.
De expeditieschepen *Heemskerck* en *Zeehaen*

man met de Maori's verliep rampzalig. Toen een Maori-kano in aanvaring kwam met een sloep die van de *Zeehaen* op weg was naar de *Heemskerck*, kwam het tot een gevecht, waarbij aan beide zijden doden vielen. Tasman noemde de plek des onheils Moordenaarsbaai en trok verder naar het noorden, zonder te beseffen dat hij zich in de westelijke toegang tot Cook Strait bevond. Als hij slechts enkele kilometers verder naar het oosten was gevaren, zou hij hebben ontdekt dat hij zich niet aan de rand van een continent bevond, maar tussen twee eilanden in.
De tocht van Abel Tasman werd niet direct als een groot succes beschouwd, maar uiteindelijk wel erkend als een heldhaftige, goed beschreven ontdekkingsreis.

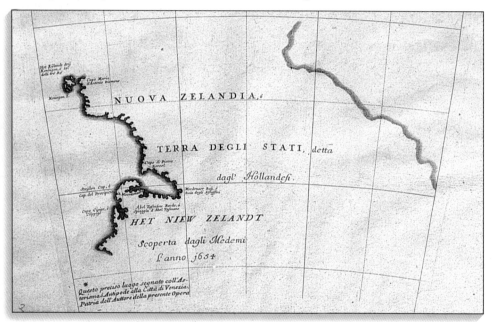

zouden in oostelijke richting verder varen om een kortere route te verkennen naar Chili, een rijk handelsgebied waar de Spanjaarden het monopolie bezaten. De expeditie zette echter al bij 49° zuiderbreedte koers naar het oosten en deed daarbij twee grote ontdekkingen in de Grote Oceaan: Tasmanië of Van Diemens Land, zoals het destijds werd genoemd, en Nieuw-Zeeland dat oorspronkelijk de naam Staten Landt kreeg.
Op 13 december 1642 zagen Abel Tasman en de overige expeditieleden het 'hoog verheven land': de Zuidelijke Alpen van het Zuidereiland. Bij een sterke wind en zware zee voeren ze in noordelijke richting langs de kust van Westland en bereikten, na het ronden van Cape Farewell, de baai die tegenwoordig Golden Bay wordt genoemd.
De eerste en enige ontmoeting van Abel Tas-

De Oester van Cook
Nog geen twee jaar later ontdekten andere zeevaarders dat Nieuw-Zeeland niet verbonden kon zijn met een enorm continent dat zich uitstrekte tot aan Zuid-Amerika. De benaming Staten Landt - de Nederlandse naam voor Zuid-Amerika - werd dan ook veranderd in Nieuw-Zeeland.
Kapitein James Cook slaagde erin de Grote Oceaan te openen alsof het om een enorme oester ging en liet de wereld kennismaken met de inhoud. James Cook werd in 1728 geboren als zoon van een arbeider uit het Engelse graafschap Yorkshire. Hij kreeg zijn opleiding aan boord van een kolenschip en nam tijdens de Zevenjarige Oorlog vrijwillig dienst bij de marine. In Canada assisteerde hij bij het in kaart brengen van de St. Lawrence River en hij vergrootte zijn reeds toenemende be-

kendheid als scheepskaartenmaker door eveneens delen van de kust van Newfoundland en Nova Scotia in kaart te brengen. In 1766 nam hij een zonsverduistering waar en zowel de wetenschappers van de *Royal Society* als de leden van de Admiraliteit van de Britse marine waren onder de indruk van zijn verslag. Met als hoofdopdracht de passage van de planeet Venus langs de zon (in juni 1769) te observeren, vertrok kapitein James Cook in 1768 naar het Zuidzeegebied met de *Endeavour*, een in Whitby gebouwde bark van 368 ton. Het was de bedoeling naar Otaheite (Tahiti) te varen en daar de passage te observeren, om vervolgens door te zeilen tot 50° zuiderbreedte, teneinde verder te zoeken naar het grote zuidelijke continent en alle eilanden in kaart te brengen die

hij onderweg mocht ontdekken.

Kapitein Cook rondde Kaap Hoorn en voer op 27 januari 1769 voor het eerst de Grote Oceaan op. Nadat hij de passage van Venus had geobserveerd en diverse eilanden had verkend van de groep die hij de Society Islands (Genootschapseilanden) noemde, zette Cook koers naar het zuiden en voer vervolgens verder in westelijke richting.

Op 6 oktober zag de scheepsjongen Nicholas Young de oostkust van het Nieuw-Zeelandse Noordereiland liggen, ter hoogte van wat tegen-

Links: Op basis van Hollandse ontdekkingsreizen maakte Vincenzo Coronelli in 1690 deze kaart, waarop Cape Maria van Diemen (Noordereiland) staat afgebeeld.
Boven: Abel Tasman.

FOUTIEF IN KAART GEBRACHT

Kapitein James Cook maakte twee belangrijke fouten: hij zag Stewart Island voor een schiereiland aan en zette het schiereiland Banks Peninsula op de kaart als een eiland.

woordig Young Nick's Head wordt genoemd.

Twee dagen nadat James Cook het gebied had waargenomen waarvan hij wist dat het de oostkust van Nieuw-Zeeland was, zeilde de *Endeavour* een baai binnen waar, gezien de rookpluimen, mensen moesten zijn. Het eerste bezoek eindigde gewelddadig, toen vier jongens die de sloep moesten bewaken werden aangevallen door een troep Maori's en één van de aanvallers werd doodgeschoten. Vervolgens ontdekte men dat een Tahitiaans stamhoofd aan boord van de *Endeavour*, zich in zijn eigen taal verstaanbaar kon maken aan de Maori's. De volgende ochtend nam Cook hem mee aan land. Maar de Maori's stelden zich dreigend op en Cook zag zich genoodzaakt één van hen te laten neerschieten, om ze ertoe te bewegen zich terug te trekken. Die middag leidde het afvuren van een musket over een kano heen (om de aandacht van de inzittenden te trekken) tot een aanval op de sloep vanwaar het schot was gelost. Om de kano af te weren, werden drie of meer Maori's doodgeschoten. Kapitein Cook kwam zo al snel tot de conclusie dat de bewoners van dit land sterk, agressief en moedig waren. De bewuste plek gaf hij de naam Poverty Bay, omdat hij er geen voorraden had kunnen vinden.

Het Eerste Vriendschappelijke Contact

De *Endeavour* voer in zuidelijke richting naar Hawke's Bay en vervolgens weer noordwaarts rond de punt van East Cape. Het schip bleef tien dagen voor anker liggen in Mercury Bay, een baai die zijn naam dankt aan het feit dat daar de passage van de planeet Mercurius werd geobserveerd. Daar sloten de ontdekkingsreizigers voor het eerst vriendschap met de plaatselijke Maori's en werden snuisterijen geruild tegen vis, gevogelte en zoetwater. Ze kregen een rondleiding door het Maori-dorp en inspecteerden een nabijgelegen *pa*, waarvan kapitein Cook diep onder de indruk was. De expeditie zeilde rond Nieuw-Zeeland en vervaardigde uiterst nauwgezet een kaart van de kustlijn, die meer dan honderdvijftig jaar lang grotendeels betrouwbaar bleek te zijn.

Cook en zijn bemanningsleden brachten enkele weken door in Ship Cove, in een langgerekte inham aan de noordkust van het Zuidereiland, die hij Queen Charlotte Sound noemde. Daar werd het schip opgeknapt en werden voorraden aan boord genomen. Dit oponthoud bood de twee opvarende wetenschappers Joseph Banks en Daniel Solander een schitterende gelegenheid om de flora en fauna van dit gebied van dichtbij te bestuderen. Terwijl het schip werd schoongemaakt, werden vanuit de sloepen uitgebreide landmetingen verricht.

De *Endeavour* vertrok eind maart 1770 huiswaarts, voer langs de oostkust van Australië naar het noorden, tussen de eilanden van het toenmalige Nederlands-Indië (Indonesië) door en sloot met het ronden van Kaap de Goede Hoop de tocht rond de wereld af. De expeditie was een buitengewoon staaltje van zeemanschap. Nieuw-Zeeland had een duidelijke plek op de wereldkaart gekregen en een enorme hoeveelheid gegevens was verzameld. Cook was de personificatie van de Grote Ontdekkingsreiziger zoals die werd omschreven door zijn biograaf, Beaglehole: 'Elke grote ontdekkingsrei-

de Zuidelijke IJszee gaf Cook zijn mannen gelegenheid om uit te rusten en zich te herstellen in de Dusky Sound (Nieuw-Zeeland). Tijdens dit zeven weken durende verblijf bouwde de bemanning een werkplaats en een observatorium. De gezondheid werd weer op peil gebracht: met bier van sparrenbladeren en -takjes ging men de scheurbuik te lijf en verder deed men zich te goed aan een overvloed van vis en gevogelte. Er werd contact gelegd met een Maori-familie in een gebied dat nooit dicht bevolkt was geweest en dat nog steeds niet is. De expeditieleden plantten zaden aan de kust van de inham en zeilden toen naar hun favoriete ankerplaats Ship Cove, aan de andere kant van het Zuidereiland.

Tijdens zijn tweede reis naar Nieuw-Zeeland

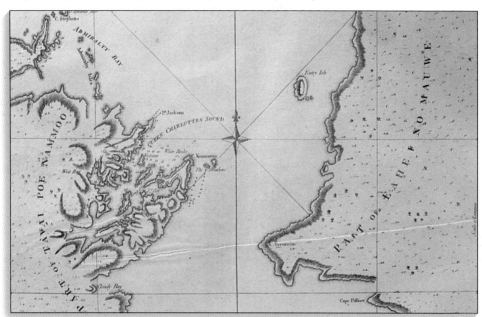

ziger kent twee passies - de passie om dingen te zien en de passie om verslag te doen; in de grootsten is deze dualiteit één geworden - een passie om dingen te zien en er nauwkeurig verslag van te doen'. De eerste reis van James Cook was één van de knapste en meest nauwkeurig beschreven ontdekkingsreizen die ooit heeft plaatsgevonden.

Antarctische Avonturen

Kapitein James Cook leidde nog tweemaal een expeditie naar de Grote Oceaan, te weten van 1772 tot 1775 en van 1776 tot 1780. Tijdens de tweede reis voer hij tweemaal zuidwaarts naar de zuidpoolcirkel waar, voor zover bekend, nog geen ander schip hem ooit was voorgegaan. Toch was hij niet de eerste die het vasteland van Antarctica te zien zou krijgen. Na de barre omstandigheden in

gaf Cook op weg naar huis varkens, kippen en groentezaden aan de Maori's bij Hawke's Bay alvorens naar Ship Cove te varen, waar hij een ander schip van de expeditie, de *Adventure*, zou ontmoeten.

Op zijn derde reis naar het Grote-Oceaangebied bracht kapitein James Cook opnieuw een bezoek aan Nieuw-Zeeland, met name aan Ship Cove dat hij als zijn tweede thuishaven was gaan beschouwen. De vriendschap die hij had opgebouwd met enkele plaatselijke Maori's, duurde inmiddels al bijna tien jaar. In zijn scheepsjournaals noemde hij de Maori's 'mannelijk en goedaardig' en hij schreef: 'Zij beheersen enkele vormen van kunst die zij met veel inzicht en onuitputtelijk geduld ten uitvoer brengen'.

Cook had de kustlijn van Nieuw-Zeeland zo

nauwkeurig in kaart gebracht, dat er voor andere verkenners weinig te ontdekken overbleef zonder het binnenland in te trekken. In de laatste jaren van de 18e eeuw kwamen ook de Franse ontdekkingsreizigers De Urville (slechts twee maanden nadat Cook voor het eerst voet aan wal had gezet in Nieuw-Zeeland), Du Fresne en d'Entrecasteaux naar Nieuw-Zeeland evenals de Italiaan Malaspina (die de leiding had over een Spaanse expeditie) en George Vancouver (die onder Cook had gevaren).

In tien jaar tijd, gedurende de jaren zeventig van de 18e eeuw, hadden kapitein James Cook en zijn tijdgenoten het hele Grote-

COOKS DOOD

In januari 1778 werd kapitein Cook in Kealakekua Bay, Hawaii, gedood, nadat een reeks door inboorlingen gepleegde diefstallen tot schermutselingen had geleid.

subantarctische eilanden, te varen om daar hun geluk te vinden.

Daarna, rond de eeuwwisseling, kwamen de walvisvaarders. Sommigen van hen hadden de westkust van Zuid-Amerika verlaten in verband met de gevaarlijke toestand vanwege oorlog tussen Spanje en Groot-Brittannië. Britse, Australische en Amerikaanse schepen maakten jacht op potvissen en tijdens hun bezoeken aan Nieuw-Zeeland kwamen de bemanningsleden bij Kororareka (dat later Russell zou worden genoemd) veelvuldig in contact met de Maori-stammen van Northland.

Oceaangebied opengelegd. In 1788 werd Sydney gesticht als Britse gevangenenkolonie. Al spoedig vestigden zich daar kooplieden om hun voordeel te doen met alle goederen van enige waarde die ze in dat gebied konden vinden.

De eerste Europeanen die op Nieuw-Zeeland hun stempel drukten, waren echter de robbenjagers, waarvan de eerste groep in 1792 op de zuidwestkust van het Zuidereiland aankwam. Er was een kortstondige bloeiperiode in het begin van de 19e eeuw, maar de robben begonnen al spoedig zeldzaam te worden, zodat de schepen genoodzaakt waren verder in zuidelijke richting, naar de

Links: Een kaart van Cook Strait, gemaakt tijdens Cooks expedities. **Boven**: Maori's begroeten een Engelse ontdekkingsreiziger.

Aanvankelijk konden de verhoudingen tussen de Europeanen en het Maori-volk als vreedzaam en vriendschappelijk getypeerd worden. Maar de bezoeken werden minder regelmatig, nadat in 1809 het schip de *Boyd* in brand was gestoken en de bemanning was afgeslacht. Dit gebeurde bij wijze van vergelding voor een eerdere afstraffing van Maori-zeelieden van adellijke afkomst door blanke kapiteins.

De verkenning van het Nieuw-Zeelandse binnenland vond voornamelijk plaats tijdens het tweede kwart van de 19e eeuw, toen ontdekkingsreizigers zich met name in die gebieden begaven die vrij gemakkelijk toegankelijk waren vanaf de kust. Grote delen van de binnenlanden van het Zuidereiland werden echter pas in de 20e eeuw met succes door Europeanen verkend.

HARRIETT
HEKI'S WIFE

HEKI

KAWITI

THE WARRIOR CHIEFTAINS

of

NEW ZEALAND

Drawn on Stone by W. Nicholls

VERKENNING EN KOLONISATIE

De kolonisatie van Nieuw-Zeeland was een discussie- en twistpunt voor Maori's, missionarissen, politici, kolonisten en speculanten.

De ontmoedigende ervaringen van Abel Tasman en de veel succesvollere ondernemingen van James Cook - bijna honderddertig jaar later - hadden geen directe gevolgen voor de toekomst van de twee grote Nieuw-Zeelandse eilanden. De Hollanders richtten zich voornamelijk op het binnenhalen van alles wat de Indonesische archipel te bieden had. De Britten hielden zich bezig met het versterken en uitbreiden van hun handelsgebieden in India. Nieuw-Zeeland leek een koloniale macht weinig te kunnen bieden.

In het Australische 'Botany Bay', dat betrekkelijk dichtbij aan de overzijde van de Tasman Sea lag, werd in 1788 een strafkolonie gevestigd. Dit was een direct gevolg van de Amerikaanse overwinning in de Onafhankelijkheidsoorlog (en een neveneffect van de reizen van kapitein James Cook). Het Land van de Lange Witte Wolk werd echter grotendeels genegeerd.

Robbenhuiden en Walvistraan

In de beginjaren van de 19e eeuw was Europa verwikkeld in de Napoleontische oorlogen. De vraag naar goederen zoals robbenhuiden en walvistraan nam toe. De Nieuw-Zeelandse wateren wemelden van de robben en walvissen en ondernemende kapiteins uit Port Jackson (de haven van het Australische Sydney) en de nieuwere kolonie Hobart in Van Diemens Land (dat tegenwoordig Tasmanië heet) voegden zich al spoedig naar de economische wet van vraag en aanbod en staken in zee.

Veel zeelieden zagen in Kororareka (het huidige Russell), aan de Bay of Islands, een uitstekende plek om zoet water in te slaan. Het was een rustige, beschutte ankerplaats waar bovendien volop *kauri's* groeiden die voor rondhout en masten gebruikt konden worden.

Kororareka ontwikkelde zich door deze nieuwkomers uit Europa al snel tot een stad waar de wellust hoogtij vierde en vechtpartijen het straatbeeld bepaalden. Zendelingen beschreven de plaats als 'de poel des verderfs in het zuidwesten van de Stille Oceaan'. Dat was niet zo verwonderlijk: de nieuwelingen hadden zo'n destructieve invloed, dat enkele stammen en *hapu* van de Maori's volledig werden uitgeroeid en aan andere ernstige schade werd toegebracht. Die destructie-

ve invloed had de vorm van musketten, sterke drank of 'grog', prostitutie en allerlei, veelal dodelijke, besmettelijke ziekten, waaraan de Maori's nooit eerder blootgesteld waren geweest en waartegen ze dan ook geen natuurlijke weerstand op hadden kunnen bouwen.

Incidenteel kwamen er in de eerste decennia van de 19e eeuw vijandelijkheden voor, zoals in 1809, toen in Whangaroa Harbour de *Boyd* in brand werd gestoken en haar bemanning werd af-

geslacht en geconsumeerd.

Ondanks dergelijke zwarte bladzijden in de geschiedenis van Nieuw-Zeeland bleven de contacten tussen Maori's en *Pakeha's* (Europeanen) in het algemeen vredig. De ruilhandel bloeide: de Maori's ruilden groenten en vlas tegen allerlei Europese snuisterijen, gereedschap en wapens (waaronder uiteraard het musket). De Maori's hielpen bij het kappen van de reusachtige *kauri's* en het verslepen van de boomstammen naar het strand. Ze monsterden aan bij Europese robben- en walvisjagers. Ze waren fysiek heel sterk en hadden een groot uithoudingsvermogen. Bovendien waren de Maori's heel trots, maar dat was een feit dat veel Europeanen over het hoofd zagen. In 1817 werden de wetten van de Britse kolonie New South Wales ook van kracht verklaard in

---

Blz. 34-35: Abel Tasman wordt aangevallen door Maori's in Moordenaarsbaai. **Links**: Hone Heke met links zijn vrouw Harriet en rechts het stamhoofd Kawiti. **Rechts**: Samuel Marsden, de 'predikant met de zweep'.

Nieuw-Zeeland. Dit was hoofdzakelijk een reactie van de Britten op de tuchteloosheid die aan de Bay of Islands heerste.

Rond die tijd kwam dominee Samuel Marsden vanuit New South Wales naar Nieuw-Zeeland. Marsden staat in Australië nog altijd te boek als 'de predikant met de zweep', wat te wijten is aan zijn bewind als magistraat in Port Jackson. De Nieuw-Zeelanders hebben echter een ander beeld van hem, namelijk dat van de man die het christendom naar Nieuw-Zeeland heeft gebracht.

Samuel Marsden was een toegewijd evangelist. Hij was er oprecht van overtuigd, dat am-

OPMERKELIJKE ZENDELING

William Colenso arriveerde in 1834 in Paihia en begon er de drukkerij die een grote rol heeft gespeeld bij de alfabetisering van de Maori's.

gesproken te voelen door het christendom.

De zendelingen behaalden toch enkele successen. Thomas Kendall was behulpzaam bij het samenstellen van het eerste grammatica- en woordenboek van het Maori en hij begeleidde in 1820 twee befaamde stamhoofden, Hongi en Waikato, op hun reis naar Groot-Brittannië.

Omstreeks 1830 begonnen de Maori's zich bezig te houden met export. In dat jaar staken 28 schepen (van gemiddeld 110 ton) 56 keer de Tasman Sea over, waarbij ze voornamelijk naar het Australische Sydney aanzienlijke ladingen vervoerden - bijvoorbeeld tonnen aardap-

pelen die door de Maori's werden verbouwd.

bachtslieden met een zendingsboodschap niet alleen de kerstening van de Maori's zouden bespoedigen, maar ook hun vaardigheid op het gebied van timmerwerk, landbouw en de toepassing van Europese technologie zouden bevorderen.

Maar de ambachtslieden/leraren van de zending op wie Marsden zijn hoop had gevestigd, waren eigenlijk een stelletje ongeregeld en konden door de mensen die zij wensten te bekeren moeilijk worden beschouwd als een beschaving brengende, evangeliserende macht. Aangezien zo velen van deze 'leraren' betrokken raakten bij wapensmokkel en zich overgaven aan ontucht en drank, hoeft het niemand te verbazen, dat het eerste doopfeest van een Maori tien jaar op zich liet wachten. Pas in de jaren twintig van de 19e eeuw begon het volk van de Maori's zich enigszins aan-

Dat in Nieuw-Zeeland de wetten van New South Wales van kracht geworden waren, had dit gebied nog niet tot een Britse kolonie gemaakt en de handhaving van de wetten bleek een probleem te vormen. De gouverneurs waren niet in staat om aanklachten te bewijzen of hun autoriteit te doen gelden zolang een schip zich in de Nieuw-Zeelandse wateren bevond. Bovendien hadden ze absoluut niets te zeggen over buitenlandse schepen en hun bemanningen.

Daarbij kwam nog dat de eerste zendelingen niet wilden dat Nieuw-Zeeland een kolonie werd. Zij hoopten de Maori's te kunnen overtuigen van wat zij zagen als de voordelen van de christelijke beschaving, zonder dat de Maori's het slachtoffer zouden worden van de verdorvenheid waarmee

Europese kolonisten en avonturiers oudere koloniën hadden laten kennismaken.

Daartegenover stond, dat veel Britten ervan overtuigd waren dat een goed georganiseerde, verantwoorde kolonisatie de rampen zou kunnen voorkomen die Europeanen hadden veroorzaakt bij de inheemse volken van andere landen. De belangrijkste voorstander van deze oplossing was Edward Gibbon Wakefield. Op een minder idealistisch vlak bestond onder de Britten een sterk streven naar nieuwe koloniën met land om zich te kunnen vestigen. Ook was men van mening dat, als Groot-Brittannië niet de soevereiniteit over Nieuw-Zeeland zou nemen en het land zou bevolken met Europese immigranten, een andere koloniale macht - waarschijnlijk Frankrijk -

dat wel zou doen. Achteraf bezien, valt te betwijfelen of de Fransen plannen hadden met Nieuw-Zeeland. De 'regering van het thuisland' bleef consequent besluiteloos en de discussie van het onderwerp kolonisatie werd op een laag pitje gezet. In de jaren dertig van de 19e eeuw was het gevecht om land in volle gang - een gevecht dat binnen twintig jaar tijd tragische gevolgen zou krijgen. De Maori's kenden geen permanent, particulier grondbezit. Hun land was eigendom van stammen die het volgens de traditie erfden. Het gezag van een stamhoofd was in het algemeen zo groot, dat een verkoop door de meeste leden van

Links: Nelson Haven aan Tasman Bay, door Charles Heaphy (1841). **Boven**: Edward Gibbon Wakefield, oprichter van de *Colonisation Society*.

de stam werd geaccepteerd - maar zelfs dan kon de zaak worden bemoeilijkt door strijdige aanspraken tussen stammen of onderstammen. Die aanspraken konden betrekking hebben op zeer grote gebieden. Tal van overeenkomsten betreffende de aankoop van land tussen *Pakeha's* en Maori's waren in de jaren zestig van de 19e eeuw oorzaak van conflicten. Sommige van deze conflicten zijn tot op heden nog niet opgelost.

Een ander probleem betrof de vraag wàt er eigenlijk was gekocht. De kolonisten en de hebzuchtige speculanten in Groot-Brittannië gingen ervan uit dat ze de volledige eigendomsrechten kregen. In veel gevallen dachten de Maori's daarentegen, dat ze hun land alleen maar tegen een bepaalde prijs verpachtten.

De zendelingen waren geen kenners van de Britse wet en al helemaal niet van overdrachtsrecht. Ook hadden ze bepaald geen bestuurlijke kwaliteiten; ze wilden er bovendien niet bij betrokken raken, gezien het feit dat ze openlijk tegen kolonisatie waren. Uiteindelijk ging de overheid zich ermee bemoeien, zij het met tegenzin.

In 1833, toen James Busby als Brits resident aankwam in de Bay of Islands, werd de eerste stap gezet. Het begrip 'resident' was vaag. In de meeste gevallen had een resident de volledige steun van Hare of Zijne Majesteits regering als een diplomaat die de Britse belangen vertegenwoordigde in een gebied dat nog niet was geannexeerd door de Kroon. Hij kon plaatselijke stamhoofden van advies dienen, hij kon vleien, maar werkelijke macht bezat hij niet.

Busby deed wat hij kon. Hij probeerde enige eenheid en algemeen zelfbestuur tot stand te brengen onder de ongelijkwaardige Maori's door formeel een confederatie van Maori-stamhoofden te stichten. In 1835 stelde hij voor, dat Groot-Brittannië en de Verenigde Stammen van Nieuw-Zeeland een overeenkomst zouden aangaan, waarbij de confederatie de Maori's zou vertegenwoordigen en geleidelijk hun invloed zou uitbreiden, totdat ze zelf de regering van het land op zich konden nemen. De Britse regering zou in de tussentijd het land onder trust besturen.

Busby werd door de Maori's gerespecteerd als persoon. Dat nam echter niet weg, dat hij zich terdege bewust was van zijn onmacht en wist dat hij nooit voor orde en gezag zou kunnen zorgen zonder de steun van een toereikende macht.

Het Wakefieldplan

In de loop van de jaren dertig van de 19e eeuw was duidelijk geworden dat het kopen van land ernstige problemen zou veroorzaken. Speculanten gokten erop dat Groot-Brittannië het land zou overnemen en koloniseren, terwijl James Busby, de Britse resident, niet over de macht beschikte om dergelijke 'transacties' tegen te houden. Kolonisatie leek in feite onafwendbaar. In 1836 vertelde Edward Gibbon Wakefield aan een commissie van het Britse Lagerhuis, dat Groot-Brittannië al bezig was Nieuw-Zeeland te koloniseren, maar 'op een uiterst onzorgvuldige, ontregelende en laakbare manier'.

In 1837 voer kapitein William Hobson, op verzoek van de regering van New South Wales, met de *HMS Rattlesnake* van Sydney naar de Bay of Islands om verslag uit te brengen over de situatie. Kapitein Hobson stelde voor een verdrag te sluiten met de Maori-stamhoofden (iets wat James Busby al dacht te hebben bereikt) en alle Britse onderdanen in Nieuw-Zeeland onder Brits bestuur te plaatsen. Het verslag van Hobson lokte een reactie uit, maar zonder de invloed van Edward Gibbon Wakefield zou het wellicht anders zijn afgelopen.

Wakefield had een afkeer van de resultaten van de kolonisatie in de Verenigde Staten, Canada, New South Wales en Tasmanië. Hij geloofde dat, mits het land tegen een 'goede prijs' aan 'kapitalistische' kolonisten werd verkocht, de arbeiders onder de immigranten zich niet zouden verspreiden, maar in de nieuwe gemeenschappen zouden blijven, om voor de landeigenaars te werken - in ieder geval totdat ze genoeg hadden gespaard om zelf land te kopen tegen die 'goede prijs' en later aangekomen immigranten in dienst te nemen.

De grondprijzen waren van cruciaal belang voor de plannen van Wakefield en Nieuw-Zeeland was zijn testgebied. Helaas had hij er niet op gerekend, dat vele van de geïmmigreerde arbeiders bereid waren een zeer geïsoleerd bestaan voor lief te nemen, zolang ze maar hun eigen stukje grond konden bewerken. Hij had niet voorzien met hoeveel gemak 'kapitalisten' vanuit de gecentraliseerde nederzettingen zouden verhuizen naar gebieden die volgens hen meer konden opbrengen. Aan het einde van de jaren dertig en in het begin van de jaren veertig van de 19e eeuw was Wakefield betrokken bij de oprichting van de *New Zealand Company*. De *Company* werd een maatschappij op aandelen, zodat de betrokkenen zelf de kosten zouden dragen voor de geplande nederzettingen.

Het Verdrag van Waitangi

In die tijd gaf de Britse regering eindelijk gehoor aan de anti-koloniale gevoelens van de zendingsgroeperingen. Groot-Brittannië besloot dat de Maori's geraadpleegd moesten worden over hun eigen toekomst en dat zij toestemming moesten geven voor de annexatie van hun land. Het resultaat was het Verdrag van Waitangi, dat op 6 februari 1840, aan de Bay of Islands, namens de Britse regering werd ondertekend door luitenant-gouverneur-generaal William Hobson. Het verdrag werd later in andere delen van het land voor ondertekening aangeboden aan de meeste Maori-stamhoofden.

Ironisch genoeg werd het verdrag nooit geratificeerd. Amper tien jaar later kwam opperrechter sir William Martin tot de conclusie dat het geen juridische geldigheid had, omdat het niet was opgenomen in de geschreven wetgeving van Nieuw-Zeeland. Merkwaardig genoeg wordt de datum van de oorspronkelijke ondertekening nu beschouwd als de 'stichtingsdag' van Nieuw-Zeeland als Britse kolonie, het tegenovergestelde van wat de zendelingen hadden gehoopt te bereiken.

Het verdrag zelf blijft een twistpunt. Het document was geschreven in het Engels en werd blijkbaar door luitenant-gouverneur-generaal William Hobson gerectificeerd nadat de tekst eerst aan bij-

TOMIKA TE MUTU
Chief MOTUHOA I³

eengeroepende Maori-leiders was uitgelegd. Een nogal vrije vertaling van het verdrag werd door de meeste Maori-stamhoofden ondertekend. De Maori's hadden veel vertrouwen gesteld in het advies van de zendelingen. Hun was verteld, dat ze een plechtig verbond sloten, waarbij de Nieuw-Zeelandse soevereiniteit bij de Britse Kroon kwam te liggen. In ruil daarvoor zouden bepaalde rechten van de Maori's gewaarborgd worden. Vele Europeanen (en Maori's) geloofden dit oprecht en gedurende enkele jaren hield de Britse regering zich netjes aan de overeenkomst.

Het is nu bijna onmogelijk, het Verdrag van Waitangi objectief te bekijken. In die tijd was het een toonbeeld van verlicht respect voor de rechten van de inheemse bevolking. Aangezien het echter nooit werd geratificeerd en nooit is nagekomen door de blanke kolonisten die gretig op zoek waren naar land, kan het nu gemakkelijk worden beschouwd als een handige oplichterij.

Al spoedig na de formele Britse annexatie van Nieuw-Zeeland, zoals die lag besloten in het Verdrag van Waitangi van 1840, kwamen de eerste immigrantenschepen van de *New Zealand Company* van Wakefield aan. Aan boord van de *Tory*, die al uit Engeland was vertrokken voordat het verdrag was ondertekend, bevond zich een groep nieuwkomers die zich in Wellington zou vestigen. Korte tijd daarna kwamen de eerste kolonisten aan in het district Wanganui. In 1841 stichtte een dochtermaatschappij van de Company uit het Engelse Plymouth, die emigranten in Devon en Cornwall wierf, de plaats New Plymouth. Ook het Zuidereiland werd niet vergeten. Kapitein Arthur Wakefield, één van Edwards vele broers, arriveerde in 1841 in Nelson; in 1842 volgden drie duizend kolonisten.

Aan de Bay of Islands ondervond men de weerslag van de gebeurtenissen in het zuiden. Hone Heke, één van de ondertekenaars van het Verdrag van Waitangi, was meer dan ontstemd geraakt over de gevolgen van het verdrag. Hoewel Kororareka (Russell) vóór de ondertekening van het verdrag de feitelijke 'hoofdstad' was geweest van Nieuw-Zeeland, besloot luitenant-gouverneur William Hobson dat Auckland de nieuwe hoofd-stad van het land moest worden. De handel in Russell nam af en Hone Heke werd opstandig. Hij en zijn krijgers vernietigden tot driemaal toe de vlaggenstok waaraan de Britse vlag wapperde (symbool van koninklijke autoriteit) en plunderden zelfs eenmaal de hele stad, terwijl de *Pakeha's* een goed heenkomen zochten in de bossen of de vlucht namen per boot.

George Grey, die in 1845 als gouverneur aankwam, riep de hulp van het leger in om Hone Heke onder de duim te krijgen. Met behulp van enkele dissidente Maori's die weigerden Heke te steunen, slaagde Grey daarin.

Zulke openlijke conflicten waren niet bevorderlijk voor de emigratie naar Nieuw-Zeeland en de *New Zealand Company* raakte dan ook in de

Links: Tomika Te Mutu, stamhoofd van Motuhoa Island. **Boven**: Een postkoets tijdens de oversteek van een rivier op het Noordereiland.

HET BLOEDBAD VAN WAIRAU

Ondanks (of misschien wel door) het Verdrag van Waitangi leidden aanspraken op stukken land al snel tot geschillen. In 1843 trok Arthur Wakefield met een groep gewapende kolonisten uit Nelson naar de vruchtbare Wairau Valley, die volgens hem door de *Company* was gekocht van de weduwe van een Europese handelaar, die de Maori's in ruil daarvoor een kanon had gegeven.

Het plaatselijke stamhoofd Te Rauparaha en diens neef Rangihaeata dachten daar anders over. Er volgde een gewelddadige ontmoeting tussen beide partijen. De vrouw van Te Rauparaha werd doodgeschoten en de Maori's doodden 22 *Pakeha's*, waaronder Wakefield.

problemen. Aan het einde van de jaren veertig van de 19e eeuw ging de maatschappij bijna failliet, deed afstand van haar rechten en stelde ongeveer vierhonderdduizend hectare land, waarvoor nog vijfhonderdduizend dollar verschuldigd was, ter beschikking aan de regering. In 1858 werd de *New Zealand Company* ten slotte opgeheven.

Zelfs in de laatste tien jaar van haar bestaan, toen haar lot al was bezegeld, bleef de *New Zealand Company* actief. Ze verschafte organisatorische hulp aan leden van de Scottish Free Church, die in 1848 Dunedin stichtten, evenals aan de anglicaanse stichters van Christchurch (1850) die al snel de uitstekende weidegronden van de Canterbury Plains te baat namen. Steeds meer nieuwe kolonisten importeerden schapen, voornamelijk

merinosschapen uit Australië. Al spoedig begon Nieuw-Zeelands voornaamste economische kracht zich af te tekenen: het op grote schaal houden van schapen - aanvankelijk alleen voor de wol, later ook om het vlees.

Edward Wakefield, de afwezige architect van de geplande kolonisatie, kwam uiteindelijk in 1852 voor het eerst in Nieuw-Zeeland aan, het jaar waarin Groot-Brittannië de kolonie zelfbestuur had verleend. Hij bereikte veel, maar leefde lang genoeg (hij overleed in 1862) om te zien dat zijn ideaal van samenhangende, maar zich uitbreidende gemeenschappen van 'kapitalisten' en 'arbeiders' niet levensvatbaar was. De immigranten verlieten de jonge nederzettingen om ver buiten de steden te proberen akkerbouw- of veeteeltbedrijven op te zetten. De vestiging in en de kolo-

nisatie van Nieuw-Zeeland kwamen, grotendeels dankzij de inspanningen van Edward Gibbon Wakefield, op ordelijkere wijze tot stand dan enkele decennia tevoren het geval was geweest in Canada en Australië.

De Nieuw-Zeelandse Oorlogen

De nieuwe kolonie had echter te kampen met problemen. Er waren heel wat grondspeculaties geweest en veel Maori's realiseerden zich dat er grond werd verkocht voor een prijs twintigmaal hoger dan het bedrag dat zij ervoor hadden ontvangen.

Een rechtstreeks gevolg van deze onrechtvaardigheid was, dat stammen in het midden van het Noordereiland in 1858 een 'Maori-koning' kozen. Een dergelijke titel had nooit eerder bestaan bij de Maori's, maar ze hoopten dat de *mana* (spirituele autoriteit) van een koning onder wie vele stammen verenigd waren, ertoe zou bijdragen dat hun land werd beschermd tegen de aankoop door de *Pakeha's*. Maar dat pakte anders uit.

In Taranaki kwam in juni 1860 een andere groep stammen in opstand tegen de regering, naar aanleiding van een duidelijk onrechtmatige landaankoop door het koloniale bestuur, de zogenoemde Waitara Land Deal. Britse troepen werden ten zuiden van Waitara vrijwel geheel in de pan gehakt.

Gedurende de dagen die volgden, vonden op het Noordereiland doorlopend gevechten plaats tussen Maori's en *Pakeha's*. De 'Tweede Maorioorlog' (de opstanden van 1840 werden als de eerste beschouwd) werd gekenmerkt door bijzonder grote heldhaftigheid aan beide zijden. De schermutselingen eindigden vaak onbeslist, maar verliepen bloedig. Aan de kant van de *Pakeha's* hadden de Britse troepen het bij de eerste gevechten, tot 1865, het zwaarst te verduren.

Tussen 1865 en 1872 (het 'officiële' einde van de oorlog, hoewel er nog sporadisch werd gevochten tot de formele overgave van de Maorikoning in 1881) speelden plaatselijke milities en politiekorpsen een grote rol - bijgestaan door enkele Maori-stammen die besloten hadden, zich niet aan te sluiten bij de confederatie van de Maori-koning. Ondanks de oorlog werden de vooruitzichten van het land steeds beter. De ontdekking van goud op het Zuidereiland leidde in het begin van de jaren zestig van de 19e eeuw tot een nieuwe toevloed van immigranten. In 1865 werd de hoofdstad verplaatst van Auckland naar Wellington en grote delen van het land werden als weidegrond in gebruik genomen.

Links: Achterzijde van het New Zealand Cross, uitgereikt tijdens de Nieuw-Zeelandse Oorlogen. **Rechts:** Goud lokte vele kolonisten naar Nieuw-Zeeland.

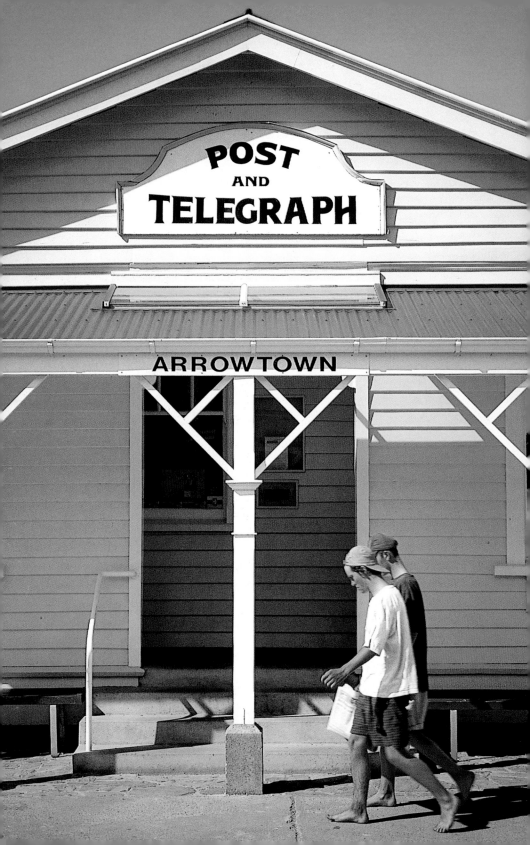

EEN NIEUWE NATIE

De 20e eeuw bracht voor de Nieuw-Zeelanders een aantal economische, sociale en politieke uitdagingen.

De ontwikkeling in de richting van volledige onafhankelijkheid van Groot-Brittannië begon bijna meteen nadat de landoorlogen tussen de Maori's en de *Pakeha's* voorbij waren. In de jaren zeventig van de 19e eeuw ontstond een periode van economische bloei, die werd veroorzaakt doordat sir Julius Vogel, de koloniale minister van financiën, enorme hoeveelheden geld leende in het buitenland voor de aanleg van openbare voorzieningen, met name van spoorwegen. Een stroom immigranten, voornamelijk afkomstig uit Groot-Brittannië, maar ook uit de Scandinavische landen en Duitsland, was het gevolg.

Vogel had echter niet gerekend op de negatieve uitwerking van zijn credo 'lenen voor economische groei'. In 1880 wist Nieuw-Zeeland maar nauwelijks aan het bankroet te ontsnappen. Binnen enkele jaren daalden de prijzen van wol en graan zo sterk, dat er sprake was van een economische depressie en het aantal werkelozen snel toenam. In 1888 verlieten ruim negenduizend kolonisten het land. De meesten gingen naar Australië, dat betrekkelijk welvarend was gebleven.

Deze magere jaren hebben er mogelijk toe bijgedragen, dat Nieuw-Zeeland zich begon te profileren als één van de meest progressieve landen op sociaal gebied ter wereld. Gratis, verplicht en openbaar onderwijs kwam in 1877 bij wet tot stand en twee jaar later kreeg iedere volwassen man stemrecht – zowel Maori's als *Pakeha's*.

Lamsvlees voor de Wereld

Er waren nog andere hoopvolle tekenen voor het land: een nieuwe industrie ontstond die ertoe bijdroeg dat de positie van Nieuw-Zeeland in de wereld jarenlang veiliggesteld was. In 1882 werd het koelschip *Dunedin* geladen met schapenvlees. Drie maanden later kwam het in Engeland aan. Het was een reis geweest vol tegenslagen, maar het vlees werd veilig afgeleverd en de winst die men in Engeland met de verkoop ervan maakte, was veel hoger dan de winst in Nieuw-Zeeland zou zijn geweest. Boeren gingen zowel voor het vlees als voor de wol schapen fokken, en de bevroren-vleesindustrie ontwikkelde zich tot een belangrijk onderdeel van de economie.

Tijdens de laatste jaren van de 19e eeuw open-

de een nieuwe liberale regering onder leiding van John Ballance een waar spervuur van sociale hervormingen. Er werden radicale landhervormingen doorgevoerd: de grote, in het binnenland gelegen bezittingen werden opgedeeld en geld werd beschikbaar gesteld voor de eerste hypotheken die mensen in staat stelden grond te kopen. Arbeidswetten brachten betere werkomstandigheden evenals een verplicht systeem voor arbeidsrechtspraak - het eerste van zijn soort ter wereld.

Bejaarde armen kregen pensioen en vrouwen kregen hetzelfde stemrecht als mannen, wat tot dan toe slechts het geval was op het kleine Pitcairn Island en in de Amerikaanse staat Wyoming. De drijvende krachten achter deze belangrijke sociale hervormingen waren William Pember Reeves, een in Nieuw-Zeeland geboren socialist, en Richard John Seddon, die na de dood van John Ballance in 1893 het ambt van minister-president overnam. De legendarische onverzettelijkheid en het politieke inzicht van Seddon bezorgden hem grote invloed binnen de partij en in het land.

Dankzij de nieuwe, bloeiende handel in bevroren vlees en de uitbreiding van de zuivelexport aan het begin van de 20e eeuw, namen de rijkdom en de invloed van de boeren toe. Nieuw-Zeeland had beleefd geweigerd deel te gaan uitmaken van

---

Blz. 44-45: Het moderne Nieuw-Zeeland: een kleurig geheel. **Links**: Postkantoor op het platteland. **Rechts**: Richard John Seddon was vanaf 1893 tot aan zijn dood in 1906 een bijzonder geliefd premier.

het nieuwe Gemenebest van Australië en werd vervolgens door Groot-Brittannië van 'kolonie' tot 'dominion' (autonoom deel van het Britse Gemenebest) gepromoveerd. In 1911 kwam de nieuwe Reform Party aan de macht. De nieuwe minister-president, William Massey, was zelf zuivelboer en zijn verkiezing droeg bij tot de versteviging van de positie van Nieuw-Zeeland als overzeese boerderij voor Groot-Brittannië.

Wereldoorlogen en Depressie

De oorlog bracht in Nieuw-Zeeland een nieuw nationalistisch gevoel teweeg, terwijl ook de banden met Groot-Brittannië steviger werden aangehaald. Tussen 1914 en 1918, meldden zich honderdduizend mannen bij het *Australia-New Zealand Army Corps* (ANZAC) om in Afrika en Europa te vechten aan geallieerde zijde.

derdduizend Kiwi's ten strijde, van wie velen dienden onder generaal Douglas MacArthur in de Grote Oceaan; anderen vochten in Noord-Afrika, Italië en op Kreta. Meer dan tienduizend van deze mannen sneuvelden. Volgens de Amerikaanse auteur James A. Michener was de dapperste soldaat in beide wereldoorlogen een Nieuw-Zeelander - Bernard Freyberg in de Eerste Wereldoorlog en in de Tweede Wereldoorlog Charles Upham, 'een gedrongen knaap met een vierkante kin wiens gedrag tijdens een beschieting onvoorstelbaar is'. Charles Upham is pas de derde soldaat aan wie twee keer het Victoriakruis werd uitgereikt.

Aan het thuisfront werden de jaren veertig dankzij een succesvol economisch stabilisatiebeleid en volledige werkgelegenheid, een periode

Nieuw-Zeeland werd zwaar getroffen door de grote depressie van de jaren dertig. Doordat de vraag naar vlees, wol en zuivelproducten vanuit Groot-Brittannië afnam, ontstond er ernstige werkeloosheid en waren er diverse bloedige rellen. De nieuwe Labour Party, die in 1935 aan de macht kwam, slaagde er dankzij de oplevende wereldeconomie in, het land uit de malaise te halen. Met minister-president Michael Savage aan het roer, nam het land weer het voortouw op het gebied van sociale hervormingen en werd een volledig stelsel van sociale zekerheden ingevoerd.

Savage betrok Nieuw-Zeeland bij de Tweede Wereldoorlog. Dit keer trokken bijna tweehon-

DE EERSTE WERELDOORLOG

Toen de Eerste Wereldoorlog voorbij was, betreurde Nieuw-Zeeland bijna zeventienduizend doden. Het aantal slachtoffers stond absoluut niet in verhouding tot het inwonertal van het land, in die tijd ongeveer één miljoen.

De zinloosheid werd nog eens onderstreept door het debacle op het Turkse schiereiland Gallipoli - van 25 april 1915 (een dag die tegenwoordig als Anzac Day bekend staat) tot de evacuatie door de Britse marine, ongeveer acht maanden later. Deze gebeurtenis kostte 8587 Anzacs het leven. Op de een of andere manier verschafte deze heroïsche tragedie, die Peter Weir jaren later in zijn film *Gallipoli* dramatiseerde, Nieuw-Zeeland een nieuwe identiteit binnen het Britse Rijk.

van betrekkelijke welvaart. Het land hield aan de oorlog een gevoel van nationaal bewustzijn over. In 1947 was de tijd dan ook rijp, om het *Statute of Westminster* aan te nemen en formeel onafhankelijk te worden van Groot-Brittannië.

De Labour Party was echter haar bezieldheid kwijtgeraakt en toen ze in 1949 werd verslagen, betekende dit het einde van een tijdperk. Hoog op het politieke programma van de overwinnaars, de National Party, stond het particulier initiatief.

De jaren vijftig begonnen met een politieke aardverschuiving, toen de nieuwe regering van de National Party de *Legislative Council* afschafte, de Eerste Kamer van het nationale parlement. Nieuw-Zeeland werd één van de weinige democratieën met een eenkamerstelsel. Hierdoor kreeg

duidelijk aan dat Nieuw-Zeeland en Australië zich voor hun nationale defensie niet meer uitsluitend op Groot-Brittannië moesten richten.

Einde van de Isolatie

Het einde van de isolatie betekende de eerste naoorlogse omwenteling voor Nieuw-Zeeland. Voordat het massatoerisme op gang kwam, sloten de hotels om zes uur 's avonds hun deuren, mochten restaurants geen alcoholische dranken schenken en betekende een strakke veertigurige, vijfdaagse werkweek dat de openingstijden van winkels vaststonden en dat de meeste gezinnen hun weekeinden thuis doorbrachten. Dat was de tijdgeest die binnen de Nieuw-Zeelandse maatschappij heerste, totdat in de jaren vijftig de passagiers-

de uitvoerende macht - een kabinet, bestaande uit leden van de partij met een meerderheid in het Huis van Afgevaardigden - buitensporig veel macht. Deze macht om de wet drastisch en binnen enkele uren te wijzigen, stelde de Labour Party in 1984-1990 in staat, de nationale economie - en de gehele sociale structuur - te veranderen.

Een van de eerste stappen die werden ondernomen door het eenkamerparlement, was de ratificatie in 1951 van het ANZUS-veiligheidsverdrag (*Australia-New Zealand-United States*). Dit gaf

schepen weer begonnen te varen en duizenden jonge Nieuw-Zeelanders op reis gingen voor hun 'OE' (*overseas experience*) - het reisdoel was bijna altijd Londen. Voor de eerste maal konden de jonge Kiwi's een vergelijking maken tussen hun maatschappij en de oude wereld.

In de jaren zestig en zeventig leidden het luchtverkeer en de vooruitgang op het gebied van de telecommunicatie tot een radicale verandering van deze kleingeestige, gesloten en uitermate gereguleerde maatschappij. Al snel behoorden de Kiwi's tot de meest bereisde mensen ter wereld.

Tegen de jaren tachtig bleven winkels langer open om hun dienstverlening uit te breiden tot de avonduren en de weekeinden. De meeste beperkingen waarmee hotels en restaurants te maken hadden, werden opgeheven. De Nieuw-Zeeland-

Links: Zelfs de bewoners van de Cookeilanden - hier tijdens ANZAC Day - stuurden soldaten om te vechten in Europa.
Boven: Bezoeken van de koninklijke familie worden nog altijd erg gewaardeerd.

se wijnen bleken wijnen van wereldklasse te zijn, terwijl restaurants en cafés het eten buiten de deur tot een onderdeel maakten van de nationale cultuur en een ruime keuze boden aan nationale en internationale gerechten. Dankzij al deze ontwikkelingen kwam het toerisme tot bloei.

Omgaan met Economische Veranderingen

De economische veranderingen zijn niet altijd even soepel verlopen. Aan het begin van de jaren zeventig begon Nieuw-Zeeland naar wegen te zoeken om andere dan bulkgoederen te produceren en afzetgebieden te vinden buiten Groot-Brittannië. Toen de olieprijzen naar ongekende hoogte stegen, nam de schuldenlast toe, aangezien de regeringen - zowel van de Labour Party als van de

rières als gevolg van het Britse lidmaatschap van de EEG en de torenhoge olieprijs, stegen de kosten van industriële goederen tot ongekende hoogte.

Onder leiding van sir Robert Muldoon verzwaarde de regering (National Party) de beperkingen die Labour had opgelegd aan immigratie, import en de dollar. De strijdlustige Muldoon haalde zich de woede van de vakbondsbazen op de hals, toen hij de inkomens bevroor. Hij hield echter voet bij stuk, ondanks talrijke stakingen en protestdemonstraties.

Aan het einde van de jaren zeventig en aan het begin van de jaren tachtig was de inflatie zo hoog opgelopen (tot 17 procent), dat de kosten van de agrarische sector omhoog vlogen. Bijgevolg moest de regering Muldoon de subsidies die aan

SHOULD AULD ACQUAINTANCE BE FORGOT?

National Party - leningen afsloten in de hoop dat de prijzen in de primaire sector zich zouden herstellen. Het was een kwestie van marketing. Maar marketing was iets waarmee Nieuw-Zeelanders zich nog nooit hadden hoeven bezig te houden. Ze hadden het zolang goed gehad door, betrekkelijk eenvoudig, alleen maar verstandig te boeren; de Britse sprong naar de toenmalige Europese Economische Gemeenschap (EEG) in 1973 bracht hen dan ook totaal in verwarring.

In de jaren zeventig bedroeg het aantal schapen voor het eerst meer dan zeventig miljoen. Dit was het gevolg van het feit dat de boeren van de overheid geld ontvingen voor het vergroten van hun veestapel. In de jaren 1975-1984 werd de primaire sector sterk gesubsidieerd en werden nationale producten streng beschermd. Door de handelsbar-

de Nieuw-Zeelandse boeren werden uitgekeerd, tot haar schande, aanvullen. Door alle reguleringen en aanpassingen ontstond grote twijfel over de toekomst van de economie op korte termijn. Tegen 1984 waren er honderddertigduizend werkelozen en bedroeg de nationale buitenlandse schuld 14,3 miljard Nieuw-Zeelandse dollar.

Toen er eind 1984 een nieuwe Labour-regering aan de macht kwam, werden de subsidies voor agrarische en andere producten bijna van de ene op de andere dag afgeschaft. Invoervergunningen werden ingetrokken, het mes werd gezet in loonstructuren en een algemeen economisch beleid van *laissez faire* werd toegepast.

Ook op het gebied van buitenlandse politiek veranderde er iets: eindelijk deed Nieuw-Zeeland zich gelden op het internationale toneel. Tijdens de jaren zestig van de 20e eeuw, toen Frankrijk het aantal nucleaire proeven in zijn Polynesische gebieden begon op te voeren, vonden tal van massademonstraties plaats. De sterke antinucleaire gevoelens bereikten in Nieuw-Zeeland een hoogtepunt, toen de Labour-regering Amerikaanse marineschepen met kernwapens aan boord of met nucleaire aandrijving de toegang tot Nieuw-Zeelandse havens weigerde. De Amerikanen stonden op hun rechten als bondgenoten binnen het ANZUS-pact en verbraken prompt alle militaire samenwerking met Nieuw-Zeeland.

Onder leiding van David Lange beloofde de

GEEN KERNWAPENS!

In 1990 werd de nieuwe regering van de National Party door de publieke opinie gedwongen het antinucleaire standpunt van het kabinet Lange over te nemen.

deregulering. Halverwege de jaren negentig begon de Nieuw-Zeelandse economie zich te herstellen en nam de regering een soepelere houding aan voor wat betreft de eigen uitgaven en het strenge monetaire beleid.

Al vroeg in de naoorlogse periode was Nieuw-Zeeland tot het besef gekomen, dat de beste economische kansen voor de toekomst gelegen waren in de één of andere overeenkomst met Australië. In 1965 werd het *New Zealand Australia Free Trade Agreement* (NAFTA) getekend. Het was de bedoeling de handelsbarrières tussen de twee landen geleidelijk op te heffen, maar dit verliep moei-

Labour Party een kernenergievrije zone van 320 km rond de kust van Nieuw-Zeeland in te stellen en nieuwe onderhandelingen te openen betreffende het 33 jaar oude ANZUS-pact, teneinde de Verenigde Staten ertoe te dwingen de Nieuw-Zeelandse havens kernwapenvrij te houden.

Binnen de Labour-regering was de verdeeldheid over andere aangelegenheden echter zo groot, dat David Lange in 1989 aftrad. Na de verkiezingen in 1990 maakte de nieuwe minister-president, Jim Bolger, echter al snel duidelijk, dat zijn regering zou vasthouden aan economische

Links: De toetreding van Groot-Brittannië tot de EEG (tegenwoordig de EU) was een zware klap voor de economie. **Boven:** Nieuw-Zeeland voert een kernenergievrij beleid.

zaam en er bestond behoefte aan een beter verdrag. In 1983 tekenden de twee regeringen een overeenkomst die bekend staat als CER (*Closer Economic Relations*) en aan het begin van de jaren negentig was de vrije handel over de Tasman Sea - enkele uitzonderingen daargelaten - zo goed als geregeld.

Met de Blik op het Oosten

Zowel Nieuw-Zeeland als Australië heeft zijn aandacht op economisch gebied noordwaarts gericht, op de jonge economieën van Azië. Japan is nu, na Australië, de grootste afzetmarkt van Nieuw-Zeeland. Meer dan eenderde van de export gaat naar Aziatische landen. Dit is meer dan naar Noord-Amerika en Europa samen. Bijna eenderde van alle import is afkomstig uit Azië. Japan en Singapore zijn al langer handelspartners, maar de handel met Korea, Thailand, Maleisië, Indonesië, Taiwan, China en de Filipijnen neemt toe.

Tijdens dertig jaar van sociale en economische onrust bleek Nieuw-Zeeland één van de meest stabiele democratieën ter wereld te zijn. Maar het onrecht dat meer dan een eeuw geleden de Maori's is aangedaan, is als een onderhuidse, etterende zweer die nooit heeft kunnen genezen.

De Labour-regering van 1984-1990 erkende de geldigheid van de aanspraken van de Maori's op stukken land, visgronden en andere eigendommen die hen volgens eigen zeggen op illegale wijze waren ontnomen. Hun aanspraken zijn gebaseerd op het Verdrag van Waitangi uit 1840.

De Labour-regering riep het *Waitangi Tribunal* in het leven, om specifieke aanspraken van Maori's te onderzoeken en het tribunaal werd ook door de volgende regering van de National Party op dezelfde wijze ondersteund. Vele aanspraken op stukken land werden ontvankelijk verklaard - in het bijzonder als het land overheidseigendom was - en de Maori's hebben inmiddels op grote schaal visrechten gekregen. Er is een poging ondernomen om alle aanspraken af te kopen met een eenmalig bedrag van een miljard dollar.

Hoewel onder de Nieuw-Zeelanders het algemene gevoel heerst dat de zaken rechtgezet moeten worden, hebben bepaalde aanspraken die verband houden met het Verdrag van Waitangi tot spanningen geleid. Verschillende malen is het tot een uitbarsting gekomen. Zo heeft iemand geprobeerd de boom op One Tree Hill in Auckland om te hakken. Een andere activist heeft de trofeeën van de America's Cup met een moker bewerkt, omdat die volgens hem een symbool waren van de elitaire *Pakeha's*.

Steeds meer aanspraken op land worden afgehandeld en dit thema staat hoog op de politieke agenda. Maar wat er ook gebeurt, zeker is dat het niet naar ieders zin zal zijn. De spanningen zullen dan ook waarschijnlijk blijven bestaan en velen beschouwen de moeilijkheden als de groeipijn van een nieuwe natie.

Kosmopolitische invloeden en de nieuwe economische infrastructuur hebben een dramatische wijziging in de sociale houding teweeggebracht. Honderdvijftig jaar lang heerste er in het land een gevoel van gelijkheid. Tegenwoordig geloven velen dat het land en zijn bevolking harder moeten werken en met meer inzet moeten concurreren op de nationale en internationale markten, om de positie van Nieuw-Zeeland in de wereld te kunnen handhaven. Bijgevolg wordt de kloof tussen rijk en arm steeds groter en de nationale politiek wispelturiger.

Hervorming van het Kiesstelsel

De onvrede van de Nieuw-Zeelandse bevolking met de snelle veranderingen en met de prestaties van recente regeringen kwam tot uiting tijdens een referendum over kieshervormingen. Het land stemde voor een systeem van evenredige vertegenwoordiging ter vervanging van het traditionele kiessysteem. Velen vreesden dat dit nieuwe systeem de structuur van de politieke partijen nog meer zou verbrokkelen - en ten dele is dat ook gebeurd. Tijdens de algemene verkiezingen van 1996 won de National Party met Jim Bolger aan het roer 44 zetels in het 120 zetels tellende parlement, terwijl de Labour Party 37 zetels wist te behalen. De New Zealand First Party had vier Maori-zetels van de Labour Party afgesnoept en speelde met haar 17 zetels een doorslaggevende rol; als coalitiepartner vormde ze dan ook samen met de National Party de nieuwe regering.

Na de verkiezingen van november 1999, werd Helen Clark, van de New Zealand Labour Party de nieuwe minister-president.

Alle verandering is betrekkelijk en het leven in het land van de Kiwi's heeft nog tal van benijdenswaardige aspecten. Nieuw-Zeeland en de bevolking zijn veranderd, maar het land blijft relatief schoon, groen en is bij lange na niet overbevolkt. De meerderheid van de bevolking kan nog steeds genieten van het buitenleven, met barbecues op het strand en wandelen in de vrije natuur.

Links: David Lange, voormalig premier van de Labour Party. **Rechts**: Hoe blijf je fit op Civic Square, Wellington?

DE SMELTKROES

Met elkaar ontwikkelen Maori's, eilandbewoners uit het Grote-Oceaangebied en Pakeha's een typisch Nieuw-Zeelandse cultuur.

Er bestaat een hardnekkige overtuiging dat de echte Kiwi een plattelander is, een boer: zijn honden op zijn hielen, het gezicht getekend door de noordwestenwind, de ogen toegeknepen tegen het felle middaglicht, turend over de heuvels, terwijl hij zijn schapen bijeendrijft. Misschien komt dat door het traditionele imago van Nieuw-Zeeland als producent van vlees, wol, zuivel en tuinbouwproducten voor de internationale markt.

De werkelijkheid is dat meer dan twee miljoen van de ruim drieëneenhalf miljoen Nieuw-Zeelanders in of rond de voornaamste steden leeft. Er wonen meer mensen in het stedelijke gebied van *Greater Auckland* dan op het hele Zuidereiland. Het merendeel van de *Pakeha's* (Europeanen) die nog geen tweehonderd jaar geleden Nieuw-Zeeland begonnen te bevolken, waren van Britse afkomst. Nu komt bijna 80 procent van de bevolking oorspronkelijk uit Europa, voornamelijk uit Groot-Brittannië, maar ook uit Nederland, Joegoslavië en Duitsland. De Maori's vormen circa 13 procent van de bevolking en de eilandbewoners uit het Grote-Oceaangebied 4 procent.

Vanaf de 19e eeuw heeft Nieuw-Zeeland te maken gehad met een regelmatige stroom van immigranten. Het begon met Chinezen, gevolgd door Scandinaviërs, Duitsers, Dalmatiërs, Grieken, Italianen, Libanezen, vluchtelingen uit het door de nazi's bezette Europa en meer recent uit rampgebieden in Indo-China en Afrika. Sinds 1990 is het aantal immigranten uit Hongkong, Taiwan en Korea meer dan verdubbeld en in de grotere steden komt men steeds meer mensen van Aziatische oorsprong tegen.

Migratiegolven

De eerste grote Polynesische migratiegolf naar Nieuw-Zeeland vond meer dan duizend jaar geleden plaats, toen de Maori's per kano aan hun heroïsche tocht over de Grote Oceaan begonnen. De tweede golf is afkomstig uit gebieden verspreid over de gehele Grote Oceaan, van Tonga in het westen tot de Cookeilanden in het oosten.

De eilandbewoners uit het Grote-Oceaangebied, *Pacific Islanders* genoemd, vormen tegenwoordig ongeveer vier procent van de totale bevolking. De meeste immigranten zijn vanaf de ja-

ren zestig naar Nieuw-Zeeland gekomen. In 1961 bedroeg hun aantal nog maar 14.000; in 1991 daarentegen al 153.000. Deze tweede migratiegolf begon bescheiden, toen eilandbewoners uit het Grote-Oceaangebied naar Nieuw-Zeeland werden gehaald om door zendelingen te worden opgeleid. Na de Tweede Wereldoorlog vulden deze nieuwkomelingen de tekorten op de Nieuw-Zeelandse arbeidsmarkt aan. Toen ze eenmaal waren ingeburgerd, lieten ze hun gezin-

nen overkomen, waardoor banden ontstonden met vrijwel elk dorp op de Cookeilanden, West-Samoa, Niue, de Tokelau-eilanden en Tonga.

De West-Samoanen vormen bijna de helft van de in Nieuw-Zeeland aanwezige eilandbewoners uit het Grote-Oceaangebied. De Cookeilanders, die het Nieuw-Zeelandse staatsburgerschap bezitten, vormen eenvijfde deel. Er leven meer mensen die afkomstig zijn van Niue en de Tokelau-eilanden in Nieuw-Zeeland dan op die eilanden zelf. Tweederde van de eilandbewoners uit het Grote-Oceaangebied woont in Auckland, de meesten van hen in de zuidelijke voorsteden.

De Samoanen

De Samoanen zijn de grootste groep eilanders in Nieuw-Zeeland en zij zijn meer gehecht aan de

---

Blz. 54-57: Gezamenlijk aan het roer van een natie; voorstelling door een Haka-groep.
Links: Traditionele dansen en folkloristische kostuums worden bij plaatselijke feesten in ere gehouden. **Rechts**: Een moderne Maori-krijger.

kerk en het familieleven dan de Cookeilanders. De hele zondag staat in het teken van het kerkbezoek; luidkeels gezang en het gebruik van de groepstaal zijn kenmerkend voor de activiteiten in de kerk.

Het systeem van *matai* of stamhoofden heeft hier niet goed kunnen gedijen en deze rol is veelal overgenomen door de kerken.

Een van de aanpassingsproblemen van de Samoanen in Nieuw-Zeeland heeft te maken gehad met het werk: de voor hen traditionele gang van zaken werd omgedraaid doordat jonge mensen promotie maakten, terwijl de oudere, gerespecteerde *matai* als het ware werden afgedankt. Het probleem is nog vergroot door het sterke arbeidsethos, waarbij de man overdag of in ploe-

stig van Tonga en Fiji en sommigen van hen zijn zelfs doorgedrongen tot de *All Blacks*, het nationale rugbyteam van Nieuw-Zeeland.

Cookeilanders, Tonganen en Anderen

Veel Nieuw-Zeelanders kunnen Cookeilanders niet onderscheiden van inheemse Maori's. Wie kennis wil maken met de aparte taal, cultuur en dans van de 27.000 Nieuw-Zeelandse Cookeilanders, zou hun kerkdienst of een sociale bijeenkomst bij moeten wonen, in plaatsen als Otara, Porirua, Napier en Hastings of in Rotorua en Tokoroa, waar zij veelal in de bosbouw werkzaam zijn. De Cookeilanders zullen u er ongetwijfeld op attenderen dat verscheidene grote kano's met migranten vanaf de Cookeilanden naar Nieuw-

gendienst werkt en de vrouw in de avonduren bijverdient. Deze manier van werken en leven levert niet alleen genoeg geld op voor de huur, maar ook voor bijdragen aan de kerk en de ondersteuning van familieleden in het geboorteland. De helft van de vreemde valuta op Samoa bestaat dan ook uit contant geld dat afkomstig is van familieleden in het buitenland.

Ook op het sportveld hebben de Samoanen zich niet onverdienstelijk gemaakt. Zij blinken in Nieuw-Zeeland bijvoorbeeld uit in rugby en korfbal.

Vele in Nieuw-Zeeland woonachtige Samoaanse rugbyspelers hebben ertoe bijgedragen dat de ster van West-Samoa aan het internationale rugbyfirmament snel is gestegen. De provinciale teams hebben tegenwoordig ook spelers afkom-

Zeeland zijn gekomen en dat het het Maori niet meer is dan een dialect van de oorspronkelijke Cookeilandse taal.

De Tongaanse gemeenschap onderscheidde zich al in de jaren vijftig, toen koningin Salote in Auckland de *Tongan Society* oprichtte, die zich ten doel stelde mensen bijeen te brengen en sociale gelegenheden te organiseren. Sindsdien hebben de Tonganen zich over het hele land verspreid. De kerk is hun belangrijkste plaats van ontmoeting, met name de kerk van Wesley, de Vrije Tongaanse Kerk en de unitariërskerk. De Tonganen hebben zich in Nieuw-Zeeland waar mogelijk opgedeeld in dezelfde dorpsgroeperingen als in hun vaderland.

Hoewel de Verenigde Naties Nieuw-Zeeland in 1974 ertoe overhaalden Niue onafhankelijk te verklaren, gaven de meeste inwoners van Niue er de voorkeur aan in Nieuw-Zeeland te wonen. De eenvoudige verklaring hiervoor is, dat hun land te klein is om hen te onderhouden. De tienduizend leden tellende bevolkingsgroep houdt haar eigen taal en cultuur voornamelijk levend binnen haar kerkgemeenschappen.

De Tokelau-eilanden zijn herhaalde malen vrijwel geheel weggevaagd door orkanen en Nieuw-Zeeland is voor de bewoners van deze eilanden een toevluchtsoord. De Tokelau-eilanders behoren tot de vermaardste verhalenvertellers in het gebied van de Grote Oceaan. Verhalen maakten het kwetsbare leven op de atollen enigszins draaglijk.

De voornamelijk Melanesische Fijiërs zijn van eilandbewoners blijkt uit de verdubbeling in de afgelopen vijf jaar van het aantal Tonganen, dat thans meer dan achttienduizend bedraagt. De overheid verwacht, dat het aantal eilanders zich in de komende dertig jaar zal verdubbelen.

De Keltische Kwestie

Het immigratiebeleid is vaak beïnvloed door vooroordelen. Zo werden in de 19e eeuw de katholieke Ieren grotendeels buiten de eerste groep van kolonisten gehouden. Er kwam een einde aan dat beleid, toen er in de jaren zestig van de 19e eeuw goud werd gevonden en bijna elke nationaliteit haar vertegenwoordigers op de Nieuw-Zeelandse goudvelden kreeg. De Ieren vormden toen een kwart van de bevolking van West Coast.

nog niet zo lang in Nieuw-Zeeland. Inmiddels zijn in Auckland en Wellington kleine gemeenschappen ontstaan die nu ongeveer drieduizend leden tellen (tweemaal zoveel dan vijf jaar geleden). Op *Fiji Day* tonen zij hun befaamde dansen.

De opeenvolgende regeringen hebben verschillende standpunten ingenomen ten aanzien van de immigratie vanuit het gebied van de Grote Oceaan. In de jaren zeventig veroorzaakte een streng beleid door het kabinet Muldoon spanningen - het gevolg van vermeend racisme. De meer recente, positieve discriminatie bij de immigratie

De Ieren zijn in het algemeen opgegaan in de massa van de *Pakeha's* en velen hebben naam gemaakt op het politieke toneel. Richard John Seddon liet voor het eerst van zich horen in West Coast, waar de Ieren nog altijd sterk vertegenwoordigd zijn. Hij zou de strijdlustigste ministerpresident worden die Nieuw-Zeeland ooit heeft gehad. Robert Muldoon, die Iers-Engelse voorouders had, kwam uit een andere overheersend Ierse gemeenschap - Auckland - en was halverwege de jaren zeventig en begin jaren tachtig ministerpresident. Ook Jim Bolger, die gedurende de laatste tien jaar een belangrijke rol heeft gespeeld in de National Party heeft Ierse voorouders.

Bijna een kwart van de Nieuw-Zeelandse bevolking is van Schots-presbyteriaanse afkomst, wat het duidelijkst merkbaar is in Dunedin waar

Links: Echtpaar van de Cookeilanden.
Boven: Polynesiërs doen in het algemeen zwaar lichamelijk werk.

Schotse sportclubs worden verwelkomd met wapperende kilts en doedelzakmuziek. In het hele land zult u echter Schotse doedelzakbands en dansgezelschappen aantreffen.

Meer Aziaten

In de jaren negentig van de 20e eeuw werd het immigratiebeleid gewijzigd en Aziaten werden aangemoedigd naar Nieuw-Zeeland te komen. De reden hiervoor was deels het nieuwe inzicht over de plaats die Nieuw-Zeeland inneemt in het gebied van de Grote Oceaan, maar ook financiële overwegingen hebben hierbij een voorname rol gespeeld: het land wilde namelijk buitenlandse investeerders aantrekken.

Veel migranten hebben Hongkong verlaten,

Chinezen, waarvan de eersten ten tijde van de goudvondsten naar Nieuw-Zeeland kwamen. Een Chinees die geen goud vond en in Nieuw-Zeeland vast kwam te zitten, werd door minister-president Seddon als 'ongewenst' bestempeld en kreeg geen ouderdomspensioen.

Vele Indiase nieuwkomers van de afgelopen paar jaar zijn gevlucht voor de politieke discriminatie op Fiji. Vanaf de jaren twintig kwamen de eerste Indiërs uit de provincie Gujarat rond Bombay. De eerste Indiër in Nieuw-Zeeland was een Sikh en er staat een kleine Sikh-tempel buiten Hamilton. Veel Indiërs in Nieuw-Zeeland zijn echter moslim en geen hindoe, getuige het Islamitische Centrum in Auckland. Honderden gezinnen van voornamelijk boeddhistische Srilan-

omdat ze niet wisten wat de toekomst zou brengen na de overdracht van de kroonkolonie aan China. Deze mensen moesten elk ten minste een half miljoen dollar meebrengen. Deze stroom vanuit Hongkong vormde het hoogtepunt van een periode waarin Nieuw-Zeeland te maken kreeg met de grootste Aziatische immigrantenstroom uit zijn geschiedenis. Het aantal Chinezen, onder wie veel Taiwanezen, verdubbelde in slechts vijf jaar tot bijna achtendertigduizend. In diezelfde periode is het aantal Indiërs meer dan tweemaal zo groot geworden - zevenentwintigduizend, bijna evenveel als alle andere Aziaten bij elkaar, zoals Vietnamezen, Cambodjanen, Japanners, Thailanders, Maleisiërs en Filippino's, samen.

De grootste verandering in het beleid betrof de

kanen hebben zich in de afgelopen jaren eveneens in Nieuw-Zeeland gevestigd.

Joden en Andere Europeanen

In de voornaamste bevolkingscentra behoorden joodse handelaars tot de vooraanstaande burgers. Een van de eerste joden die hun stempel drukten op Nieuw-Zeeland was de minister van financiën en latere minister-president sir Julius Vogel. In de jaren zeventig van de 19e eeuw leende hij geld van Londense relaties, zoals de familie Rothschild, om de grote sprong voorwaarts te financieren, waarbij honderdduizend Europese immigranten de wegen en spoorlijnen van Nieuw-Zeeland kwamen aanleggen.

Vogels meest geslaagde immigranten waren misschien wel de vijfduizend Denen en Noren die de wouden in het lagere deel van het Noorder-eiland hebben gekapt en plaatsen, zoals Norse-wood en Dannevirke, hebben gesticht. Uiteindelijk zijn er tienduizend gekomen. Zij zijn al net zo kalm opgegaan in de mono-cultuur als de duizend Zwitserse melkveehouders die zich door toedoen van de Zwitser Felix Hunger in de laatste helft van de 19e eeuw aan de andere kant van het Noordereiland hebben gevestigd.

IMMIGRANTEN

De grootste naoorlogse stroom immigranten bestond uit de dertigduizend Nederlanders die in hun overvolle land geen toekomstmogelijkheden zagen en de bloeiperiode van Nieuw-Zeeland te baat namen.

De Duitsers arriveerden in dezelfde tijd in Nieuw-Zeeland als de Britten en zij zijn, behalve tijdens de twee wereldoorlogen, steeds blijven

Aan het einde van de 19e eeuw deserteerden ongeveer duizend Dalmatiërs uit het Oostenrijks-Hongaarse leger en sloten zich aan bij de Britten die in het noorden op zoek waren naar *kauri*-hars. Toen de hars opraakte, richtten ze zich op de wijnbouw. Ironisch genoeg beschouwde de bevolking hen aan het begin van de Eerste Wereldoorlog als Duitsers en plaatselijk werden ze dan ook het slachtoffer van pesterijen en vooroordelen. De Dalmatiërs hielden echter vol en legden de basis voor de Nieuw-Zeelandse wijnindustrie - aanvankelijk in de omgeving van Auckland. In deze bedrijfstak

komen. Na het einde van de oorlog in 1945 rekruteerde Nieuw-Zeeland migranten in Oostenrijk en Duitsland. De Spartaanse, withouten lutherse kerkjes in Nieuw-Zeeland wijzen op de aanwezigheid van deze keurige, hardwerkende kolonisten.

De 3000 Italianen die rond het einde van de 19e eeuw naar Nieuw-Zeeland zijn gekomen, waren voornamelijk afkomstig uit Sorrento en Stromboli. Zij kwamen veelal aan de slag als vissers en tomatenkwekers, werk dat ze van oudsher al deden. Island Bay (een wijk in Wellington) staat hierdoor nog altijd bekend als *Little Italy*.

Linksboven: Twee gezichten uit één en dezelfde smeltkroes. **Boven**: Oost-Europese afkomst verloochent zich niet.

hebben ze nu nog steeds een grote naam.

Een belangrijke naam in de Nieuw-Zeelandse wijnbouw is die van een Libanese familie: Corbans - veel van hun landgenoten spelen een belangrijke rol in het Nieuw-Zeelandse zakenleven.

Grieken, Serviërs en Kroaten

De Grieken zijn, net als de Italianen, druppelsgewijs in Nieuw-Zeeland aangekomen. Ze bleven meestal hangen in hun plaats van aankomst, het centrum van Wellington. De prachtige Grieks-orthodoxe kerk geeft overduidelijk blijk van hun aanwezigheid. De gemeenschapszin woog zwaarder dan het klimaat, en daar heeft Wellington in de loop der tijd van geprofiteerd. In Masterton is de plaatselijke kerk bijvoorbeeld voorzien van een weelde aan Grieks-orthodoxe iconen.

Het is te vergelijken met de iconostase of het fantastische gebeeldhouwde altaar van de Roemeens-orthodoxe kerk in Berhampore, een voorstad van Wellington, waar een kleine Roemeense gemeenschap samenkomt. Op enkele honderden meters afstand hiervan bevindt zich één van de twee Servische kerken in Wellington, terwijl enkele heuvels verderop voor de Kroatische gemeenschap de mis wordt opgedragen door een priester, die naar de andere kant van de stad is verhuisd om zich bij deze politieke vluchtelingen uit het voormalige Joegoslavië te voegen.

Twee Joegoslavische clubs die vroeger aan weerszijden van een straat in Auckland lagen, re-

flecteerden de verschillende migratiestromen.

Een groep van 733 oorlogswezen uit Polen kreeg in 1944 een nieuw thuis in Nieuw-Zeeland, dankzij de inspanningen van de echtgenote van minister-president Peter Fraser, Janet. De meeste kwamen in Wellington terecht. Meer dan vijfduizend Poolse vluchtelingen volgden.

Tot de naoorlogse vluchtelingen behoorden onder meer Tsjechen en Slowaken en in 1968, na het neerslaan van de Praagse Lente, volgden nog eens enkele honderden politieke vluchtelingen. De invasie van de Sovjet-Unie in Hongarije in het jaar 1956 leidde tot de komst van duizend Hongaren. Na de oorlog zijn er minstens evenveel Russen als politiek vluchteling naar Nieuw-Zeeland gekomen, waaronder veel joden.

De ruim zevenduizend Indo-Chinese boot-

vluchtelingen die halverwege de jaren zeventig van de 20e eeuw hun land hebben verlaten, vormen meer dan 90 procent van het recente aantal vluchtelingen. De overige 10 procent bestaat uit Russische joden, Chilenen, Oost-Europeanen en Assyriërs. De Cambodjanen, Vietnamezen en Laotianen komen binnen via het immigratiecentrum in Mangere en worden overal in het land aan werk geholpen.

Op vergelijkbare wijze zijn ook de vluchtelingen uit het door oorlog geteisterde Afrika geholpen. Zo ontstaan geleidelijk Somalische gemeenschappen in verschillende delen van het land.

De immigratie heeft de stedelijke gebieden in de laatste twintig jaar veranderd in plaatsen met een kosmopolitische verscheidenheid, met name aan restaurants en delicatessenwinkels. De nieuwkomers hebben ervoor gezorgd dat wijn wordt gedronken bij exotische maaltijden, terwijl bier nog hoort bij de in onbruik gerakende Kiwi-traditie van gebraden lamsbout, rugby en paardenraces. Races met Chinese *dragon-boats* worden steeds populairder in Auckland en Wellington. Nieuw-Zeeland kent officieel twee culturen, maar is in werkelijkheid multicultureel.

De toekomst

Sommigen beweren dat de smeltkroes geen opzet maar puur toeval is. Pas in de jaren tachtig van de 20e eeuw begon Nieuw-Zeeland, dat tot dan toe praktisch alleen blanke immigranten had toegelaten, officieel een beleid te voeren waarbij immigranten uit Aziatische landen en het gebied van de Grote Oceaan positief werden gediscrimineerd. Toch is de invloed op de sociale structuur van het land nu reeds merkbaar.

Om het ideaal van de smeltkroes te kunnen verwezenlijken, moeten - voordat Nieuw-Zeeland de nieuwe eeuw ingaat - nog een aantal kwesties opgelost worden. Veel Maori's hebben laten weten ongerust te zijn over het evenwicht tussen hen en de nieuwkomelingen en daaromtrent is enige spanning ontstaan. De Maori's hebben nader advies ingewonnen over immigratiebeleid en hebben zich achter de New Zealand First Political Party geschaard, die zich tijdens de verkiezingen in 1996 hard maakte voor een immigratiestop. Vooral de Aziatische gemeenschap vormt een doorn in het oog van de Maori's. Ze zijn kwaad omdat de Aziaten Nieuw-Zeelandse grond in eigendom hebben, terwijl hun eigen aanspraken op land conform het Verdrag van Waitangi nog niet zijn afgehandeld. De Aziaten die zich in Nieuw-Zeeland hebben gevestigd, vinden dat ze in dezen onheus bejegend worden.

Links: Thaise rotanverkoper.
Rechts: Het zuiden van het Zuidereiland onderhoudt nog steeds sterke banden met Schotland.

DE HUIDIGE MAORI'S

Geleidelijk profileren de Maori's zich in steeds sterkere mate in alle facetten van het Nieuw-Zeelandse leven en niet-Maori's tonen steeds meer respect voor het traditionele geloof van de Maori's.

Niemand heeft zich in de moderne tijd meer ingezet voor het voortbestaan van de Maori-cultuur dan sir Apirana Ngata (1874-1950), het befaamde parlementslid, afkomstig van de oost-kust van het Noordereiland. De omvang en de diversiteit van zijn bijdragen aan het Maori-bewustzijn hebben hem tot een persoon van enorme betekenis gemaakt. Aan het einde van de jaren twintig had Ngata, die inmiddels geridderd was en benoemd tot minister van Maori-zaken, de aanzet gegeven tot wetgeving om Maori-land tot ontwikkeling te brengen, een school opgericht in Rotorua en een werkprogramma opgezet voor de bouw van ontmoetingscentra en andere publieke voorzieningen voor Maori's.

In nauwe samenwerking met Ngata maakten vooraanstaande leden van de gemeenschap, waaronder prinses Te Puea Herangi van Waikato (1883-1952), zich sterk om het nationale beleid op plaatselijk niveau door te voeren. Te Puea was veertig jaar lang de drijvende kracht achter de Maori-koningsbeweging, die was ontstaan als gevolg van de oorlogen tussen Maori's en *Pakeha's* in de jaren zestig van de 19e eeuw. Zij versterkte het zelfbewustzijn van haar volk, blies hun culturele activiteiten nieuw leven in, bouwde een modeldorp in Ngaruawahia dat het zenuwcentrum werd van de koningsbeweging en zorgde ervoor dat duizenden Maori's in Waikato weer landbouwgrond kregen. Ze wist zowel onder Maori's als onder *Pakeha's* acceptatie te verkrijgen voor het Maori-koningschap, dat voordien buiten Waikato met argusogen werd bekeken. Turangawaewae Marae bij Ngaruawahia werd - en is nog steeds - het ontmoetingshuis bij uitstek voor nationale Maori-bijeenkomsten.

Vandaag de dag is de achternicht van Te Puea, koningin Te Atairangikaahu, de spil van de beweging. Zij kan rekenen op de directe trouw van ongeveer honderdduizend Maori's en het respect van alle andere.

Verbeterde Levensstandaard

Meer genoegdoening voor het Maori-volk kwam na de verkiezing van een Labour-regering aan het einde van de Grote Depressie, in de jaren dertig. Het welvaartsprogramma van de Labour Party droeg meer bij tot het verhogen van het levenspeil van de Maori's dan alle voorgaande maatregelen hadden gedaan en stond garant voor het fysieke voortbestaan van het Maori-ras dat door ziektes die de Europese kolonisten hadden meegebracht, werd bedreigd. De stemgerechtigde Maori's erkenden dit feit door vanaf dat moment uitsluitend parlementsleden van de Labour Party te kiezen, totdat de New Zealand First Party hen in 1996 een alternatief bood.

Na de Tweede Wereldoorlog vond er echter

een belangrijke verschuiving in de Maori-gemeenschap plaats. De afname van de werkgelegenheid op het platteland en de gelijktijdige snelle uitbreiding van de secundaire industrie in de stedelijke gebieden hadden tot gevolg, dat steeds meer Maori's naar de steden trokken. In 1945 woonde meer dan tachtig procent van de Maori's nog op het platteland. In de jaren tachtig was dat nog geen tien procent. Voor het eerst moesten Maori's en *Pakeha's* zij aan zij met elkaar leven.

Deze nieuwe verhouding bracht problemen met zich mee. Soms werden de Maori's openlijk, soms op meer subtiele wijze, geconfronteerd met het fenomeen discriminatie. De meeste Maori's die naar de stad waren getrokken, hadden - door gebrek aan scholen of motivatie - weinig onderwijs genoten en kregen slecht betaalde baantjes.

Links: Wijlen sir James Henare, befaamd Maori-leider. **Rechts**: Hartelijk welkom.

Het was een heel andere wereld, hard en zonder de sociale ondersteuning die de grote families op het platteland boden. Veel jongeren die in deze nieuwe omgeving waren geboren en zich niet volledig Maori, maar ook niet echt *Pakeha* voelden, reageerden sterk asociaal en het negatieve beeld dat de Nieuw-Zeelandse maatschappij van de Maori's had, werd hierdoor nog versterkt.

De problemen worden nu evenwel onderkend en in de laatste decennia is er vooruitgang geboekt bij het oplossen ervan. Het onderwijssysteem in Nieuw-Zeeland is geleidelijk aangepast aan de nieuwe eisen. *Kohanga Reo* (taalnesten) zijn opgezet met als doel Maori-peuters en -kleuters bloot te stellen aan de taal en cultuur van hun eigen volk. Het onderwijsprogramma van de scholen weerspiegelt nu beter het belang van de Maori-cultuur voor het leven in Nieuw-Zeeland. Door middel van programma's worden Maori's gestimuleerd hun opleiding af te ronden met een universitaire studie en nieuwe wetten moeten discriminatie op het werk uitbannen. Rechtskundige bijstand en vertaalfaciliteiten zijn thans via de rechtbanken beschikbaar. Het Maori, dat nu officieel de tweede taal van het land is, wordt zelfs nu en dan gesproken in het parlement.

Ondanks deze positieve ontwikkelingen, blijft armoede onder de Maori's een probleem en is het aantal Maori's dat in de Nieuw-Zeelandse gevangenissen zit, buitenproportioneel hoog. Enkele verslaggevers hebben dan ook gesuggereerd dat de sociale problemen diep zitten en misschien

De Hui, de Traditionele Bijeenkomst van de Maori's

Aan het begin van een *hui* worden bezoekers geroepen met een *karanga* - een lange, klaaglijke kreet die de levenden roept en de doden gedenkt - naar de *marae* te komen. Deze roep wordt alleen door vrouwen uitgevoerd. De bezoekers geven gehoor aan de oproep en betreden de *marae* geleid door hun eigen vrouwen, die gewoonlijk in het zwart zijn gekleed. Daarna volgt een pauze en een *tangi* (ritueel rouwbetoon) voor de doden. Hierna volgen de *mihi* (welkomsttoespraken) en de dankwoorden, uitgesproken door de mannelijke ouderen. Aan het einde van elke toespraak staan de metgezellen van de spreker op en samen brengen ze een *waiata* (lied) ten gehore; meestal een klaagzang. Na deze formaliteiten komen de bezoekers naar voren voor de *hongi* (begroeting door te neuzen) met de plaatselijke stamleden, waarna ze voor de rest van de bijeenkomst worden opgenomen in de gelederen van de *tangata whenua*. Het voedsel dat hierbij wordt geserveerd, is heel bijzonder: vlees en groente, bereid in een *hangi* of klei-oven. Er zijn vooral veel schaal- en schelpdieren, *kina* (zee-egel), aal en gedroogde haai. Gefermenteerde maïs is een specialiteit, evenals *titi* (dunbekpijlstormvogel). Het brood is in de meeste gevallen *rewena* (een soort kadetje) of een variant daarvan die lijkt op de Amerikaanse donut. Veel meer nog dan in de *Pakeha*-maatschappij is samen eten een rituele manier om uiting te geven aan goede wil. Aanvaarding van een dergelijke vorm van gastvrijheid is even belangrijk als de bereidheid deze te bieden wel terug te voeren zijn op de kolonisatie van Nieuw-Zeeland door de Europeanen.

De belangrijkste instantie die Maori's bijstaat om hun verloren grond terug te krijgen, is het in 1975 in het leven geroepen *Waitangi Tribunal*. Dit helpt Maori's bij het verkrijgen van compensatie - in de vorm van land, geld of visquota's - voor hulpbronnen die hun zijn ontnomen tijdens de Europese kolonisatie van Nieuw-Zeeland. Het tribunaal is gebaseerd op het uit 1840 stammende Verdrag van Waitangi en heeft meer bijgedragen tot een oplossing van de klachten van de Maori's dan welke andere maatregel ook.

Tegenwoordig werken steeds meer Maori's zij aan zij met *Pakeha's* en komen in het zaken- of beroepsleven terecht. Ook hun politieke macht is ten discussies over aangelegenheden betreffende de lokale en nationale Maori-belangen evenals stambelangen. Bij de bijeenkomst horen ook gezamenlijke maaltijden, gezangen en religieuze diensten. De deelnemers slapen samen in het grote ontmoetingshuis of de hal, waar de discussies vaak nog tot in de vroege uurtjes doorgaan.

Bruiloften, feestjes ter gelegenheid van iemands 21e verjaardag, doopplechtigheden of begrafenissen zijn bij de Maori's heel anders dan bij de *Pakeha's*. Ze gaan gepaard met toespraken in het Maori, Maori-liederen en Maori-spreekwoorden. Gevoelens worden openlijk getoond, hetgeen heel indrukwekkend is.

Normen en waarden gaan schuil achter een westerse vermomming. Begrippen als *tapu* (hei-

toegenomen, dankzij de introductie van de evenredige vertegenwoordiging.

In alle facetten van het Nieuw-Zeelandse leven vervangt een positieve stereotypering het oude, negatieve beeld.

De *hui* laat op een zeer onthullende en ontroerende manier zien hoe de Maori's Maori zijn. De bijeenkomst wordt gewoonlijk gehouden op een *marae* (binnenplaats tegenover een ontmoetingshuis) onder leiding van de *tangata whenua* of gaststam.

Nadat de openingsformaliteiten achter de rug zijn, gaat de *hui* van start met openbare en geslo-

ligheid), het tegenovergestelde ervan *noa*, *wairua* (geestelijke zaken) en *mana* (autoriteit) hebben nog altijd een plek in het leven van de Maori's.

Het feit dat de twee voornaamste bevolkingsgroepen van het land nu zij aan zij leven, betekent dat niet-Maori's meer dan voorheen respect dienen te tonen voor Maori-rituelen en voor plaatsen die volgens het geloof van de Maori's *tapu* zijn (plaatsen waar zich heilige voorwerpen bevinden, waar zich historische gebeurtenissen hebben afgespeeld of waar begrafenissen hebben plaatsgevonden). Maori-plechtigheden - met name de *hui* (bijeenkomst), de *tangi* (rouwbetoon) en *karakia* (gebed) - worden steeds vaker door *Pakeha's* met eerbied tegemoet getreden. Hopelijk zal dit beide rassen ten goede komen.

Links: De *hongi*, de typische Maori-groet.
Boven: Bij ceremoniële gebeurtenissen worden nog altijd oorlogskano's gebruikt.

DE KUNST VAN DE MAORI'S

De kunstwerken van de Maori's zijn niet alleen mooi om te zien, maar onthullen tegelijkertijd veel over het geloof, de geschiedenis en de sociale structuur van de Maori-gemeenschap.

In het gebied van de Grote Oceaan kent de klassieke kunst van de Nieuw-Zeelandse Maori's haar gelijke niet. Uit tal van creatieve stijlen en groot vakmanschap kwamen en komen nog steeds prachtige voorwerpen voort. Om de kunstzinnigheid en de handvaardigheid van de Maori's ten volle te kunnen waarderen, dient men enige kennis te hebben van de gebruikte materialen, de toegepaste technieken, het ontwerp en de symboliek, alsmede van de economische, sociale en godsdienstige facetten die tot het maken van kunstvoorwerpen hebben geïnspireerd.

Bij de kunst en het ambacht van de Maori's ging het om de bewerking van hout, steen, bot, vezels, veren, kleipigmenten en andere natuurlijke materialen door kundige ambachtslieden.

De Maori-cultuur was in principe een houtcultuur. Kano's, opslagplaatsen, woonhuizen, vestingwerken, wapens, kommen voor huishoudelijk gebruik en werktuigen werden van hout gemaakt.

Kunstnijverheidsklassen en Kunstperioden

In de kunstnijverheid van de Maori's konden drie verschillende categorieën worden onderscheiden. De eerste categorie omvatte producten die toebehoorden aan de hele gemeenschap, zoals oorlogskano's. Bij de tweede categorie ging het om persoonlijke zaken, zoals kledingstukken, ornamenten van groensteen, kammen, muziekinstrumenten en onuitwisbare tatoeages. Het gereedschap van de houtsnijder en de veldarbeider, de lijnen en vishaken van de visser, het landbouwgereedschap van de veldarbeider evenals de vallen en speren van de vogelvanger, die doorgaans door de gebruiker zelf werden gemaakt, werden eveneens tot deze categorie gerekend. De artefacten ten behoeve van rituele magie die onder het beheer vielen van de priesters (*tohunga*), godenstokken en oogstgoden, alsmede alles wat maar te maken had met de ceremoniële communicatie met de goden en de geesten van voorouders, hoorden thuis in de derde categorie. Het waren vaak versierde uitvoeringen van dagelijkse gebruiksvoorwerpen. Een doodgewone graafstok was bijvoorbeeld in zijn rituele vorm rijkversierd met snijwerk.

In de Maori-kunst zijn vier afzonderlijke tijdvakken te onderscheiden, elk met eigen kenmerken: het archaïsche, klassieke, historische en moderne tijdvak. Het eerste is dat van de archaïsche Maori of moajagers. Zij waren de rechtstreekse afstammelingen van de Polynesische kanovaarders die zich als eersten in Nieuw-Zeeland hebben gevestigd. Zij wisten zich eeuwenlang in leven te houden door te jagen, te vissen en op het land en in de zee voedsel te verzamelen. Hun kunstwerken, waaronder houtsnijwerk en voorwerpen van bot en steen, worden gekenmerkt door strenge vormen die, bezien als puur beeldhouwwerk, veel van het latere werk overtreffen.

KLASSIEKE MAORI-CULTUUR

De klassieke Maori's zijn tot in detail beschreven door James Cook, die enkelen van hen ontmoette toen hij vanaf de *Endeavour* in 1769 voet aan wal zette in Nieuw-Zeeland. De klassieke Maori-cultuur beleefde toen een bloeiperiode. De levenswijze en de kunst van de Maori's leken hun ontwikkelingspotentieel, binnen de door de steentijd gestelde grenzen, te hebben bereikt. Grote oorlogskano's vormden in die tijd de trots van de stammen en oorlogsvoering werd beschouwd als iets dat nu eenmaal bij het leven hoorde. Het vervaardigen van allerlei wapens van hout, bot en steen - en de verheerlijking van krijgers door middel van tatoeages, kleding en versierselen - werd gezien als een zaak van het hoogste belang.

Het verbouwen van bataat (*kumara*) en andere gewassen, alsmede het vermogen alle natuurlijke hulpbronnen bos en oceaan zo optimaal mogelijk te benutten, stelden de Maori's in de loop van de tijd in staat een rustig leven in een dorpsgemeenschap te gaan leiden - gekenmerkt door voedseloverschotten, een streng georganiseerd stamverband en territoriale grenzen. Deze periode wordt het klassieke tijdvak genoemd. Dankzij de maatschappelijke veranderingen onder de Maori's kon de gemeenschap ambachtslieden met een bepaald specialisme onderhouden.

De historische periode van de Maori-kunst werd gekenmerkt door snelle veranderingen als gevolg van de invoering van metalen gereedschap en westerse stoffen, het christendom, nieu-

het buitenland de aanzet hadden gegeven tot een nieuw soort economie, werden er grote voorraadhuizen gebouwd. Deze bouwsels raakten in onbruik, toen pakhuizen en schuren naar westers voorbeeld een praktischere oplossing bleken te zijn.

Er zijn mooie pakhuizen (*pataka*) in museums bewaard gebleven. Een daarvan, *Puawai-o-te-Arawa* (Bloem van de Arawa), dat oorspronkelijk in 1868 is gebouwd in Maketu aan de Bay of Plenty, staat in het museum van Auckland. Aan de grote dagen van de *pataka* kwam een einde, maar gemeenschapshuizen werden tijdens de historische periode steeds nuttiger. Ze ontwikkelden zich zelfs tot het middelpunt van het sociale leven van de Maori's en van een revolutie

Representation of A WAR CANOE of NEW ZEALAND, with a View of Cable End Foreland

we eetbare gewassen, musketten en kanonnen. Na 1800 werd de oorlogsvoering bijzonder bloedig, toen de eerste stammen die de beschikking hadden over musketten de aanval openden op hun traditionele vijanden die nog steeds waren bewapend met knuppels en speren. Omheinde dorpen, de zogenoemde *pa's*, konden niet langer worden verdedigd en werden prompt verlaten. De grote oorlogskano's werden nutteloos, aangezien het gebruik van wapens met buskruit veranderingen in gevechtsstrategie vereiste. Toen de nieuwe aardappeloogsten en de invoer van goederen uit

op het gebied van de Maori-kunst.

De vierde periode in de kunst van de Maori's, de moderne tijd, begon al vóór 1900 en duurt nog altijd voort. De sterk toenemende belangstelling voor de Maori-kunst (*Maoritanga*) valt samen met een algemele opbloei van de Maori-cultuur. De wortels van deze heropleving reiken tot diep in de 19e eeuw, maar het waren de leiders uit het begin van de 20e eeuw - met name sir Apirana Ngata en sir Peter Buck (Te Rangi Hiroa) - die de studie en de vernieuwing van de Maori-kunst hebben bevorderd. Het ontmoetingscentrum bleek hiervoor een ideaal middel te zijn.

Goed Geklede Krijgers

De Maori-samenleving en de kunst zijn van oudsher geassocieerd met strijdende stamhoof-

---

Blz. 70-71: Interieur van een ontmoetingshuis in Waitangi. **Links**: Het Maori-*koru*-symbool is het logo van Air New Zealand.
Boven: Een Maori-oorlogskano.

den die zich beriepen op hun erfelijke rechten om de stam te leiden. Zij hadden altijd de mooiste kleding, de mooiste versierselen en de beste wapenrusting. Het prestige van de stam (*mana*) was afhankelijk van deze leiders.

De samenleving als geheel was een autocratische hiërarchie. Individuen maakten deel uit van uitgebreide families (*whanau*) die op hun beurt onderstammen (*hapu*) vormden, die via bloedbanden tot stammen waren verenigd. Stambomen leidden terug tot de kano's van de voorouders (*waka*), waarnaar de stammen werden genoemd.

De gemeenschap was verdeeld in twee klassen die elkaar in zekere mate overlapten. De bovenklasse bestond uit de nobelen (*ariki*) en de gene-

raals of stamhoofden (*rangatira*). De meerderheid, de onderklasse, bestond uit gewone mensen (*tutua*). Daarnaast waren er de slaven (*taurekareka*) die geen rechten hadden. Deze ongelukkige mensen deden ondergeschikt werk en stierven soms als mensenoffer of dienden als voedsel wanneer bij speciale gelegenheden mensenvlees moest worden gegeten.

De mensen kleedden zich in overeenstemming met hun status, maar voor het dagelijks werk hulden de hoge en de lage klasse zich in oude kledingstukken. Zowel mannen als vrouwen droegen een lendendoek en, als het weer of ceremoniële gebruiken dat vereisten, een schoudermantel. Kinderen liepen vóór hun puberteit gewoonlijk naakt. Eenmaal volwassen, werd het onfatsoenlijk de geslachtsdelen onbedekt te laten.

De tatoeage van het gezicht vormde een speciale aanduiding van de rang. Bij mannen werd het hele gezicht getatoeëerd door het aanbrengen van pijnlijke, diepe kerven met behulp van speciale mesjes van vogelbot die in een roetbruin pigment werden gedoopt dat er onderhuids blauw uitzag. Krijgers uit het noorden hadden bovendien vaak tatoeages op hun billen en dijen. Vrouwen droegen diepe tatoeages rondom hun lippen en hun kin, maar de lippen zelf werden blauw gekleurd door middel van een soort kam met 'naalden'. Deze opmerkelijke vorm van kunst is goed te zien op gemummificeerde Maori-hoofden. Van oudsher werden de hoofden van verslagen vijanden meegenomen naar huis waar ze werden bespot. De hoofden van familieleden werden daarentegen bewaard om bij te rouwen. Het mummificeren gebeurde door middel van stomen, roken en oliën. De hoofden die op die manier waren behandeld, bleven intact en behielden hun haar, huid en tanden. Uit respect voor het geloof van de Maori's, worden dergelijke hoofden zelden in musea aan het publiek getoond en thans oefenen de Maori's sterke druk uit, om de gemummificeerde hoofden die in het bezit zijn van buitenlandse musea terug te krijgen.

Tatoeëerders en andere gespecialiseerde ambachtslieden waren in het algemeen afkomstig uit de hogere klassen en werden gerespecteerde priesters. Zowel de stamhoofden als de gewone leden van de stam hadden grote bewondering voor vaardigheden op het gebied van de kunstnijverheid en zelfs de nobelen hielden zich ermee bezig. Vrouwen uit de hogere klassen maakten graag mooie kledingstukken en stamhoofden vulden hun vrije tijd vaak met het bewerken van een houten kistje of een ander klein voorwerp.

Kunst voor Krijgers en Goden

Een goed uitgeruste krijger was pas helemaal gekleed als hij zijn wapens bij zich droeg: een korte knuppel in zijn gordel en een lange knuppel in zijn hand. Wapens vervulden ook een belangrijke rol bij het houden van een rede; de redenaar zwaaide er namelijk mee teneinde bepaalde elementen van zijn toespraak kracht bij te zetten.

De religieuze inspiratie in de Maori-kunst had alles te maken met hetgeen men geloofde over goden en geesten van voorouders. In de voorchristelijke tijd was men ervan overtuigd, dat in natuurlijke objecten bovennatuurlijke wezens huisden. Rituelen en gezangen waren dan noodzakelijk om een taak met succes te kunnen volbrengen.

Men geloofde in de innerlijke kracht - *mana* genoemd - van mensen, met de hand gemaakte voorwerpen en natuurlijke objecten. Deze kerngedachte is van essentieel belang voor degene die de kunst en het gedrag van de Maori's wil doorgronden. Het woord *mana* kan verschillende be-tekenissen hebben - bijvoorbeeld prestige, in-vloed, autoriteit en, het belangrijkst, bovenna-tuurlijke kracht. *Mana* nam toe ingeval van suc-ces en verminderde door ongepast contact of ver-vuiling. Wanneer een stamhoofd of zijn bezittin-gen werden aangeraakt door iemand van een la-gere rang, was er sprake van vervuiling en werd de *mana* minder.

Bij alle vormen van kunst en nijverheid wer-den mannen en vrouwen gescheiden gehouden in de traditionele Maori-samenleving. De mannen bewerkten de harde materialen zoals hout, bot en steen, terwijl de vrouwen zich bezighielden met de verwerking van zachte materialen, zoals repen vlas (waarvan matten en manden werden ge-vlochten) of zij maakten vlasvezels gereed voor het vervaardigen van kledingstukken en decora-tieve *taniko*-randen. Men geloofde, dat vrouwen uit de aarde voortkwamen, geschapen door Tane. De eerste man zou daarentegen een rechtstreekse spirituele schepping van de god Tu zijn geweest. Daarom waren vrouwen *noa* en mannen *tapu*, wat respectievelijk niet en wel heilig betekent. Hierdoor hadden de vrouwen een ondergeschikte positie; zij mochten zich niet bezighouden met verheven religieuze praktijken en ambachten en activiteiten die rechtstreeks te maken hadden met hogere goden en geesten van voorouders. Het was vrouwen niet toegestaan, mannen te benade-ren die met hun ambacht bezig waren. Een derge-lijke overtreding werd zwaar bestraft.

De hoogste status hadden de stamhoofden en de priesters. Zij bereikten hun positie pas na een lange periode waarin ze vertrouwd werden ge-maakt met de godsdienstige rituelen.

Kunst had ook vreedzame doeleinden. Houten stokgoden (*tiki wananga*), bijeengebonden met heilige koorden en getooid met rode veren, wer-den door priesters gebruikt bij de communicatie met de goden en de geesten van voorouders, om het welzijn van de stam af te smeken. Stenen oogstgoden (*taumata atua*) werden in of bij tui-nen geplaatst om de vruchtbaarheid van de ver-bouwde gewassen te bevorderen.

In opmerkelijke houten doodskisten in de vorm van een *tiki*, uitgehold en aan de achterkant van een stevig deksel voorzien, werden de been-deren van overledenen bewaard. Tot de begrafe-nisrituelen van de Maori's, althans voor hoogge-plaatste personen, behoorde een voorlopige ter-aardebestelling, waarna een jaar of twee later de beenderen werden opgegraven voor een defini-tieve, ceremoniële begrafenis. Men geloofde dat de ziel van de overledene naar Cape Reinga trok

- het noordelijkste puntje van het Noordereiland - en zich daar in zee stortte, op weg naar het oude vaderland Hawaiki. Doodskisten doen qua vorm dan ook vaak aan een kano denken en sommige zijn zelfs voorzien van een kiel. Deze prachtige kisten, die in grotten of op andere geheime plaat-sen werden verborgen, zijn aangetroffen in het district Auckland en een groot aantal ervan wordt in museums bewaard.

Er werden allerlei gedenktekens en grafmonu-menten opgericht ter nagedachtenis aan de do-den. Sommige bestonden uit palen met een uitge-sneden *tiki*, terwijl andere de vorm hadden van een kano die zo diep werd ingegraven, dat hij rechtop bleef staan. Er werden ook palen ge-plaatst om het territorium van een stam af te ba-

KOSTBARE BEZITTINGEN

Onder de persoonlijke bezittingen van de Maori's zijn hun meest verfijnde kunstwerken te vinden. Kam-men, kledingstukken met veren, schatkisten, mantel-spelden, allerlei groenstenen sieraden, waaronder *hei-tiki's* (hangers in de vorm van voorouderbeeldjes) en wapens, hebben allemaal iets 'persoonlijks', om de *mana* (autoriteit) van hun eigenaar weer te geven. Houten schatkisten (*wakahuia*) werden gemaakt om waardevolle spullen in te bewaren, zoals sieraden van groensteen of veren. Deze van een deksel voorziene kisten, die ontworpen waren om aan de balken van een huis te hangen, waren aan alle kanten versierd met ingewikkeld snijwerk - vooral aan de onderkant, omdat daar meestal tegenaan werd gekeken.

Links: Een Maori-koning met gezichtstatoeage.
Rechts: Een Maori-vrouw met een versierde ka-lebasfles.

kenen en om zeer belangrijke gebeurtenissen te herdenken.

Motieven in de Maori-kunst

De Maori-kunst kan overkomen als een ongeordende warboel. Kennis van het kleine aantal symbolen en motieven dat wordt gebruikt, brengt echter duidelijkheid. De menselijke gedaante, die in de meeste composities een belangrijke plaats inneemt, wordt gewoonlijk aangeduid met het woord *tiki* en stelt de man voor die, volgens de Maori-mythologie, het eerst werd geschapen. De *tiki* staat in de beeldhouwkunst voor voorouders en goden en kan gesneden zijn uit hout, bot of steen. De *hei-tiki* van nefriet of groensteen is het bekendste ornament. In de architectuur van

stond de uitgestoken tong voor een uitdagende houding en beschermende toverkracht.

In veel opzichten vertoont het houtsnijwerk regionale verschillen. De figuren afkomstig van de oostkust van de Bay of Plenty zijn vierkant, terwijl de figuren uit de streek rondom Taranaki en Auckland rond zijn.

Het was de bedoeling van de *tiki*-snijder materiële zaken te vervaardigen die konden dienen als voertuigen voor de goden en de geesten van voorouders. Sommige paalfiguren zijn afbeeldingen van iemands tatoeage, hoewel de meeste stileringen zijn van wezens die niet tot deze wereld behoren. *Tiki*-figuren hebben vaak scheefstaande, starende ogen, handen als klauwen met een van een spoor voorziene duim, een mond als

ceremoniële ontmoetingshuizen werden voorouder-*tiki's* uitgesneden uit panelen die de balken ondersteunden of uit andere delen van de constructie. Ze waren sterk gestileerd, met grote hoofden. Dit wijst ook op de grote betekenis van het hoofd in het Maori-geloof. Het hoofd en de geslachtsorganen werden als de heiligste delen van het lichaam beschouwd.

De geslachtsorganen werden in de voorstellingen van zowel mannen als vrouwen vaak zeer groot afgebeeld. Penis en vulva werden beide beschouwd als centra van een sterke magische kracht die vruchtbaarheid en bescherming gaf. Geboortebeeldjes werden tussen de benen of op het lichaam van de *tiki* geplaatst als verwijzing naar opeenvolgende generaties. Op panelen werden vaak oorlogsdansen uitgebeeld. Daarbij

een snavel en andere vogelachtige kenmerken. Deze vogelmotieven werden over de menselijke basisvorm heen aangebracht, waardoor een hybride ontstond - een vogelmens. Dit berust waarschijnlijk op het geloof dat de zielen van de doden en de goden vogels gebruiken als voertuigen voor de geest.

De *manaia*, een ander belangrijk symbool, is een gesnavelde figuur die en profil wordt afgebeeld met een lichaam met armen en benen. Als deze figuur zich naast een *tiki* bevindt, lijkt hij deze in het hoofd en de romp te bijten. Soms maakt de *manaia* deel uit van de *tiki* zelf en vaak worden beide om en om afgebeeld op deurbalken. Mogelijk stelt de *manaia* de geestelijke kracht van de *tiki* voor. Hij kan de vorm hebben van een vogelmens of een hagedismens. Hagedissen kwamen zelden voor in houtsnijwerk en andere vormen van Maori-beeldhouwkunst.

Walvissen (*pakake*) en walvisachtige wezens kwamen voor op de schuine voorgevels van opslagplaatsen. De kop eindigt aan de lage kant in grote, in elkaar grijpende spiralen die de bek voorstellen. Er kwamen ook vissen, honden en andere dieren in het houtsnijwerk voor, maar die zijn in het algemeen zeldzaam. Men deed geen pogingen de natuur op realistische wijze uit te beelden.

Marakihau, intrigerende monsterachtige zeemeermannen uit de klasse der taniwha, waren

NIEUWE METHODEN

Toen de Europeanen in Nieuw-Zeeland metaal introduceerden, werden de oude stenen werktuigen weggegooid en ging men ijzeren bladen gebruiken, wat duidelijk invloed had op de houtsnijtechnieken.

spanten zijn gebaseerd op een gekruld motief van een stengel met een bol, een zogenoemde *koru*. Air New Zealand gebruikt een *koru* als logo.

Steen en Been

De gereedschappen en materialen die de Maori's gebruikten voor hun kunstnijverheid, waren beperkt: hout, steen, vezels en schelpen. Metalen gereedschap kende men niet. De belangrijkste werktuigen van de houtsnijders, bijlen, bestonden uit een stenen blad dat was vastgezet in een houten heft. Het hakken vormde de basis van alle traditionele Maori-houtsnijkunst. Vormen wer-

mythologische wezens die op de loer lagen in rivieren en grotten. U treft deze figuren aan op panelen en in de vorm van groenstenen versieringen. *Marakihau* waren waarschijnlijk geesten van voorouders die zich terugtrokken in zee. Ze zijn op de 19e-eeuwse huispanelen afgebeeld met een gekronkeld lichaam dat uitloopt in een gekrulde staart. Het hoofd wordt gekenmerkt door horens, grote ronde ogen en een buisvormige tong, soms met een vis erin. *Marakihau* zijn naar verluidt in staat kano's met bemanning en al te verslinden.

De geschilderde patronen aangebracht op dak-

den eerst uitgehakt, waarna het oppervlak met beitels werd versierd. Groensteen was het meest gewaardeerde materiaal voor bladen. Beitels hadden een recht of een hol blad (zoals bij een guts), dat was bevestigd aan een kort, houten handvat. Daarnaast zaten er in de gereedschapskist van de Maori's uit de steentijd boren met stenen punten en allerlei houten wiggen en hamers.

De introductie van verf op oliebasis betekende al snel het einde van het gebruik van rode oker (*kokowai*), een kleurstof waarvan vandaag de dag alleen nog sporen te zien zijn op ouder houtsnijwerk. Later werd houtsnijwerk helaas vaak overgeschilderd met Europese rode verf, waardoor het patina en de oude okerkleur vaak verdwenen. Zo is veel van het polychrome werk uit de historische periode verloren gegaan.

Links: De Maori-beeldhouwer Keri Wilson aan het werk. **Boven**: Detail van houtsnijwerk uit Ohinemutu (Rotorua).

Het betrekkelijk zachte, maar duurzame hout van de *totara* en de *kauri* was favoriet bij de houtbewerkers. Er was ook voldoende hardhout aanwezig. Het nefrietachtige jade (*pounamu*), dat tegenwoordig groensteen wordt genoemd, werd beschouwd als heilig materiaal. Deze zeldzame grondstof werd alleen gevonden in de rivierbeddingen van de Arahura en de Taramakau in West Coast op het Zuidereiland en er werd op grote schaal in gehandeld. Groensteen is zo hard, dat er met een stalen, puntig voorwerp geen krassen op te maken zijn. Voordat er diamantsnijders waren, was het bewerken ervan zeer arbeidsintensief. De arbeider schuurde met zandstenen werktuigen groensteen tot het de vorm had van een hanger, een *hei-tiki*, een wapen of een ander voorwerp.

Been kende velerlei toepassingen. Walvisbeenderen waren erg in trek voor het vervaardigen van wapens. De tanden van potvissen waren geschikt voor fijne siervoorwerpen en hondenhaar sierde wapens en mantels. De schitterende veren van Nieuw-Zeelandse vogels werden in diverse patronen op mantels aangebracht. De regenboogkleurige *paua*-schelpen (zeeoor) werden ingelegd in houtsnijwerk en van boomschors werd textielverf gemaakt. Een diepzwarte verf werd verkregen door vezels in moerasmodder te drenken.

Vlasplanten werden door de Maori's op tal van manieren gebruikt. Bij het in elkaar zetten van oorlogskano's, huizen en pakhuizen werd vlastouw gebruikt. Metalen spijkers kende men niet en van houten pinnen werd door de Maori's geen gebruik gemaakt.

Gemeenschappelijke Ontmoetingshuizen

Rijkversierde ontmoetingshuizen (*whare whakairo*) speelden in de 19e eeuw een belangrijke rol. De Maori's kwamen er bijeen voor sociale gelegenheden. De meeste grotere bijeenkomsten vonden echter plaats op de grote open plek (*marae*) vóór het hoofdgebouw. Op de *marae* werden de gezamenlijke problemen van de stam en andere kwesties die de stam betroffen, opgelost tijdens formele bijeenkomsten, *hui*. Door buitenlanders overgebrachte ziekten, de vernietiging en het verlies van land evenals de gevechten met de kolonisten kwam de Maori-bevolking sterk onder druk te staan. Deze wanhopige situatie weerspiegelde zich in het grote aantal ontmoetingshuizen dat in die tijd werd gebouwd. De moderne gemeenschapshuizen zijn ontstaan in het begin van de 20e eeuw, toen westerse ideeën over architectuur zich vermengden met de bouwkundige opvattingen van de Maori's. Ook in de 20e eeuw bleven rijkversierde ontmoetingshuizen het middelpunt van de sociale activiteiten van de Maori's.

Vaak werden belangrijke gebouwen van de Maori's genoemd naar een voorouder en symboliseerden ze de betrokkene. De nokbalk stelde zijn ruggengraat voor, de dakspanten waren zijn ribben en de gevelpanelen, die vaak vingervormig uitliepen, waren zijn armen. Op de geveltop bevond zich het gezichtsmasker. Sommige stamleden geloven nog steeds dat als ze een bepaald huis binnentreden, ze het beschermende lichaam binnengaan van hun voorouder.

Veel gemeenschapshuizen kunnen worden bezocht, zoals het gemeenschapshuis Tama-te-Kapua in Ohinemutu (Rotorua) dat in 1878 is gebouwd. Terwijl andere ontmoetingshuizen vaak op privé-terrein staan, zijn bezoekers welkom, mits ze van tevoren toestemming voor hun bezoek vragen.

Maori-muziek

Muziek speelt een belangrijke rol in het leven van de Maori's. Op een fluit lijkende blaasinstrumenten werden in de klassieke periode door de Maori's gemaakt van hout, walvisbeenderen en zelfs van steen. Traditionele liederen (*waiata*) vormen een essentieel bestanddeel van ceremonies, zoals begrafenis- (*tangi*) en huwelijksplechtigheden. Hetzelfde geldt voor de Maori-dansen die een combinatie zijn van ritme en lichamelijke beweging. Trommels kende men niet. Tegenwoordig worden elk jaar concertwedstrijden georganiseerd en sommige muziekgroepen treden in alle uithoeken van de wereld op.

Links: Maori-houtsnijwerk van de anglicaanse kerk in Tikitiki. **Rechts:** Schets van een *moko* (gezichtstatoeage) in het Hawke's Bay Museum.

Names of Tatus

V shape centre fo

Bands on forehe
and temples   Ti

where these
in inside o
the eyelids

ornament on l
of Tiwhana, a
corner of eyel
                Pu

ornament over
between the
                KOR

double spiral
upper part of

notching dow
nose.   What

double spirals
nostrils   Pong

pattern over
lip   H

Both Lips tato
Ngutu pu

Pattern on the
        Kau

8 Bands from
to chin patter
                RERE

stab on the outer ba
centre of the c

SPIRAL on the upper cheeks
        KOWIRI —
lines of above, just under the eyes

HET CULTURELE LEVEN

Nieuw-Zeelanders hebben hun stempel gedrukt op de beeldende kunst, poëzie, muziek, film en architectuur.

Schapen mogen niet zonder meer beschouwd worden als het belangrijkste exportproduct van Nieuw-Zeeland. Ook de kunstenaars van het land hebben hun stempel op de wereld gedrukt. Twee van de beroemdste, de schrijfster Katherine Mansfield en schilderes Frances Hodgkins, kregen in eigen land niet de erkenning die hun toekwam. Dankzij de hogere snelheid waarmee tegenwoordig kan worden gereisd en de geavanceerde communicatiemogelijkheden van de 'informatiesnelweg', kunnen Nieuw-Zeelandse kunstenaars nu op het internationale vlak doorbreken zonder dat ze daarvoor hun vaderland hoeven te verlaten. In het laatste decennium heeft de Nieuw-Zeelandse kunst en kunstnijverheid een eigen identiteit ontwikkeld - met haar wortels in het zuiden van de Grote Oceaan. Een traditie van artistieke na-aperij heeft plaatsgemaakt voor een nieuwe vorm van Nieuw-Zeelands zelfvertrouwen dat wellicht het sterkst tot uiting komt in literatuur, film en theater. Operadiva Kiri Te Kanawa, die ooit meer bekendheid genoot in Milaan dan in Masterton, keert nu regelmatig terug naar Nieuw-Zeeland om er op te treden. Kiwi-auteurs zoals Witi Ihimaera, Albert Wendt, Patricia Grace en Keri Hulme, zijn stuk voor stuk internationale beroemdheden geworden.

De geïsoleerde ligging van Nieuw-Zeeland is inmiddels een pluspunt geworden, aangezien steeds meer kunstenaars het gevoel krijgen dat ze hier kunnen leven en werken, terwijl ze tegelijkertijd met hun werk ook het publiek buiten de Nieuw-Zeelandse grenzen kunnen bereiken.

De Schone Kunsten

De Nieuw-Zeelanders hadden aanvankelijk niet zo'n hoge pet op van kunst. In 1982 was de McDougall Gallery in Christchurch - tot ieders verontwaardiging - van plan, tienduizend dollar uit te geven voor een schilderij van Colin McCahon, zonder twijfel de belangrijkste èn meest controversiële schilder van het land. In het afgelopen decennium zijn de Nieuw-Zeelanders McCahon (1919-1987) echter gaan verafgoden. Zijn schilderijen brengen tegenwoordig veel geld op en maken deel uit van tal van internationale collecties. McCahon schilderde in vrijwel totale afzondering, gewend als hij was aan een heleboel onbegrip met betrekking tot zijn werk, dat pre- en postmodern, religieus en abstract was en waaruit liefde sprak voor zijn vaderland. McCahon heeft nooit tot een bepaalde kunststroming behoord, maar zijn werk heeft wel enorme invloed gehad.

Een tijdgenoot van McCahon, Gordon Walters, heeft zich verdiept in de samenhang binnen een weloverwogen beperkte reeks vormen, voornamelijk de *koru* of varenknop. Zijn interpretatie van dit nationale Maori-symbool in een abstracte Europese stijl die veel weg heeft van die van Klee

of Mondriaan, maakt Walters werk typisch Nieuw-Zeelands.

In het Aotea Centre in Auckland bevindt zich een permanente collectie van moderne Nieuw-Zeelandse kunst en in talloze verkoopgalerieën kunt u werk bekijken van zowel opkomende als gevestigde internationaal bekende Nieuw-Zeelandse kunstenaars zoals sir Toss Woollaston, Gretchen Albrecht, Pat Hanly en Ralph Hotere.

De beeldende kunstenaars van Nieuw-Zeeland zetten zich in toenemende mate in voor politieke kwesties of bewegingen. Het werk van Maorivrouwen zoals Robyn Kahukiwa, Kura Te Waru Rewiri en Shona Rapira Davies geeft bijvoorbeeld blijk van betrokkenheid bij het land, bij de *whanau* (familie), bij het antiracisme en het antiseksisme. Het weerspiegelt op die manier de her-

---

Blz. 80-81: Atelier van een pottenbakker.
Links: Een optreden van *dame* Kiri Te Kanawa.
Rechts: Maori-dansers.

wonnen trots en eigenwaarde van de Maori's.

Len Lye (1901-1980) was wellicht de belangrijkste in het buitenland wonende Nieuw-Zeelandse kunstenaar. Hij kreeg internationale bekendheid als pionier op het gebied van directe filmtechnieken (het rechtstreeks krassen van voorstellingen in het celluloid) en als kinetisch beeldhouwer. Diverse kunstwerken van hem kunt u zien in de Govett-Brewster Gallery in New Plymouth, die gespecialiseerd is in werk van Nieuw-Zeelandse beeldhouwers.

Poëzie en Proza

'Ik schreef mijn eerste verhaal aan de oever van de Mataura River, na een maaltijd van forel en thee uit een keteltje: 'Er was eens een vogel. Op

at My Table en *The Envoy From Mirror City.*

Naast Janet Frame hebben postkoloniale Maori-schrijvers met als achtergrond het eilandengebied in de Grote Oceaan, zoals Witi Ihimaera, Patricia Grace en Albert Wendt, aantoonbaar de meeste invloed gehad op het Nieuw-Zeelandse literaire leven in de jaren tachtig en negentig. Keri Hulme werd in 1985 wereldwijd bekend, toen zij de literaire Booker Prize won met haar roman *The Bone People*. Ze schrijft nog steeds - in haar woonplaats op het Zuidereiland.

Muziek

Rockmuzikanten uit Nieuw-Zeeland hoeven zich niet meer in Australië te vestigen of door te gaan voor Australisch, om naam te kunnen maken.

een dag kwam er een havik aanvliegen die de vogel opat. De volgende dag kwam er een grote kabouter achter de heuvel vandaan die de havik opat, omdat die de vogel had opgegeten.' Het is typisch een verhaal dat een driejarige verzint. Aangezien ik nog steeds verhalen schrijf, mag ik dit verhaal analyseren en ik vind het nog steeds het beste dat ik ooit geschreven heb.'

Dat zei de schrijfster Janet Frame in het Nieuw-Zeelandse literaire tijdschrift *Landfall*. Haar liefde voor het schrijven is ontstaan tijdens haar jeugd, toen ze als telg van een arme familie op het Zuidereiland woonde. Van Janet Frame, die geboren is in 1924, zijn meer dan twintig romans, vier verhalenbundels, poëzie en kinderboeken verschenen evenals drie autobiografische werken met de volgende titels: *To the Island, An Angel*

Crowded House brak internationaal door. In het recentere verleden deed Pauley Fuimana van zich spreken met zijn hit *How Bizarre*. Hoewel veel radiostations nog altijd voornamelijk buitenlandse popmuziek draaien, zijn de kansen om op de radio te komen voor Nieuw-Zeelandse groepen aanzienlijk toegenomen. Bic Runga, Headless Chickens, Annie Crummer en Moana and the Moa Hunters brengen typisch Nieuw-Zeelandse muziek ten gehore.

Wie van klassieke muziek houdt, komt het best aan zijn trekken bij het New Zealand Symphony Orchestra en de regionale orkesten die in de vier belangrijkste steden hun thuisbasis hebben. Ook op het gebied van kamermuziek en jazz heeft het land het een en ander te bieden. Opera heeft een

gen eenmanstheatergezelschap en maakte uitsluitend gebruik van zuiver Nieuw-Zeelands materiaal. Mason voerde zijn klassieke stukken, *The End of the Golden Weather* en *The Pohutukawa Tree*, vele malen op in theaters en zalen in het hele land.

Collega-toneelschrijver Roger Hall oogstte grote successen met zijn toneelstukken, waaronder *Middle Age Spread* (dat in het Londense West End op de planken is gebracht) en *By Degrees*.

Film

In de afgelopen jaren hebben Nieuw-Zeelandse regisseurs duidelijk hun stempel op de filmwereld gedrukt. Hoewel ze in Australië woont, wordt Jane Campion, de regisseuse van de uiterst

ware opleving beleefd in Nieuw-Zeeland. Regelmatig worden producties van wereldklasse ten tonele gebracht in de belangrijkste steden, die allemaal een eigen operagezelschap hebben. Optredens van *dame* Kiri Te Kanawa, *dame* Malvina Major en sir Donald McIntyre zijn altijd uitverkocht.

Theater

De toneelschrijver aan wie Nieuw-Zeelandse acteurs en schrijvers veel verschuldigd zijn, is wijlen Bruce Mason (1921-1982). Hij leidde zijn ei-

Links: Een waterkunstwerk op Coromandel Peninsula.
Boven: Een koele ontvangst in Nieuw-Zeeland in de film *The Piano* van Jane Campion.

succesvolle film *The Piano*, als één van hen beschouwd. *Once Were Warriors* van de Maori-regisseur Lee Tamahori, met een bezetting die volledig uit Maori's bestond, oogstte veel succes en is met diverse prijzen bekroond.

De speelfilmindustrie is sinds het einde van de jaren zeventig zeer succesvol geweest. Het begon allemaal met *Sleeping Dogs* van Roger Donaldson, waarin Sam Neill de hoofdrol speelde. De industrie werd sterk gestimuleerd door de *New Zealand Film Commission* en daarna hebben nog vele nationale toppers het licht gezien. Onder hen onder meer *Goodbye Pork Pie* van Geoff Murphy, *Vigil* van Vincent Ward en in het recentere verleden *Topless Women Talk About Their Lives* van Harry Sinclair. In de afgelopen decennia is er ook sprake van een nieuwe generatie vrouwelijke filmmakers, zoals Merata Mita, Gaylene Preston en Alison McLean. Een ander fenomeen op filmgebied is Peter Jackson met zijn komische films *Bad Taste* en *Brain Dead*.

Danskunst
De ruggengraat van de danskunst is in Nieuw-Zeeland nog altijd het ballet en elke week oefenen duizenden jongens en meisjes hun pirouettes en *pliés*, dromend van een plaatsje op de New Zealand School of Dance of bij het Royal New Zealand Ballet in Wellington.

De Royal New Zealand Ballet Company ziet zich geplaatst voor het dilemma, het wankele evenwicht te bewaren tussen commercieel voortbestaan en artistiek belang. De overlevingskans

van de hedendaagse danskunst is eveneens klein. Jarenlang toonde het dansgezelschap Limbs van Mary-Jane O'Reilly het publiek een andere dansvorm. Limbs heeft plaatsgemaakt voor Douglas Wright en Michael Parminter, twee Nieuw-Zeelandse moderne dansers-choreografen.

Pottenbakken, Weefkunst en Houtsnijwerk
De pottenbakkerskunst ontwikkelt zich snel tot één van de meest ontwikkelde kunstvormen van het land. Na de Tweede Wereldoorlog was er voor het eerst een bloeiperiode, toen geïmmigreerde pottenbakkers de rijke kleisoorten van het land te baat namen. De schoonheid en de betrekkelijk geïsoleerde ligging van bijvoorbeeld Nelson en het schiereiland Coromandel Peninsula pasten bovendien uitstekend bij de vrij alterna-

tieve levenswijze van de diverse pottenbakkers.

Barry Brickell in Coromandel, Harry en May Davis in Crewenna en de Lairds van de Waimea Potteries (beide in Nelson) waren verantwoordelijk voor de opleiding van heel wat hedendaagse pottenbakkers. De aan de oostkust woonachtige Helen Mason inspireerde een hele generatie jonge Maori's. Len Castle uit Auckland, die de nadruk legde op eenvoudige vormen en het omgaan met klei 'omwille van de klei', was één van de eerste fulltime pottenbakkers.

Het zal niemand verbazen dat in een land met zoveel schapen, de kunst van het spinnen, weven en het werken met textiele vormen op grote schaal wordt beoefend. Veel kunstzinnige wevers leggen zich nu toe op het maken van spectaculaire tapijten, waarvan sommige multidimensionaal zijn uitgevoerd. Daarnaast is er een opleving van de traditionele Maori-methoden van het weven van vlas, en wel onder leiding van wevers zoals Rangimarie Hetet en Emily Schuster. Andere wevers laten onmiskenbaar eigentijds werk zien dat door de Maori-kunst is geïnspireerd.

Diverse ambachtslieden, zowel Maori's als *Pakeha's*, maken thans gebruik van hout, bot en de traditionele groensteen (*pounamu*) om vorm te geven aan hun eigen designs of om traditionele Maori-ontwerpen te imiteren. In de **Te Taumata Gallery** en bij **Fingers**, een coöperatie op het gebied van sieraden (beide in Auckland gevestigd), zijn voorbeelden hiervan te zien.

Architectuur
Met enige oplettendheid zal de architectuurliefhebber in Nieuw-Zeeland elke bouwstijl ontdekken, van Renaissance, gotiek, Victoriaans en Bauhaus tot '*beton nouveau*'.

Terwijl de glazen torens van Auckland, het Aotea Centre en het nieuwe casino op nogal dubieuze wijze blijk geven van de ideeën van laat 20e-eeuwse bouwmeesters, geeft het stadsbeeld van Wellington wellicht de beste indruk van het werk van hedendaagse architecten. De architect Ian Athfield, wiens kenmerkende stijl neerkomt op een eenmansrevolutie, heeft een bijzonder belangrijke rol gespeeld bij het bouwen of herbouwen van enkele van de meer spectaculaire gebouwen in de hoofdstad. De nieuwe openbare bibliotheek vormt met het ernaast gelegen Michael Fowler Centre (ontworpen door Miles Warren) en de nieuwe Wellington City Art Gallery, één ineenvloeiend cultureel stadshart. Het nieuwe Museum of New Zealand - Te Papa Tongarewa - geeft blijk van designinvloeden die hun wortels hebben in de cultuur van het Grote-Oceaangebied.

Links: Kleurrijke glaskunst op Coromandel Peninsula. **Rechts:** Kunstenaar aan het werk, Wellington Sculpture Festival.

ETEN EN WIJN

De afgelopen decennia heeft er in Nieuw-Zeeland op het gebied van eten en drinken een ware revolutie plaatsgevonden. Vandaag de dag zijn Nieuw-Zeelandse chef-koks en wijnen overal ter wereld geliefd.

Dertig jaar geleden bestond de klassieke Nieuw-Zeelandse maaltijd uit goed doorbakken lamsvlees met jus, ten minste drie soorten groente en als nagerecht *pavlova*, een mierzoet schuimgebakje met slagroom en partjes fruit. Als voorgerecht werd soms een stevige groentesoep geserveerd. In die tijd was het niet de gewoonte wijn bij het eten te drinken - hooguit halfzoete sherry als aperitief.

Van een dergelijke maaltijd geniet men, met name op het platteland, nog steeds ten minste eenmaal per week. Mits goed bereid is het beslist een plezierige ervaring voor de smaakpapillen.

Op culinair gebied is er echter het een en ander veranderd in Nieuw-Zeeland. De Nieuw-Zeelanders zijn fanatieke reizigers en, onder invloed van de kosmopolitische levensstijl in de grote steden van Europa en de Verenigde Staten, is hun houding ten opzichte van eten en wijn gewijzigd.

Uit eten gaan is tegenwoordig een bijzonder geliefd tijdverdrijf. Gerechten die men in een restaurant heeft geproefd, worden thuis vaak nagemaakt - al dan niet in aangepaste vorm. Dit past binnen de 'doe-het-zelf'-mentaliteit waar het land bekend om staat. Geen wonder dat kookboeken en culinaire tijdschriften regelmatig bovenaan de bestsellerlijst te vinden zijn.

Regionale Specialiteiten

Aangezien Nieuw-Zeeland een klein land is met een goed werkend transportsysteem, zijn de meeste regionale specialiteiten in het hele land te koop. Hieronder volgen enkele voorbeelden:
• **Whitebait**: kleine, jonge vissen (diverse soorten) die, hoofdzakelijk in West Coast op het Zuidereiland, met netten worden gevangen in de mondingen van getijrivieren. Gewoonlijk heel geserveerd in de vorm van met ei gebonden beignets.
• **Bluff-oesters**: oesters afkomstig van het zuiden van het Zuidereiland. Ze lijken op Franse oesters en zijn even lekker. Buiten het gebied rond Bluff, moeilijk levend in de schelp te krijgen.
• **Kumara**: de geliefde inheemse aardappel. Heerlijk gekookt, gestoomd, gebakken of gepureerd. *Kumara* is ook een populair bestanddeel van de *hangi*, een Maori-feestmaal bereid in een ondergrondse oven.

Links: *Pacific Rim Cuisine* geserveerd in de buitenlucht.
Rechts: Een ode aan het Nieuw-Zeelandse fruit.

• **Greenshell mussels**: verschillen van de mosselen uit overzeese gebieden die een zwarte schelp hebben. Goedkoop en overal te koop.
• **Paua**: Nieuw-Zeelands zeeoor. Heeft een nogal onsmakelijke groen-zwarte kleur, maar smaakt heerlijk mits snel gekookt.
• **Tuatua**: Nieuw-Zeelandse schelpdieren. Worden vaak in stukjes gesneden en gebruikt als vulling voor beignets. **Pipi** lijken op *tuatua*. Ze wor-

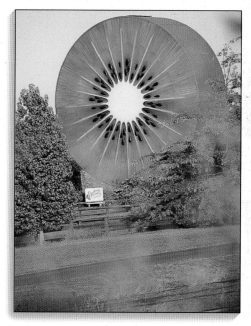

den gevonden in riviermonden aan de kust.

De menu's van Nieuw-Zeelandse restaurants zijn vaak geïnspireerd door de mediterrane keuken, maar er valt ook een Aziatische invloed te bespeuren. Deze invloed kan de vorm aannemen van *wasabi* (Japanse mierikswortelsaus) in de aardappelpuree, tamarindesaus op kip of een Thaise saus bij gegrilde zalm. Deze keuken wordt *Pacific Rim Cuisine* genoemd. Ook Australische en Californische chef-koks zijn bedreven in deze kookkunst, maar Nieuw-Zeeland geeft de toon aan.

Dertig jaar geleden lieten de binnenlandse wijnen die met trots aan buitenlandse gasten konden worden geschonken, zich nog op de knokkels van één vinger tellen. Vandaag de dag winnen de Nieuw-Zeelandse wijnen overal ter wereld prijzen. Zo ging de beker voor de beste Sauvignon Blanc van de prestigieuze International Wine and Spirits Competition bijvoorbeeld op één jaar na elk jaar tussen 1989 en 1997 naar een Nieuw-Zeelandse wijn. Ook heeft het land hoofdprijzen in de wacht gesleept voor Pinot Noir en Chardonnay.

In het buitenland doen onder andere Cloudy Bay Sauvignon Blanc uit Marlborough en Kumeu River Chardonnay uit West-Auckland het erg goed. Cloudy Bay heeft alle kenmerken die een Sauvignon Blanc uit Marlborough moet hebben - bijzonder

BYO-fles

In sommige eetgelegenheden mogen de gasten hun eigen favoriete wijnen meebrengen. Tegen een kleine vergoeding - de zogenoemde *corkage fee* worden de meegebrachte flessen door de kelner ontkurkt. Deze restaurants zijn herkenbaar aan de afkorting BYO (*Bring Your Own*).

onder een aantal andere namen wijn - Corbans onder de naam Cooks en Robard & Butler; Montana onder de naam Clive River, Timara en tal van andere namen; en Villa Maria onder andere onder de namen Vidal en Esk Valley.

De klimatologische omstandigheden in Nieuw-Zeeland zijn vergelijkbaar met die van andere belangrijke wijngebieden, zoals de Rijn, de Elzas, Bourgondië en Bordeaux. Het land wordt beschouwd als een streek met een koel klimaat. Dit is ten dele het gevolg van de geringe breedte van het land waardoor de maritie-

aromatisch, zeer verfrissend en hij ruikt als het ware naar zonneschijn. De manier waarop Kumeu River wordt gemaakt, is Franser dan de productiewijze van menig andere Nieuw-Zeelandse Chardonnay - geen wonder, wijnmaker Michael Brajkovich MW heeft het vak geleerd in Frankrijk. Zijn wijn is in het buitenland zo'n succes geworden, dat Amerikaanse enthousiastelingen de bijnaam *the great New Zealand white* (de grote witte wijn uit Nieuw-Zeeland) hebben bedacht.

Er zijn ongeveer tweehonderdvijftig wijnmakerijen in Nieuw-Zeeland. Verreweg de meeste maken minder dan tweehonderdduizend liter wijn per jaar. Slechts vier wijnmakerijen - Montana, Corbans, Villa Maria en House of Nobilo - produceren meer dan twee miljoen liter. Elk van deze vier grote wijnmakerijen produceert ook

me invloed overal voelbaar is.

Het is interessant om het Nieuw-Zeelandse klimaat te vergelijken met dat van andere streken waar druiven worden verbouwd en wel met de *Degree/Days*-meting. Bij deze methode, die ontwikkeld is in Californië, wordt het aantal keren per jaar gemeten dat de temperatuur een bepaalde waarde overschrijdt. Het komt er in grote lijnen op neer dat hoe hoger het aantal is, des te warmer is de betreffende streek.

Volgens deze methode is Auckland met een waarde van 1601 nagenoeg even warm als Napa Valley met 1600. Hawke's Bay bereikt 1362 en Bordeaux 1328. Bourgondië komt met 1278 dicht in de buurt bij Gisborne met 1206 en Coonawarra in het zuiden van Australië is, met 1206, net iets warmer dan Marlborough met 1123. Canterbury kan met 923 het best worden vergeleken met Champagne dat volgens deze methode 1011 behaalt, terwijl Centraal-Otago met 908 iets onder de 994 van Geisenheim in Duitsland blijft.

Belangrijke Wijngebieden

Van het noordelijkste punt van het Noordereiland tot het zuidelijkste punt van het Zuidereiland worden druiven verbouwd. De belangrijkste wijnstreken, waarvan u de producten kunt proeven, zijn de volgende:

• **Auckland**: Hoge vochtigheidsgraad, maar produceert desondanks toch goede, degelijke rode wijn, vooral op basis van Merlot, evenals uitstekende Chardonnay en Sauvignon Blanc. Van Waiheke Island in de Hauraki Gulf van Auckland komen enkele van de opwindendste mengwijnen van Cabernet en Merlot.

• **Hawke's Bay**: In deze streek wordt een uitstekende Cabernet/Merlot en Chardonnay geproduceerd; de Sauvignon Blanc is weliswaar minder aromatisch dan zijn neef uit Marlborough, maar toch even lekker. Verder brengt de streek een verfrissende, bloemige Riesling voort.

• **Gisborne**: Dit grootschalige wijngebied staat bekend om zijn uitstekende Chardonnay en Chenin Blanc - beide vol van smaak - evenals om zijn aromatische Gewürztraminer. De Merlot uit deze streek is eveneens een veelbelovende wijn.

• **Martinborough/Wairarapa**: Deze streek ontwikkelt zich tot de natuurlijke thuisbasis van Pinot Noir. Hier komt ook Chardonnay van topklasse, goede Riesling en een kleine hoeveelheid van de beste Pinot Gris van het land vandaan.

• **Marlborough**: Bekend om zijn Sauvignon Blanc, maar brengt eveneens uitstekende Riesling en elegante, citrusachtige Chardonnay voort. Wijnen op basis van Cabernet zijn vaak groen en vegetaal, maar wanneer de Merlot overheerst, zijn ze aanzienlijk beter. Uit dit gebied komen ook vele van de beste Méthode Champenoise, mousserende wijnen, van het land.

• **Nelson**: Dit kleinschalige wijngebied lijkt qua klimaat op Marlborough. Hier wordt goede Riesling, Chardonnay, Sauvignon Blanc en Pinot Noir geproduceerd.

• **Canterbury/Waipara**: Uit dit gebied komt goede Riesling, af en toe uitstekende Pinot Noir en dessertwijn van topklasse.

• **Centraal-Otago**: Dit is een goed gebied voor Riesling, Chardonnay en Pinot Noir. Erg koud zodat door het hoge zuurgehalte de jonge wijnen wrang van smaak kunnen zijn. In de wijnkelder worden echter goede resultaten geboekt. Potentieel uitstekend voor Méthode Champenoise.

Links: Het café *The Whale and Oak* in het historische Aucklandse district Parnell.
Rechts: Sinaasappelen aan de Bay of Plenty.

Druivensoorten

In de wijngaarden van Nieuw-Zeeland zijn de meeste klassieke druivensoorten uit Europa te vinden. Al meer dan honderd jaar testen wijnbouwers druivensoorten, om te achterhalen welke druiven het beste in een bepaalde streek kunnen worden verbouwd.

• **Chardonnay**, de witte druif uit Bourgondië, heeft zich goed aan de Nieuw-Zeelandse omstandigheden aangepast. Van nature heeft deze druif een citrusachtige, meloenachtige smaak. Veel wijnmakers laten het druivensap echter gisten en in vaten rijpen en onderwerpen op zijn minst een gedeelte van elke partij aan een malolactische gisting waarbij het scherpe appelzuur wordt omgezet in het zachtere melkzuur. Gisting in een vat

zorgt voor een korrelige meligheid, die doet denken aan geroosterde muesli, en houtrijping geeft de wijn een kruidige smaak, soms met een vleugje vanille.

• **Sauvignon Blanc** is de belangrijkste exportwijn van Nieuw-Zeeland. Deze wijn doet het bij wedstrijden in het buitenland buitengewoon goed, omdat hij met kop en schouders boven zijn concurrenten uitsteekt. Met name de Sauvignon uit Marlborough, is als bijzonder aromatisch met een bouquet dat wel eens wordt vergeleken met gesneden gras, pas gesneden capsicum, of, om het met de woorden van een Engelse vinoloog te zeggen, 'kattenpis op een kruisbessenstruik'. Sauvignon uit Hawke's Bay is minder aromatisch, maar heeft een tropisch-fruitkarakter dat vaak voor meer diepte zorgt.

• **Gewürztraminer** is met zijn bijzonder kruidige bouquet, dat doet denken aan lychees en kruidnagel, de meest aparte druivensoort van allemaal. De beste van deze wijnen komen veelal uit Gisborne, maar Neil McCallum van Dry River maakt in zijn wijnmakerij in Martinborough een uitstekende Gewürztraminer. De droge variant van de Gewürztraminer kan een bittere afdronk hebben, daarom zorgen veel wijnmakers ervoor dat nog wat suiker behouden blijft.

• **Riesling** is het traditionele muurbloempje onder de wijnen, maar in de laatste jaren gaat het beter met de verkoop ervan. Het is een lichte wijn met een bloemig, licht geurig bouquet en een fruitachtige smaak. Riesling kan kurkdroog worden gemaakt, maar is vaak nog enigszins zoet

van smaak. Wordt ook gebruikt voor het maken van honingzoete dessertwijnen.

• **Chenin Blanc** wordt vaak gezien in het gezelschap van andere druivensoorten. Door het van nature hoge zuurgehalte kan deze druivensoort wat pit brengen in wijn die anders als futloos zou kunnen worden bestempeld. In goede handen kan er een prachtige wijn ontstaan met een rijke smaak en een complexiteit die normaliter kenmerkend is voor de beste Chardonnay.

• **Müller-Thurgau** is een populaire wijn voor feestjes. Deze druif is een moderne Duitse kruising tussen Riesling en Sylvaner. Duizenden mensen hebben dankzij deze wijn, die bijna altijd enigszins zoet van smaak is, kennis gemaakt met de geneugten die de druif hun kan schenken.

• **Pinot Gris**, oorspronkelijk afkomstig uit de El-

zas, is in Nieuw-Zeeland een veelbelovende druivensoort. In het beste geval levert deze druif een wijn op die heerlijk ruw van karakter is en eerlijk van smaak.

• **Cabernet Sauvignon** past goed bij Nieuw-Zeeland. Meestal doet deze druif het het beste in Hawke's Bay en op Waiheke Island, maar ook uit West-Auckland en het ver zuidelijk gelegen Nelson kan goede Cabernet Sauvignon komen. Vaak wordt deze wijn, net als in Frankrijk, gemengd met Merlot of Cabernet Franc.

• **Merlot** werd in Nieuw-Zeeland aanvankelijk gebruikt voor het op smaak brengen van de plaatselijke Cabernet Sauvignon, maar tegenwoordig bottelen steeds meer wijnmakers ongemengde Merlot. Hoewel Cabernet wordt beschouwd als de voornaamste rode druif van Bordeaux, worden er in feite meer Merlotdruiven dan welke andere soort ook verbouwd. De Merlotdruif is tot drie weken eerder rijp dan de Cabernetdruif, en is derhalve beter geschikt voor streken die in de herfst door regen worden geteisterd. Deze wijn heeft leer-/koffie-/tabakskarakteristieken die vaak worden vergeleken met de geur van een traditionele Britse club voor heren.

• **Pinotage**, alleen hier en in Zuid-Afrika verbouwd, heeft lichte, enigszins peperachtige, maar oninteressante rode wijnen voortgebracht. Enkele wijnmakers hebben deze druivensoort echter onlangs opnieuw ontdekt en behalen nu betere resultaten.

• **Pinot Noir**, de druivensoort van de rode Bourgogne, staat bekend om het feit dat hij moeilijk te verbouwen is. Enkele Nieuw-Zeelandse wijnmakers zagen hierin de ultieme uitdaging. Deze druif doet het het beste in Wairarapa en Centraal-Otago, maar ook in Marlborough en Hawke's Bay heeft men goede resultaten weten te behalen. Van de smaak van Pinot Noir is al eens gezegd dat die op die van aardbeien, kersen of paddestoelen lijkt; ook kan deze wijn een aroma ontwikkelen dat aan een boerenerf doet denken en dat vinden sommige mensen weerzinwekkend.

Méthode Champenoise

Veel Nieuw-Zeelandse wijnmakers geloven dat de Méthode Champenoise van het land (zie *Wijn Maken*) het volgende grote exportsucces zal worden. Gemaakt van druiven uit Marlborough en deze provincie is door twee champagnehuizen, te weten Deutz en Moët & Chandon, uitgekozen voor de productie van mousserende wijn.

Voorts is Cloudy Bay nu grotendeels in handen van Veuve Clicquot-Ponsardin, maar dit beroemde huis is niet betrokken bij de productie van Pelorus, de mousserende wijn van het wijnmakersbedrijf.

Links: Wijn proeven.

WIJN MAKEN

Druiven kunnen zich ook zonder onze hulp tot wijn ontwikkelen. De witte waas op het vel van rijpe druiven is namelijk wilde gist. Zodra het vel beschadigd wordt, begint de gist te werken: de natuurlijke suiker wordt opgegeten en omgezet in alcohol en kooldioxide. Bij de wijnproductie is het controleren van dit gistingsproces, dat fermentatie genoemd wordt, van essentieel belang. De meeste wijnmakers gebruiken bij voorkeur hun eigen, in een laboratorium gekweekte gist, aangezien de werking daarvan beter te voorspellen valt.

De fermentatie kan ook beïnvloed worden door de tanks te koelen. Hierdoor wordt het gistingsproces vertraagd en krijgt de wijnmaker meer tijd het proces onder controle te houden. Deze techniek wordt gewoonlijk gebruikt voor witte wijn - rode wijn ondergaat doorgaans een warme, onstuimige fermentatie die voor meer *body* en karakter zorgt.

De druiven worden in het algemeen in een kneus-/ ontsteelinrichting gedaan, om de stelen en bladeren te verwijderen. Witte druiven worden geperst en meestal aan een koude sedimentatie onderworpen, zodat sap met een grotere zuiverheid wordt verkregen, dat vervolgens in de fermentatietank wordt gedaan. Rode druiven worden onmiddellijk met vel en al in de fermentatietank of het fust gedaan. Sommige wijnmakers persen de druiven per tros en slaan de kneus-/ontsteelinrichting over. Andere laten hun wijn in eikenhouten vaten gisten.

Wanneer rode wijn aan het gisten is, komen de velletjes van de druiven in de tank of het vat bovendrijven en vormen een dikke laag. De meeste wijnmakers willen deze laag doorbreken en steken er om de paar uur een houten spaan doorheen of pompen wijn van onder uit naar boven. Zo wordt alle kleur en smaak aan de druivenvelletjes onttrokken.

Na de fermentatie worden de meeste witte wijnen eenvoudigweg gefilterd en gebotteld. Bij rode wijn en sommige witte wijnen moeten echter nog een aantal beslissingen worden genomen. Men kan de jonge wijn laten rijpen in eikenhouten vaten - nieuwe vaten of vaten van één of twee jaar oud, al naar gelang hoe krachtig de invloed van het eikenhout op het eindproduct moet zijn. Franse vaten zijn het populairst in Nieuw-Zeeland, maar ook de Amerikaanse eik heeft zijn voorstanders. De afmeting is ook van belang: een *puncheon* bevat 500 liter, een *barrique* slechts 225. *Barriques* verlenen de wijn een sterkere eikenhoutsmaak, aangezien meer eikenhout in contact komt met de wijn.

Ten slotte moet de wijnmaker beslissen hoe lang hij de wijn in het eikenhouten vat laat. Nieuwe vaten geven aanvankelijk een sterke eikenhoutsmaak aan de wijn, maar na ongeveer 18 maanden neemt dit af. Bij gebruikte vaten is de invloed van het hout

geringer, maar timing is toch van cruciaal belang.

Bij het maken van een witte wijn die niet in een eikenhouten vat is gerijpt, moeten ook beslissingen worden genomen. Na de fermentatie is de meeste witte wijn kurkdroog. Wanneer de wijnmaker de wijn zoeter wil maken, kan hij wat ongefermenteerd druivensap toevoegen. Ook kan hij de fermentatie stopzetten voordat de gist alle suiker heeft omgezet in alcohol of de wijn kortstondig bevriezen en zodoende de gist doen 'inslapen' en vervolgens de wijn filtreren.

Het langste duurt de productie van Méthode Champenoise of Méthode Traditionelle - mousserende wijn die wordt gemaakt in de stijl van de Champagne. Extra suiker en gist wordt in de flessen van niet-mousserende witte wijn gedaan; vervol-

gens worden de flessen gesloten waarin dan het fermentatieproces op gang komt. Dit zorgt voor het ontstaan van de bubbels. De dode gistcellen bezinken en dit bezinksel moet worden verwijderd. De flessen worden gedraaid en voorzichtig geschud, totdat ze ondersteboven liggen en het bezinksel op de bovenkant van de fles rust. Daarna worden de flessen naar een brijnbak gebracht, waar de flessenhals wordt bevroren en de fles wordt geopend. De bevroren gist valt uit de fles en de wijn is volmaakt helder. De fles wordt bijgevuld en vervolgens gesloten met een kurk en draad.

Weliswaar zijn er goedkopere alternatieven en kan bij het maken van wijn bijna overal op worden bespaard maar dit zal zeker afbreuk doen aan de kwaliteit. De beste wijn wordt gemaakt met zorg, geduld en passie.

Rechtsboven: Wijngaard in Hawke's Bay.

HET BOERENBEDRIJF

Hoewel de boeren Nieuw-Zeeland groot gemaakt hebben, neemt dat niet weg dat juist deze groep de laatste decennia moeilijke tijden heeft gehad - toch zouden de meeste boeren voor geen geld ter wereld een ander beroep willen hebben.

Het is vroeg in de ochtend, hartje zomer, midden op het Zuidereiland. Daniel Jamieson, een boer van de tweede generatie, die twee kinderen heeft en vroeger in zijn vrije tijd cricket speelde, zit met zijn vrouw Colleen aan het ontbijt. Als ze klaar zijn, staat hij op om op het land te gaan werken waar hij geboren en getogen is. Meer dan zeshonderd melkkoeien wachten op hem en zijn mannen in de hypermoderne melkschuur die dichtbij de plek gebouwd is waar vroeger de schaapscheerdersschuur stond.

Daniel kijkt naar de lucht en terugdenkend aan de hitte, het zweet en het stof die gepaard gingen met het scheren van de schapen, toen hij nog niet was overgeschakeld op melkkoeien, constateert hij dat hij meer irrigatiewater naar bepaalde delen van zijn land moet leiden. Vier jaar geleden waren hij en Colleen één van de eersten die braken met de traditie op de uitgestrekte, in het binnenland gelegen vlakten in het noorden van Canterbury. Tegenwoordig is hun kudde melkkoeien één van de vele, die graast waar bijna honderd jaar lang schapen het beeld hebben bepaald.

Dankzij de in de jaren zeventig en tachtig van de 20e eeuw tot stand gekomen irrigatie en de vruchtbare grond groeit het gras hier altijd uitstekend - behalve midden in de winter. Dit heeft het de familie Jamieson en de andere boeren mogelijk gemaakt het boerenbedrijf binnen hun leefgemeenschap radicaal te veranderen.

Veranderingen

Deze veranderingen kenmerken het landelijke hart van Nieuw-Zeeland. Een grote, maar zeker geen uitzonderlijke verandering was wel de snelle uitbreiding van de melkveehouderij vanuit gebieden zoals Waikato, Taranaki en Manawatu op het Noordereiland naar voormalig schapenland in Canterbury, Otago en Southland.

Met name op bepaalde delen van het Noordereiland zijn duizenden hectaren heuvelland die te steil zijn om er op winstgevende wijze vee te houden, bedekt met pijnbomen. De tuinbouw met producten zoals appelen, steenvruchten en kiwi's vormt een steunpilaar voor de economie aan de Bay of Plenty en Hawke's Bay evenals in

Gisborne, Nelson en Otago. Nieuwe gewassen, vooral op grote schaal verbouwde groenten, hebben ook andere vruchtbare kuststreken veroverd. Tegenwoordig zult u op menige heuvel druiven aantreffen. Olijven en lavendel evenals herten, struisvogels en geiten worden alle voor commerciële doeleinden geteeld en gehouden.

Recente officiële rapporten melden dat in de afgelopen tien jaar naar schatting bijna 25 pro-

cent van alle boerderijen in Nieuw-Zeeland de grond anders is gaan gebruiken. Verwacht wordt dat met name de uitbreiding van de melkveehouderij en de bosbouw nog enige tijd zal voortduren.

Het nederige schaap is, naar het schijnt, in gevaar. Tientallen jaren was de schapenhouderij de hoeksteen van het Nieuw-Zeelandse boerenbedrijf en zelfs van de nationale, op export gerichte economie. Ongetwijfeld hebben de schapenhouderij en de aanverwante industrie zwaar geleden onder de radicale politieke ommezwaai en de rigoureuze veranderingen op de markt.

Crisis op het Platteland

De eerste tegenslag die het Nieuw-Zeelandse platteland te verduren kreeg, was het verlies van de Britse afzetmarkt, toen Groot-Brittannië lid

---

Blz. 94-95: Enkele van de 47 miljoen schapen in Nieuw-Zeeland. **Links:** Een wedstrijdje houthakken. **Rechts:** De snelste scheerders ontdoen per dag driehonderd tot driehonderdvijftig schapen van hun jasje.

werd van de Europese Economische Gemeenschap. Voorts werd vanaf 1984 systematisch het mes gezet in de omvangrijke overheidssubsidies voor boeren, omdat de regering van mening was dat Nieuw-Zeeland zich deze niet langer kon veroorloven. Het aantal schapen dat met overheidssteun tot zeventig miljoen was opgelopen, nam en neemt nog steeds drastisch af. Bij de laatste telling bedroeg het aantal schapen slechts 47 miljoen. De winst, met name op minder vruchtbare grond, kwam sterk onder druk te staan en de boeren zijn deze tegenslag nog steeds niet te boven gekomen. De schuldenlast nam toe, de waarde van de

KAAS GRAAG!

Meer dan zestig soorten kaas worden geproduceerd in Nieuw-Zeeland, waaronder: aorangi, akronia en blue supreme.

hun geperfectioneerde nieuwe producten elders kopers weten te vinden, vooral in Azië en Australië. Dezelfde op innovatie gerichte houding die Nieuw-Zeeland in 1882 in staat stelde bevroren schapen in koelschepen te vervoeren, heeft nu niet alleen geleid tot een snelle ontwikkeling van voedselverwerkende technologie en productiesystemen voor het boerenbedrijf, maar ook tot een heel nieuwe houding op de boerderij.

De enorme diversiteit van exportproducten, variërend van verpulverde hertengeweien en verse bloemen tot gekoeld vlees voor fijnproevers en ambachtelijk gemaakte kazen, weerspiegelt

grond daalde en in het hele land sloten fabrieken die het vlees voor de export verwerkten, hun deuren.

De primaire sector van Nieuw-Zeeland behoort nu tot de minst gesubsidieerde van de OECD (*Organisation for Economic Co-operation and Development*).

Nieuwe Groei

De boerengezinnen hebben al deze uitdagingen dapper aangenomen en zijn op zoek gegaan naar nieuwe mogelijkheden. Nog steeds produceren zij meer dan de helft van de Nieuw-Zeelandse exportgoederen, maar tegenwoordig brengt de zuivelexport het meeste geld in het laatje. Weliswaar is de traditionele verkoop aan Europa ter ziele, maar de Nieuw-Zeelanders hebben voor

slechts ten dele de transformatie die in de afgelopen jaren heeft plaatsgevonden. Een al even belangrijke, maar minder voor de hand liggende factor was de bereidheid van de boeren om zich aan te passen aan nieuwe trends op de markt. De duizenden die de schapenhouderij trouw zijn gebleven, hebben zich toegelegd op een meer gespecialiseerdere productie van bepaalde soorten vlees en wol. Anderen zijn overgeschakeld op ander vee of zelfs op tuinbouw.

Bezorgdheid om het Milieu

De Nieuw-Zeelandse boeren hebben alert gereageerd op de groeiende bezorgdheid die onder consumenten over de hele wereld heerst over restanten van chemische middelen in het voedsel, het welzijn van dieren en de veiligheid van het voedsel. Dankzij het geringe aantal inwoners, een relatief geringe vervuiling van lucht en water en een gematigd klimaat dat de productie ten goede komt, wordt de export van organische producten gekenmerkt door een enorme groei. Strenge regels ter waarborging van het welzijn van dieren en programma's in het kader van de kwaliteitsborging zijn tegenwoordig wijd verbreid in de primaire sector en de hiermee verwante industrie van het land.

Het basisprincipe dat ten grondslag ligt aan deze recente verbeteringen in de veeteelt, is grotendeels hetzelfde als dat wat de eerste kolonisten hanteerden, toen ze meer dan honderd jaar geleden begonnen met het houden van schapen en ander vee. Het gaat erom gras zo efficiënt mo-

gelijk om te zetten in vlees, wol en melk. De schapen en runderen zijn het hele jaar buiten. Hun voer bestaat hoofdzakelijk uit vers gras, aangevuld met hooi, graan en voederbieten in de winter.

Nog iets anders heeft de crisis doorstaan. Halverwege de jaren tachtig voorspelden zwartkijkers dat de boerenfamilies zonder subsidies tot ondergang gedoemd waren, maar nog steeds vormen zij de ruggengraat van de Nieuw-Zeelandse primaire sector. Wel moet toegegeven worden dat de boerenbedrijven nu veel groter zijn en dat het aantal personen dat er werkt, tegenwoordig geringer is. Verder komt het regelmatig voor dat de echtgenote van de boer een baan buitenshuis heeft, om het inkomen aan te vullen. Ook is het niet meer zo vanzelfsprekend dat kinderen het boerenbedrijf van hun ouders voortzetten.

Nieuwe Problemen

De nationale wetgeving betreffende de milieubescherming is in de afgelopen jaren herzien. De plaatselijke autoriteiten mogen tegenwoordig in ongekende mate toezicht houden op het gebruik van de natuurlijke hulpbronnen in hun regio.

De kosten voor het onder controle houden van endemische, uiterst destructieve en niet-inheemse plagen, zoals opossums (buidelratten)en konijnen, komen steeds vaker voor rekening van de boeren, terwijl de beurs van de overheid wordt ontzien. Help jezelf luidt tegenwoordig het motto, en dat geldt niet alleen voor het bestrijden van plagen, maar ook voor bredere onderwerpen zoals de zorg voor het land, de wijdverbreide erosie en een verantwoord gebruik van de grond.

Grondbezit is in verschillende gebieden een twistpunt, aangezien veel Maori-stammen een schadevergoeding eisen voor onrecht dat hen in het verleden is aangedaan, zoals de confiscatie van grote stukken land.

De omslachtige procedure die tot compensatie van het geleden verlies door de overheid moet leiden, resulteert grotendeels in geldelijke schadeloosstelling. Verder zijn enkele stukken land die in overheidsbezit waren, teruggegeven de Maori's. Weliswaar lopen de hedendaagse boeren, honderd jaar na het begin van de Europese kolonisatie, niet echt het risico te worden onteigend, maar toch hebben de aanspraken van Maori's op stukken land in veel plattelandsgemeenschappen in toenemende mate voor spanning gezorgd, met name in Taranaki en Northland.

Het Veiligstellen van de Toekomst

Niet alleen de binnenlandse kwesties bedreigen de agrarische sector, maar ook in het buitenland voorkomende insecten evenals dieren- en plantenziektes vormen een enorm gevaar. De Nieuw-Zeelandse grenscontroles behoren dan ook tot de strengste ter wereld (zie ook *Reisinformatie*). Ze worden uitgevoerd met een dwangmatige nauwkeurigheid, om het land te beschermen tegen kleine indringers die de export ter waarde van miljoenen dollars zouden kunnen saboteren. Voordat een verdelgingscampagne van bijna militair formaat met succes kon worden afgesloten, heeft de onbedoelde import van de mediterrane fruitvlieg de Nieuw-Zeelandse tuinders nog niet zo lang geleden op hoge kosten gejaagd. Het is dan ook niet verwonderlijk dat boeren zoals Daniel en Colleen Jamieson in Canterbury tegenwoordig heel wat aan hun hoofd hebben. Zij en duizenden anderen piekeren er echter niet over iets anders te gaan doen.

Links: Kwaliteit op de Hereford Conference. **Boven:** Een boer in de dop op het Arrowtown Autumn Festival.

BUITENSPORT

De Nieuw-Zeelanders hebben tal van fantastische manieren gevonden om van het prachtige landschap te genieten - vanaf de grond of het water, vanuit de lucht of ondersteboven hangend.

Toen Edmund Hillary in 1953 de top van de Mount Everest bereikte, was dit geheel in de geest van de Nieuw-Zeelandse natie. In veel opzichten is het echter niet verwonderlijk dat een land dat financieel afhankelijk is van de natuur, ook van de natuur houdt.

De bergsport is één van de bekendste buitensporten van dit land en de Zuidelijke Alpen vormen een uitdaging voor elke bergbeklimmer. Rondom de toppen bevinden zich hutten en bestaat de mogelijkheid een gids te huren. Het ijs is echter actief, de rotsen liggen vaak los en het weer is wisselvallig. Elk jaar opnieuw eisen de bergen dan ook mensenlevens.

's Winters vormen de bergen een geliefd recreatiegebied voor zowel skiërs als klimmers. Commerciële pistes bieden dezelfde faciliteiten als in Europa en Noord-Amerika, met restaurants en skiverhuur. Clubpistes staan voor een rustiekere, persoonlijkere benadering van de sport.

Ski-mountaineering, een combinatie van skiën en bergbeklimmen, wordt hier eveneens beoefend. Dit is een erg vermoeiende sport, maar beslist de moeite waard - sprankelende afdalingen langs kriskras lopende spleten, griezelige ijsklippen en toppen die tot in de hemel reiken. Helikopters en vliegtuigjes die zijn voorzien van ski's brengen u naar het ongerepte gebied, waar lange tochten gemaakt kunnen worden - de droom van elke skiër! In de winter, als de meertjes bevriezen en natuurlijke ijsbanen vormen, komen ook de schaatsers in de bergen aan hun trekken.

Wandelen

De bergtoppen zijn het domein van de bergbeklimmer, terwijl de dalen en bergpassen aan de wandelaars en trekkers toebehoren. In het hele land zijn gemarkeerde wandelroutes te vinden - enkele, zoals de **Milford Track**, zijn wereldberoemd. Giftige slangen of spinnen komen in Nieuw-Zeeland niet voor, maar de wildernis kent andere gevaren die vooral samenhangen met het snel omslaande weer. Een goede voorbereiding van elke tocht is dan ook een absolute noodzaak.

De meest spectaculaire wandeling is een transalpine oversteek op het Zuidereiland. Vanuit het oosten nadert u de bergen via brede, uitgestrekte dalen vol kiezels en graspollen. Zodra u de Main Divide over bent, daalt het pad plotseling af naar diepe kloven en dichte wouden. Deze wouden zijn somber en mysterieus in de regen, maar komen in het zonlicht tot leven door het wisselende kleurenspel van geel en groen en de geluiden van zingende en fladderende vogels. De wandelaar wordt aan alle kanten omringd door het rijk van de goede Tane, de Maori-god van de wouden.

Door de geïsoleerde ligging komen veel planten en dieren uit het rijk van Tane uitsluitend in Nieuw-Zeeland voor en zij vormen dan ook de belangrijkste attractie voor talloze bezoekers. Vóór de Europese kolonisatie waren er geen grazende dieren, maar nu komen in de bossen en bergen thargeiten, gemzen, wilde zwijnen en geiten voor.

Ondersteboven in een Kloof

Vanuit de bergen komen snelle rivieren die stroomversnellingen vormen en diepe kloven uitslijpen - ideaal voor wildwatervaren. Kanoërs schieten pijlsnel door het water en enthousiastelingen in rubberboten duiken langs grillige rotsen in een stortvloed van wit schuim. Dankzij commerciële wildwatertochten kunnen toeristen nu ook

---

Blz. 100-101: Klaar voor vertrek in de Marlborough Sounds. **Links:** Kiwi's houden van uitdagingen. **Rechts:** Even bijkomen op de Routeburn Track, Zuidelijke Alpen.

enkele van deze opwindende avonturen beleven.

Een ander vaartuig, een Nieuw-Zeelandse uit-vinding, vervoert mensen stroomopwaarts. De jetboot wordt aangedreven door een pomp die water opzuigt en het aan de achterkant van de boot wegspuit. De boot is uitermate wendbaar en is ideaal voor gebruik in ondiepe of rotsachtige rivieren en stroomversnellingen. Wildwaterva-ren en *jetboating* wordt vooral gedaan rond Queenstown, dat ook het voornaamste centrum is voor een andere Nieuw-Zeelandse uitvinding: bungee-jumpen vanaf een hangbrug over een ri-vierkloof.

Vissen is een andere belangrijke watersport. Vroeger vormden paling en inheemse vis een be-langrijke voedselbron voor de Maori's. In de 19e

Motorboten zijn erg populair voor recreatie met het gezin, maar ook om mee te racen. In de afge-lopen jaren zijn er steeds meer waterskiërs en windsurfers gekomen en enkele populaire water-sportgebieden dreigen overvol te raken. Surfen is eveneens een populair tijdverdrijf; met name de stranden aan de westkust van Auckland en aan de oostkust rond Gisborne zijn erg in trek bij de Nieuw-Zeelanders en toeristen.

In de prekoloniale tijd was de zee meer dan al-leen een recreatiegebied. De zee was het rijk van de god Tangoroa en vormde de bron van de voor het overleven zo belangrijke *kai moana* (eetbare vissen, schaal- en schelpdieren). Tot op heden heeft de zee nog altijd een belangrijke culturele en spirituele betekenis voor de Maori's en is hij

eeuw zetten de Europeanen zee- en regenboogfo-rel uit in de Nieuw-Zeelandse wateren. Deze vis-sen hebben zich goed aangepast en regelmatig worden er nu met hengel en kunstvlieg forellen gevangen van drie kilo of meer. Tijdens het vis-seizoen zitten de rivieren ook vol zalm. Vissers op Lake Taupo hebben negentig procent kans iets te vangen.

Zeilen is de zeesport bij uitstek. De populari-teit van deze sport is toegenomen nadat Nieuw-Zeeland de America's Cup heeft gewonnen. Naar schatting bezit een kwart van alle huishoudens in Auckland een boot en elk weekeinde zeilen dui-zenden mensen in de Hauraki Gulf. Het grillige weer dat zo typerend is voor het eilandklimaat, kan snel omslaan, waardoor zeilen soms gevaar-lijk kan zijn.

voor hen ook van economisch belang. De Mao-ri's zijn namelijk de belangrijkste groep die vis en schaaldieren vangen voor eigen gebruik. Zee-vissen is voor hen en voor anderen echter ook een vorm van recreatie.

Hoewel veel kustwateren troebel zijn, zijn er toch mooie duikgebieden te vinden. Snorkelen is ook erg populair. Bij de Poor Knights Islands, ten noorden van Auckland, dalen de klippen honder-den meters steil af de zee in. In de fjorden van het zuiden van Westland is het water ondoorzichtig aan de oppervlakte, maar daaronder erg helder. Zwart koraal is prachtig om te zien; gewoonlijk groeit het alleen op grote diepte, maar hier komt het op gematigde diepte voor omdat door de on-doorzichtige bovenlaag betrekkelijk weinig licht doordringt.

Hemelhoog

Nieuw-Zeelanders zoeken hun vertier ook in de lucht. De meest spectaculaire vliegtochten brengen u binnen enkele ogenblikken vanaf de startbaan naar de bergen. Zweefvliegtuigen en deltavliegers vliegen ook tussen de bergen door. Veel bergketens staan haaks op sterke noordwestenwinden, waardoor hoog opstijgende luchtstromen ontstaan die zweefvliegers al naar recordhoogten hebben gevoerd.

Vrijwel de hele Nieuw-Zeelandse bevolking gaat tijdens de zomervakanties kamperen op prima ingerichte campings bij de populaire stran-

ZEILTRIOMF

In 1995 kon het land trots zijn: het Nieuw-Zeelandse jacht, *Black Magic*, won geheel onverwacht de America's Cup.

dige combinatie van behendigheid, hardlopen en zo nu en dan wat gewelddadigheid die komt kijken bij rugby union (voor amateurs, met teams van 15 spelers) en rugby league (voor beroeps, met 13 spelers).

Twee Soorten Rugby

Rugby union is de sport die de Nieuw-Zeelanders al meer dan honderd jaar beoefenen. Het is moeilijk vast te stellen waarom het in Nieuw-Zeeland zoveel succes had. De kameraadschap van het spel sprak waarschijnlijk wel aan, en de mannen die zich met zwaar werk een bestaan hadden opgebouwd, vonden de lichamelijke inspanning van het rugby

den, rivieren en meren.

Kampeervakanties en wandeltochten laten veel opgroeiende Nieuw-Zeelanders kennis maken met het buitenleven, waardoor ze al op jonge leeftijd leren intense vreugde te beleven aan eenvoudige genoegens. Het gemak waarmee ze dat kunnen, vinden ze misschien wel vanzelfsprekend. Soms moet een buitenlander, die gewend is aan dichte bevolking, drukke stranden en vervuilde rivieren, hen erop wijzen hoeveel geluk ze hebben.

Als het op sport aankomt, is er niets dat de Nieuw-Zeelander meer aanspreekt dan de leven-

Links: Zeilwedstrijd in Auckland Harbour.
Boven: Parapenting - dat is tijdens een lange, langzame afdaling genieten van het landschap.

wellicht een aangename onderbreking van hun dagelijks werk.

Rugby biedt mogelijkheden voor spelers in alle maten - van kleine middenvelders tot enorme aanvallers die het niet slecht zouden doen als lijnverdediger bij American football.

De sfeer is het best bij internationale rugbywedstrijden, die gewoonlijk tussen juni en augustus worden gespeeld. Van maart tot mei spelen in de Super 12 Series teams uit Australië, Zuid-Afrika en Nieuw-Zeeland tegen elkaar. De toegangsprijzen zijn niet mals. Zeer de moeite waard zijn ook de provinciale Ranfurly-Shield-wedstrijden, die - op initiatief van de uitdager - worden gehouden op het terrein van de titelverdediger en die laat in het seizoen worden gespeeld. Bij de wedstrijden tussen de koplopers beschilderen de anders zo flegmatieke Nieuw-Zeelanders hun gezicht, zwaaien met clubvlaggen, dragen clubsjaals en schreeuwen clubliederen. U hoeft zich echter geen zorgen te maken om uw veiligheid. Nieuw-Zeeland heeft nog nooit te maken gehad met het soort supportersgeweld dat zich bijvoorbeeld in Europa bij voetbal manifesteert.

Als uw bezoek aan Nieuw-Zeeland in de winter valt hebt u pech, want in die tijd worden er geen testwedstrijden gespeeld. Ga dan eens naar een clubwedstrijd. De meeste clubvelden beschikken over een clubgebouw en een geïnteresseerde nieuwkomer zal gewoonlijk gevraagd worden iets te komen drinken. Rugby league is weliswaar minder populair dan rugby union,

maar sinds een Nieuw-Zeelands team, de Auckland Warriors, meespeelt in de Australische clubcompetitie begint hier verandering in te komen.

Gek op Cricket

In de zomer is cricket de belangrijkste sport in Nieuw-Zeeland. *Bowlers* werpen een met leer overtrokken bal met een snelheid van 160 km per uur in de richting van de *batsman*, die de bal zo hard mogelijk en zo vaak mogelijk moet raken. De teams spelen in gekleurde outfits. Elke speler draagt een shirt met zijn eigen naam op de rug. Het vermakelijke spel is hierdoor goed te volgen.

Een van de voor toeschouwers opwindendste teamsporten in Nieuw-Zeeland is korfbal - de voornaamste sport voor dames.

Basketbal wordt hier gespeeld in een nationale competitie en de wedstrijden worden in de winter afgewerkt. Door de komst van Amerikaanse spelers is het niveau vooruitgegaan.

Golf voor Iedereen

Golf is in Nieuw-Zeeland een bijzonder populaire sport. Naar schatting tweehonderdduizend mensen zijn lid van een club en dan zijn er nog eens honderdduizend golfers die een balletje slaan op de openbare banen, waar men kan golfen voor een ongelofelijk lage prijs vergeleken met die in de meeste andere delen van de wereld. Er wordt wel eens gezegd dat een golfer goedkoper af is als hij van Tokio naar Auckland of Christchurch vliegt om daar te spelen, dan wanneer hij in Japan blijft en lid wordt van een club. De voor het publiek voornaamste toernooien vinden gewoonlijk in december plaats.

Op en Rond het Water

Op de laatste maandag in januari wordt de Auckland Anniversary Regatta gehouden. Met een deelnemersaantal van meer dan duizend jachten; 's werelds grootste eendaagse vaarevenement.

Op de dag van de Auckland Anniversary ligt de haven bijna helemaal vol met schepen van diverse klassen. Het hele grandioze spektakel kunt u waarschijnlijk het best volgen vanaf Mount Victoria op North Head, in de voorstad Devonport, of vanaf het dek van één van de veerboten die vanaf de terminal in het centrum van Auckland vertrekken. Op een zaterdag in het begin van maart wordt de kade van Auckland over een lengte van 11 km beheerst door meer dan zeventigduizend hardlopers, joggers en schuifelaars tijdens de jaarlijkse Round-the-Bayswedstrijd, één van de grootste recreatiewedstrijden ter wereld.

DE OORSPRONG VAN DE BUNGEE

Bungee jumping is bedacht door Alan John Hackett, een Nieuw-Zeelander die in 1986 aan een bungee-elastiek van de Eiffeltoren sprong. De inspiratie voor de nieuwe sport werd geleverd door de landduikers van Pentecost Island, Vanuatu, in de Grote Oceaan. Eeuwenlang sprongen deze mannen van speciale houten torens met een hoogte van 18 tot 23 m, met slechts een liaan rond de enkel, om een overvloedige *yam*-oogst veilig te stellen.

Hackett ontwikkelde zijn oorspronkelijk idee verder totdat bungee jumping een relatief veilige sport was en sindsdien is het een wereldwijde rage geworden. De *yammen* moeten het nu wel overal goed doen!

Links: Skiërs op weg naar Mount Hutt.
Rechts: Een sprong in het diepe, maar dan op zijn Nieuw-Zeelands.

DE NATIONALE PARKEN VERKENNEN

Dankzij goed gemarkeerde wandelroutes met tal van overnachtingsmogelijkheden is het een waar genoegen om kennis te maken met de Nieuw-Zeelandse natuur.

Uit alle windstreken komen mensen om de beroemde wandelroutes van Nieuw-Zeeland te lopen, bijvoorbeeld de Abel Tasman Track langs de noordkust van het Zuidereiland. Er is ook een aantal mooie paden, waar u urenlang kunt wandelen zonder iemand tegen te komen. Bovendien is er vaak een warme bron in de buurt - de ideale remedie voor pijnlijke gewrichten.

De nationale parken hebben echter meer te bieden dan alleen wandelplezier. In de kantoren van het *Department of Conservation* kan men u alles vertellen over de flora en fauna evenals de wandelroutes in de nationale parken. Bezoekerscentra verstrekken eveneens informatie.

UNIEKE FAUNA

De fauna van Nieuw-Zeeland heeft zich, geïsoleerd van de wereld, ontwikkeld. De vele loopvogels in het land zijn er vanwege de afwezigheid van roofdieren. Veel bomen zijn eveneens 'weerloos' en dat is de reden waarom de opossums die vanuit Australië in Nieuw-Zeeland werden ingevoerd om de bonthandel op te starten, dergelijk verwoestend effect hebben op de bossen van het land. In Australië hebben de bomen een natuurlijke afweer ontwikkeld waardoor deze dieren niet de kans krijgen de boomschors volledig te verwijderen. De Nieuw-Zeelandse bomen hebben echter geen afweersysteem ontwikkeld. Dit is één van de redenen waarom Nieuw-Zeeland een constant gevecht lijkt te voeren om het natuurlijke ecologische evenwicht te bewaren, maar tevens wordt hierdoor het en unieke karakter van de natuur onderstreept.

▽ **LAKE ROTOROA**
Het visparadijs, Lake Rotoroa, is één van de twee gletsjermeren waaraan Nelson Lake National Park zijn naam te danken heeft. Het andere meer is Lake Rotoiti.

△ **ZUIDELIJKE ALPEN**
Mount Cook is de parel van de indrukwekkende Zuidelijke Alpen. Het trainingsgebergte van sir Edmund Hillary, die de Mount Everest heeft bedwongen, moet door bergbeklimmers met respect worden benaderd. Heli-skiën en gletsjerskiën zijn hier populair.

▷ **DE YAKAS-BOOM**
Waipoua Kauri Forest in Northland is een beschermd natuurreservaat waar paden u naar de Yaks brengen, op zeven bomen na de grootste *kauri* van het land. Via andere paden komt u bij Tane Mahuta, 52 m hoog (grootste boom van het land) en waarschijnlijk 1200 jaar oud.

VEILIGHEID IN DE NATIONALE PARKEN

◁ **NAAR HET WESTEN**
Lake Matheson met Mount Tasman en Mount Cook, Westland National Park. In dit park bevinden zich ook de gletsjers Fox en Franz Josef en de prachtige wandelpaden, zoals de Copland Track. Het weer is hier erg onvoorspelbaar.

△ **MOUNT NGAURUHOE**
De jongste van de drie vulkanen in Tongariro National Park vormt een paradijs voor wandelaars. Het park staat bekend om zijn skipistes op de onlangs nog actieve Ruapeho, maar ook om zijn fauna en jacht-en vismogelijkheden.

Dankzij een aantal eenvoudige voorzorgsmaatregelen kunt u onbekommerd genieten van de mooiste landschappen ter wereld. Trek nooit onvoorbereid de wildernis in. Win altijd eerst inlichtingen in bij het plaatselijke *DOC*-kantoor of bij het bezoekerscentrum. In sommige gebieden kan het weer namelijk erg snel omslaan. Bij een aantal *DOC*-kantoren kan men u ook informeren over de overnachtingsmogelijkheden, de duur van de tocht, de hoeveelheid voedsel die u moet meenemen en zelfs over de activiteit van vulkanen! Met een gids (zie foto hierboven) die het gebied goed kent, kunt u als wandelaar of bergbeklimmer mogelijk meer plezier beleven aan uw tocht. In sommige gebieden kunt u ook een groepswandeling maken onder leiding van een gids. Begin nooit aan een lange tocht zonder geschikte kleding en schoenen. Er zijn ook tal van winkels waar een goede uitrusting gekocht of gehuurd kan worden. Sommige jeugdherbergen en hotels kunnen u voorzien van kleding. Vertel voor vertrek altijd iemand waar u naartoe gaat. Draag zelfs voor een korte wandeling altijd degelijke schoenen en kleding en neem een kaart, een kompas, een zaklamp, lucifers en een verbandtrommel mee, zodat u op alles bent voorbereid.

△ **MOUNT TARANAKI**
Hoewel Mount Taranaki in één van de natste delen ligt, is dit de meest beklommen berg van het land. Er ligt ook een populair skigebied.

▷ **SMARAGDGROENE MEREN**
Mineralen geven deze bergmeren hun prachtige kleur. De Tongariro Northern Circuit loopt vlak langs deze en andere prachtig gekleurde meren.

NATUURLIJKE HISTORIE

*Nieuw-Zeeland heeft een opwindende geologische geschiedenis en een intrige-
rende fauna, van de uitgestorven moa tot de symbolische kiwi.*

Van alle landmassa's ter wereld hebben de eilanden van Nieuw-Zeeland de meest geïsoleerde ligging. Aan alle zijden worden ze omgeven door uitgestrekte oceanen en ze liggen duizenden kilometers verwijderd van Azië en Amerika, om nog maar te zwijgen over Europa. Dit is
echter niet altijd zo geweest.

Het fysiek onafhankelijke Nieuw-Zeeland is
ongeveer tachtig miljoen jaar geleden ontstaan in
het tijdperk van de dinosaurussen. Gedurende
een extreem lange periode voltrok zich de scheiding tussen Nieuw-Zeeland en het prehistorische
continent Gondwana en de Tasman Sea ontstond.
Rond zestig miljoen jaar geleden had Nieuw-
Zeeland zijn huidige plaats bereikt, op meer dan
1500 km van Australië. Toen al waren de rotsen
van het land de stille getuigen van een buitengewoon complexe geschiedenis.

Men denkt dat in het begin een massief continent zich over het gebied uitstrekte waar later
Nieuw-Zeeland zou komen te liggen. Het huidige oosten van Australië was verbonden met een
ander continent - en in één van de interessante
geologische studies wordt gesuggereerd dat dit
continent Noord-Amerika is geweest. Pas toen
deze twee landmassa's van elkaar weg bewogen,
meer dan vijfhonderd miljoen jaar geleden, kon
er een boog van vulkanische eilanden tussen beide ontstaan. Deze rotsen, die bewaard gebleven
zijn als de bergen van Fiordland en van het
noordwesten van het Zuidereiland, waren de stille getuigen van het begin van de Nieuw-Zeelandse geschiedenis. Op sommige plaatsen zijn daar
fossielen te vinden van bijvoorbeeld de trilobiet
en de brachyopod - de oudste tekenen van leven
in Nieuw-Zeeland.

Scheiding van Gondwana

Honderden miljoenen jaren lang lag Nieuw-Zeeland aan een 'convergente' rand van het super-
continent Gondwana. Langs deze rand werd de
oceanische aardkorst, die voortdurend naar buiten beweegt vanaf een kam midden in de oceaan,
onder het continent geschoven; dit proces noemt
men tektoniek. Verschillende soorten rots en af-
zettingsmateriaal, afkomstig van de zeebodem,
worden getransporteerd op de oceanische aardkorst die als een gigantische, langzame lopende

band werkt. Zodra dit materiaal een 'convergente' rand bereikt, worden lagen ervan over elkaar
uitgestreken - als boter op een boterham. Vele
miljoenen jaren lang groeide Nieuw-Zeeland op
deze manier; een nogal chaotische verzameling
rotsen werd vanuit allerlei plaatsen aangevoerd.

Uiteindelijk brak een groot stuk land van
Gondwana af dat de Grote Oceaan op dreef. Het
zonk bijna onmiddellijk en de zee reikte steeds
verder landinwaarts. Bergen werden gereduceerd

tot lage heuvels en vielen vervolgens ten prooi
aan de golven. Het huidige Nieuw-Zeeland is
slechts het topje van een enorm verdronken continent, Tasmantis genoemd, dat op kaarten van de
zeebodem duidelijk te zien is. Het strekt zich helemaal uit tot aan Nieuw-Caledonië in het noorden en tot Campbell Island in het zuiden. Dertig
miljoen jaar geleden was Nieuw-Zeeland letterlijk ver gezonken en er zijn maar zeer weinig aanwijzingen dat er land boven de zeespiegel uit-
stak. Het tegenwoordige Nieuw-Zeeland was
grotendeels ondiepe zee met een rijke flora en
fauna.

In geologisch opzicht kwamen samendruk-
kende krachten Nieuw-Zeeland op het laatste
moment te hulp; zij stuwden het land omhoog, de
zee uit. Naarmate deze krachten voortduurden,

Links: De kiwi in zijn natuurlijke omgeving op het
Zuidereiland. **Rechts**: De kakapo is een op de
grond levende, 's nachts actieve papegaai die
niet kan vliegen.

veranderden de heuvels in spitse bergen, ontstonden vulkaanuitbarstingen en vormden water en ijs het hedendaagse landschap.

Nieuw-Zeeland bevindt zich tegenwoordig precies op de grens van twee van de enorme, bewegende aardschollen die het oppervlak van de aarde bedekken. In het zuiden schuift de Australische schol onder de Grote-Oceaanschol. In het noorden schuift de Grote-Oceaanschol in de andere richting, namelijk onder de Australische schol. Bijgevolg wordt het land steeds verder omhooggestuwd. Onder invloed van deze enorme krachten moest er wel een land ontstaan

NACHTVOGEL

De kiwi, het nationale symbool van Nieuw-Zeeland, heeft zijn naam te danken aan de roep van het mannetje. Deze nachtvogel eet fruit, insecten en wormen.

slechts de Zuidelijke Alpen en de zuidpunt van Zuid-Amerika de vrije circulatie van deze wind die als het ware bol staat van het vocht. Wanneer de luchtstromen door de bergen gedwongen worden op te stijgen, lozen zij het vocht, hetgeen in West Coast leidt tot enorme hoeveelheden regen (soms meer dan 5000 mm per jaar).

Hoe vreemd het ook moge lijken, de hoeveelheid regen kan te groot zijn voor de regenwouden; de grond verliest namelijk snel de noodzakelijke voedingsstoffen door uitloging en is alleen nog maar geschikt voor dwergbegroeiing. Deze extreme omgeving heeft voor een minimale invloed

van aardbevingen en vulkanen.

De indrukwekkende Zuidelijke Alpen op het Zuidereiland zijn bijna geheel ontstaan in de afgelopen twee miljoen jaar wat geologisch gezien een bijzonder korte periode is. Zij werden en worden nog steeds enkele centimeters per jaar omhooggeduwd. De begrenzing van de schol die verantwoordelijk is voor het ontstaan van deze bergen, is duidelijk zichtbaar voor iedereen die door Westland reist. De laaglanden liggen op de Australische schol, terwijl de Alpen geheel op de Grote-Oceaanschol liggen.

De invloed van de Alpen is enorm groot: het land dat miljoenen jaren lang vlak is geweest, is tegenwoordig bergachtig en de Alpen vormen een belangrijke barrière voor de westelijke luchtstromen. Op deze breedtegraad verhinderen

van de mens op het land gezorgd. Een groot deel van het land is nagenoeg ongerept en reizigers die een echte wildernis willen leren kennen, komen hier volop aan hun trekken.

Aan de andere kant van de Alpen ontstond een regenschaduw. Op slechts enkele kilometers van de natste delen van Nieuw-Zeeland bedraagt de jaarlijkse hoeveelheid regen slechts 300 mm. In de tijd dat de Alpen 'groeiden', nam de afkoeling wereldwijd extreme vormen aan; de ijstijd begon. In werkelijkheid ging het hierbij om een reeks van koudeperioden, onderbroken door warmere intermezzo's. In de koudeperioden ontstonden in Nieuw-Zeeland grote gletsjers die zich door de dalen voortbewogen. Dit tijdperk is bepalend geweest voor het huidige landschap - op plaatsen waar jonge bergen en gletsjers elkaar toentertijd ontmoetten, vindt u nu enkele van de spectaculairste landschappen ter wereld. In Fiordland duiken de verticale rotswanden van oude gletsjerdalen als het ware duizenden meters omlaag in zee. De meren van het Zuidereiland, zoals Wanaka en Wakatipu, aan de andere kant van de Alpen zijn het directe gevolg van de 'bull-dozer-werking' van gletsjers. Dankzij de regen-schaduw en het zonnige klimaat is deze streek een ideale vakantiebestemming, waar de vakan-tiegangers zich hoofdzakelijk bezighouden met zwemmen, waterskiën en vissen.

Een merkwaardig kenmerk van een groot deel van de hooglanden is de afgevlakte bergtoppen. Dit zijn overblijfselen van het oude landopper-vlak dat gebroken en opgestuwd is door de krach-

hitte en druk die gepaard gingen met het ontstaan van de bergen, deden dit rotsgesteente verande-ren dat vervolgens op slechts enkele, geïsoleerd liggende plaatsen in het westen van het Zuiderei-land aan het oppervlak kwam. Het moeilijk te be-machtigen, prachtige *pounamu* had voor de Mao-ri's, die geen metaal kenden, net zoveel waarde als goud voor de Europeanen. Goud ontstond door verwering van kwartsaders in de schist, het rotsgesteente waaruit de Alpen grotendeels be-staan. Terwijl de bergen 'groeiden', vond er ook erosie plaats. De lichtere en zachtere mineralen van de schist werden weggespoeld. Dankzij de hoge dichtheid van goud, ontstond in rustige de-len van rivierbeddingen een concentratie van dit edelmetaal, en dat betekende een bloeiperiode

ten die later het gebergte hebben doen ontstaan. Een groot deel van het oppervlak is waarschijn-lijk een door de golven gevormd plateau uit de tijd dat Nieuw-Zeeland grotendeels, of helemaal, onder de golven verscholen lag. In de streken waar het alpiene weer wordt gecombineerd met een lieflijk landschap, is langlaufen een populair tijdverdrijf geworden.

Er bestaat een nauw verband tussen de ge-schiedenis van de Zuidelijke Alpen en de kost-baarste materialen van Nieuw-Zeeland. Het ge-steente dat de Maori's *pounamu* (groensteen) noemen, ontstond uit schilfers exotisch rotsge-steente dat ver onder de aardkorst voorkomt. De

voor een nieuwe generatie van kolonisten.

In de recente geschiedenis van Nieuw-Zeeland ging niet alles in opwaartse richting. In het noor-den van het Zuidereiland ontstonden de Marlbo-rough Sounds, doordat een uitgebreid rivieren-stelsel als het ware verdronk. Dankzij het zonni-ge klimaat en de eindeloos lijkende baaien en ei-landen is dit gebied bijzonder geschikt voor men-sen die van varen en wandelen houden. Op het Noordereiland is de geologische geschiedenis hoofdzakelijk bepaald door vulkanen. In een complexe situatie zijn diverse types vulkaan ont-staan.

De stad Auckland is gebouwd tussen tal van kleine (uitgedoofde!) vulkanen. Deze worden gekenmerkt door een perfecte kegelvorm, die is ontstaan door de geleidelijke uitstoot van lava en

Links: Land 'in aanleg', White Island. **Boven**: De tuatara is een overblijfsel uit de prehistorie.

as. De meeste van deze vulkanen werden door de Maori's voorzien van terrassen en palissades, waarna ze als *pa's* (forten) in gebruik werden genomen. Op het Central Plateau treft u een erg gevaarlijk, explosief type vulkaan aan met een ander soort lava. Rond 130 n.Chr. ontstond door één van de grootste vulkaanuitbarstingen in de geschiedenis Lake Taupo. De hete as die toen over een groot deel van het Noordereiland verspreid werd, had desastreuze gevolgen voor grote stukken bos en al het leven daarin. Nooit is er een periode in de Nieuw-Zeelandse geschiedenis geweest zonder vulkanisme en vulkanisme zal zeer waarschijnlijk ook deel uitmaken van Nieuw-Zeelands toekomst. Op lange termijn zijn de vulkanische verschijnselen een verhulde ze-

leefden nog steeds in Nieuw-Zeeland, nadat het van Gondwana werd gescheiden. Er waren vlees- en plantenetende dinosaurussen en de lucht werd beheerst door de pterosaurus. Het enige fossiele bewijs voor de aanwezigheid van na de dinosaurussen op het land levende, vierbenige dieren is het kaakbeen van een krokodil dat bij St. Bathans in Centraal-Otago is gevonden. Net als slangen, komen krokodillen tegenwoordig gelukkig niet voor in Nieuw-Zeeland.

Zoogdieren hebben mogelijk eveneens deel uitgemaakt van de 'inheemse' fauna die zich ontwikkelde in de tijd voordat Nieuw-Zeeland van Australië werd gescheiden. De huidige afwezigheid van grote landdieren - vogels uitgezonderd - is naar alle waarschijnlijkheid te verklaren met

gen. Vulkanisch gesteente verjongt het landschap. Verweerd vulkanisch gesteente vormt de vruchtbaarste grond van Nieuw-Zeeland, en daar maken de melkveehouders dankbaar gebruik van. Voorts vormen de vulkanen van het Central Plateau perfecte skipistes.

De Dinosaurussen

Kenmerkend voor de Nieuw-Zeelandse fauna is de afwezigheid van grote, vierbenige landdieren, met name zoogdieren, evenals de afwezigheid van slangen. Vroeger schreef men dit toe aan het tijdstip waarop Nieuw-Zeeland gescheiden werd van Gondwana. In het licht van recente ontdekkingen heeft men deze theorie echter herzien. We weten nu dat in Nieuw-Zeeland ooit landdieren voorkwamen. Het waren dinosaurussen en zij

het uitsterven van deze dieren gedurende de afgelopen tachtig miljoen jaar. Van de typisch Nieuw-Zeelandse dieren, zoals de moa, de kiwi en de tuatara (de Nieuw-Zeelandse hagedis), ontbreken helaas oude fossielen, zodat het antwoord op de vraag hoe en wanneer deze dieren in Nieuw-Zeeland terecht zijn gekomen, omstreden blijft. Zeker voor de tuatara geldt, dat deze wellicht de hele tijd in Nieuw-Zeeland heeft geleefd; voor de moa's en de kiwi's kan dit niet zo stellig worden beweerd. Weliswaar gaat het bij de moa en de kiwi om vogels die niet kunnen vliegen, maar waarschijnlijk hadden hun voorouders deze vaardigheid wel. Net als vele andere inheemse vogels zijn ze misschien wel naar Nieuw-Zeeland gevlogen, en hebben ze zich toen pas tot loopvogels ontwikkeld.

Nieuw-Zeeland heeft zich ontwikkeld tot het land van de vogels. Bij gebrek aan natuurlijke vijanden kon de vogelpopulatie zich ongehinderd uitbreiden en nam ook bezit van die gebieden die elders door zoogdieren werden bevolkt. Enkele vogels verleerden als het ware het vliegen, omdat ze deze vaardigheid eenvoudigweg niet meer nodig hadden. Wellicht de bekendste van de talloze loopvogels die Nieuw-Zeeland rijk is, is de uitgestorven moa. Sommige waren maar liefst 3 m groot. Recent onderzoek heeft uitgewezen dat ongeveer elf soorten moa's voorkwamen in verschillende leefomgevingen in

NIEUWKOMERS

Nieuw-Zeeland telt minimaal 10.500 soorten insecten. Ongeveer 1100 soorten zijn, over het algemeen niet opzettelijk, door mensen meegebracht uit andere landen.

zuiderbreedte te vinden is. Fossiele bewijzen tonen echter aan dat er toen geen poolijs was en evenmin waren er gletsjers. Het was er zeker niet te koud voor planten en dieren. Maar op deze breedtegraad kon men niet ontsnappen aan het zuiderlicht en de lange, donkere poolwinters. Bij Curio Bay, vlakbij de uiterste zuidpunt van het Zuidereiland, bevindt zich één van de best bewaard gebleven versteende wouden ter wereld. Dit op een getijdenplateau gelegen versteende woud dateert uit de vroege geschiedenis van het land. De uitsteeksels op het plateau zijn de stronken van pijnbomen en boom-

de laaglanden en de bergen, variërend van dicht bos tot meer open gebied bedekt met struikgewas. Hun eieren waren doorgaans wit, of wit met donkere spikkels, maar er waren er ook die fel groene eieren legden. Voordat de mens voet op Nieuw-Zeelandse bodem zette, vormde een reusachtige adelaar de ernstigste bedreiging voor de moa. Deze roofvogel schijnt rustig op zijn nietsvermoedende prooi te hebben gewacht, om zich er vervolgens plotseling op te storten.

Gedurende een groot deel van de tijd dat Nieuw-Zeeland deel uitmaakte van Gondwana, bevond het land zich in het poolgebied; het lag namelijk zuidelijker dan de poolcirkel die op 66°

varens. Verspreid over het plateau liggen lange, rechte, versteende boomstammen.

Nadat Nieuw-Zeeland van Gondwana was gescheiden, dreef het in de richting van de warmere evenaar en onderging diverse klimatologische veranderingen. Ongeveer twintig miljoen jaar geleden werd bijvoorbeeld, door een wereldwijde stijging van de temperatuur, de waarschijnlijk warmste periode in de geschiedenis van Nieuw-Zeeland ingeluid. Dit was de enige periode waarin koraalriffen rond de Nieuw-Zeelandse kusten groeiden. Ooit groeiden palmbomen in heel Nieuw-Zeeland, terwijl de zuidelijkste palmbomen ter wereld nu ergens op het Zuidereiland te vinden zijn.

Sommige organismen konden zich niet aanpassen aan de veranderde omstandigheden en

Links: De kaka op Kapati Island.
Boven: De kea op het Zuidereiland.

stierven uit. Andere vlogen of zwommen van elders naar Nieuw-Zeeland of werden er over de zee naar toe geblazen. De simplistische voorstelling dat Nieuw-Zeeland een soort wegdrijvende ark was voor de levende wezens van het oude Gondwana klopt eenvoudigweg niet. Mogelijk is de oorspronkelijke flora en fauna van het gebied zelfs bijna helemaal vervangen door een nieuwe. In de loop der tijd heeft zich een flora en fauna ontwikkeld die uniek is voor Nieuw-Zeeland. Gombomen (*eucalyptus*), acacia's en casuarina's - allemaal typisch Australische planten - maken vandaag de dag geen deel uit van de inheemse vegetatie van Nieuw-Zeeland; fossielen bewijzen echter dat dit ooit wel het geval is geweest. Het Nieuw-Zeelandse bos wordt daarentegen gedo-

mineerd door hoge, altijdgroene bomen.

Een van de meest karakteristieke bomen in het huidige Nieuw-Zeeland, die grote stukken bos domineert, is de *nothofagus*. Deze is ook te vinden in Tasmanië, kleine gedeelten van het Australische vasteland, Nieuw-Guinea, Nieuw-Caledonië in de Grote Oceaan en Patagonië in Zuid-Amerika en groeide ooit ook op Antarctica.

De Opkomst van de Mens

Er bestaat onenigheid over het tijdstip waarop de voorouders van de Maori's in Nieuw-Zeeland zijn aangekomen. Twee recente hypothesen trekken het tijdstip dat gewoonlijk wordt genoemd - iets langer dan duizend jaar geleden - in twijfel. De ene hypothese beweert dat deze mensen slechts ongeveer negenhonderd jaar geleden in

het land zijn gearriveerd, terwijl de andere hypothese, op basis van de koolstofdatering van de botten van ratten, stelt dat Nieuw-Zeeland eerder bevolkt is dan iemand ooit tevoren voor mogelijk heeft gehouden. In ieder geval is het, vergeleken met de rest van de wereld, nog maar kort geleden dat de mens hier ten tonele is verschenen en Nieuw-Zeeland is dan ook de laatst gekoloniseerde, grote landmassa ter wereld (met uitzondering van Antarctica). Een onmiddellijk gevolg van de aanwezigheid van de mens was de toename van het aantal branden. Onzeker is of deze branden al dan niet bewust werden gesticht. Het resultaat was dat grote stukken bos voorgoed verdwenen. Het boomloze landschap van Centraal-Otago dateert uit deze tijd.

Een ander gevolg was het snel uitsterven van bepaalde vogels. Binnen enkele eeuwen werd de moa overal uitgeroeid door de te fanatiek jagende mens. Ratten en honden werden naar Nieuw-Zeeland gebracht en ook zij maakten veel slachtoffers onder de vogelpopulatie. Toen de moa's helemaal uitstierven, paste de mens zich overeenkomstig aan. Vis ging een belangrijkere plaats innemen op het menu en in dezelfde tijd begon ook het kannibalisme. Er is een theorie die het begin van het kannibalisme onder de Maori's toeschrijft aan een gebrek aan dierlijk eiwit.

De massale komst van de Europeanen vanaf het einde van de 18e eeuw versnelde de ontwikkeling die de Polynesiërs op gang hadden gebracht. Een bijzonder groot deel van het Nieuw-Zeelandse bos werd gekapt of in brand gestoken. De massale introductie van grazend vee en de landbouw hebben het landschap ten dele zo veranderd dat er tegenwoordig geen inheemse boomsoorten meer worden aangetroffen. Opossums, konijnen en herten vreten op grote schaal planten aan en wel vaak op dusdanige wijze dat de planten het niet overleven. Op erg steile hellingen, waar bossen de bodem moeten vasthouden, is sprake van ernstige erosie. Wezels, katten en knaagdieren die de mens heeft meegebracht, hebben een waar bloedbad aangericht onder de inheemse vogels, die nooit te voren met dergelijke roofdieren geconfronteerd waren.

Behalve de afgelopen paar eeuwen is er in de hele Nieuw-Zeelandse geschiedenis geen enkele andere periode geweest die zich door zulke drastische veranderingen in het landschap heeft gekenmerkt. Verandering is de rode draad door de Nieuw-Zeelandse geschiedenis - een rode draad die ongetwijfeld ook door de toekomst zal lopen. Het is nu zaak ervoor te zorgen dat het land met zijn flora en fauna, ondanks alle veranderingen, echt Nieuw-Zeelands blijft.

Links: Beukenbos bij 'The Divide', Fiordland National Park.

DE MOA

In een kinderliedje wordt getreurd om het verlies van één van de bijzonderste vogels van Nieuw-Zeeland: *No moa, no moa, in all Aotearoa, No moa, no moa, They've gone and there aren't no moa.*

Het uitsterven van de moa betekende een enorm verlies. De reusachtige loopvogel die maar liefst tot 250 kg woog en wel 3 m groot was, moet er, aldus een onderzoeker, uit hebben gezien als een enorm vat op rubberlaarzen'.

Inmiddels is de moa uitgegroeid tot de Nieuw-Zeelandse tegenhanger van het Schotse monster van Loch Ness. Regelmatig beweert iemand een moa te hebben gezien. Enkele jaren geleden was een kroegbaas bij Arthur's Pass ervan overtuigd dat hij een door de wildernis rennende moa had gefotografeerd. De foto was niet erg overtuigend, maar heeft er toch toe bijgedragen dat de mythe van de moa net zulke proporties aannam als de vogel zelf.

Uit beenderen en fossielen blijkt dat er ongeveer elf soorten moa's in Nieuw-Zeeland voorkwamen die behoorden tot twee afzonderlijke families. De *dinornis giganteus* was de grootste moa. Hij leefde vooral in het laagland van het oostelijke deel van het Zuidereiland, en was zeldzaam op het Noordereiland. De *dinornis novaezealandiae* was een middelmatig grote moa die op beide eilanden aangetroffen werd; in die gebieden waar zijn reusachtige neef rondzwierf, was hij echter het zeldzaamst. De *dinornis struthoides* was de kleinste van de grote vogels, maar in het algemeen ook het talrijkst. Hij zwierf over grote delen van beide eilanden.

De tweede familie, de Emeidae, omvatte de acht andere moa-soorten. Hun bouw was over het algemeen zwaarder en meer gedrongen.

Onderzoek heeft aangetoond dat de moa een planteneter was. Op het menu stonden hoofdzakelijk fruit en zaden van verschillende bomen, struiken, bladeren en twijgjes. Moa's hadden de gewoonte stenen in te slikken, waarmee de tandeloze vogels hun voedsel vermaalden. De grootste moa kon wel 5 kg stenen in zijn spiermaag hebben - sommige met een lengte van maar liefst 10 cm. Dergelijke stenen vormen goede stille getuigen: ze vertellen de wetenschappers namelijk waar de vogels hebben rondgezworven. In musea in het hele land zijn de tijdens het vermalen van het voedsel gepolijste spiermaagstenen te zien.

Dankzij het geringe aantal natuurlijke vijanden - de reusachtige adelaar mogelijk daargelaten - leidde de moa in Nieuw-Zeeland eeuwenlang een vredig, bijna paradijselijk bestaan. De komst van de mens maakte daar echter voor goed een einde aan. De eerste Polynesische kolonisten beschouwden de moa als een gave van de goden. De vogel werd een voorname bron van voedsel in een land waar veel van hun traditionele gewassen niet wilden groeien. Tijdens archeologische opgravingen in het hele land zijn plaatsen ontdekt waar moa-vlees in ondergrondse ovens werd gebraden. Men maakte echter niet alleen hiervoor jacht op de vogel. Mantels werden gemaakt van de veren van de moa, sieraden van zijn botten en in de eierschalen werden, nadat het ei opgegeten was, vloeistoffen bewaard.

Met knuppels en speren was de moa een eenvoudige prooi, die slechts in het bos een goed heenkomen vond. Al gauw bood zelfs het bos geen bescherming meer. Brand - mogelijk per ongeluk ontstaan - deed veel bomen verdwijnen en met deze bomen verdween uiteindelijk ook de moa. Naar verluidt is

de laatste moa ongeveer vijfhonderd jaar geleden gestorven.

De grote loopvogel zette koers naar het rijk der legenden, maar raakte nooit in vergetelheid. In de jaren zestig van de 19e eeuw, beweerden twee goudzoekers dat ze een reusachtige vogel in een rivierbedding hadden gezien. Ze werden opgesloten! In het begin van de 20e eeuw werd een moa-achtige vogel op het strand van Martins Bay in Fiordland gezien. Ook een visser die in de Milford Sound langoesten aan het vangen was, meldde een moa te hebben gezien en onlangs beweerde een kroegbaas uit Canterbury nog hetzelfde. Wie weet...

De kans dat er ooit nog een moa gevonden wordt, is minimaal. Maar niemand weet welke geheimen het oerbos ooit nog eens prijs zal geven! Misschien wacht ons op een dag nog een grote verrassing...

Rechts: Houd uw ogen open! Misschien ziet u een moa (of Elvis of de yeti...).

ANTARCTICA: EEN LAND VOOR HELDEN

Veel reizigers treden in de voetstappen van de dappere ontdekkingsreizigers die nieuwe wegen begingen, en geven gehoor aan de lokroep van Antarctica, een continent van ongekende schoonheid en buitengewone gevaren.

Antarctica is het koudste, winderigste en meest afgelegen continent op aarde - een omgeving die uitermate vijandig is voor mensen. Het gebied heeft eeuwenlang onze nieuwsgierigheid gewekt en zijn korte geschiedenis telt vele helden. Het was de laatste uitdaging die ontdekkingsreizigers aangingen voordat alle aandacht uitging naar het heelal. Mensen die er zijn geweest, vertellen over afschuwelijke confrontaties gezegd: 'Nelson zou vanaf zijn zuil op Trafalgar Square in een boot kunnen stappen'.

Er zijn evenwel ook oases op Antarctica: de 'droge valleien' - tegenover Ross Island, bij de McMurdo Sound - en andere ijsvrije gebieden en zelfs enkele 'warme meren' onder de ijskap. Wetenschappers maken uitgebreid studie van deze oases.

De verkenning van Antarctica heeft alles te

met de barre weersomstandigheden, maar ook over perioden van onbeschrijflijke, stralende rust en schoonheid.

De Laatste Woestenij
Dankzij de ontwikkelingen in de techniek is het thans mogelijk voor toeristen om in de zomermaanden vanuit Christchurch een bezoek te brengen aan Antarctica, de laatste grote woestenij ter wereld. Bijna negentig procent van al het ijs op aarde bedekt een gebied dat groter is dan de Verenigde Staten. Het ijs heeft een gemiddelde hoogte van 2000 m. Wanneer al dat ijs zou smelten, zou het continent maar ongeveer driekwart van zijn huidige grootte behouden en veel minder bergachtig zijn. Het niveau van de wereldzeeën zou stijgen. Iemand heeft in dit verband ooit eens maken met Nieuw-Zeeland. Al eeuwen voordat de Hollandse ontdekkingsreiziger Abel Tasman er vanuit Java in het toenmalige Nederlands Indië op uit werd gestuurd om na te gaan of er een oostwaartse weg over de zuidelijke oceaan naar Zuid-Amerika bestond, werd er al gesproken over het bestaan van een groot zuidelijk continent. Toen Abel Tasman in 1642 aankwam bij de westkust van Nieuw-Zeeland, dacht hij dat dit de westelijke rand was van een continent dat doorliep tot aan Zuid-Amerika. Hij noemde het dan ook Staten Landt, de toenmalige naam voor Zuid-Amerika. Een jaar later, toen men tot de conclusie was gekomen dat er geen reusachtige landmassa in de Stille Oceaan lag, werd die naam veranderd in Zeelandia Nova.

De volgende Europeaan die Nieuw-Zeeland

bezocht, kapitein James Cook, legde ook interesse aan de dag voor een mogelijke landmassa in het zuiden. Tijdens één van de meest gewaagde reizen die ooit zijn ondernomen, voer Cook langs de 60e breedtegraad en drong door tot 71° 10' Z.B. zonder het legendarische continent te zien. Hij bleef zo lang in het zuiden, dat zijn bemanning op het punt stond te gaan muiten.

De eerste geregistreerde waarneming van Antarctica vond vijftig jaar later plaats, toen de Rus Von Bellinghausen per schip een reis om de wereld maakte tussen 60° en 65° zuiderbreedte, waarbij hij twee keer afzakte naar

IJSBERGEN

De ijslagen van Antarctica zijn tot 4775 m dik - dit komt nagenoeg overeen met de hoogte van de Mont Blanc - en bevatten bijna zeventig procent van het zoetwater van de wereld.

wel Nieuw-Zeeland geen eigen expedities uitrustte, namen er tussen 1900 en 1917 wel Nieuw-Zeelanders deel aan de verkenningstochten van de Britten Robert Falcon Scott en Ernest Shackleton evenals aan die van de Australiër sir Douglas Mawson in de jaren vóór de Eerste Wereldoorlog. Robert Falcon Scott en alle leden van zijn expeditie die via het land de zuidpool wilden bereiken, stierven op de terugweg door blootstelling aan de kou - nadat ze bij aankomst op de pool hadden geconstateerd dat de Noren, onder leiding van Amundsen, hen voor waren geweest.

69° Z.B. en daarmee de eerste mens was die land zag binnen de zuidpoolcirkel.

In 1840 ontdekte James Clark Ross het gedeelte van Antarctica ten zuiden van Nieuw-Zeeland dat de hele 20e eeuw in de belangstelling van het land heeft gestaan. Men neemt zelfs aan, dat de Nieuw-Zeelander Alexander von Tunzelmann (de 17-jarige neef van één van de eerste kolonisten van Centraal-Otago) de eerste was die, in januari 1895, voet aan wal zette op Antarctica, bij Cape Adare. Met de verkenning van het land werd al spoedig daarna een begin gemaakt. Hoe-

In 1923 werd het gebied ten zuiden van de 60e breedtegraad, tussen 160° oosterlengte. en 150° westerlengte, door de Britse regering geclaimd en als 'Ross Dependency' onder het bestuur van de gouverneur-generaal van Nieuw-Zeeland geplaatst.

Tussen 1929 en 1931 richtte een Brits-Australisch-Nieuw-Zeelandse onderzoeksexpeditie haar aandacht op Antarctica. Datzelfde deed de marine van de Verenigde Staten onder leiding van admiraal Byrd vanuit de lucht. In 1933 werd de New Zealand Antarctic Society opgericht, maar pas vijftien jaar later werd, bij Cape Adare, de eerste Nieuw-Zeelandse basis op het vasteland gevestigd.

De Nieuw-Zeelandse Antarctische basis werd gesticht in het Internationaal Geofysisch Jaar

Blz. 118-119: Antarctica, een schijnbaar buitenaardse wereld. **Links**: Scott begon zijn expeditie vanaf de *Discovery*.
Boven: En tijdloze vorm van transport.

1957, toen de man die de Mount Everest had bedwongen, sir Edmund Hillary, met vijf landgenoten per tractor een tocht over land maakte naar de zuidpool. Het was de bedoeling dat hij, alleen ter ondersteuning van de Britse transpolaire expeditie onder leiding van sir Vivian Fuchs, bevoorradingsstations zou opzetten aan de Nieuw-Zeelandse kant van Antarctica, zodat Fuchs deze zou kunnen gebruiken tijdens zijn reis vanaf de pool naar de kant van het continent die onder Nieuw-Zeeland lag. Hillary en zijn groepje schoten echter zo snel op en liepen zo ver voor op het schema, dat ze besloten zelf te proberen de pool te bereiken. Door middel van deze actie werden ze de eersten die, vijfenveertig jaar na Scott, er over land aankwamen.

Sinds 1958 hebben groepen uit Nieuw-Zeeland op Antarctica overwinterd, waarbij ze enorme gebieden hebben verkend en de geologie ter plaatse uitgebreid hebben onderzocht. Nieuw-Zeeland heeft op Antarctica altijd nauw samengewerkt met de marine van de Verenigde Staten, die zelf een basis heeft bij de McMurdo Sound. In 1964, nadat een brand de meeste apparatuur van de Nieuw-Zeelands/Amerikaanse basis bij Cape Hallett had verwoest, zette Nieuw-Zeeland een eigen basis op bij de McMurdo Sound. Deze basis werd Scott Base genoemd naar kapitein Scott.

Links: De ijsvlakten van Centraal-Antarctica.
Rechts: Deelnemer aan een antarctische expeditie.

Zorg voor Hulpbronnen

In 1959 besloten twaalf landen door ondertekening van het verdrag *Antarctic Treaty* 'Antarctica uitsluitend voor vreedzame doeleinden te gebruiken en de internationale eensgezindheid te continueren'; dit waren Nieuw-Zeeland, de Verenigde Staten, Australië, Groot-Brittannië, België, Chili, Frankrijk, Japan, Noorwegen, Zuid-Afrika, Rusland en Argentinië. Polen ondertekende het verdrag in 1977. Al deze landen hebben sinds 1980 een overeenkomst getekend ten aanzien van de bescherming en de verantwoorde exploitatie van de levende hulpbronnen in de wateren rond Antarctica. In 1988 kwam in Wellington de *Convention on the Regulation of Antarctic Mineral Resource Activities (CRAMRA)* tot stand. Maar het uiteindelijke lot van deze conventie werd een jaar later twijfelachtig, toen Frankrijk en Australië - allebei landen die aanspraak maken op een deel van Antarctica - aankondigden deze niet te zullen ratificeren. Deze landen willen dat dit zuidelijke continent een beschermd natuurgebied wordt. De economische exploitatie van Antarctica begon aan het einde van de 18e eeuw met de jacht op walvissen en zeehonden op de sub-antarctische eilanden en in de omliggende zeeën ten zuiden van de Stille Oceaan. De populaties werden toen dermate uitgeput, dat het er niet op lijkt dat ze zich ooit zullen herstellen. Russische en Japanse geleerden doen onderzoek naar kril (planktonkreeftjes), dat in de antarctische wateren ruimschoots aanwezig is.

Er wordt ook veel gediscussieerd over de minerale rijkdommen op het vasteland van Antarctica en men vermoedt, dat er mineraalhoudend gesteente aanwezig is van het soort dat veel voorkomt in Zuid-Afrika en Australië. Het is bekend, dat er enorme voorraden magerkolen en grote hoeveelheden arm ijzererts voorkomen. De CRAMRA-overeenkomst was een poging om uiterst strenge regels te stellen ten aanzien van elke mogelijke vorm van exploitatie. De verdragspartners staan onder druk om een systeem van algehele bescherming te overwegen.

De toeristische belangstelling voor Antarctica blijft groot. Jarenlang waren luchtvaartmaatschappijen door de vliegramp bij Mount Erebus aan het einde van de jaren zeventig niet geïnteresseerd in het maken van rondvluchten, temeer omdat een onderzoek uitwees dat vluchten bijzonder gevaarlijk waren, wanneer de piloot niet gewend was aan de antarctische omgeving. Hoewel er sprake is van hernieuwde belangstelling voor Antarctica, is het nog steeds zeer moeilijk toegankelijk en dat zal nog wel vele jaren lang zo blijven. Als dit bijzondere gebied gemakkelijker toegankelijk wordt, zal de bescherming ervan waarschijnlijk ook streng toezicht op het toerisme moeten omvatten.

REIZEN DOOR NIEUW-ZEELAND

De volgende hoofdstukken vormen met elkaar een gedetailleerde gids. In de tekst staan bij de meest interessante bezienswaardigheden letters of cijfers die corresponderen met de bijbehorende kaart of plattegrond (bijvoorbeeld ❶). In de rechterbovenhoek van elke rechterpagina wordt vermeld waar u de desbetreffende kaart kunt vinden.

Afgezien van de mensen - die al met al erg vriendelijk zijn en de moeite waard om te kennen - zijn het de plaatsen in Nieuw-Zeeland die u zullen verbazen, die u naar adem doen snakken in de wetenschap dat dit de enige plek is waar u dit kunt ervaren. Milford Track met aan het einde ervan de Sound, de heldere, zilveren betovering van de Southern Lakes, de door bossen omgeven eenzaamheid van Lake Waikaremoana, de borrelende verrassingen van de thermale gebieden... hebben stuk voor stuk aan de mond van zelfs de meest bereisde bezoeker superlatieven ontlokt.

De auteurs Rudyard Kipling, Anthony Trollope en Robert Louis Stevenson roemden het schitterende landschap. James A. Michener schreef in *Return to Paradise* in 1951 'Nieuw-Zeeland is waarschijnlijk de mooiste plek op aarde' met 'natuurlijke schoonheid die moeilijk te geloven is'. Dertig jaar later benoemde hij in een artikel getiteld *The Memoirs of a Pacific Traveller* de Milford Sound tot 'The Most Stirring Sight' (het meest adembenemende uitzicht) ter wereld. Het Maori-verhaal over de schepping laat zien dat land en mens een eenheid vormen, vlees en klei uit dezelfde grondstof. De Maori's hechten uitermate sterk aan het land.

De eerste Europeanen, 20.000 km van de keurig afgebakende Europese landen die ze nog thuis noemden, probeerden aanvankelijk het landschap te veranderen om het meer op Groot-Brittannië te doen lijken. Ze kapten en verbrandden de bossen en zaaiden gras. Maar toen ze tijd hadden om goed om zich heen te kijken, beseften ze dat hun kleine nieuwe land een wereld aan gevarieerde en spectaculaire landschappen bevatte. De eerste plek die de aandacht van de wereld trok, was Lake Rotomahana, waar langs de oevers de Pink and White Terraces lagen. Deze roze en witte plateaus werden gevormd door afzettingen van kiezelaarde toen het water van hete waterpoelen de steile oever van het meer wegspoelde. Toeristen konden er in de koelere poelen baden. 'Het is een plek,' zo schreef Trollope, 'voor intens sensueel genoegen.' De plateaus werden in een nacht door bruut natuurgeweld vernietigd toen in 1886 Mount Tarawera uitbarstte. De bronnen en warmwaterpoelen van het Noordereiland kregen al vroeg een goede reputatie vanwege hun helende werking. In 1901 huurde de regering een officiële balneoloog (deskundige op het gebied van geneeskrachtige baden) in en richtte men een toeristenbureau op, de eerste door de overheid gesponsorde organisatie ter wereld voor toeristische informatie. De thermale gebieden zijn nog steeds zeer geliefd bij reizigers. Maar vandaag de dag - in een wereld waar een nog altijd groeiend aantal mensen dicht op elkaar gepakt zit in drukke steden - vormen vooral het onbedorven en open landschap en het gevoel van ruimte en tijdloosheid de trekpleisters voor duizenden bezoekers die willen genieten van het landschap. Het aantal mensen dat gewoon door de wildernis wil lopen neemt toe. Voor hen is een trektocht langs de Nieuw-Zeelandse buitenposten vol natuurlijk schoon een soort reinigingsritueel.

Blz. 124-129: Weiden en bergtoppen in perspectief; een zee van schapen in de heuvels; de onvergetelijke Milford Sound.
Links: Het prachtige Zuidereiland.

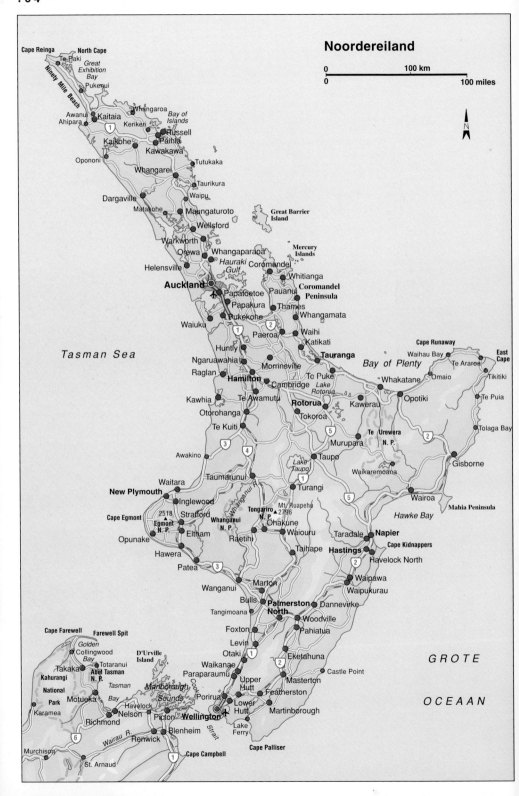

Noordereiland

Cape Reinga
North Cape
Te Paki
Great
Exhibition
Bay
Pukenui
Ninety Mile Beach
Awanui
Ahipara
Kaitaia
Whangaroa
Kerikeri
Bay of
Islands
Russell
Kaikohe
Paihia
Kawakawa
Opononi
Tutukaka
Whangarei
Taurikura
Dargaville
Waipu
Matakohe
Maungaturoto
Great Barrier
Island
Wellsford
Warkworth
Whangaparaoa
Orewa
Hauraki
Gulf
Helensville
Mercury
Islands
Coromandel
Whitianga
Auckland
Papatoetoe
Pauanui
Coromandel
Peninsula
Papakura
Thames
Pukekohe
Whangamata
Waiuku
Waihi
Paeroa
Katikati
Huntly
Tauranga
Cape Runaway
Ngaruawahia
Morrinsville
Waihau Bay
Te Araroa
East
Cape
Raglan
Hamilton
Te Puke
Bay of Plenty
Tikitiki
Cambridge
Lake
Rotorua
Whakatane
Omaio
Kawhia
Te Awamutu
Rotorua
Kawerau
Opotiki
Te Puia
Otorohanga
Tokoroa
Tolaga Bay
Te Kuiti
Te Urewera
N. P.
Awakino
Murupara
Lake
Taupo
Taupo
Gisborne
Taumarunui
Waikaremoana
New Plymouth
Turangi
Wairoa
Waitara
Inglewood
Whanganui R.
Mahia Peninsula
Cape Egmont
2518
Strafford
Tongariro
N. P.
Mt. Ruapehu
2796
Egmont
N. P.
Whanganui
N. P.
Ohakune
Hawke Bay
Opunake
Eltham
Raetihi
Waiouru
Taradale
Napier
Hawera
Taihape
Hastings
Cape Kidnappers
Patea
Havelock North
Marton
Waipawa
Wanganui
Bulls
Waipukurau
Tangimoana
Palmerston
North
Dannevirke
Cape Farewell
Farewell Spit
Woodville
Foxton
Pahiatua
Golden
Collingwood
Bay
D'Urville
Island
Levin
Takaka
Totaranui
Abel Tasman
N. P.
Otaki
Eketahuna
Kahurangi
Waikanae
Castle Point
National
Tasman
Marlborough
Sounds
Paraparaumu
Masterton
Park
Motueka
Bay
Upper
Hutt
Karamea
Havelock
Porirua
Featherston
Nelson
Lower
Hutt
Richmond
Picton
Wellington
Martinborough
Murchison
Blenheim
Lake
Ferry
Renwick
Wairau R.
Cape Campbell
Cook Strait
Cape Palliser
St. Arnaud

Tasman Sea

GROTE

OCEAAN

NOORDEREILAND

Het kloppend hart van Nieuw-Zeeland waar het zakenleven, de vrijetijdsbesteding evenals de aarde zelf bruisen van activiteit.

Volgens een Polynesische legende is het Noordereiland de vis die Maui uit zee haalde. Een goede vangst! Het is het dichtstbevolkte van de twee grootste Nieuw-Zeelandse eilanden en er valt van alles te zien en te doen. Het Noordereiland trekt dan ook veel bezoekers.

Northland, het bovenste gedeelte van het eiland, heeft een rijk Maori-verleden. Het was ook één van de eerste gebieden waar zich Europeanen vestigden. Wie de stadjes Paihia en Russell aan de Bay of Islands bezoekt, zal begrijpen waarom. De activiteiten die u hier geboden worden, staan allemaal in het teken van de zee: zeilen, viswedstrijden, boottochtjes. Ook zijn er talloze trekpleisters van historisch belang, variërend van het huis waar het *Treaty of Waitangi* werd getekend, tot het oudste stenen gebouw van het land.

In het verre noorden gaat alles rustig zijn gangetje. Een schril contrast hiermee vormt het jachtige Auckland waar meer dan één miljoen van de in totaal drieënhalf miljoen Nieuw-Zeelanders wonen. Deze grootste Polynesische stad ter wereld met een ruim aanbod aan winkels, restaurants en activiteiten, mag met recht een wereldstad genoemd worden.

Net als in de rest van Nieuw-Zeeland hoeft u niet ver te rijden voor een verandering van omgeving. In een uurtje rijdt u van het vruchtbare gebied met groenteteelt en melkveehouderij naar Waikato. Waikato is genoemd naar de langste waterweg van Nieuw-Zeeland, de Waikato River, die zich bochtig door de streek slingert.

Goud lokte de eerste Europeanen naar Coromandel en de prachtige stranden in eenzame baaien oefenen nu aantrekkingskracht uit op hedendaagse avonturiers. Qua voedsel doet de Bay of Plenty zijn naam eer aan, en ook de afgelegen Oostkaap heeft zijn heel eigen charme.

In het binnenland gaat het er veel heter aan toe. Hete minerale bronnen, kokende modder, geisers en vulkanen hebben Rotorua de toepasselijke bijnaam 'thermisch wonderland' opgeleverd. Wie deelneemt aan de avontuurlijke activiteiten die in de streek aangeboden worden, kan daarna in de hete bronnen op verhaal komen. Het verder zuidelijk gelegen, grootste meer van Nieuw-Zeeland, Lake Taupo, is een druk bezochte, prima stek voor visliefhebbers.

Dankzij de vruchtbare grond behoren Taranaki, Wanganui en Manawatu tot de streken met de meeste boerenbedrijven van Nieuw-Zeeland; melkveehouderij staat hier centraal. De talloze stadjes in dit boerenland zijn ook aangename overnachtingsplaatsen waar reizigers van harte welkom worden geheten.

Hoewel Wellington in het uiterste zuiden van het Noordereiland is gelegen, speelt de stad toch een centrale rol in het Nieuw-Zeelandse leven. Het is de hoofdstad van het land en in de volle, aan de haven gelegen binnenstad zijn de hoofdkantoren van de belangrijkste bedrijven van het land te vinden.

Ons team van schrijvers met hun diepgaande kennis van deze streken, zullen het aas aan de haak doen, zodat u net als Maui de essentie van het Noordereiland kunt 'vangen'.

Blz. 132-133: Northland's Ninety Mile Beach.

AUCKLAND

In de voormalige hoofdstad van Nieuw-Zeeland, een groeiende wereldstad met stranden en baaien, wolkenkrabbers en geschiedenis, ontmoeten Polynesië en de oude Grote Oceaan het moderne Azië en het Westen.

Kaart blz. 140

De Aucklanders noemen de grootste en levendigste metropool van Nieuw-Zeeland *City of Sails*, de stad van de zeilen, of *Queen City*, de koningin onder de steden. De stad heeft meer inwoners dan het hele Zuidereiland en alles wat de Aucklanders nodig hebben is binnen de grenzen van hun stad te vinden. Voor een aantal zelfvoldane zielen bestaat de rest van het land niet eens.

De overige Nieuw-Zeelanders die in de *wop-wops* (het provinciale achterland) wonen - en dan met name de inwoners van de hoofdstad Wellington - zien Auckland als *The Big Smoke*, waar mensen slechts belangstelling hebben voor drie dingen: strand, boten en barbecues. Hierin steekt zeker een kern van waarheid, maar wie kan het de Aucklanders kwalijk nemen? Zij zijn nu eenmaal gezegend met twee schitterende havens, talrijke mogelijkheden om veilig te zwemmen, kustwater bezaaid met beschutte eilandjes, het mondaine leven van een wereldstad en een klimaat dat uitnodigt tot activiteiten buitenshuis.

Overal Water

De aangename, op het water gerichte levenswijze wordt vooral bepaald door de geografische ligging van de stad aan de Hauraki Gulf. Afgezien van enkele smalle landengten in het westen en het zuiden wordt Auckland omgeven door water. De inwoners zijn dol op water en alles wat je erop en erin kunt doen: roeien, zwemmen, surfen, zeilen, waterskiën, duiken en vissen. De stad wordt in het noorden en oosten omgeven door Waitemata Harbour en in het zuiden en westen door Manukau Harbour. De even buiten Waitemata Harbour gelegen Hauraki Gulf is één van de populairste zeilwateren van het land. Op nog geen uur rijden van het stadscentrum bevinden zich op het vasteland ruim honderd stranden en de 'bootvluchtelingen' uit Auckland kunnen de echte eenzaamheid opzoeken in de honderden zanderige baaien van de 23 eilandjes die in de golf voor de kust liggen. Om optimaal gebruik te kunnen maken van dit geliefde, natuurlijke recreatiegebied in zee heeft Auckland meer pleziervaartuigen per hoofd van de bevolking dan welke andere kustplaats ook ter wereld. Dienovereenkomstig is het hoogtepunt op sportgebied de jaarlijkse **Auckland Anniversary Day Regatta**, die eind januari plaatsvindt en waarbij wel duizend zeilboten, uiteenlopend van tweemeterjachten tot kielschepen van 30 m lengte, in Waitemata Harbour de strijd met elkaar aanbinden. Al even spectaculair is de hardloopwedstrijd **Round the Bays**, die jaarlijks in maart wordt georganiseerd en waarin tachtigduizend hardlopers (één op de twaalf Aucklanders) 'voor de lol' een parcours van 10,5 km afleggen: van Victoria Park langs de waterkant naar St. Heliers Bay.

De landengte van Auckland is ontstaan door de in geologisch opzicht recente uitbarsting van zestig vulkanen, de eerste vijftigduizend jaar geleden en de laatste - op het dichtbegroeide, slechts 8 km van het centrum van Auckland verwijderde, eiland Rangitoto - ongeveer

Blz. 136-137: Zeilwedstrijd, Auckland Harbour. **Links:** Auckland's stadsaanzicht met haven. **Onder:** De witte houten huizen van Ponsonby.

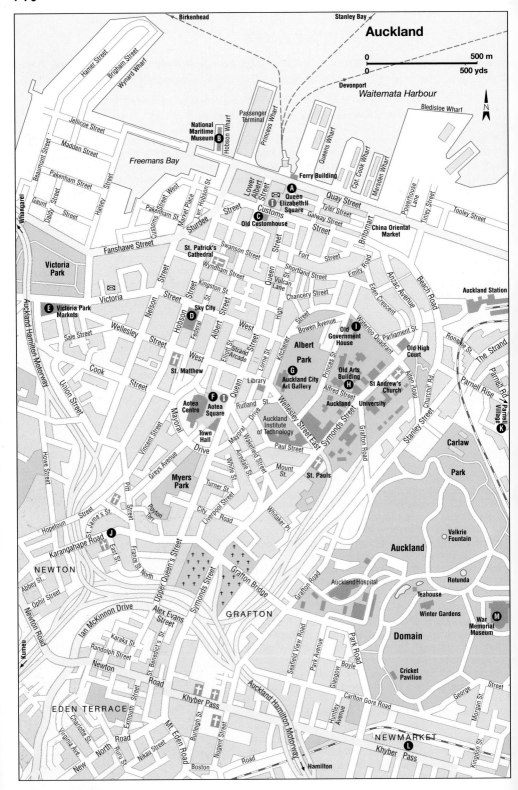

achthonderd jaar geleden. Slechts twee eeuwen geleden werd door de laatste vulkaanuitbarsting op Rangitoto een Maori-dorp op het ernaast gelegen eiland Motutapu volkomen weggevaagd. De historie van de menselijke bewoning van Auckland is al even turbulent. Naar verluidt zijn de voorouders van de Maori's er rond 800 aangekomen en hebben ze zich op de eilanden in de Hauraki Gulf gevestigd na hun lange reis vanuit het oosten van Polynesië. De Maori-overlevering vertelt dat er, toen de bevolking toenam, voortdurend sprake was van oorlog en bloedvergieten om het bezit van dit vruchtbare gebied.

De waterwegen in de omgeving van Auckland kregen strategische betekenis als 'kanosnelwegen'. Er is een tijd geweest waarin zich op elke vulkanische punt in Auckland een versterkte *pa* of een Maori-dorp bevond. Op bepaalde geschikte punten, zoals One Tree Hill en Mount Eden, zijn nog overblijfselen te zien van een stelsel van terrassen met houten palissades. Slechts tweehonderd jaar geleden boden de *pa* op deze heuvels waarschijnlijk plaats aan honderden krijgers.

Tamaki van de Honderd Geliefden

Auckland heeft zijn oude Maori-naam, Tamaki (het woord voor 'slag'), te danken aan de bloedige stammenoorlogen. De landengte werd ook wel, nogal poëtisch, Tamaki Makau Rau genoemd: 'slag van de honderd geliefden'. Deze benaming had evenwel absoluut niets te maken met liefde en romantiek, maar vormde een exacte omschrijving van Tamaki als een uiterst begerenswaardig gebied, waarom vele stammen bereid waren oorlog te voeren.

De Britse kolonisatie van Auckland begon in 1820 met het bezoek van de avontuurlijke missionaris Samuel Marsden. Marsden, die werkzaam was in het Australische Sydney, bevond zich aan boord van het zeilschip *Coromandel*, toen dat de Hauraki Gulf binnenvoer op zoek naar rondhout voor masten. Terwijl de bemanning bomen kapte, ondernam de nieuwsgierige predikant een circa 900 km lange reis langs moeilijk begaanbare paden, per walvissloep en in kano's die hem werden aangeboden door de vriendelijke Maori's van het dorp Mokoia, vlakbij het huidige Panmure, een buitenwijk van Auckland. Marsden viel de eer te beurt, de eerste Europeaan te zijn die de landengte van Auckland overstak (op 9 en 10 november 1820). Voor zover bekend vond de laatste slag tussen verschillende Maori-stammen in Auckland plaats in 1827, toen de Ngati Whatua de Ngapuhi-stam aanvielen en de macht over het gebied in handen kregen. Door alle oorlogen was de Maori-bevolking dermate teruggelopen, dat het de Britten op 20 oktober 1840 niet veel moeite kostte de woeste Ngati Whatua-stam Auckland afhandig te maken. Het gebied dat nu het hart van de stad Auckland omvat, werd gekocht voor: vijftig dekens, twintig broeken, twintig hemden, twintig vesten, tien petten, vier vaten tabak, een doos pijpen, 90 m stof voor jurken, tien ijzeren potten, een baal suiker, een baal bloem, twintig bijlen, vijftig Britse ponden contant, en een jaar later nog eens zes pond. In ruil daarvoor kregen ze een gebied van 1200 ha dat drie baaien besloeg, van Freemans Bay tot Parnell, en landinwaarts tot Mount Eden liep. Tegenwoordig is 1 acre (0,4 ha) in het centrum minstens twaalf miljoen Nieuw-Zeelandse dollars waard. Met weinig eerbied neergepoot op een vluchtheuvel in het centrum van Auckland, bij de ingang van King's Wharf, staat een rots met een groen uitgeslagen metalen plaquette die herinnert aan de geboorte van Auckland op 18 september 1840. Het verloederde gedenkteken duidt de plek aan waar de oprichter en tevens

Kaart blz. 140

 TIP

Nieuw-Zeeland heeft een uitstekend bibliotheeknetwerk. Bezoekers krijgen tegen een kleine vergoeding toegang tot talloze boeken, tijdschriften en audiovisueel materiaal over het land.

Onder: Queen Street zoals het was.

Stadhuis van Ponsonby.

Onder:
Spiegelende gevels in het zakencentrum van Auckland.

eerste gouverneur van Nieuw-Zeeland, kapitein William Hobson, verklaarde dat deze nederzetting de hoofdstad zou worden.

Stedelijke Groei

Een pionier beschreef de nederzetting als een dorp 'bestaande uit enkele tenten en hutten en een zee van varens zover het oog reikt'. Vandaag de dag is er eerder sprake van een 'zee van buitenwijken'. Het is geen toeval dat Auckland en Los Angeles zustersteden zijn - beide zijn toegangspoorten tot hun staten en nemen een enorm gebied in beslag. Auckland beslaat met het omliggende stedelijke gebied 1016 km² en strekt zich over 80 km uit langs de kust - van Whangaparaoa en Torbay in het noorden tot Papakura en Drury in het zuiden.

De snelle economische ontwikkeling van de jaren tachtig en negentig van de 20e eeuw ging gepaard met de uitbreiding van de binnenstad van Auckland; eerst verrezen fraaie kantoorgebouwen, later pretentieuze flatgebouwen en rijtjeshuizen – met navenante prijskaartjes. Wie iets minder duur onroerend goed zoekt, moet zich begeven naar de lage heuvels aan de baaien die het centrum omgeven.

Vroeger werd schertsend opgemerkt dat Auckland altijd dicht was als je er op bezoek kwam. De levendigheid van de stad en het omliggende gebied is vergroot dankzij de verlenging van de winkelopeningstijden eind jaren tachtig van de 20e eeuw. Tegenwoordig zijn de meeste winkels, vooral degene die zich op toeristen richten, van 's morgens vroeg tot 's avonds laat geopend, ook in het weekeinde.

Auckland is, gezien de uitbreiding van de buitenwijken, niet de gemakkelijkste plaats voor toeristen om te verkennen. Taxi's zijn niet goedkoop, maar er rijden bussen waarmee bezoekers bijna elke wijk kunnen bereiken - Waiwera in het noorden, Helensville in het westen, Panmure en Howick in het oosten en Manukau in het zuiden. Dagelijks zijn er ook diverse bustochten die drie tot acht uur duren, met deskundige uitleg onderweg.

Belangrijkste wijken

De 'Schatkamer' van Auckland is **Queen Street**, waar u de beste winkels van Nieuw-Zeeland vindt. Overal zijn souvenirwinkeltjes. Queen Street wordt omgeven door arcades en zijstraten vol winkeltjes met antiek, zeldzame boeken, tweedehandse juwelen, design-kleding en met de hand gemaakte spullen. Als u stilstaat bij de kruising van Queen Street en Fort Street, kunt u zich waarschijnlijk moeilijk voorstellen dat hier ooit de golven tegen de kust hebben gebeukt. Ongeveer een eeuw geleden liep Fort Street nog pal langs het strand en was de verderop gelegen Shortland Street de hoofdstraat van het jonge Auckland. In de jaren veertig van de 19e eeuw was Queen Street een door struikgewas omgeven rivierbedding. Beneden aan Queen Street, aan de rand van de haven, ligt **Queen Elizabeth II Square Ⓐ**, dat tijdens de lunchpauze geliefd is bij het kantoorpersoneel. Het plein trekt veel bezoekers, dankzij een versierd fruitstalletje, een ijssalon en andere kraampjes met eetwaren. De mensen blijven er vaak even rondkijken alvorens de straat over te steken naar het **Ferry Building** om een rondvaart te boeken door de haven en de Hauraki Gulf. Informatie over bustochtjes en attracties, zoals musea, kunstgalerijen, historische gebouwen, stranden en parken, verstrekt het **Auckland Visitor Centre**. Op ongeveer honderd meter van het plein ligt het **National Maritime Museum Ⓑ** waarlangs enkele historische vaartuigen liggen aangemeerd. Het museum en het aangrenzende **Viaduct Basin** zijn omgeven door drukbezochte kroegen en restaurants.

Historische Winkels

Het majestueuze gebouw tegenover het Downtown Complex op de hoek van Customs Street en Albert Street is het **Old Customhouse Ⓒ**, dat meer dan tachtig jaar lang het financiële hart van Auckland is geweest. Het in 1889 voltooide gebouw in Franse renaissancestijl is één van de laatste overblijfselen van Victoriaanse architectuur in het centrale zakendistrict.

Kaart blz. 140

Adrenaline-junkies die bungee jumping saai vinden, hebben 'rap jumping' bedacht: vanaf een wolkenkrabber abseilen met het gezicht naar beneden gericht. Dagelijks te zien rond 11.00 en 14.00 uur bij het Novotel, QEII Square. Wie het eens wil proberen, moet zich melden in de Vertigo Bar van het hotel.

Onder: Ferry Building, Auckland.

De bouw van het Customhouse kostte ruim dertigduizend dollar, maar er is al meer dan drie miljoen dollar uitgegeven aan de restauratie ervan. Het gebouw, dat dagelijks is geopend, biedt onderdak aan cadeauwinkels en restaurants. Tussen het Customhouse en het sjieke **Stamford Plaza Hotel** in Albert Street bevinden zich de meest luxueuze vakantieappartementen van Auckland. Boven het bedrijvige centrum van Auckland torent de nieuwste aanwinst van de stad uit: het **Sky City**-complex ❶ met zijn casino, het **Sky City Hotel** en de tot in de wolken reikende **Sky Tower**, het hoogste gebouw op het zuidelijk halfrond. Vanaf de Sky Tower hebt u een adembenemend uitzicht over de stad.

Oud warenhuis,
Auckland.

Op tien minuten wandelen naar het westen, op het terrein waar vroeger de vuilnis van de stad vernietigd werd, vindt u de **Victoria Park Market** ❷. De in 1905 voltooide bakstenen gebouwen werden geopend door burgemeester Arthur Myers, die in een bootsmansstoeltje naar de top van de 40 m hoge schoorsteen werd gehesen om de laatste steen te leggen. Al vroeg werd de warmte van de oude vuilverbrandingsinstallatie gebruikt om elektriciteit op te wekken. Thans kan men hier zeven dagen per week terecht bij stalletjes die groente, fruit en met de hand gemaakte spullen verkopen.

Films en Musea

Voor rugbyfans is de nieuwe **Rugby Hall of Fame** op 187 Queen Street, niet ver van de kruising met Victoria Street, een absolute must. Halverwege Queen Street ligt **Aotea Square**, dat wordt gedomineerd door de betonkolos van de *Auckland City Council*. Aan de oostzijde van dit plein ligt de in 1911 gebouwde, **Old Town Hall** (oude stadhuis) en aan de westzijde het nieuwe culturele centrum van de stad, het **Aotea Centre** ❻ waarvan de honderdtwintig miljoen dollar kostende bouw nogal omstreden was. Het centrum beschikt over een multifunctioneel theater met 2300 zitplaatsen, een vergadercentrum, expositieruimten en een restaurant. Central Queen

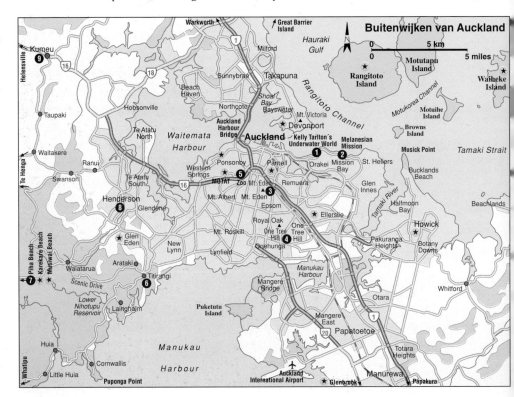

Street is de bioscoopstraat van Auckland; hier bevinden zich een tiental bioscopen en talloze snackbars. Wat verder, in Lorne Street, bevindt zich de leeszaal van de **openbare bibliotheek** - populair bij reizigers en immigranten met heimwee, die zich gretig op de buitenlandse kranten storten. Niet ver hiervandaan, in Wellesley Street East, ligt de **Auckland City Art Gallery** ⓖ. Deze is gehuisvest in een in Franse renaissancestijl opgetrokken gebouw uit 1887 en beschikt over de grootste verzameling Nieuw-Zeelandse schilderijen van het land, waaronder eind-18e-eeuwse werken van John Webber en William Hodges, die met kapitein Cook meevoeren op diens reizen.

Kaart
blz. 140

Griffioenen en Musketten

Achter de Art Gallery strekt zich het schilderachtige **Albert Park** uit, waar ooit de Albert Barracks stonden die in de jaren veertig van de 19e eeuw zijn gebouwd om de aanvallen van oorlogszuchtige Maori-stammen af te slaan. Overblijfselen van de muren met musketgaten kunt u zien op het terrein van de **universiteit van Auckland** en wel achter de hoofdbibliotheek aan de oostzijde van het park.

De klokkentoren van het **Old Arts Building** ⓗ van de universiteit, in 1926 in 'Nieuw-Zeelands-gotische' stijl voltooid, werd door de bevolking al gauw de 'Bruiloftstaart' genoemd vanwege de sierlijke torentjes en de originele witte stenen constructie. Grijnzende griffioenen en waterspuwers, gemaakt door de Duitser Anton Teutenberg, sieren de buitenmuren van het nabijgelegen kasteelachtige **Supreme Court** (oppergerechtshof - 1868) in Waterloo Quadrant. Eveneens op het unversiteitsterrein, op een steenworp afstand van de waterspuwers, staat het **Old Government House** ⓘ, dat in 1856 werd gebouwd en thans wordt gebruikt als openbare ruimte.

Even verderop loopt **Parliament Street**, nog een overblijfsel uit Aucklands glorietijd als hoofdstad van Nieuw-Zeeland. Slechts onder druk van het goudrijke Zuidereiland en de bloeiende nieuwe nederzettingen verder zuidwaarts op het

De naam van het nationale rugby-team, All Blacks, dateert waarschijnlijk van 1905, toen de spelers in Groot-Brittannië hun nieuwe zwarte tenue droegen en op één na alle wedstrijden wonnen.

Onder: De haven met daarachter Devonport.

Auckland Harbour in de schemering.

Noordereiland, werd de hoofdstad verplaatst van Auckland naar Wellington. Aan Symonds Street, op de begraafplaats tegenover het **Sheraton Hotel**, ligt het graf van kapitein Hobson, die Auckland koos als nationale hoofdstad. Hobsons keuze viel op Auckland vanwege de strategische positie tussen twee belangrijke Maori-gebieden (Northland en Waikato) en de centrale ligging ten opzichte van de voornaamste Europese nederzettingen van die tijd (Russell en Wellington). Hij noemde de jonge hoofdstad naar de graaf van Auckland, George Eden, onderkoning van India, die hem, in zijn hoedanigheid van voorzitter van de admiraliteit, had benoemd tot kapitein van het marinefregat *HMS Rattlesnake*.

De herinnering aan Hobson leeft voort in namen als Mount Hobson, Hobson Bay en Hobsonville (15 km ten noordwesten van de stad). Hobsonville was de plek die Hobson aanvankelijk als hoofdstad had aangewezen. Later, op advies van zijn landmeter-generaal, Felton Mathew, koos hij voor de huidige locatie.

K-Road

Bovenaan Queen Street, tegenover de Grafton Bridge - de grootste overspanning van gewapend beton ter wereld ten tijde van de voltooiing in 1910 - loopt **Karangahape Road ❶**, plaatselijk bekend als 'K-Road'. In deze straat bevindt zich het grootste deel van de seksindustrie van de stad, maar ook wie van alternatieve mode houdt, is hier aan het juiste adres. Samoanen, Fijiërs, Tonganen, inwoners van Niue en Cookeilanders doen hun boodschappen in K-Road waar de winkels schitterend gekleurde lappen, *taro's*, *yammen*, papaja's, mango's, groene bananen, kokosproducten en andere tropische levensmiddelen uitstallen.

Auckland is de grootste Polynesische stad ter wereld, met meer dan een kwart van de totale Maori-bevolking en circa 100.000 Pacific Islanders binnen het stedelijk gebied. De Chinese bevolking groeit eveneens snel door nieuwkomers, met name uit Hongkong en Taiwan.

Onder: Aucklands bekende Harbour Bridge.

Dankzij de immigratie kunnen de restaurants in Auckland zich wat kwaliteit en verscheidenheid betreft, meten met toprestaurants uit de hele wereld. U kunt er onder andere genieten van specialiteiten uit Korea, Japan, India en Italië. In het centrum vindt u de meeste restaurants aan Ponsonby Road, K-Road en Tamaki Drive tussen Okahu Bay en St. Heliers. Wie een klasse-restaurant zoekt, de kwaliteit van de keuken en de prijs-/kwaliteitsverhouding wil weten, informeert het best bij een Aucklander.

Kaart blz. 140

Door de Buitenwijken
Ten oosten van het centrum ligt het historische **Parnell**, de eerste buitenwijk van de stad, met pioniershuizen, zoals het **Kinder House** (1858) in Ayr Street, die geopend zijn voor het publiek. In Judge Street staat de kleine **St. Stephen's Chapel** (1857) met een pionierskerkhof en aan Parnell Road vindt u een gotische houten kerk, de **St. Mary's** (1888). **Parnell Village ⓚ** aan Parnell Road, is een geliefd winkelcentrum met winkels, restaurants en boetieks in Victoriaanse stijl. Parnell Village is één van de successen van miljonair en projectontwikkelaar Les Harvey. Jarenlang kocht Harvey gebouwen met één en twee verdiepingen aan, knapte ze op en verhuurde ze aan ondernemingen die pasten bij hun karakter en hield daarmee veel hoogbouw tegen. Vierhonderd meter zuidwaarts vanaf de top van Parnell Rise ligt het drukke winkelcentrum **Newmarket ⓛ**. Een aantal grote ketens van kledingzaken opende in de jaren tachtig van de 20e eeuw een winkel in de winkelstraat en veroorzaakte een nog steeds voortdurende bloei. Op 277 Broadway is een grote winkelpromenade.

Grote Boot, Grote Vogel
Het **War Memorial Museum ⓜ** met uitzicht op Parnell, de stad en de haven ligt op het terrein van **Auckland Domain**. Het museum heeft één van de mooiste tentoonstellingen over de cultuur van de Maori's en Polynesië ter wereld met voorwerpen die

TIP

Een aanrader zijn de eethuisjes van Auckland waar u voor weinig geld van de internationale keuken kunt genieten, evenals de terrasjes waar talloze soorten koffie worden geschonken en het overheerlijke gebak wordt voorzien van een rijkelijke dot slagroom.

Onder: De historische One Tree Hill.

dateren van 1200. Een van de topstukken is de 30 m lange *Te-Toki-A-Tapiri* (Bijl van Tapiri), een oorlogskano die in 1836 is uitgehouwen uit één enkele boom en wel een enorme *totara*. In de unieke zaal met Nieuw-Zeelandse vogels bevinden zich onder meer skeletten en een reconstructie van de *Big Bird*, een inmiddels uitgestorven 4 m grote loopvogel, de moa. Ten oosten van Parnell, aan Tamaki Drive, liggen Judges Bay, Okahu Bay, Mission Bay, Kohimarama en St. Heliers - dankzij terrasjes, het strand met zijn zachte zand en de verhuur van fietsen, jachten en surfplanken, in de weekeinden drukbezocht door venters en gezinnen op zoek naar ontspanning. Aan de waterkant tussen Okahu Bay en Mission Bay ligt **Kelly Tarlton's ❶**. Daar kunt u tientallen soorten vissen en haaien vanuit een veilige, enorme, doorzichtige tunnel bewonderen. Pas nieuw is het antarctische gedeelte waar konings- en ezelspinguïns in hun eigen wereldje van sneeuw en ijs te zien zijn. Aan Mission Bay staat het gebouw van de **Melanesian Mission ❷** dat in 1859 is gebouwd als missieschool. Tegenwoordig is het een museum met Melanesische kunstvoorwerpen.

Hoogtepunten

Even ten zuiden van het stadscentrum ligt de 196 m hoge, slapende vulkaan **Mount Eden ❸**, het hoogste punt van Auckland, vanwaar u een schitterend panorama hebt van het omliggende gebied. Aan de oostzijde ligt **Eden Gardens** met meer dan vijfhonderd camelia's, rododendrons en azalea's tussen een duizendtal bomen en struiken. Wat meer zuidwaarts verheft zich **One Tree Hill ❹** met het graf van de 'Vader van Auckland', sir John Logan Campbell. Sir John zette op 21 december 1840 onder aan Shortland Street een tent op als de eerste winkel in Auckland. Hij was de bekendste zakenman van de stad tot hij, in 1912, op 95-jarige leeftijd overleed. Samen met zijn partner, William Brown, bouwde sir John in 1841 **Acacia Cottage**, thans het oudste gebouw van Auckland. U vindt het in **Cornwall Park**, aan de voet van One Tree Hill. Sir John stelde zijn 135 ha tellende landgoed, waartoe ook One Tree Hill

Boven: Cricket in Eden Park.
Onder: Victoria Park Market.

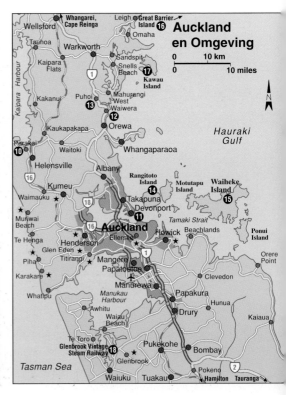

behoorde, in 1901 als park ter beschikking aan de bevolking van Auckland. Langs de Western Motorway, bij Western Springs, staat het **MOTAT** ❺ (Museum of Transport and Technology) dat nog functionerende oldtimers, vliegtuigen en machines bezit (zie *Reisinformatie*). In het weekeinde worden veel tentoonstellingsstukken door enthousiaste vrijwilligers bediend. Te zien is onder meer een vliegtuig dat is gebouwd door de Nieuw-Zeelander Richard Pearse en dat mogelijk al in maart 1903 heeft gevlogen, enkele maanden voor de gebroeders Wright.

Na een korte rit in een oude tram of een plezierige wandeling rond het meer bij Western Springs komt u bij de **Auckland Zoo** met een unieke Nieuw-Zeelandse loopvogel, de kiwi, en de brughagedis of *tuatara*, een 'levend fossiel'. Een populaire route in westelijke richting loopt over de beboste **Waitakere Ranges** via **Titirangi** ❻. Langs de weg naar het ruige, zwarte surfstrand van **Piha** ❼ en het **Kauri Tree Park** bij Swanson groeien hoge *kauri's*, enorme varens en *nikau*-palmen. Forest Hill Road vormt een ontsnappingsroute, weg van de bomen naar het druivengebied **Henderson** ❽, waar u kunt kiezen uit dertig wijnproeverijen. Ongeveer 50 km van Auckland, voorbij de wijncentra **Kumeu** ❾, Huapai en Waimauku, ligt **Parakai** ❿ met zijn weldadige thermale bronnen. Laat uw vermoeide botten tot rust komen in het warme minerale water dat uit de aarde opborrelt in betegelde baden om vervolgens in waterglijbanen te worden gepompt.

De Brug Over

Vanaf de **Auckland Harbour Bridge**, hèt herkenningspunt van de stad, hebt u een schitterend uitzicht over de hele haven. De brug is in 1959 uitgevoerd met een vierbaanswegdek en tien jaar later verbreed toen Japanse ingenieurs er aan beide kanten twee rijbanen aanbouwden (de *Nippon Clipons*). Al in 1859 werden er voorstellen gedaan voor een brug die de stad moest verbinden met de North Shore. Men schatte toen dat een pontonconstructie 'dagelijks zou worden overgestoken door honderd-

Kaart blz. 144 en 148

TIP

De sterrenwacht van Auckland (One Tree Hill Domain) is op dinsdag- en donderdagavond geopend voor publiek. Wie geluk heeft ziet het zuiderkruis en andere constellaties die op het noordelijk halfrond niet zichtbaar zijn.

Onder: Mansion House, Kawau Island.

Kaart blz. 148

Een gezellig terrasje.

Onder: Een Maori-rapper.
Rechts: Architectonische contrasten in het centrum.

tien personen, tien wagens, twintig paarden, tien koeien, twaalf schapen en vijf varkens'. Tegenwoordig maken gemiddeld 125.000 voertuigen per dag gebruik van de brug.

Veerboten onderhouden de hele dag op regelmatige tijden een verbinding tussen Auckland en het aan de overzijde van de haven gelegen **Devonport** ⓫. Devonport heeft een charmant, stijlvol winkelcentrum waar veel forenzen komen die van een rustig leven houden en toeristen die een dagje in de zon willen doorbrengen. Het vulkanische voorgebergte van **Mount Victoria** en **North Head** biedt een vrij uitzicht op het centrum van Auckland en de Eastern Bays, achter de haven. In de twee heuvels is in de jaren zeventig van de 19e eeuw, toen men vreesde voor een Russische invasie, een gangenstelsel aangelegd. Voordien werden ze zevenhonderd jaar lang, tot 1863, bewoond door Maori-stammen. Met een monument wordt aan het water tussen de heuvels de aankomst herdacht van de kano van de Tainui, rond de 14e eeuw.

Ten noorden van Devonport wordt de kustlijn gevormd door een oneindige reeks beschutte inhammen en witte zandstranden die zich uitstrekt tot aan het puntje van het Noordereiland. In **Takapuna** kunt u leuk winkelen en er is een populair strand met uitzicht op Rangitoto Island.

Warme Bronnen

Op minder dan een uur rijden ten noorden van Auckland liggen de populaire vakantieoorden **Orewa** en **Waiwera** ⓬. Waiwera, dat 'warm water' betekent, verwijst naar de thermale bronnen die vanuit de vulkanische lagen opborrelen naar een zandstrand waar de Maori's kuilen plachten te graven om te baden in het warme minerale water. De huidige **Waiwera Hot Pools** zijn ietwat luxueuzer; er zijn openbare baden en privébaden met verschillende temperaturen, barbecuefaciliteiten, picknickplaatsen en stalen waterglijbanen, die *The Choobs* worden genoemd. Enkele kilometers verder naar het noorden staat de **Puhoi Pub** ⓭, een museum van de pioniers in het gebied waar zich de eerste, onconventionele nederzetting van het land bevond.

Op een mooie, rustige dag gaat er niets boven een aangename boottocht naar de eilanden in de Hauraki Gulf. Dagelijks vertrekken er vanaf de kade onder aan Queen Street cruiseschepen en veerboten naar **Rangitoto Island** ⓮, Motuihe, Motutapu, Rakino en het vakantieeiland Pakatoa. Er bestaat ook een snelle verbinding per catamaran tussen Auckland en **Waiheke Island** ⓯. Hoewel het eiland op slechts een uur afstand van de stad in de Hauraki Gulf ligt, ligt er qua tempo en leefwijze een wereld tussen. Wie de eilanden van dichtbij wil leren kennen, kan een weekendcruise boeken naar het **Great Barrier Island** ⓰, 90 km ten noordwesten van de stad. De *Gulf Explorer*, een 48 m lang cruiseschip, vertrekt op vrijdagavond vanaf Marsden Wharf en keert op zondagmiddag terug. Er is ook een dagelijkse verbinding per supersnelle catamaran.

Weg uit Auckland

Onderweg naar Northland kunt u (bij Warkworth) een omweg maken via Sandspit voor een vier uur durende bootexcursie naar het historische **Kawau Island** ⓱, waar zich het fraai gerestaureerde **Mansion House** bevindt dat in 1862 is gebouwd door de omstreden Nieuw-Zeelandse gouverneur, sir George Grey. Op weg naar het zuiden kunnen treinfanaten de snelweg bij Drury verlaten en vanaf Waiuku Road de borden volgen naar de **Glenbrook Vintage Steam Railway** ⓲, die in de weekeinden in gebruik is.

HET HISTORISCHE NORTHLAND

*Het charmante, schilderachtige Northland is een ideaal
vakantiegebied en renteniersparadijs dat terugkijkt op een
dramatisch verleden gekenmerkt door losbandigheid, overvloed,
oorlogen, opstand, verovering en uiteindelijk kolonisatie.*

Kaart
blz. 156

Stammenoorlogen, bloedige confrontaties tussen Maori's en *Pakeha's* (blanken),
losbandigheid, oproer, fanatieke missionarissen, een vredesverdrag en beloften -
het maakt allemaal deel uit van de geschiedenis van Northland. Northland heeft evenwel meer te bieden dan louter historie. Het is een gebied waar men zich kan ontspannen, genietend van de zon, het eten, het uitzicht en de geheel eigen levensstijl.
Northland is befaamd vanwege zijn mooie landschappen - het landelijke, productieve
zuiden en het woestere, meer afgelegen en legendarische verre noorden. Northland
staat ook bekend om zijn vismogelijkheden, de ongerepte stranden, het aangename
klimaat, de warmwaterbronnen, de *kauri*-wouden en zijn vriendelijkheid.

Het Northland dat geen Winter kent

Het onregelmatig gevormde schiereiland strekt zich over ongeveer 450 km ten noorden van Auckland uit naar de rotsachtige Noordkaap en Cape Reinga, het noordelijkste punt van het land. Het wordt het winterloze noorden genoemd, omdat de winters er
mild en nat zijn en de zomers warm en vochtig. Tot de vele bezienswaardigheden behoren de *pohutukawa's*, bomen die vroeg in de zomer met hun donkerrode bloesem
kleur geven aan de kuststreek en het achterland. Wie de omgeving op eigen gelegenheid wil verkennen, kan dat het best doen vanuit Paihia, een stadje aan de Bay of
Islands aan de noordoostkust. Zowel Air New Zealand Link als Ansett New Zealand
verzorgen dagelijks vluchten naar Whangarei. Air New
Zealand Link vliegt bovendien dagelijks naar Kerikeri
(aan de noordkust van de Bay of Islands) en Kaitai, dat
nog verder noordwaarts ligt. Een andere mogelijkheid is
een aangename autorit van ongeveer drieënhalf uur vanuit Auckland over Highway One.

Bay of Islands

De route vanuit Auckland begint bij Harbour Bridge,
gaat verder langs Hibiscus Coast met zijn kustplaatsjes
en loopt vervolgens door de boerenstadjes Warkworth en
Wellsford en om de stad Whangarei heen, die de toegangspoort tot het noorden wordt genoemd. Automobilisten verlaten de grote weg bij Kawakawa en volgen
de kronkelweg naar het havenstadje **Paihia ❶**. Dit is de
Bay of Islands, de bakermat van Nieuw-Zeeland. De
Polynesische ontdekkingsreiziger Kupe zou hier in de
10e eeuw aan land zijn gegaan, twee eeuwen later gevolgd door een andere kanovaarder, Toi. Kapitein Cook
ontdekte de haven in 1769 voor de Europeanen. Hij was
zeer onder de indruk en gaf het veilige water de naam
Bay of Islands. Tot de archipel behoren acht vrij grote en
talrijke kleinere eilanden. Het grootste meet 22 ha. Veel
eilandjes zijn onbewoond, twee ervan zijn privébezit en
enkele zijn Maori-reservaten. Ongeveer vierduizend
mensen wonen permanent in dit gebied, maar tijdens de
zomervakantie - van Kerstmis tot eind januari - komen
zo'n vijftigduizend gasten hier kamperen, varen, zwemmen, vissen en uitrusten. Aangezien de meeste bezoekers van Northland naar de baai komen, verdient het aan-

Blz. 152-153:
Uitzicht op de Bay
of Islands. **Links**: Cape
Reinga.
Onder: *Kauri*.

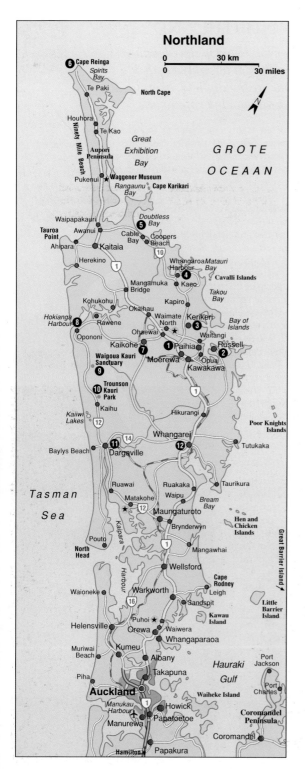

beveling voor deze periode lang van tevoren te boeken. Sinds de jaren vijftig
van de 20e eeuw is Paihia aangepast aan
de eisen van het toerisme. Moderne motels en een keurig net winkelcentrum
verrezen. Dankzij tal van eetgelegenheden en een bescheiden nachtleven heeft
Paihia zich weten te ontwikkelen tot het
centrum van Northland. Aan de kade,
het middelpunt van het stadje, kunt u
cruises naar de eilanden en vistochtjes
boeken. Plaatsen van historisch belang
worden in Paihia aangegeven met bronzen plaquettes. De woorden 'oudste' en
'eerste' zult u vaak aantreffen. Hier
staat de oudste Norfolkden van Nieuw-
Zeeland. In 1823 werd hier een missiepost gesticht. De missionarissen bouwden het eerste schip van het land, de
Herald, en lieten het hier in 1826 te water. Met de eerste drukpers die in 1834
uit Engeland kwam, werd de eerste
Maori-bijbel gedrukt en ook de grafstenen op het kerkhof vertellen veel over
de koloniale geschiedenis.

Het **Kelly Tarlton's Shipwreck Museum** houdt het verleden bijna griezelig
levend. In de gestrande schoener is een
interessante verzameling te zien van
voorwerpen afkomstig uit schepen
die voor de Nieuw-Zeelandse kust vergaan zijn. Benedendeks geven schom-
melende lantaarns, realistische geluids-
effecten en de geur van touw en teer bezoekers de illusie dat ze zich op zee bevinden.

Het Verdrag van Waitangi

De belangrijkste gebeurtenis in de vroege Nieuw-Zeelandse geschiedenis vond
plaats in de tuin van het **Waitangi
Treaty House**, circa 2 km ten noorden
van Paihia, aan de andere kant van een
brug met eenrichtingsverkeer die ook
naar het **Waitangi Reserve** en een golfbaan leidt. In 1840 werd een verdrag
tussen Maori-stamhoofden en Engelse
heren gesloten, dat door gouverneur
William Hobson namens koningin
Victoria werd ondertekend. Hiermee
moest een einde komen aan de strijd
tussen Maori's en *Pakeha's*. De Maori's
zouden landrechten krijgen en, net als
de kolonisten, worden beschermd door
de Kroon. Voortaan maakte Nieuw-
Zeeland deel uit van het Britse Rijk. Ten
tijde van de ondertekening van het

Verdrag van Waitangi werd het huis bewoond door James Busby, die van 1832 tot 1840 resident van Nieuw-Zeeland was. Later raakte deze elegante koloniale woning die een schitterend uitzicht op de baai biedt, in verval. Inmiddels is het Treaty House, dat nu een nationaal museum is, echter gerestaureerd. De schoonheid van het nabijgelegen Maori-ontmoetingshuis en een enorme oorlogskano dwingen bewondering en ontzag af bij de bezoekers. Wie Treaty House wil bezoeken, komt eerst in het bezoekerscentrum, waar achtergrondinformatie verkrijgbaar is en een audiovisuele presentatie wordt gegeven betreffende de ondertekening van het verdrag.

Kaart blz. 156

Even Vissen
Vissen is voor velen één van de leukste bezigheden in de Bay of Islands. Het echte visseizoen loopt van december tot juni; dan kan op de grote marlijn worden gevist. Geelstaartmakrelen, waarop tot september kan worden gevist, vormen een mooie uitdaging voor lichtere hengels. De snapper, één van de populairste consumptievissen in Nieuw-Zeeland, is in overvloed aanwezig. Er worden kempvissen van maar liefst 400 kg gevangen in de baai en het wegen van zulke reuzenexemplaren trekt altijd veel publiek. Ondanks de 'seizoenen' is vissen (al of niet in wedstrijdverband) een sport die hier gedurende het hele jaar wordt beoefend. In Paihia en Russell kunt u een boot huren voor een halve of een hele dag. Ook is het mogelijk samen met andere vissers de kosten te delen.

Volgens een Maori-legende knapte een gewond stamhoofd van pinguïnsoep zo op dat hij uitriep: 'ka reka to korora', hetgeen 'wat is pinguïn lekker' betekent.

Stad der Zonden
Weggelopen zeelui, ontsnapte gevangenen, hitsige walvisvaarders, vrouwen van lichte zeden, vechtpartijen en dronkenschap: **Russell ❷**, voorheen Kororareka, heeft het allemaal meegemaakt. De eerste kolonisten kwamen in 1809 aan en maakten Kororareka tot de eerste blanke nederzetting in Nieuw-Zeeland. Tegenwoordig is Russell overzichtelijk, rustig en vredig. Met Kerstmis en nieuwjaar komt de plaats

Onder: Waitangi Treaty House.

echter weer tot leven, als feestvierende bootbezitters en andere bezoekers de boel op zijn kop zetten. Deze voormalige (slechts voor korte tijd) hoofdstad van Nieuw-Zeeland is door middel van een regelmatig varende boot verbonden met Paihia en Waitangi. Vanuit de diepzeehaven Opua, ten zuiden van de haven, vaart er ook een au-toveerboot naar dit kleine schiereiland. Begin jaren dertig van de 19e eeuw voerden wellust en bandeloosheid de boventoon: er waren wel 30 drankwinkels aan de haven. Geschokte kolonisten reageerden door in 1835 de **Christ Church** te bouwen, de oud-ste kerk van het land. Kogelgaten in de muren herinneren aan de belegering van 1845.

Slagerij in Rawene, Northland.

Nadat de Maori-leider Hone Heke in 1840, met tegenzin, het Verdrag van Waitangi had ondertekend, gaf hij al spoedig blijk van zijn ontevredenheid over de landverko-pen door de regering. In 1845 hakte hij op Maiki Hill, achter Russell, uit protest een vlaggenstok waaraan de Britse vlag wapperde om. Intussen liet het stamhoofd Kawiti de stad in brand steken en plunderen, waarbij kerkelijke bezittingen evenwel werden ontzien. De climax werd in 1846 bereikt in de buurt van Kawakawa, bij de *pa* van Kawiti, Ruapekapeka. Een overmacht van roodrokken nam dit geduchte fort in op een zondag, toen de gekerstende Maori's bezig waren met de verering van hun nieuwe christelijke god. Heke kreeg uiteindelijk gratie en zijn mannen werden in vrijheid ge-steld. **Pompallier House**, een katholiek missiehuis, bleef tijdens de gevechten ge-spaard. Het is nu een elegante, gerestaureerde toeristische attractie. Het museum van Russell bezit een fraaie zeewaardige replica (schaal 1:4) van Cooks beroemde *Endeavour* en talloze koloniale curiositeiten. Het **Duke of Marlborough Hotel** is een kroeg met een heel eigen karakter.

Uitstapjes

De ware schoonheid van de eilanden in de baai ziet u pas vanaf het voordek tijdens een **Cream Trip**. Deze dagelijkse boottochten vanuit Paihia en Russell volgen een route uit lang vervlogen tijden. Post en levensmiddelen worden nog steeds door deze boot

bij de eilandbewoners bezorgd. Deze tocht, die door Fuller wordt verzorgd, is 96 km lang. Passagiers krijgen het eiland te zien waar kapitein Cook voor het eerst zijn anker uitwierp tijdens zijn ontdekkingsreis van 1769 evenals de grot waar de Franse ontdekkingsreiziger Marion du Fresne en zijn 25 koppen tellende bemanning in 1772 door Maori's werden vermoord en de baaien waar de eerste missionarissen zijn geland.

Per catamaran kunt u een rondvaart of een tocht maken naar de vuurtoren van Cape Brett en naar Piercy Island. Bij mooi weer vaart u door het **Hole in the Rock**.

Kaart
blz. 156

Lieflijk Stadje
De 'lieflijkste' plaats in Northland is **Kerikeri ❸**. Het karakteristieke stadje, dat 23 km ten noorden van Paihia aan een mooie baai ligt, kijkt terug op een rijke Maori-geschiedenis evenals een Europees koloniaal verleden. In de vruchtbare omgeving van Kerikeri groeien vele van de mooiste citrusvruchten en subtropische vruchten van Nieuw-Zeeland. Het stadje en de directe omgeving met ruim 1600 inwoners, zijn uitgegroeid tot een bloeiend centrum voor handwerk en huisnijverheid. Samuel Marsden vestigde in 1819 zijn tweede missiepost in Kerikeri en in datzelfde jaar woelde de eerste ploeg in Nieuw-Zeeland hier de aarde om. Bij de baai staan twee van de oudste gebouwen in Nieuw-Zeeland. **Kemp House**, het oudste, is in 1822 gebouwd van met een grote trekzaag gezaagd *kauri*- en *totara*-hout en is volledig gerestaureerd. Ernaast staat de **Old Stone Store** die in 1833 door missionarissen is gebouwd van dikke stenen, om hun goederen te beschermen tegen aanvallers. Het gebouw doet tegenwoordig dienst als winkel en op de bovenverdieping bevindt zich een museum. Vergeet vooral niet een bezoek te brengen aan de **Kororipa Pa**. Dit was tussen 1780 en 1828 een vooruitgeschoven legerpost van de befaamde Hongi Hika. Zijn krijgers verzamelden zich hier alvorens ten strijde te trekken tegen zuidelijke stammen; ze rukten hierbij zelfs op tot aan Cook Strait. Niet ver van Kerikeri ligt **Waimate North**, de eerste blanke nederzetting in het binnenland. Het missiehuis dat hier in de jaren 1831 en 1832 is opgetrokken uit *kauri*-hout, was in 1842 de woning van de eerste bisschop van Nieuw-Zeeland, George Augustus Selwyn.

Laatste Kust
Volgens de mythologie van de Maori's is **Cape Reinga** de plaats vanwaar de geesten van de overledenen vertrekken voor hun terugreis naar het voorouderlijke Hawaiki. Tegenwoordig rijden vele touringcars naar dit legendarische vertrekpunt. Via het schiereiland Aupori Peninsula rijden ze naar het noordelijkste punt, om terug te keren over de **Ninety Mile Beach**. De bussen vertrekken dagelijks tussen 7.30 en 8.00 uur vanuit Paihia en keren tegen 18.00 uur terug. De route langs de oostkust voert door de verlaten harsvelden ten noorden van Kerikeri, overblijfselen van de eens zo uitgestrekte kauri-wouden. De dode bomen lieten in de grond voorraden hars achter die door de vroege kolonisten werd verzameld en als grondstof voor fijne vernis werd geëxporteerd. Er ontstond zelfs een ware 'harskoorts'. In de jaren tachtig van de 19e eeuw verdienden meer dan tweeduizend mannen hier een fortuin.

In **Whangaroa Harbour ❹**, een diepzeevissershaven, ligt het wrak van de *Boyd*. Het schip legde hier in 1809 aan om rondhout te bemachtigen en een groep mannen werd aan wal gestuurd. De groep werd vermoord door Maori's, die de kleren van de slachtoffers aantrokken, naar het schip terugroeiden, de rest van de bemanning vermoordden en het schip in brand staken. Verderop ligt de door een reeks fantastische, glooiende

TIP

Voor wie tijd heeft, is het Far Northland Regional Museum, even ten zuiden van Ninety Mile Beach, een bezoekje waard. Het adres: Centennial Buildings, South Road, Kaitaia. Te zien zijn onder andere Maori-kunstvoorwerpen en een reconstructie van een moa.

Onder: Graven naar *kauri*-hars.

Kaart blz. 156

Bloesem van de pohutakawa ('kerstboom').

Onder: Maorihoutsnijwerk, Waitangi.
Rechts: Hokianga Harbour.

zandstranden gekenmerkte baai die Cook de naam **Doubtless Bay ❺** gaf. **Coopers Beach**, omzoomd met *pohutukawa's*, is al even aantrekkelijk. Hetzelfde geldt voor **Cable Bay** met zijn gouden zand en kleurige schelpen.

Bij Awanui rijdt de bus noordwaarts door Te Kao, het grootste Maori-dorp in het verre noorden, naar **Cape Reinga ❻** met zijn fotogenieke vuurtoren. Aan de nabijgelegen **Spirits Bay** bevindt zich de knoestige, oude *pohutukawa* vanwaar naar verluidt de Maori-geesten naar Hawaiki vertrekken. Het gehele district gonst van de Maori-overleveringen. Het uitzicht vanaf Cape Reinga is indrukwekkend: u ziet het woelige ontmoetingspunt van de Grote Oceaan en de Tasman Sea, de Three Kings Islands die in 1643 door Abel Tasman zijn ontdekt, nabijgelegen kapen en eenzame stranden.

Ninety Mile Beach is in werkelijkheid slechts 60 mijl (96 km) lang. Het strand is omzoomd met duinen en heuveltjes van de overblijfselen van schaaldieren - stille getuigen van strandfeesten. Het gebied staat bekend om zijn schaaldieren, met name de sappige, maar beschermde *toheroa*. De weg terug naar Paihia loopt via Kaitaia, de noordelijkste stad van Nieuw-Zeeland, en het **Mangamuka Scenic Reserve**.

De Westkust

Via de westkust kunt u terugkeren naar Auckland. Op een heuvel in **Kaikohe ❼** staat een **monument voor stamhoofd Hone Heke** (een afstammeling van het oude rebellerende stamhoofd) die het tot parlementslid heeft gebracht. Hier kunt u genieten van een spectaculair uitzicht op beide kusten. De nabijgelegen **Ngawha Hot Mineral Springs** trachten u te verleiden tot een bad in kwik- en zwavelhoudend water.

Een van de belangrijkste bestemmingen is **Hokianga Harbour ❽**, een langgerekte haven met tal van onregelmatig gevormde inhammen die voor rust en een serene, landelijke sfeer zorgen. Volgens de overlevering is Kupe in het jaar 900 hier begonnen aan zijn terugreis naar Hawaiki. Het kustplaatsje **Opononi** aan de haveningang was korte tijd wereldberoemd, toen in de zomer (zuidelijk halfrond!) van 1955-56 een jonge dolfijn regelmatig naar de kust kwam om met badgasten te spelen. De herinnering aan *Opo*, wiens dood het hele land in rouw dompelde, leeft voort in een lied en een monument.

Vaders van de Wouden

De weg loopt dan zuidwaarts door **Waipoua Kauri Forest ❾**, dat met zijn 2500 ha vol met volwassen *kauri's*, het grootste stuk overgebleven kauri-woud is van het land. Twee giganten (dichtbij de onverharde weg) steken overal bovenuit: **Te Matua Ngahere** (Vader van het Woud), ongeveer tweeduizend jaar oud, en **Tanemahuta** (Heer van het Woud), achthonderd jaar jonger, maar niettemin met een omtrek van 13,6 m. Verder zuidwaarts, in **Trounson Park ❿**, groeien nog meer prachtige *kauri's*, waaronder een exemplaar met vier stammen. **Dargaville ⓫**, op 184 km afstand van Auckland, heeft zijn bestaan te danken aan de handel in hout en kaurihars. In het museum, opgetrokken uit Chinese bakstenen die eens dienst deden als scheepsballast, zijn vele fraaie harsmonsters te zien. De grote weg buigt in oostelijke richting af naar **Whangarei ⓬**. Deze 42.000 inwoners tellende stad met wat industrie heeft een diepzeehaven, een glas- en een cementfabriek evenals een olieraffinaderij. Er is voldoende accommodatie te vinden. Vanaf **Mount Parahaki** kunt u genieten van het uitzicht op de stad en de haven. Belangrijke attracties zijn de **Clapham Clock Collection** (vierhonderd uurwerken waarvan de oudste uit de 17e eeuw stamt), stranden met veilig zwemwater en de diepzeevissershaven Tutukaka.

WAIKATO

Boerenbedrijven gedijen uitstekend op het rijke, vruchtbare land ten zuiden van Auckland, dat ook in cultuurhistorisch opzicht een rijke ondergrond heeft.

Kaart blz. 172

Het gezang van vogels in de vroege ochtend wordt in het midden en het westen van het Noordereiland door een onnatuurlijk geluid begeleid: het regelmatige zuigen van de elektrische melkmachines. Het gras groeit hier in de loop van het jaar sneller dan waar ook ter wereld en de koeien die het eten, hebben hun eigenaars al generaties lang voorspoed gebracht. Het vrijlopende melkvee graast op weiden in de vruchtbare rivierdalen. Het gras gedijt er uitstekend, dankzij het milde, vochtige klimaat (gemiddelde neerslag: 1120 mm). In het kader van de diversifiëring verbouwen de boeren tegenwoordig meer groenten en fruit in de vlakten en op het glooiende land. Waikato is eveneens beroemd vanwege zijn volbloedfokkerij en zijn fokstieren voor melkvee.

Een met Bloed Gekleurd Landschap

Grote gedeelten van het nu zo groene weidegebied waren in de jaren zestig van de 19e eeuw de inzet van oorlogen tussen Maori's en *Pakeha's*. Waikato was ooit betrekkelijk dicht bevolkt door Maori-stammen. Het land was van oudsher gemeenschappelijk bezit. De hellingen in dit gebied waren dichtbegroeid, terwijl de vlakten en de lage heuvels in het stroomgebied van de Waikato River en de Waipa River bestonden uit veenmoerassen en *kahikatea*-wouden (Weymouth-dennen).

De landoorlogen veranderden alles. Het duurde bijna twintig jaar voordat de Britse en koloniale strijdkrachten de Maori-stammen versloegen, die vastbesloten waren om wat er nog van hun land over was te behouden. Het land dat nog niet door de overheid was geconfisqueerd, werd de Maori's in 1862 effectief afhandig gemaakt door een wetgeving die een einde maakte aan het traditionele gemeenschappelijke bezit van de Maori's. Particuliere eigenaars vormden een gemakkelijk doelwit voor handelaars in onroerend goed. Daarna was de weg vrij voor een geleidelijke ontginning in de loop van de 20e eeuw, waardoor de wildernis veranderde in het intensief gebruikte land van nu.

Hoofdstad van Waikato

Hamilton ❶, op drie na de grootste stad van het land, ligt aan weerszijden van de Waikato River, 50 km landinwaarts in het hart van het boerenland. De parken en paden, die het grootste deel van beide rivieroevers beslaan, zijn heel populair bij wandelaars en joggers.

Het **Waikato Museum of Art and History** is de opmerkelijkste trekpleister aan de rivieroever in het stadscentrum. De eigen collectie omvat onder andere voorwerpen van de Tainui, de Maori-stam van Waikato. Regelmatig zijn in dit museum reizende tentoonstellingen uit binnen- en buitenland te zien. Via de Waikato River - lange tijd een belangrijke Maori transport- en handelsverbinding met de kust - kwamen de eerste Europeanen naar het gebied waar in de jaren zestig van de 19e eeuw Hamilton werd gesticht. Op de oever van de rivier ontstonden de eerste bedrijven. Tegenwoordig bevindt zich het handelscentrum van Hamilton op de westoever. Boottochten over de rivier, met de mogelijkheid van een maaltijd aan boord, laten u de stad van een andere, schilderachtigere kant zien. Tegenwoordig is de Waikato River een recreatiegebied voor de streek. Van

Blz. 162-163: Oud bos. **Links:** Morokopa Falls, Waikato. **Onder:** 'Opwindende' parkeerplaats.

Maori-vlag.

groot belang zijn de acht krachtcentrales die met het water van de rivier eenderde van de nationale hydro-elektriciteit opwekken.

Renpaarden en Kuuroorden

Het rustige, mooie **Cambridge** ❷ ligt 24 km stroomopwaarts van Hamilton aan de Waikato River. Met zijn charmante anglicaanse kerk, met bomen omzoomde straten en zijn dorpsweide ademt het een typisch Engelse sfeer uit.

Ten oosten van de rivier liggen Morrinsville, Te Aroha en Matamata. **Morrinsville** ❸ is een dienstverlenend centrum voor de regionale melkveehouderij en heeft een eigen grote zuivelfabriek (rondleidingen op afspraak). **Te Aroha** ❹, verder oostwaarts aan de Waihou River, was ooit een goudzoekersstadje en een sjiek Victoriaans kuuroord. Het ligt aan de voet van de 952 m hoge Mount Te Aroha. U vindt hier de enige warme sodawaterfontein ter wereld, de **Mokena Geyser**.

Matamata ❺ staat bekend om zijn renstallen met volbloedpaarden. De drie verdiepingen tellende bunker die één van de eerste landeigenaars, Josiah Clifton Firth, in 1881 heeft gebouwd, is een blijvende herinnering aan de onzekere tijd waarin de kolonisten na de oorlogen verkeerden. Het bouwwerk staat tegenwoordig in een reservaat met een museum. Er lopen diverse wandelpaden naar en door het nabijgelegen **Kaimai-Mamaku Forest Park**, waaronder een pad naar een schilderachtige waterval, de **Wairere Falls**. Ten zuiden van Matamata liggen de pijnboomwouden en akkers van Putaruru en Tokoroa.

Bastion van de Maori's

Onder: Sappige, groene weiden ten noorden van Te Kuiti.

Stroomafwaarts rijdend bereikt u vanuit Hamilton **Ngaruawahia** ❻, hoofdstad van de Maori-koningsbeweging en een belangrijk cultureel centrum van de Maori's. Op de oostelijke rivieroever in de stad ligt de **Turangawaewae Marae**. De naam betekent 'Een plek om je voeten neer te zetten'. Tegenwoordig is de Marae die uit diverse met

traditioneel houtsnijwerk versierde ontmoetingshuizen en een moderne concertzaal bestaat, slechts bij speciale gelegenheden open voor publiek. U kunt het complex zien liggen vanaf de wat verder stroomafwaarts gelegen brug over de rivier.

    Mount Taupiri, 6 km stroomafwaarts gelegen, is de heilige begraafplaats van de stammen uit Waikato. Niet ver hiervandaan, bij Huntly, wordt het water uit de Waikato River gebruikt om een enorme, met kolen en gas gestookte krachtcentrale te koelen. Twee 150 m hoge schoorstenen torenen hoog boven de stad uit die midden in de grootste mijnstreek van Nieuw-Zeeland ligt. Ten zuidwesten van Hamilton ligt **Te Awamutu ⓐ**, ook wel 'Stad van de Rozen' genoemd vanwege de geurige tuinen en rozententoonstellingen. In de hoofdstraat staat één van de oudste en mooiste kerken van het land, de **St. John's Anglican Church** (1854). De in 1856 gebouwde **St. Paul's** vindt u verder oostelijk, in Hairini. Beide zijn bekend vanwege hun gebrandschilderde ramen. Vlakbij Hairini ligt **Orakau**, waar zich in 1864 de laatste slag van de Waikato-landoorlogen afspeelde. Rewi Maniapoto en driehonderd mannen, vrouwen en kinderen verdedigden er drie dagen lang een versterkte *pa* tegen ongeveer veertienhonderd koloniale soldaten. De Maori's werden verslagen en trokken zich in zuidelijke richting terug naar King Country.

Grotten

In het noorden van King Country liggen de beroemde **Waitomo-grotten ⓑ** en **Glowworm Grottoes** (glimwormgrotten). Drie grotten zijn open voor het publiek: Waitomo, Ruakuri en Aranui. Hier kunt u een rustig boottochtje maken om de glimwormen te zien, een speleologisch museum of een modeldorp van de Maori's bezoeken, heel avontuurlijk grotten verkennen en boswandelingen maken. Bij Te Kuiti, 19 km verder zuidwaarts, hield de charismatische Maori-leider Te Kooti Rikirangi zich schuil bij het Maniapoto-volk. Als dank bouwde hij voor zijn beschermers een ontmoetingshuis met prachtig houtsnijwerk.

De volledige naam van de Waikato River luidt Waikato-taniwarau (stromend water van honderd riviermonsters). De 'riviermonsters' waren machtige bendeleiders die aan de Waikato woonden..

Onder: Regenboog over Raglan, Manu Bay.

Kaart blz. 172

MAORI-KUNST: VLAS EN FIGUREN

De Maori's hebben tijdens de Steentijd gebruikmakend van eenvoudige middelen bijzondere kunstvaardigheden ontwikkeld.

Toen de Maori's vanuit Polynesië naar Nieuw-Zeeland migreerden leerden ze al gauw om de beschikbare middelen zo goed mogelijk te gebruiken. Zo gebruikten ze stenen bijlen, om lange, gracieuze kano's te maken van grote *kauri's* of *totara's*, bomen waarvan het hout ook erg geschikt is voor houtsnijwerk. Ze beschermden hun beelden door ze te beschilderen met een mengsel van rode klei en haaienolie.

Niet alleen gebruiksvoorwerpen zoals bestek, gereedschap en wapens, waren erg belangrijk voor de Maori's, maar ook de onlosmakelijk met de Maori-mythologie verbonden schone kunsten. Het traditionele ontmoetingshuis, *marae*, wordt nog steeds gedomineerd door imposante houten beelden van belangrijke voorvaderen. Een *tiki* is een geluks-amulet van groensteen of been dat om de pols wordt gedragen en een *hi-tiki* wordt rond de hals gedragen.

Van oudsher weefden vrouwen matten en man-den van bladeren van de vlasplant. Ook maakten ze van de vezels kleding voor speciale gelegenheden.

WEDERGEBOORTE VAN TRADITIONEEL HANDWERK

Nu de Maori's zich steeds meer bewust worden van hun culturele erfgoed, is er sprake van een weder-geboorte van het traditionele handwerk. De be-langrijkste plaats waar jonge mensen leren om hout, been en groensteen te bewerken is het **Maori Arts and Crafts Institute**.

Tegenwoordig is er onder Nieuw-Zeelanders van Europese afkomst grote vraag naar traditioneel Polynesisch handwerk. Met name het bewerken van groensteen is een buitengewone kunst en heeft helemaal niets te maken met de massaal geproduceerde voorwerpen die te koop zijn in souvenirwinkeltjes.

▷**OPLEIDINGSCENTRUM**
Het Maori Arts and Crafts Institute in Rotorua leidt de meeste traditionele Maori-houtsnijders op. Het instituut is gelegen in Whakarewarewa en dagelijks geopend voor bezoekers.

▽ **WEEFKUNST**
Het blad van de vlasplant wordt in een warmwaterbron zachter gemaakt, voordat een elegante jurk wordt geweven. De mannen droegen van vlas geweven capes met geometri-sche patronen aan de rand.

▷ **VERHALEN VERTELLEN**
Aangezien de Maori's geen schrift hadden, werden hun mythen en legenden van ge-neratie op generatie doorver-teld. Op de foto is een groot-moeder te zien die handig met touw figuren maakt ter illu-stratie van haar verhaal over de vulkanen Tongahiro en Ruape-hu, naar verluidt de personifi-catie van grillige natuurgoden.

◁**TIKI VAN BEEN**
Eeuwen geleden werden deze rijk versierde amu-letten met scherpe stenen werktuigen gemaakt van de beenderen van moa's. Nu deze enorme loopvogel is uitgestorven, wor-den de tiki's gemaakt van andere dierenbotten.

◁ ANGSTAANJAGEND

Monsterlijke schedels en vertrokken gezichten kenmerken de Maori-kunst, die een sterk spirituele kant heeft. Oorspronkelijk werd dergelijk houtsnijwerk aangebracht op de beschermende palissades van een *pa* om aanvallers af te schrikken.

▽ RITUELE BIJL

De Maori's gebruikten stenen werktuigen bij hun houtsnijwerk, maar groenstenen bijlen, de zogenoemde *toki's*, zoals deze, waren te kostbaar voor dit doel. Versierde bijlen werden door stamhoofden en andere hooggeplaatste personen gedragen tijdens ceremonies als symbool voor status en gezag.

▽ SPECIALE BESCHERMING

Houten figuren van voorname voorvaderen moesten een stam beschermen tegen de toorn der goden en fungeerden als de voorspraak van de stam.

GEMEENSCHAPS-OORLOGSKANO'S

Oorlogskano's, rijk versierd met beelden en schilderingen, waren prestige-objecten in de Maori-gemeenschap. De meeste waren rood geschilderd met zwarte en witte details; slingers van veren werden gebruikt ter versiering. Deze prachtige 36,5 m lange oorlogskano in Waitangi (boven) is vakkundig uitgehouwen uit de stammen van twee grote *kauri's* uit het Puketi-bos. De bouw duurde 27 maanden en de kano werd in 1940 te water gelaten ter ere van het eeuwfeest van het Verdrag van Waitangi.

De gestroomlijnde romp is nergens meer dan 2 m breed, maar de kano biedt ruim plaats aan tweehonderd krijgers. De door tachtig peddels aangedreven kano bereikte in de beschutte wateren van de Bay of Islands een respectabele snelheid en de toeschouwers waren vol ontzag voor de zeemanskunst van de Polynesiërs.

Op zoek naar een nieuw thuis, staken de Maori's de grote en vaak woeste Grote Oceaan over in met de hand gebouwde boten - niet in ranke oorlogskano's zoals deze, maar in stabielere catamarans, die meer plaats boden voor voedsel en persoonlijke eigendommen. In 1985 voer een 21 m lange replica van zo'n boot van Rarotonga op de Cookeilanden naar Nieuw-Zeeland. De 5000 km lange reis duurde iets meer dan vijf weken, waarbij de bemanning aan de hand van de sterren, de maan en het getij de koers bepaalde, zoals de Maori's dat ooit hadden gedaan.

COROMANDEL EN DE BAY OF PLENTY

Een gebied waar iedereen kan genieten van activiteiten buitenshuis zoals kamperen, trektochten en boottochten maken, vissen... of, minder actief, lekker in een warmwaterpoel liggen of eenvoudig genieten van het landschap en de ontspannen leefwijze.

Kaart blz. 172

'Coromandel: Mine Today, Gone Tomorrow!' (Coromandel: vandaag een mijn, morgen verdwenen). Deze slogan weerspiegelt de stellige overtuiging van de bewoners dat het grootste bezit van het schiereiland Coromandel niet moet worden gezocht in de minerale rijkdommen, maar in de schitterende natuur. Het gebied leverde ooit grote schatten op en de eerste Europeanen die zich hier vestigden, waren goudzoekers, harsgravers en woudlopers. Er zijn talrijke overblijfselen van deze hoogtijdagen aanwezig, waaronder koloniale gebouwen, oude schachten van goudmijnen en herinneringen aan de harskoorts.

Tegenwoordig komen de mensen naar dit gebied voor een ander kostbaar goed, dat ook eenvoudiger te vinden is: de natuur. Natuur is de grote aantrekkingskracht van Coromandel. Bezoekers kunnen er auto- en boottochtjes maken, duiken, vissen, zwemmen, kamperen of edelstenen zoeken.

Gebied van de Goudkoorts

De toegangspoort tot het schiereiland, **Thames ❾**, werd in augustus van het jaar 1867 officieel tot goudveld uitgeroepen. Als gevolg van de goudkoorts groeide de stad vervolgens uit tot maar liefst achtienduizend inwoners. In zijn bloeiperiode telde Thames meer dan honderd hotels. Vandaag de dag zijn het er nog maar vier. Het oudste is **Brian Boru** (1868) op de hoek van Pollen Street en Richmond Street. Om een goed beeld te krijgen van het verleden van de stad, kunt u een bezoek brengen aan het **Mineralogical Museum** en de ernaast gelegen **School of Mines**. Niet ver hiervandaan, in de **oude goudmijn** en de **goudstampmolen** (goed met borden aangegeven, in het noorden van Thames) demonstreren leden van de *Hauraki Prospectors' Association* de technische hulpmiddelen die bij de goudwinning werden gebruikt.

Op 10 km afstand van Thames, in de **Kauaeranga Valley**, die eveneens met borden staat aangegeven in Thames, bevindt zich het bezoekers- en informatiecentrum van het *Conservation Department*. De eerste *kauri*-stammen werden hier in 1795 geveld, vooral voor de Britse marine. In 1830 werden *kauri's* in grotere aantallen gekapt en dat ging honderd jaar lang zo door.

Aan het einde van de 19e eeuw werden er ongeveer driehonderd enorme dammen van *kauri*-hout in de riviertjes op het schiereiland aangelegd om het waterpeil te verhogen en vervolgens de boomstammen naar de zee te laten drijven. Ruim zestig van deze dammen bevonden zich in de Kauaeranga Valley. Vele ervan zijn bewaard gebleven, maar raken langzaam in verval. Bij het bezoekerscentrum ziet u een voorbeeld van zo'n dam (overigens gemaakt van pijnboomhout, niet van *kauri*).

Tegenwoordig is de Kauaeranga Valley favoriet bij kampeerders en trekkers. Er is een meer dan 50 km lang wandeltraject door de wildernis uitgezet, met overnachtingsmogelijkheid in een eenvoudige hut.

Links: Aan het strand gelegen boerderij, Coromandel. **Onder:** Kiwi fruit.

Schilders, Pottenbakkers en Wevers

Blijf vooral naar Coromandel terugkomen!

Als u Thames noordelijk (richting de plaats Coromandel) langs de westkust verlaat, met de Hauraki Gulf aan uw linkerhand, verandert het uitzicht vanaf de kronkelende weg voortdurend. De weg loopt grotendeels langs de kust, waar u baaien met aan de waterkant gelegen vakantiehuisjes kunt zien liggen.

In Tapu, dat 18,5 km ten noorden van Thames ligt, kruist u de weg naar Coroglen die tot 448 m boven de zeespiegel stijgt en een prachtig uitzicht biedt. Deze weg loopt over het schiereiland naar de oostkust, maar de weg is slecht en in de winter zelfs gevaarlijk. De meeste reizigers die naar de oostkust rijden, maken de doorsteek dan ook liever bij Kopu, dat even ten zuiden van Thames ligt.

Het stadje **Coromandel** ⓫, vlakbij het noordelijke punt van het schiereiland, biedt een rustig, alternatief leven aan schilders die het boerenbedrijf uitoefenen, pottenbakkers die tuinieren en wevers die zelf schapen houden voor de wol. Zowel het stadje als het schiereiland zijn genoemd naar de *HMS Coromandel*, een Brits marineschip dat aan het begin van de 19e eeuw de haven aandeed om aan land rondhout te zoeken.

Het ging er in het stadje veel minder vredig aan toe, toen Charles Ring er in 1852 goud vond. Toen deze eerste goudvondst van Nieuw-Zeeland bekend werd, staken meer dan tweeduizend mensen vanuit Auckland het water van de Gulf over. Het goud lag echter diep verscholen in kwartshoudende rotsen en de delving ervan bleek een dure aangelegenheid te zijn. Pas 15 jaar later werd een rif ontdekt dat zo goudrijk was, dat het de moeite loonde om kostbare machines aan te schaffen.

In Coromandel hangt nog steeds de sfeer van het verleden. Zelfs op het toppunt van de zomerdrukte verloopt het leven er langzaam en ontspannen. De herinnering aan voorbije tijden wordt levend gehouden door instituten als de **School of Mines** waar rotsmonsters van het schiereiland, maar ook enkele van andere delen van de wereld te zien zijn.

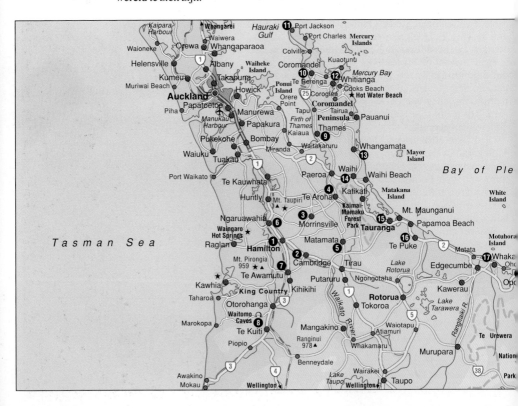

Een Mythisch Volk

Voorbij Coromandel ligt, 28 km verder naar het noorden, Colville met de laatste winkel vóór Cape Colville en het noordelijkste puntje van het schiereiland. Er zijn enthousiastelingen die beweren dat je de ziel van het schiereiland pas echt leert kennen, als je deze weg helemaal afrijdt. De weg loopt langs de bergketen **Moehau Range** met zijn 891 m hoge piek, het hoogste punt van het schiereiland. Volgens een Maori-legende wonen hier de Turehu of Patupaiarehe, kleine wezens met een lichte huid, maar - in tegenstelling tot de *yeti* uit het Himalayagebergte en *bigfoot* uit Amerika - heeft niemand ook maar een voetafdruk van de Turehu gevonden. De bezoeker van vandaag zou hier echter wel een *Leiopeima archeyi* kunnen tegenkomen, een kleine, inheemse kikker. Het zeldzame diertje is een overblijfsel uit het verre verleden en komt alleen voor op het schiereiland Coromandel.

De onbedorven schoonheid en de geïsoleerde ligging van **Port Jackson** ⓫ en **Fletcher Bay** hebben voor mensen die van rust en eenzaamheid houden een grote aantrekkingskracht. Fletcher Bay, aan het einde van de weg, vormt tevens het beginpunt van de **Coromandel Walkway**, een drie uur durende wandelroute naar **Stony Bay**. Wie wat minder actief wil zijn, kan Stony Bay ook via de weg bereiken die even ten noorden van Colville naar Port Charles aan de andere kant van het schiereiland loopt en vandaar, via Kennedy Bay aan de oostkust, terugkeren naar Coromandel.

Een Juweel van een Stad

Vanuit Coromandel lopen twee wegen naar Whitianga aan de oostkust van het schiereiland. De eerste, tevens langste en slechtste weg loopt oostwaarts langs **Whangapoua Harbour** en **Kuaotunu Beach**. Volg hier vooral de **Black Jack Road**, die bekend staat als de ijzingwekkendste weg in dit gebied. Op 17 km ten zuidwesten van Kuaotunu ligt Whitianga. De tweede weg, die 15 km korter is, loopt tot 300 m omhoog en daalt vervolgens af om de stad vanuit het zuiden te benaderen, langs de rand

Kaart blz. 172

Naar verluidt ligt de kano van Maui nog steeds op de top van Mount Hikurangi bij de Oostkaap.

Onder: Houtbewerker met assistente.

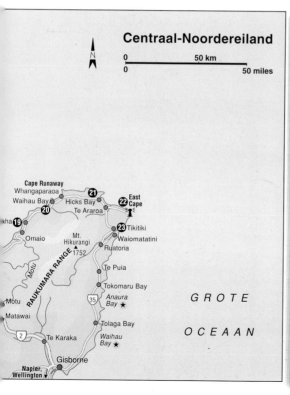

Lekker in de week, Coromandel Hot Water Beach.

Onder: Landelijke pub, Thames.

van de **Whitianga Harbour**. **Whitianga** ⓬, tegenover de huidige stad, is naar ver- luidt meer dan duizend jaar bewoond geweest door afstammelingen van de Polynesische ontdekkingsreiziger Kupe. Vanaf 1844 werd vanuit Whitianga *kauri*- hars verscheept; de grootste hoeveelheid, te weten 1100 ton, werd verscheept in 1899. De hedendaagse bezoeker komt vooral om te vissen, te zwemmen en om ste- nen te zoeken, met name halfedelstenen als jaspis, amethist, kwarts, chalcedoon, agaat en kornalijn. Ten zuiden van Whitianga ligt Coroglen (voorheen Gumtown ge- noemd). De weg naar twee belangrijke trekpleisters ligt 8 km verder naar het oosten. De eerste is **Cook's Bay**, ook wel Mercury Bay genoemd. Kapitein Cook hees hier in november 1769 voor het eerst de Britse vlag op Nieuw-Zeelandse bodem en eiste het gebied op namens koning George III. Tijdens zijn verblijf hier nam Cook de passage van Mercurius waar, een gebeurtenis die wordt herdacht via een kegelvormige steen- hoop met plaquette op de top van Shakespeare Cliffs.

Warm Water

De tweede belangrijke trekpleister op het schiereiland is de unieke **Hot Water Beach**, waar door thermale activiteit op bepaalde plaatsen stoom uit het zand opstijgt en bezoekers hun eigen warmwaterbad kunnen graven. Om de temperatuur te rege- len kunnen ze met 'zandkasteel'-muren de zee buitensluiten of in hun bad laten stro- men. Het is een goede manier om het vermoeide lichaam te verwennen na alle kuilen en bochten in de weg. Het nieuwe vakantiecentrum in het zuiden is **Tairua**, dat is ge- legen aan de gelijknamige haven. De omgeving wordt gedomineerd door de 178 m hoge **Mount Paku**, waar u vanaf de top uitzicht hebt op het nabijgelegen Shoe Island en Slipper Island. Aan de overkant van het water ligt **Pauanui**, een 'tuindorp aan zee', dat door sommigen wordt beschreven als 'bijna te netjes om waar te zijn'. **Whangamata Beach** ⓭, 40 km verder naar het zuiden gelegen, is een populaire va- kantiebestemming voor het hele gezin en kan bogen op het beste surfstrand van het

schiereiland. Hiervandaan loopt de weg slingerend het binnenland in, om 30 km verder naar het zuiden uit te komen in **Waihi** ⓮. In 1878 werd hier een rijke goud- en zilverader ontdekt. De Martha Hill Mine had, wat deze mineralen betreft, de grootste opbrengst. Er werden schachten gegraven tot een diepte van meer dan 500 m en in iets meer dan zestig jaar tijd werd er goud en zilver ter waarde van meer dan vijftig miljoen NZ$ gedolven. Nog meer goud wordt gedolven in een open groeve die de oorspronkelijke mijnschachten van Martha Hill heeft blootgelegd. Het kostbare erts werd via een kloof, de Karangahake Gorge, naar Paeroa gebracht, vanwaar het per schip naar Auckland werd vervoerd. Een wandelpad kronkelt door het gedeelte van de kloof tussen Waikino en Karangahake.

Kaart blz. 172

TIP

Er is maar weinig wat Nieuw-Zeelanders niet van kiwi's maken. Er is kiwi-jam, -honing en zelfs kiwi-chocolade - leuke souvenirtjes!

De Kiwihoofdstad

Als u de weg door de kloof die de naam Athenree Gorge draagt, ten zuiden van Waihi volgt, komt u bij **Katikati**, dat wordt aangeprezen als 'de toegangspoort tot de Bay of Plenty'. Vervolgens bereikt u de kustplaats **Tauranga** ⓯, die zowel in toeristisch als in commercieel opzicht een belangrijk centrum is en een drukke haven heeft in het nabijgelegen Mount Maunganui. De vlashandel begon hier honderdvijftig jaar geleden; missionarissen arriveerden in 1838, en in 1864, tijdens de Nieuw-Zeelandse Oorlogen, werd er in Tauranga zwaar gevochten om de Gate Pa. Heni Te Kirikamu hoorde op dit slagveld gewonde Britse officieren om water roepen, en hij waagde zijn leven om de dorst van zijn stervende vijanden te lenigen. Op de plaats van het oorspronkelijke militaire kamp, Monmouth Redoubt en op het kerkhof van de missionarissen liggen niet alleen de stoffelijke overschotten van de bij de Gate Pa gesneuvelde Britse soldaten begraven, maar ook het lichaam van de verdediger van de Gate Pa, Rawhiri Puhirake. Hij werd gedood tijdens de slag om Te Ranga. Tot de voornaamste attracties in Tauranga behoort het **Tauranga Historic Village** (aan 17th Avenue), dat een uitstekende indruk geeft van de pioniersgeschiedenis van het gebied. Het missiehuis **The Elms** in Mission Street dateert uit 1847.

Onder: Landelijke idylle.

Aan de andere kant van de haven van Tauranga ligt het **Mount Maunganui Holiday Resort**, dat is gebouwd rond de 231 m hoge 'Mount', vanwaar u een prachtig uitzicht hebt op Tauranga en het omliggende gebied. Wie geen zin of niet genoeg energie heeft om de helling te beklimmen, kan lekker luieren op het strand of zwemmen in de zoutwaterbaden aan de voet van de heuvel. De Bay of Plenty dankt zijn bijzonder toepasselijke naam aan kapitein Cook. De hedendaagse overvloed van het gebied rond de baai is overigens te danken aan de fenomenale ontwikkeling van de kiwicultuur, waardoor het stadje **Te Puke** ⓰ is uitgegroeid tot de 'kiwihoofdstad van de wereld'. Even buiten Te Puke ligt **Kiwi Fruit Country**, een park met boomgaarden, een informatiecentrum en een restaurant, waar bezoekers zich kunnen verplaatsen per 'kiwitrein'.

Te Puke ligt 28 km ten zuidoosten van Tauranga. De subtropische tuinbouw heeft Te Puke welvaart gebracht. De kiwi, die oorspronkelijk Chinese kruisbes werd genoemd, werd in 1906 vanuit China naar Nieuw-Zeeland gebracht, waar de vrucht het beste bleek te groeien in de Bay of Plenty. In de jaren zeventig en aan het begin van de jaren tachtig werden veel boeren miljonair dankzij de kiwi-oogst van twee of drie hectaren. De grote vraag en hoge prijzen maakten Te Puke tot het rijkste stadje van het land. In andere delen van Nieuw-Zeeland en geleidelijk ook in andere landen nam het aantal hectaren waarop kiwi's werden verbouwd toe en inmiddels zijn kiwi's gewone boomgaardvruchten geworden.

Als een Man

Ongeveer 100 km van Tauranga en 85 km van het centrum van Rotorua ligt **Whakatane** , aan de monding van de gelijknamige rivier en aan de rand van de vruchtbare Rangitaiki Plains. Voordat het gebied zeventig jaar geleden werd drooggemalen, was het een 40.000 ha groot moeras. De naam Whakatane ontstond, toen de kano Mataatua uit Hawaiki in de riviermonding verscheen. Volgens de legende gingen de mannen aan wal en lieten zij de vrouwen achter in de kano, die vervolgens wegdreef.

Hoewel het vrouwen verboden was peddels aan te raken, pakte Wairaka, de dochter van de kapitein, er één vast, terwijl ze uitriep: 'Kia whakatane au i ahau! (Ik zal me gedragen als een man!)'. Anderen volgden haar voorbeeld en zo werd de kano gered. Op een rots in de riviermonding staat nu een bronzen beeld van Wairaka. In het hoger gelegen gebied, dat bekend staat als *The Heads*, ligt Kapu Te Rangi (Rand van de Hemel), waarschijnlijk de oudste *pa* van Nieuw-Zeeland, gebouwd door de Polynesische ontdekkingsreiziger Toi.

Witte Hitte

Wandelaars genieten van het uitzicht op White Island.

Vanuit Whakatane kunt u, 50 km verderop, **White Island** goed zien liggen. Op het eiland, dat tegenwoordig in privé-bezit is, bevindt zich een actieve vulkaan. Rondvluchten worden over het stomende eiland gemaakt, waar tussen 1885 en 1935 zwavelerts werd gedolven. In 1914 kwamen elf mannen tijdens een krachtige vulkaanuitbarsting op het eiland om het leven. Aan de andere kant van de heuvel, 7 km van Whakatane, ligt het populaire **Ohope Beach**, dat de voormalige gouverneur-generaal van Nieuw-Zeeland, Lord Cobham, 'het mooiste strand van Nieuw-Zeeland' noemde. De laatste trekpleister tussen Whakatane en de oostgrens van de Bay of Plenty bij Cape Runaway is het landelijke stadje **Opotiki** . Hier is in 1865 dominee Carl Volkner door de Maori-rebellenleider Kereopa op gruwelijke wijze vermoord.

Onder: Uitzicht op het strand bij Te Kaha.

Volkners hoofd werd afgehakt en op de kansel gelegd; de avondmaalskelk werd gebruikt om zijn bloed op te vangen. Acht kilometer ten zuidwesten van Opotiki ligt **Hikutaia Domain** waar u prachtige wandelingen kunt maken en kunt genieten van talloze inheemse planten.

Kaart blz. 172

Oostkaap

Vanuit Opotiki leiden twee wegen naar de oostkust: de weg door het binnenland en de weg langs de kust. De eerste wordt gevormd door State Highway 2, die door een spectaculaire kloof loopt, de **Waioeka Gorge**. De kloof wordt smaller, de wanden steiler, dan bereikt de weg groene glooiende heuvels om uiteindelijk in Gisborne uit te komen.

Het alternatief is de SH35 rond de Oostkaap. De weg loopt 115 km langs de kust naar **Cape Runaway**. Onderweg steekt u de Motu River over, bekend om de georganiseerde tochten per vlot of jetboot, en komt u door de dorpjes **Te Kaha ⓙ**, vroeger een centrum van de walvisvaart, en **Waihau Bay ㉒**, een populair kampeergebied. Tussen Whangaparaoa en Cape Runaway passeert u verschillende mooie baaien.

De eerste stopplaats achter Cape Runaway is **Hicks Bay ㉑**; 10 km verderop ligt **Te Araroa**. Te Araroa beschikt over een informatiecentrum en u kunt daar de weg nemen naar de **Oostkaap ㉒** met zijn mooie vuurtoren. Dit is de oostelijkste punt van het Noordereiland en één van de plaatsen op aarde die als eerste een nieuwe dag mogen begroeten. Vanuit Te Araroa rijdend in zuidelijke richting, brengt de SH35 u naar **Tikitiki ㉓** met zijn anglicaanse kerk in Maori-stijl. Vlakbij de weg ligt Ruatoria, de hoofdplaats voor de Ngati Porou-stam. **Te Puia**, 25 km verder zuidelijk, is een aardige plaats. Vlakbij liggen warmwaterbronnen en ook **Tokomaru Bay** met zijn mooie met kliffen omzoomde strand is niet ver weg. Dit gehele stuk kust tot aan Tolaga Bay en Gisborne, is vanwege de rustige levensstijl populair bij zowel surfers als vakantiegangers.

TIP

Papierfanaten zullen genieten van een bezoek aan Whakatane Board Mills, waar sinds 1939 karton wordt gemaakt. De *Tasman Pulp and Paper Company*, 32 km van Whakatane (richting Rotorua), is eveneens geopend voor publiek.

Onder: Uitzicht op het strand bij Marae Hako Bay.

ROTORUA EN HET VULKANISCH PLATEAU

Oppervlakkig gezien is Rotorua rustig en zelfs deftig te noemen, maar de rust wordt verstoord door intense hitte en stoom, die al sinds Victoriaanse tijden toeristen en gezondheidsfanaten hebben gelokt.

Kaart blz. 182

Na zijn bezoek aan Rotorua in 1934, verklaarde de toneelschrijver George Bernard Shaw: 'Ik was blij dat ik zo dicht bij de Hades kon komen en weer terug mocht'. Shaw was niet de eerste die een overeenkomst schetste tussen Rotorua en het hol van de duivel vol vuur en zwavel. Voor de gelovige anglicaanse pioniers moet het gebied alle kenmerken van Dantes inferno hebben vertoond: een onvruchtbaar, onherbergzaam land met een laagblijvende begroeiing, vol gloeiend hete 'kookpotten', borrelende modderpoelen en het geraas van geisers die oververhit water omhoog spuiten in de naar rotte eieren stinkende lucht.

Tegenwoordig staat Rotorua voor plezier en niet voor helse kwellingen. Deze buitengewone plaats is, samen met Queenstown op het Zuidereiland, één van de twee goudmijnen van de Nieuw-Zeelandse toeristenindustrie. Het is een gebied vol thermale wonderen, weelderige bossen, sappige weiden en kristalheldere meren waarin het wemelt van de stoeiende forellen. Een tiental meren vormt een natuurlijk recreatiegebied voor sportvissers, kampeerders, zwemmers, waterskiërs, zeilers, plezierbootkapiteins, trekkers en jagers. Het gebied Rotorua ligt op een vulkanische breuklijn, die zich over een lengte van 200 km uitstrekt tussen White Island (voor de kust van de Bay of Plenty), Lake Taupo en de vulkanen van het **Tongariro National Park** op het centrale plateau van het Noordereiland. Meer dan 60.000 mensen wonen in het stedelijke gebied van Rotorua en de nabijgelegen kleinere plaatsjes. Toerisme is hier overigens niet de enige bron van inkomsten. Aan de rand van Rotorua ligt Kaiangaroa, één van de grootste door mensen aangelegde bossen ter wereld. Het meest aangeplant is de *Pinus radiata*. Er worden regelmatig bomen gekapt - en weer aangeplant - ten behoeve van de papierfabricage. Ook wordt in dit gebied op grote schaal landbouw bedreven.

Auckland
Noordereiland
Wellington
Christchurch
Zuidereiland

Blz.178-179: Whakarewarewa. **Links**: Maori dakversiering, Rotorua. **Onder**: Champagne Pool, thermaal gebied Waiotapu.

Culturele Trekpleisters

De eerste inwoners van Rotorua waren afstammelingen van reizigers uit het legendarische Hawaiki, het vaderland van de Maori's. Tot de inzittenden van de Te Arawa-kano die rond 1350 arriveerde, behoorde de ontdekker van Lake Rotorua, die volgens Maori-traditie Ihenga werd genoemd. Hij reisde vanaf de nederzetting Maketu verder landinwaarts en ontdekte een meer dat hij Rotoiti, wat klein meer betekent, noemde. Vervolgens reisde hij verder en kwam bij een veel groter meer dat hij heel toepasselijk Rotorua (het tweede meer) noemde. De stad heeft niet alleen nog steeds de grootste concentratie Maori-inwoners van alle Nieuw-Zeelandse steden, maar vormt ook hèt centrum van Maori-cultuur en dat maakt de stad voor veel toeristen bijzonder interessant. De eerste Europeaan kwam in 1830 in dit gebied aan; het was de Deense zeeman kapitein Phillip Tapsell. Een van zijn nakomelingen werd in 1991 benoemd tot voorzitter van het Huis van Afgevaardigden.

Midden jaren tachtig van de 19e eeuw bleef de Arawa-stam trouw aan de Britse kroon en werd daarom aangevallen door vijandige Maori-stammen. Toen een

eind was gekomen aan de gevechten, besloot de regering om van Rotorua een toeristisch centrum en kuuroord te maken. In november 1880 werd een pachtovereenkomst gesloten met de Maori's die het land bezaten waarop de stad moest worden gebouwd. Rotorua werd bestuurd door het *Tourist and Health Resorts Department* totdat het, in 1923, een onafhankelijke status verkreeg.

Liquide Middelen

Lekker ontspannen in Rotorua.

Het merendeel van de grootste hotels in de stad en veel motels liggen aan of in de buurt van Fenton Street, die in noordzuidrichting door de stad loopt. Het is niet ver naar de populaire toeristische attracties, maar het is wel van essentieel belang dat u over een vervoermiddel beschikt. Bij het **Information Centre** in Fenton Street kunt u alles te weten komen over het huren van auto's, busexcursies, het vissen op forel en rondleidingen langs bezienswaardigheden in de stad en de omgeving.

Ten oosten van het noordeinde van Fenton Street ligt een prachtige tuin met het grandioze **Bath House**, dat in 1908 als modern kuurcentrum is gebouwd. Tegenwoordig biedt dit voormalige badhuis onderdak aan een museum en kunstgalerie.

Rechts van Bath House liggen de **Polynesian Pools Ⓐ**. Hier bevinden zich diverse warmwaterbaden met verschillende temperaturen. Elk bad bevat zijn eigen speciale mineraal. De **Priest Pool** is genoemd naar ene Pater Mahoney, die in 1878 zijn tent opzette naast een bron en in het warme water baadde totdat hij geheel genezen was van zijn reumatiek.

De wereldberoemde warmwaterbronnen van Rotorua en hun geneeskrachtige werking hebben een belangrijke rol gespeeld bij de ontwikkeling van het gebied door Europeanen. In 1874 spoorde de voormalige Nieuw-Zeelandse premier sir William Fox de regering aan 'Lake Country in zijn geheel te behouden als sanatorium, gezien de vastgestelde geneeskrachtige werking van het water'. Vol optimisme voorspelde sir William dat het district 'wel eens het sanatorium zou kunnen worden van niet al-

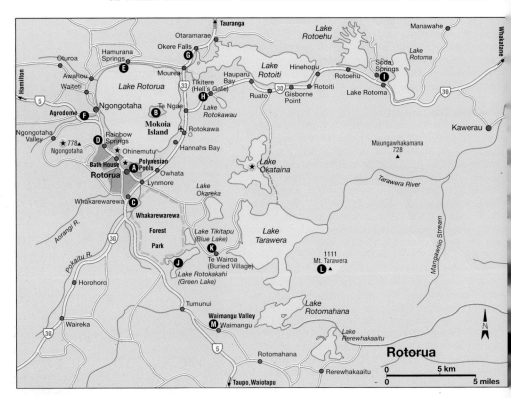

Rotorua

leen de Australische koloniën, maar ook van India en andere delen van de wereld'.
De bouw van het eerste sanatorium van Rotorua ging in 1880 van start en hoewel het zwavelhoudende water van de baden door sommigen nog altijd wordt beschouwd als een nuttig middel bij de behandeling van artritis en reumatiek, zien de meeste bezoekers en inwoners het baden voornamelijk als een aangename manier van ontspannen. De Polynesian Pools zien uit op de **Orchid Gardens**, twee kassen met temperatuurregeling waar exotische bloemen uit alle werelddelen te zien zijn.

Kaart
blz. 182

Legendes van de Warmwaterbaden

Verderop aan de rand van het meer ligt het historische Maori-dorp **Ohinemutu**, dat ooit de belangrijkste nederzetting aan het meer is geweest. U vindt er de in 1910 gebouwde **St. Faith's Church** met rijk houtsnijwerk, een schitterend raam met een Maori-Christusfiguur en een buste van koningin Victoria. De kerk is geschonken aan de Maori's van Rotorua als dank voor hun trouw aan de kroon.

Met het houtsnijwerk van het ernaast gelegen 19e-eeuwse ontmoetingshuis was twaalf jaar gemoeid. Het gebouw is genoemd naar de kapitein van de Arawa-kano, Tama Te Kapua. Men beweert dat Hine Te Kakara, de dochter van Ihenga, de ontdekker van Rotorua, hier werd vermoord, waarna haar lichaam in een kokende modderpoel zou zijn gegooid. Ihenga plaatste op de bewuste plek een gedenksteen en noemde de plaats **Ohinemutu** wat 'plaats waar de jonge vrouw werd vermoord' betekent.

Vanaf de oever van het meer vertrekken watervliegtuigen, helikopters, rondvaartboten en de raderboot *Lakeland Queen* voor rondvluchten en -vaarten. Maak eens het populaire uitstapje naar **Mokoia Island** ➑ midden in Lake Rotorua, waar u een duik kunt nemen in de warmwaterbron van Hinemoa. Hinemoa is de legendarische hoofdpersonage uit het eigen 'Romeo en Julia'-verhaal van de Maori's. De jonge hoofdman Tutanekai die op Mokoia Island leefde, werd verliefd op de maagd Hinemoa, die in een dorp op het vasteland woonde. Een huwelijk werd door de familie verboden.

Bij graafwerkzaamheden moet in Rotorua zeer voorzichtig te werk worden gegaan. Huizen hebben geen kelders en graven bestaan uit bovengrondse grafkamers.

Onder: Publieke tuinen en Bath House.

Stoomwandeling door het kokende landschap van Rotorua.

Hinemoa besloot 's nachts in het geheim, afgaande op het geluid van Tutanekai's fluit, het water over te steken om zich bij haar geliefde te voegen. Omdat alle zware kano's op het land waren getrokken, bond ze bij wijze van drijvers kalebasflessen rond haar middel en zwom zo het ijskoude meer over. Aangekomen op het eiland warmde ze zich in de bron die tot op de dag van vandaag haar naam draagt, alvorens zich bij Tutanekai te voegen.

Modder en Geisers

Aan het zuideinde van Fenton Street ligt het thermale gebied **Whakarewarewa** ❸ - een must voor toeristen. Op Geyser Flat (de geiservlakte) vindt u de indrukwekkende Pohutu, de grootste geiser van Nieuw-Zeeland, die een hoogte van meer dan 30 m kan bereiken. Bij de ingang van Whakarewarewa bevindt zich een model van een *pa* met een groot ontmoetingshuis, waar Maori-concerten in een passende omgeving worden gegeven. Vlakbij de bovenste ingang ligt het **Maori Arts and Crafts Institute**, waar u bedreven houtsnijders en vlaswevers aan het werk kunt zien. De met rijk houtsnijwerk versierde ingang toont Hinemoa en Tutanekai die elkaar omhelzen. Het onderste pad leidt naar een Maori-dorp waar de mensen generatie op generatie het thermale water hebben gebruikt om te koken, te wassen en zich warm te houden. In Tryon Street bevindt zich **Little Village** met zijn koloniale winkeltjes waar schapenvachten, bont, ambachtelijke producten en souvenirs worden verkocht. U kunt er ook een groensteensnijder aan het werk zien. Via Froude Street bereikt u de **Arikapakapa Golf Course**, de enige golfbaan ter wereld waar de bunkers uit kokende modderpoelen bestaan en de terreinhindernissen uit warmwaterbronnen.

Onder:
Brandwacht bij Rainbow Mountain.

Regenboogland

Ten westen van Rotorua aan Highway 5, op slechts 4 km van de stad, ligt een geurige kruidentuin: **Herb Garden**. Bezoekers kunnen in **Rainbow Springs** ❹ en **Fairy**

Springs plassen met duizenden Europese forellen evenals bron- en regenboogforellen zien in een natuurlijke omgeving vol inheemse boomvarens (het terrein is 12 ha groot). Enorme forellen kunnen door een onderwaterraam worden bekeken en met de hand worden gevoerd. Dat laatste geldt ook voor diverse soorten Nieuw-Zeelandse herten, inheemse vogels en wilde 'Captain Cook'-zwijnen, die de beroemde ontdekkingsreiziger zelf naar Nieuw-Zeeland heeft gebracht. U vindt er ook een nachtdierenverblijf waar kiwi's rondpikken. Aan de overzijde van de weg, op de **Rainbow Springs Farm Show**, kunt u herdershonden in actie zien.

Niet ver van Rainbow Springs en Fairy Springs is het vertrekpunt van **Skyline Skyrides**. Vanuit de gondel hebt u halverwege **Mount Ngongotaha** een adembenemend uitzicht op de stad, het meer en het omliggende landschap. Bent u heel avontuurlijk ingesteld, maak de afdaling dan met een razendsnelle rodelslee. U kunt de top van de berg overigens ook per auto bereiken.

Forel vindt u eveneens in de **Paradise Valley**, 11 km ten westen van Rotorua en in **Hamurana Springs** ❺ op de noordelijke oever. Om de sportvisserij te beschermen, is het thans niet toegestaan, in Nieuw-Zeeland forel te kopen of verkopen. Maar een maaltje is gemakkelijk zelf te vangen: de gidsen beloven zelfs een vangstkans van 97 procent. Een reisje naar Rotorua/Taupo is eigenlijk niet compleet zonder een vistochtje op de meren. De gidsen brengen alle benodigdheden mee en halen hun klanten desgewenst af bij het hotel - hun boot wacht op de aanhangwagen of in de haven.

In de meeste meren rond Rotorua en in Lake Taupo wegen de regenboogforellen gemiddeld 1,4 kg. In Lake Tarawera, waar ze overigens moeilijker te vangen zijn, komen exemplaren voor van 3,5 kg tot 5,5 kg. Een prima afsluiting van een dagje vissen is uw vangst laten bereiden door de kok van een hotel of een restaurant - een vorm van dienstverlening die heel gebruikelijk is.

Ten noordwesten van Rotorua, vlakbij Ngongotaha, ligt het grote **Agrodome** ❻ in een weide van 142 ha. Driemaal per dag geven 19 afgerichte rammen een uur lang

Kaart blz. 182

TIP

Blijf op de paden! Er gebeuren weinig ongelukken in dit gebied, maar toch...

Onder: Trotse visser, Turangi bij Lake Taupo.

een 'show'. Het is niet alleen leerzaam, maar ook vermakelijk en bezoekers krijgen een pluk pas geschoren wol.

Aan Central Road, voorbij het stadje Ngongotaha, staat het **Farm House**. U kunt hier pony's en paarden huren voor een rit over het 245 ha tellende terrein dat omzoomd is met wildernis. Wie de weg rond Lake Rotorua met de wijzers van de klok mee volgt, komt bij de waterval **Okere Falls ⬤** en de **Hinemoa Steps**. Na een korte boswandeling en een afdaling via de rotsen, ziet en hoort u hoe de Kaituna River met veel gebulder via een nauwe spleet terechtkomt in een lager gelegen, kolkend meer.

Tarawera Falls.

Onder: Formaties van kiezelaarde, Waiotapu.

Wanneer u Ohau Channel, dat in Lake Rotoiti uitmondt, oversteekt, kunt u in oostelijke richting Highway 30 (richting Whakatane) oprijden en een bezoek brengen aan **Hell's Gate ⬤**. De Maori-naam van Hell's Gate, Tikitere, verwijst naar de lengende van Huritini, die zich in het kokende water van een bron zou hebben geworpen omdat haar echtgenoot haar zonder respect behandelde. Tikitere is een samentrekking van *Taku tiki i tere nei*, wat 'mijn dochter is weggedreven' betekent. De vulkanische verschijnselen beslaan hier 4 ha, met als hoogtepunt de warme waterval **Kakahi**. Beschikt u over voldoende tijd, blijf Highway 30 dan volgen en rijd over de oevers van Lake Rotoiti, Lake Rotoehu en Lake Rotoma en maak een omweg naar het volledig onbedorven **Lake Okataina** - dit is beslist de moeite waard!

Een zijweg die tussen Lake Rotoehu en Lake Rotoma loopt, brengt u naar **Soda Springs ⬤**, waar heet water in een heldere rivier sijpelt, die u uitnodigt tot een verkwikkende duik!

De Uitbarsting van de Tarawera

Ten zuidoosten van Rotorua, in de richting van de luchthaven, ligt de afslag naar de door bossen omgeven meren **Lake Tikitapu** (Blue Lake) en **Lake Rotokakahi ⬤** (Green Lake), een favoriete plek van joggers en een heerlijk oord voor iedereen die van wandelen of paardrijden houdt. De routes die door exotische en inheemse bossen

lopen, zijn goed bewegwijzerd en ook de moeilijkheidsgraad is aangeduid. U kunt er paarden en pony's huren. Op mooie dagen weerspiegelen de meren de mooi contrasterende blauw- en groentinten. Vandaar hun Engelse namen Blue Lake en Green Lake. De weg loopt verder naar Lake Tarawera via het begraven dorp **Te Wairoa** , dat op 10 juni 1886 werd vernietigd toen Mount Tarawera rotsen, lava en as uitbraakte over een gebied van 15.540 km². Ook Te Ariki en Moura werden als gevolg van die uitbarsting vernietigd. Er kwamen 147 Maori's en zes Europeanen om het leven. In het begraven dorp vindt u voorwerpen die zijn opgegraven in Te Wairoa, zoals de *whare* (hut) van de *tohunga* (priester), die de ramp had voorspeld en die vier dagen na de uitbarsting levend uit het lavapuin werd bevrijd.

Vóór de uitbarsting lieten vele toeristen zich vanuit Te Wairoa naar de overkant van Lake Tarawera roeien voor een bezoek aan de schitterende Pink and White Terraces. Deze twee enorme formaties van kiezelaarde verhieven zich 250 m boven de oevers van Lake Rotomahana en werden beschouwd als 'één van de acht wereldwonderen'.

Mount Tarawera (Verbrande Speer) domineert de oostelijke oevers van beide meren. Vanaf het vliegveld van Rotorua kunt u een rondvlucht maken boven de krater en de thermale gebieden. Na een opwindende landing op de berghelling kunt u een kijkje nemen bij de 6 km lange, 250 m diepe kloof die als gevolg van de vulkaanuitbarsting is ontstaan.

Spookachtige Voortekenen

Er hangt een mysterieuze sfeer rond Lake Tarawera. Hieraan draagt het volgende geverifieerde verhaal bij. Op de mistige ochtend van 31 mei 1886 zagen twee groepen toeristen, onafhankelijk van elkaar, op Lake Tarawera een kano met rouwende Maori's in gewaden van vlas. In Te Wairoa veroorzaakte dit verhaal paniek bij de Maori's, omdat nergens in de streek een dergelijke kano bestond. De plaatselijke *to-*

Kaart blz. 182

Waimangu Geyser was ooit de grootste geiser ter wereld. Hij bereikte een hoogte van maar liefst 500 m. Nu zijn kracht afgenomen is, wordt hij overvleugeld door de grootste geiser van Nieuw-Zeeland, Pohutu, die regelmatig een hoogte van 20 tot 30 m bereikt.

Onder: Hoopvolle hengelaar, Taupo.

*Geothermische
krachtcentrale
Wairakei.*

Onder:
Vulkanisme bij
Waimangu.

hunga, Tuhuto, beschouwde de spookachtige verschijning als een duidelijk teken dat het gebied zou worden bedolven. Op een koude, met maanlicht overgoten nacht, elf dagen later, werd zijn voorspelling op gruwelijke wijze waarheid. Mount Tarawera vaagde de Pink and White Terraces voorgoed van de toeristische kaart.

Aan Highway 5 naar Taupo ligt, op 20 km ten zuiden van Rotorua, de **Waimangu Valley** Ⓜ. In dit ongerepte thermale gebied bevindt zich **Waimangu Cauldron**, het grootste 'kokende' meer ter wereld. Een aangenaam wandelpad, vanaf de theesalon bergafwaarts, brengt u langs borrelende kratermeren, dampende riviertjes en met algen bedekte plateaus van kiezelaarde, naar de oever van Lake Rotomahana (een toevluchtsoord voor zwarte zwanen). Vandaar kunt u een boottochtje maken naar de uitermate actieve **Steaming Cliffs** en de plek waar zich eens de Pink and White Terraces bevonden.

Nog 10 km verder naar het zuiden via Highway 5 loopt een rondweg naar het thermale gebied **Waiotapu** ❶ (Heilig Water). De **Lady Knox Geyser** komt hier dagelijks om 10.15 uur (geholpen met een beetje zeep) tot uitbarsting. Andere attracties zijn de bubbelende **Champagne Pool**, de gekleurde plateaus van kiezelaarde en de waterval **Bridal Veil Falls**.

Forel in Overvloed

Taupo, een afkorting van Taupo-nui-Tia (Grote Schoudermantel van Tia), heeft zijn naam te danken aan de ontdekkingsreiziger van de Arawa-kano die **Lake Taupo** ❷ heeft ontdekt. Het meer, dat 608 km² beslaat, is gedurende duizenden jaren ontstaan tengevolge van vulkanische explosies. Thans is Lake Taupo het beroemdste forellenmeer ter wereld: enthousiaste hengelaars halen jaarlijks meer dan 500 ton regenboogforel naar boven. Ook in de rivieren die in het meer uitmonden, wemelt het van de forellen. Vissers staan vaak zij aan zij bij de monding van Waitahanui River en vormen het zogenoemde 'staketsel'.

U kunt een boot huren in de schilderachtige haven, bij het Information Centre, vanwaar regelmatig een gerestaureerde stoomboot, de *Ernest Kemp*, en tal van andere vaartuigen vertrekken voor een tochtje over het meer.

Ongeveer 40 km ten noorden van Taupo en 70 km ten zuiden van Rotorua ligt een actief thermaal gebied: **Orakei-Korako ❸**. Maori-stamhoofden gebruikten de meren als spiegels wanneer ze zich beschilderden, vandaar de naam die 'Plaats van de Versiering' betekent.

Tot de speciale attracties behoren een tocht per jetboot over Lake Ohakuri, het **Great Golden Fleece Terrace** (40 m), de ondergrondse warmwaterbronnen in **Aladdin's Cave** en een enorm gebied van kiezelaarde-afzettingen met talloze warme bronnen.

Waterkracht

Ongeveer 7 km ten noorden van Taupo, vlakbij de kruising van Highway 1 en Highway 5, ligt **Wairakei ❹** met zijn indrukwekkende geothermische krachtcentrale. Via boringen wordt oververhit water aan de aarde onttrokken en vervolgens wordt droge stoom naar de elektriciteitsturbines in de nabijgelegen krachtcentrale geleid. Bij de ingang bevindt zich het bezoekerscentrum. Via een weg links van de pijpleidingen bereikt u een op een heuvel gelegen uitkijkpost. De internationale golfbaan in Wairakei wordt tot de beste van Nieuw-Zeeland gerekend.

Als u de nabijgelegen rondweg volgt, komt u bij de spectaculaire waterval **Huka (Foam) Falls**, waar het water van de Waikato River met een enorme kracht uit een nauwe kloof 12 m naar beneden raast. Het ijskoude water schittert blauwgroen in het felle zonlicht voordat het zich schuimend naar beneden stort. Het mooiste uitzicht op de waterval hebt u vanaf de overkant van de rivier, die via een voetgangersbrug te bereiken is.

Even verderop, aan de rondweg, liggen aan de oever van de Waikato River de be-

Kaart blz. 198-199

TIP

Het Army Memorial Museum aan State Highway 1, ten zuiden van Waiouru, toont militaire memorabilia en voorwerpen uit de tijd van de Maori-oorlogen tot heden.

Onder: Chateau Tongariro.

Kaart
blz.
198-199

roemde **Huka Fishing Lodge** en een reconstructie van een **pioniersdorpje**. Eveneens tussen Wairakei en Taupo, aan een grindweg, ligt **Craters of the Moon**, een woest thermaal gebied. Bezoekers krijgen er kippenvel van de angstaanjagende, borrelende modderpoelen en kunnen vanaf een pad de stoom uit de natuurlijke fumarolen zien komen. Vanaf het meer kunt u een mooie rondvlucht maken per watervliegtuig, en vanaf de luchthaven ten zuiden van Taupo brengen vliegtuigen en helikopters u naar de met sneeuw bedekte vulkanische bergtoppen van **Tongariro National Park**.

Drie Bergen

Ten zuiden van Lake Taupo ligt het adembenemend mooie, 7600 km² grote **Tongariro National Park** ❺ met de drie actieve vulkanen Tongariro (1967 m), Ngauruhoe (2287 m) en Ruapehu (2797 m). De bergtoppen waren heilig voor de Maori's van de Ngati-Tuwharetoa-stam. In 1887 schonk het stamhoofd Te Heuheu Tukino de bergtoppen aan de centrale regering, om ze tegen exploitatie te beschermen en zo ontstond het eerste nationale park van Nieuw-Zeeland.

Voor de mooiste route vanuit Taupo verlaat u Highway 1 bij Turangi en rijdt u richting Tokaanu, niet ver van Tongariro Power Station. Volg de weg door de beboste bergen en rond Lake Rotoaira. U kunt desgewenst een alternatieve route nemen door bij Rangipo Highway 47 op te rijden.

Via een kleine omweg naar **Tokaanu** ❻, 60 km van Taupo, komt u bij een klein thermaal gebied, **Domain Thermal Baths**, en de historische 19e-eeuwse kerk **St. Paul's**. Volgens een Maori-legende bad de priester en ontdekkingsreiziger Ngatoroi-rangi, toen hij in de bergen dreigde te bevriezen, om hulp. Zijn aanhoudende gebeden werden verhoord door de vuurgoden van Hawaiki, die hem ondergronds, via White Island en Rotorua vuur stuurden dat via de bergtoppen naar buiten trad. Om de goden te behagen, wierp Ngatoro zijn slavin in de vulkaan **Ngauruhoe** - door de plaatselijke Maori's genoemd naar het meisje Auruhoe. De Ngauruhoe is de meest actieve van de drie vulkanen. In 1954-1955 was er een grote uitbarsting die, met tussenpozen, negen maanden lang voortduurde.

De met eeuwige sneeuw bedekte **Ruapehu** (Ontploffend Gat) is een vulkaan met meerdere kraters. De afgevlakte, 3 km grote top wordt gekenmerkt door een zuurrijk, bubbelend kratermeer, Crater Lake, en zes kleine gletsjers. De laatste honderd jaar heeft de vulkaan diverse malen wolken stoom en as uitgestoten. In 1945 regende het stof boven een gebied met een straal van 90 km en in 1996 moesten vanwege de Ruapehu de nabijgelegen skigebieden **Whakapapa** en **Turoa** gesloten worden. Op kerstavond in 1953 kwamen 151 mensen om het leven bij een treinramp, toen een *lahar*, een nietsontziende waterstroom, vanuit Crater Lake in de Whangaehu River terechtkwam en 35 km verderop, bij Tangiwai, een spoorbrug wegsloeg. Luttele minuten later denderde de sneltrein van Wellington naar Auckland met vijf rijtuigen zijn noodlot tegemoet.

Mount Ruapehu is het belangrijkste skigebied van het Noordereiland. Organisatoren van avonturenreizen hebben wildwatervaren op de Tongariro River en de Rangitikei River op het programma staan.

De **Tongariro**, de laagste van de drie bergen, heeft een reeks kleine kraters en op de noordelijke hellingen bevinden zich de **Ketetahi Hot Springs**. De boswachters van het nationale park - het hoofdgebouw van het park lig bij Chateau Tongariro - kunnen u alles vertellen over wandelroutes en overnachtingshutten.

Onder: Wildwatervaren, Rangitaiki River. **Rechts:** Mount Ngauruhoe (links) en Mount Ruapehu in de verte.

HET WATER VAN ROTORUA

Het merkwaardige, stomende landschap met zijn bubbelende bronnen en modderpoelen, doordrenkt met Maori-overleveringen en -historie, trekt al meer dan een eeuw toeristen aan.

Honderd jaar geleden bezochten voorname burgers uit de hele wereld Rotorua. Het is dan ook enigszins verbazingwekkend dat de stad *Stinkville* (Stinkstad) en *Rotten Egg Town* (Stad der Rotte Eieren) werd genoemd. Als u echter voor het eerst de zwavelhoudende mist inademt, zult u opmerken dat beide scheldnamen niet onterecht zijn. Bij het verkennen van de surrealistische, stomende omgeving zult u de stank echter weldra vergeten. Elke geiser, elke bron heeft een merkwaardige naam waarachter een verhaal schuilgaat. De Lobster Pool (kreeftpoel) in Kuirau Park heeft zijn naam bijvoorbeeld te danken aan de manier waarop een lichte Europese huid verkleurt in het zuurrijke water en een modderpoel met concentrische ringen wordt heel toepasselijk Gramophone Record Pool genoemd.

Het heilzame water van Rotorua wordt ook wel *Wai-ora-a-Tane* genoemd, het levende water van Tane, waar volgens een Maori-legende de stervende maan elke maand een bad neemt in het grote mythische meer Aewa. Hier wordt haar nieuwe levenskracht geschonken.

Het is in deze streek erg belangrijk dat u de aanwijzingen op de borden in acht neemt en op de paden blijft. De thermale bronnen zien er soms verleidelijk uit, maar het water kan wel kokend heet zijn. Wanneer uw zicht belemmerd wordt door de stoom, wacht dan totdat u weer voldoende ziet en probeer niet blindelings uw weg te vinden.

▷ WAIOTAPU

Waiotapu betekent 'heilig water' en wordt dan ook terecht een thermisch wonderland genoemd. Tot de belangrijkste attracties behoren Artist's Palette (zie foto), Lady Knox Geyser, Champagne Pool, Waiotapu Terraces, Bridal Veil Falls en uiteraard de talloze kokende modderpoelen. De Rainbow Crater is een ondergrondse grot met een thermale bron, die ongeveer 850 jaar geleden is ontstaan.

◁ WHAKAREWAREWA

Whakarewarewa-tanga-o-te-a-Wahiao, de opstand van krijgsvolk van Wahiao, is de volledige naam van een beroemd thermaal gebied. De hoogste geiser van Nieuw-Zeeland, Pohutu, stoot diverse malen per dag, tot veertig minuten lang, water uit en bereikt een hoogte van twintig tot dertig meter. De nabijgelegen Prince of Wales Feathers Geyser komt doorgaans net voor de Pohutu in actie.

◁ CHAMPAGNE POOL

De mistige, ongrijpbare sfeer van Champagne Pool in het thermale gebied Waiotapu, enkele kilometers ten zuiden van Rotorua is voor sommigen de juiste entourage voor een etentje of een concert. De poel lijkt niet op champagne; hij is blauw van kleur en er komt veel stoom vanaf. Als u er echter een handje zand in gooit, begint het water enthousiast te bruisen.

▽ LADY KNOX GEYSER

Het is beslist geen goed idee, om in de 'keel' van een geiser te turen, zelfs niet wanneer hij elke dag slechts eenmaal, precies om 10.15 uur, in actie komt. Geisers blijven onvoorspelbaar. Door zeep en wat vodden in de geiser te gooien, om de drukopbouw te ondersteunen, zorgen helpers ervoor dat Lady Knox punctueel blijft.

CROQUET BIJ HET BADHUIS

Typisch Engels! Prachtige gebouwen zoals dit badhuis, het meest gefotografeerde gebouw van de stad en een prachtige achtergrond voor het croquetspel, verlenen Rotorua zijn deftige uitstraling. Het nu onder de naam Tudor Towers bekende, elegante gebouw dat de Government Gardens siert, is in 1908 gebouwd als badhuis. In de hal staan oude beelden. Links en rechts van de hal, leiden dubbele deuren naar de badhuizen voor heren en dames. Hier konden reumapatiënten behandeld worden. Er waren faciliteiten voor massage, stoom- en modderbaden.

Het gebouw is niet meer een badhuis. U kunt dagelijks terecht in de in 1886 gebouwde Polynesische baden. Op deze plek stond het eerste gebouw en badhuis van Rororua.

Tegenwoordig is Tudor Towers het onderkomen van het Rotorua Museum of Art and History, waar collecties te zien zijn die de ontwikkeling van de schilder- en drukkunst in Nieuw-Zeeland documenteren evenals moderne schilderijen. Verder komen in dit museum *kauri*hars en dieren in het wild aan bod. De Maori's die als eersten met de Te Arawa naar dit gebied kwamen en zich er vestigden, vormen het centrale thema van een aparte tentoonstelling. Een video over de uitbarsting van Mount Tarawera in 1886 laat de vernietiging zien van de uit kiezelaarde bestaande Pink and White Terraces.

POVERTY BAY EN HAWKE'S BAY

Hawke's Bay en de nabijgelegen, ten onrechte met armoede geassocieerde Poverty Bay worden gekenmerkt door lucratieve landbouw en veeteelt, rijke wijngaarden, een veelbewogen geschiedenis en interessante architectuur; hier ligt bovendien de oostelijkste stad van Nieuw-Zeeland.

Kaart
blz.
198-199

Er zijn diverse redenen te noemen, waarom **Gisborne** en het omliggende gebied een speciale plaats innemen in de harten van de Nieuw-Zeelanders. Doordat Gisborne op de 178e lengtegraad ligt, kan de stad iedere dag als eerste ter wereld de zon zien opkomen. De omgeving wordt dan ook de Sunrise Coast genoemd. Deze kust is ook een historische kust. **Young Nick's Head**, een kaap die aan de andere kant van de baai tegenover Gisborne ligt, was het eerste deel van het land dat de Britse ontdekkingsreiziger kapitein James Cook en de bemanning van zijn schip, de *Endeavour*, in 1769 zagen. Hoog op Kaiti Hill, uitkijkend over Gisborne en zijn omgeving, staat een monument voor kapitein Cook en aan de monding van de Turanganui River is de plek, waar op 9 oktober 1769 bemanningsleden van de *Endeavour* voor het eerst voet hebben gezet op Nieuw-Zeelandse bodem.

Domme Vergissing

Kapitein Cook zat er ver naast met zijn benaming Poverty Bay. Een benaming die hij koos, omdat hij niet kon krijgen wat hij zocht, behalve wat brandhout. Maar het gebied is allesbehalve arm. Er grazen tegenwoordig grote kudden schapen en koeien en het is rijk aan citrus- en kiwiplantages, wijngaarden evenals tuin- en akkerbouwgrond. Ook beschikt het gebied over een grote voedselverwerkende industrie. De wijn die afkomstig is uit dit gebied - met name Chardonnay en Gewürztztraminer - behoort tot de beste van het land. Proef eens een glaasje, wanneer u één van de vele voor publiek geopende wijngaarden bezoekt.

Poverty Bay biedt ook spectaculaire panorama's. De kust wordt gekenmerkt door witte zandstranden, helderblauw water en scharlakenrode *pohutukawa*-bloesem. De *pohutukawa* wordt ook wel de Nieuw-Zeelandse kerstboom genoemd omdat hij eind december op zijn mooist bloeit. De scharlakenrode kleur is gedeeltelijk terug te vinden in **Gisborne ❼** (31.000 inwoners), een stad van zon en water, parken, bruggen en stranden. Watersport maakt deel uit van de ontspannen leefwijze in de stad waarvan de voornaamste winkelstraat slechts een paar meter verwijderd ligt van een lang, wit zandstrand. Gisborne wordt ook wel de *City of Bridges* (Stad der Bruggen) genoemd en ligt aan de oever van Taruheru River, Waimata River en Waikenai Creek, die samen Turanganui River vormen. In Fitzherbert Street, in het centrum van de stad, ligt het **Museum and Arts Centre** dat de geschiedenis van de streek vertelt. Vlakbij het hoofdgebouw van het museum ligt het **Maritime Museum** dat bestaat uit delen van de stoomboot *Star of Canada*, die in 1912 op Kaiti Beach strandde.

Gisborne is trots op de band met Cook. De historische rijkdom van de streek dateert evenwel van vóór Cooks bezoek. Er liggen uitgestrekte Maori-grondbezittingen - waarvan sommige zijn verpacht aan Europeanen. U zult er tal van ontmoetingshuizen vinden, die deel uitmaken van de vele Maori-dorpen die er aan de kust liggen. De

Blz. 194-195: Vee op Gisborne's groene weiden. **Links:** Lake Waikaremoana. **Onder:** Pania, de maagd van Napier.

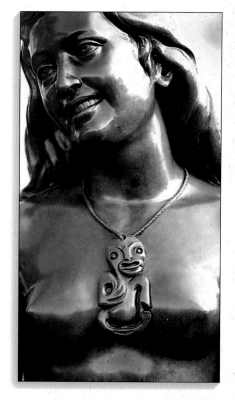

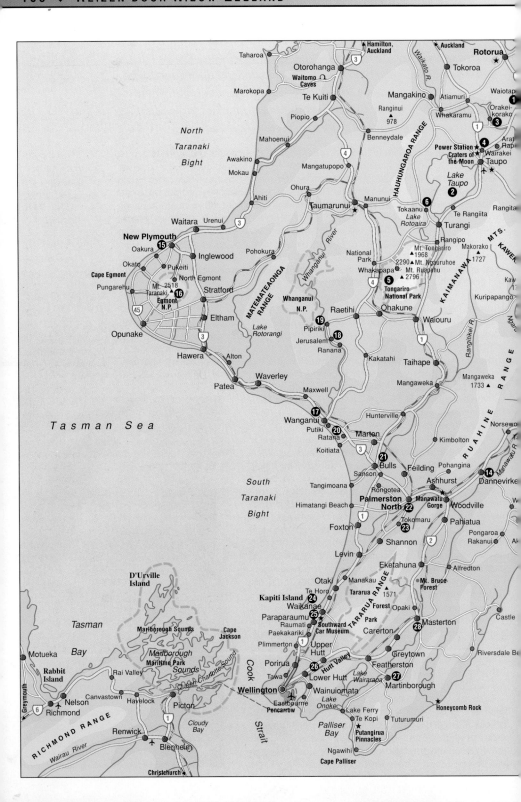

Zuid-Noordereiland

```
0                    50 km
0                            50 miles
```

meeste ontmoetingshuizen worden gekenmerkt door in traditionele stijl bewerkte lateien, panelen en balken en onorthodoxe schilderingen van gebladerte, vogels en mythische menselijke figuren. Een van de grootste ontmoetingshuizen van het land is **Poho-o-Rawiri** (Boezem van Rawiri), aan de voet van Kaiti Hill. Bij dit in 1925 gebouwde ontmoetingshuis is vanwege de grootte geen gebruik gemaakt van de traditionele vorstconstructie. Wel bevat het nog indrukwekkende *tututuku*-panelen (van geweven riet) en prachtig houtsnijwerk. In de tegenwoordig zo rustige Poverty Bay hebben zich in het verleden veel stammenoorlogen afgespeeld. Een van de interessantste verhalen gaat over de profeet Te Kooti. Hij leidde in de 19e eeuw een langdurige opstand tegen de kolonisten. Samen met enkele tientallen andere Maori's die in de jaren zestig van de 19e eeuw waren gearresteerd, werd hij verbannen naar de Chatham Islands, honderden kilometers van de oostkust van het Noordereiland verwijderd. Te Kooti wist echter te ontsnappen en na zijn terugkeer op het vasteland stichtte hij een godsdienstige beweging, de nog steeds actieve Ringatu. De regering stuurde het leger achter hem aan, maar Te Kooti bleek een geducht tegenstander in de wouden van de Urewera Range. Dankzij zijn strategie van guerrilla-aanvallen wist hij op vrije voet te blijven - zeer tot ongenoegen van de regering. Uiteindelijk kreeg hij, op latere leeftijd, gratie en mocht hij zich met zijn volgelingen vestigen in het afgelegen King Country.

Veel van Te Kooti's oude schuilplaatsen zijn bewaard gebleven in **Te Urewera National Park ❽**. Dit is een 212.000 ha groot gebied met ruige bergen, wouden en meren, dat behalve voor de meest ervaren trekkers grotendeels nog ontoegankelijk is. De voornaamste trekpleister van het park is ongetwijfeld **Lake Waikaremoana** (Meer van de Rimpelende Wateren). Het wemelt er van de forellen en de dichte begroeiing reikt overal, behalve aan de oostzijde met zijn steile klippen, tot aan het water. De accommodatie bestaat in Waikaremoana uit vakantiehuisjes, een motel, een motorkamp en verspreid over het hele park kunnen trekkers terecht in overnachtingshutten.

Aardbevingen

Poverty Bay strekt zich zuidwaarts uit via Wairoa en het schiereiland Mahia Peninsula tot aan Hawke's Bay. Net boven het schiereiland, op de grens tussen de twee baaien, ligt **Morere** ❾, een aardig stadje, dat vanwege zijn warmwaterbronnen beslist een bezoek waard is. Een boswandeling in de omliggende inheemse bossen - het plaatsje ligt aan de rand van **Wharerata State Forest** - is eveneens een aanrader.

Het kloppende, dubbele hart van Hawke's Bay, waar het land op vergelijkbare wijze wordt gebruikt als in Gisborne, bestaat uit de tweelingsteden Napier en Hastings. Deze plaatsen liggen weliswaar dicht bij elkaar, maar zijn bijzonder onafhankelijk en beconcurreren elkaar zelfs. Napier ligt aan zee en heeft 52.000 inwoners. Hastings, dat 20 km verderop ligt, is een marktplaats voor agrarische producten en telt 55.000 inwoners. Ten oosten van de beide steden ligt de Grote Oceaan (met dien verstande dat Hastings niet aan de kust ligt) en ten westen ervan liggen vlakten die doorlopen tot aan de ruige bergketens Kaweka Range en Ruahine Range - uitstekend terrein voor jagers en trekkers.

Hawke's Bay deelt met Gisborne de herinnering aan de zwaarste aardbeving in de Nieuw-Zeelandse geschiedenis. Op 3 februari 1931 noteerden seismologen een beving met een kracht van 7,9 op de schaal van Richter. Wat de schok niet vernietigde in Napier en Hastings, werd wel door brand verwoest. Er kwamen 258 mensen om het leven, een aantal daarvan door omvallende muren. In Napier, dat het dichtst bij het epicentrum lag, verrichtte het reddingspersoneel en bemanningsleden van het toevallig in de haven liggende marineschip *HMS Veronica* ware heldendaden.

Art Deco, Napier.

Nieuwe Steden

Het was een periode van economische depressie, maar een welwillende regering en een meelevende wereld kwamen Hawke's Bay te hulp met geld voor grootschalige hulpverlening en de wederopbouw. De gelegenheid werd te baat genomen om de straten te verbreden en strenge voorschriften voor aardbevingsbestendige bouw werden van kracht. Tegenwoordig bevindt zich aan de waterkant een colonnade die genoemd

Onder: Napier na de aardbeving van 1931.

is naar het marineschip *HMS Veronica*. Men zou kunnen zeggen dat het hele moderne **Napier** ❿ een soort gedenkteken is voor de aardbeving. Grote delen van de landinwaarts gelegen voorsteden, die zich uitstrekken tot aan het ooit zelfstandige Taradale in het zuidwesten, zijn gebouwd op 4000 ha voormalig broekland dat door de aardbeving omhoog is gestuwd.

Kaart blz. 198-199

Art Deco

Kenmerkend zijn de prachtige gebouwen in art-decostijl van de binnenstad die steeds meer bekendheid genieten. De architecten kozen, na de aardbeving, voor Art Deco, om de tijdgeest en de houding van de nieuwe stad tot uitdrukking te brengen. De in het centrum gelegen bouwwerken in art-decostijl met hun dikke lijnen, ingewikkelde motieven en fraaie pasteltinten, staan internationaal bekend als buitengewoon mooi. De waardering voor deze architectuur en haar populariteit is iets van de laatste jaren, maar is er daarom niet minder om. De eigenaars van de gebouwen worden aangemoedigd om hun gevels te restaureren en goed te onderhouden; voorts is een fonds in het leven geroepen om dit erfgoed van de stad te promoten en beschermen. De gemeente heeft de hoofdstraat qua stijl aan de gebouwen aangepast. In het **Hawke's Bay Museum** in het centrum van de stad kunt u alles te weten komen over de aardbeving en de wederopbouw van Napier.

De **Marine Parade** is een boulevard met tuinen, beelden, fonteinen en monumenten die herinneren aan de aardbeving, evenals verschillende toeristische attracties. De waterkant wordt gedomineerd door rijen hoge Norfolkdennen. Op Marine Parade staat ook het beeld van Pania, een legendarische maagd. Ook **Marineland**, het enige maritieme park van het land, waar dolfijnen hun kunsten vertonen, bevindt zich hier. Daarnaast ligt het **aquarium**.

Boven het centrum van de stad verrijst **Napier Hill**, waar veel stedelingen wonen. Vóór de aardbeving was Napier Hill bijna een eiland en dit deel van de stad is ge-

Het beroemde beeld van Pania op Marine Parade herinnert aan een Maori-legende. Een jong stamhoofd werd verliefd op een mooie zeemeermin, Pania, maar later eiste de zee haar en hun kind weer op.

Onder: Het huidige Napier.

Zonsondergang in de jachthaven van Napier.

Onder: Waipiro Bay, ten noorden van Gisborne.

bouwd door Europeanen. Dit blijkt nog uit de mooie Victoriaanse en Edwardiaanse huizen in een doolhof van kronkelende, nauwe straten die niet berekend zijn op het moderne autoverkeer. Aan de noordkant van de heuvel, naast de drukke haven, ligt het historische **Ahuriri**, de bakermat van Napier en de plaats van de allereerste Europese nederzetting in het gebied. Een weg kronkelt **Bluff Hill** op, vanwaar u een prachtig uitzicht hebt over de stad, de haven en de baai.

Vruchtbare Stad

Ook in **Hastings** ⓫ zijn architectonische schatten van na de aardbeving te bewonderen, met name gebouwen in art-decostijl en de zogenoemde Spaanse missiestijl. Hoewel Hastings dicht bij Napier ligt, is het een heel andere stad, die zich laat typeren met de woorden vlak en formeel. De stad wordt omgeven door een vruchtbare alluviale vlakte waar talloze tuinbouwgewassen worden verbouwd.

Een van de voornaamste toeristische attracties van Hastings is **Fantasyland**, een amusementspark voor het hele gezin met onder meer een levensgroot piratenschip, een kasteel en tal van andere mogelijkheden om aan de realiteit te ontsnappen. De belangrijkste rol van Hastings is echter die van 'Fruitschaal van Nieuw-Zeeland' - een bijnaam die de inwoners met enige trots uitspreken. Dankzij het mediterrane klimaat, het zuivere water afkomstig van een waterhoudende grondlaag en vooruitstrevende telers, is de omgeving van de stad één van de belangrijkste appelgebieden ter wereld. Ook groeien er abrikozen, perziken, nectarines, pruimen, kiwi's, peren, bessen en kersen in overvloed. In de oogsttijd staan stalletjes langs de weg waar fruit wordt verkocht evenals tomaten, suikermaïs, asperges en erwten. Het grootste gedeelte van de oogst wordt in grote voedselverwerkende fabrieken aan de rand van de stad gereed gemaakt voor de export. Ondanks de overvloedige tuinbouwproductie, steunen de tweelingsteden zwaar op de veeteelt, waaraan het gebied zijn historische rijkdom heeft te danken. In het glooiende achterland houden alleen de pijnboomwouden de schapen en

de koeien op afstand. De idyllische boerderijen zijn het erfgoed van de Victoriaanse kolonisten die beslag legden op grote stukken grond in Hawke's Bay en een fortuin verdienden - aanvankelijk met wol, later met schapenvlees, rundvlees en huiden.

De **Scenic Drive** van Hastings, een met borden aangegeven route, laat u kennismaken met de buitenwijken, de parken en de voornaamste toeristische attracties van de stad, waaronder **Oak Avenue**: een schitterende weg met een lengte van 1,5 km, waarlangs in de 19e eeuw een nostalgisch aangelegde landeigenaar eiken en andere grote loofbomen heeft geplant die door zijn opvolgers goed worden verzorgd.

Niet ver van Hastings, aan de andere kant van de vlakte, ligt het mooie, elegante **Havelock North**, ook wel 'The Village' genoemd. Het dorp ligt in de schaduw van **Te Mata Peak**. Vanaf de top van deze kalkstenen berg, die ook per auto bereikbaar is, hebt u een prachtig uitzicht en wie durft, kan vanaf de steile kant deltavliegen.

Wijn en Jan-van-Gents

Hastings en Napier hebben weliswaar elk een eigen identiteit (en zwelgen zelfs in de daarmee gepaard gaande bekrompenheid), maar ze hebben ook enkele belangrijke attracties gemeen, bijvoorbeeld de jan-van-gentskolonie op Cape Kidnappers en de wijnindustrie. **Cape Kidnappers** ⑫ ligt twintig tot dertig minuten rijden van beide steden verwijderd. Hier maakt u op een aan een tractor gekoppelde aanhangwagen een unieke rit langs het strand naar de waarschijnlijk grootste, op het vasteland gelegen jan-van-gentskolonie ter wereld. De naam Cape Kidnappers is ontleend aan een incident, waarbij de plaatselijke Maori's een Tahitiaanse scheepsjongen trachtten te ontvoeren van de *Endeavour* van kapitein Cook, die in de buurt voor anker was gegaan.

Er zijn ongeveer twintig wijnmakerijen in de omgeving van Napier en Hastings. Hawke's Bay is het oudste van de Nieuw-Zeelandse wijnbouwgebieden en beschouwt zichzelf als het beste. In ieder geval krijgt Hawke's Bay steeds meer erkenning voor de kwaliteit van zijn Chardonnays, Sauvignon Blancs en Cabernet Sauvignons. De meeste wijnmakerijen zijn open voor het publiek.

Ten zuiden van Hastings vormt het boerenbedrijf de bestaansreden voor nog een paar tweelingsteden in Hawke's Bay: Waipukurau en Waipawa. Vlakbij **Waipukurau** ⑬ ligt een heuvel met één van de langste namen ter wereld: Taumatawhakatangihangakoauauotamateapokaiwhenuakitanatahu.

De 57 letters betekenen zoveel als 'De heuvel waar de grote echtgenoot uit de hemel, Tamatea, de klaaglijke klanken uit zijn neusfluit liet afdalen naar zijn geliefde'.

De Maori's wonen al heel lang rond Hawke's Bay, wat blijkt uit de vele *marae* (ontmoetingsplaatsen) in de streek. In 1872 is, even ten zuiden van Hastings, het **Te Aute College** opgericht om de zonen van stamhoofden op te leiden. Het speelt nog altijd een belangrijke rol in de educatie van de Maori's.

Nog verder zuidwaarts heeft een andere cultuur zijn sporen achtergelaten. In de 19e eeuw ontgonnen dappere Noorse en Deense kolonisten de regenwouden in het zuiden van Hawke's Bay, die zo dicht waren, dat alle anderen vóór hen de moed hadden opgegeven. De Scandinaviërs bouwden nederzettingen, zoals **Norsewood** en **Dannevirke** ⑭ (Werk van een Deen). Het kleine Norsewood heeft een bekende wolfabriek waar de gebreide kleding gemaakt wordt die de naam van het plaatsje draagt. Dannevirke dat graag bekendheid geeft aan zijn historische banden met Scandinavië, is een dienstverlenend centrum voor de boeren en vormt een goede tussenstop aan de drukke Highway tussen Manawatu in het zuiden en Hawke's Bay in het noorden.

Kaart blz. 198-199

De officiële 'zusterstad' van Napier is, merkwaardig genoeg, de Chatham Islands, stipjes in de zee, ongeveer 770 km ten oosten van Christchurch. Vanwege de nabije datumgrens was Pitt Island, dat tot de Chatham Islands behoort, het eerste bewoonde gebied ter wereld dat het nieuwe millennium mocht begroeten.

Onder: Jan-van-gent op Cape Kidnappers.

MANAWATU EN WANGANUI

*De landelijke streken worden gekenmerkt door een prachtig
landschap bezaaid met leuke, rustige stadjes en bekroond met de
majestueuze top van de vulkanische Taranaki, Mount Egmont.*

**Kaart
blz.
198-199**

Auckland ●

Noordereiland

Wellington

● Christchurch

Zuidereiland

Vanaf de 169 km lange weg van Te Kuiti naar New Plymouth ziet u, wanneer u in zuidelijke richting rijdt, ruig en bebouwd heuvelland, de kloof van de Awakino River en een schitterend kustlandschap met klippen en rustige zandstranden. De kleine nederzettingen aan de monding van de rivier zijn populaire vakantiebestemmingen, waar het goed vissen is. Als u Mount Messenger op rijdt, kunt u op heldere dagen de Taranaki (Mount Egmont) zien. De weg loopt langs een opmerkelijk gedenkteken voor de beroemde Polynesische antropoloog sir Peter Buck, even ten noorden van Urenui, zijn geboorteplaats. Aan dezelfde weg ligt ook Motunui, een fabriek waar synthetische petroleum wordt gemaakt. Het bezoekerscentrum bij de hoofdpoort is dagelijks geopend. Bij New Plymouth, de hoofdstad van Taranaki, wordt het land vlakker en sappige weiden voor melkvee omgeven de slapende, 2518 m hoge vulkaan Mount Taranaki met zijn bijna perfecte kegelvorm. Ten zuidwesten van de stad liggen de putmonden en de torens van de verwerkingsfabriek van het aardgasveld van Kapuni. Bij Motonui staat de grootste benzinefabriek ter wereld, die bij de productie gebruik maakt van gas afkomstig van het voor de kust liggende Maui-veld.

Langs het Erfgoed

De stad **New Plymouth** ⓯ strekt zich uit tot aan de kust. De plek bood de Europese kolonisten in de jaren veertig van de 19e eeuw de juiste locatie, de geschikte grond en het passende klimaat. De eerste missionarissen en kolonisten troffen een Maori-bevolking aan die was verzwakt door onderlinge stammenoorlogen. Desondanks ontstonden er onenigheden over landbezit tussen de Maori's en de nieuwkomers. In 1860 brak er oorlog uit en New Plymouth werd belegerd. In de stad staan diverse historische gebouwen, waaronder de **St. Mary's Church**, de oudste stenen kerk van Nieuw-Zeeland; **Richmond Cottage**, waarin drie van de eerste kolonistenfamilies hebben gewoond; en het in 1855 gebouwde **Hurworth Cottage**, waar de viervoudige Nieuw-Zeelandse premier sir Harry Atkinson heeft gewoond. De **Govett-Brewster Art Gallery** in Queen Street bezit één van de mooiste moderne kunstcollecties van Nieuw-Zeeland. Maar New Plymouth staat vooral bekend om zijn mooie parken. In het **Pukekura Park** is woestenij omgetoverd tot prachtige meren, tuinen, een varenkas, fonteinen en een waterval, die 's avonds worden verlicht. Van september tot november bloeit op 29 km van New Plymouth één van de mooiste verzamelingen rododendrons en azalea's ter wereld in het 360 ha tellende park **Pukeiti Rhododendron Trust**, gelegen tussen Kaitake Range en Pouakai Range. Dit park is tevens een vogelreservaat. De rondweg naar het park loopt langs het **Pouakai Wildlife Reserve**.

Skiërs kunnen in de winter en bergbeklimmers in de zomer hun hart ophalen in **Egmont National Park** ⓰, waar routes met een totale lengte van meer dan 300 km zijn uitgezet. Het beklimmen van de top van de Taranaki is goed te doen, maar de weersomstandigheden kunnen er zeer plotseling omslaan. Wie, op weg naar **Wanganui** ⓱, een stad die vooral bekend is vanwege zijn rivier, in New Plymouth State Highway 3 neemt, komt door de steden Stratford, Hawera en Patea waar landbouw en

Links: Het grasgroene landschap ten noordoosten van Wanganui.
Onder: Koloniaal huis, Pipiriki, Wanganui.

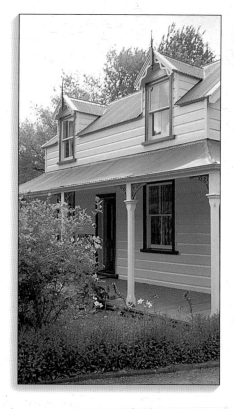

Waarschuwings-bordje voor een in een oud vliegtuig gehuisveste theesa-lon.

Beneden: Op de Whanganui River.

veeteelt de voornaamste bronnen van inkomsten zijn. De Whanganui River, de langste bevaarbare rivier van Nieuw-Zeeland, is zeer geliefd bij kanovaarders en jetbootfanaten. In het prachtige **Wanganui Regional Museum** zijn tal van Maori-kunstvoorwerpen te zien evenals de oorlogskano Te Mata-o-Hoturoa en een opmerkelijke verzameling schilderijen van Lindauer. Voordat u Wanganui gaat verkennen, kunt u de lift nemen naar **Memorial Tower** op Durie Hill. De lift in de heuvel gaat 66 m omhoog. Op mooie dagen is het de moeite waard de 176 treden tellende trap van Memorial Tower te beklimmen. U wordt dan beloond met een prachtig uitzicht over stad en rivier en misschien ziet u zelfs het Zuidereiland liggen. Dankzij de kleurrijke fontein is een tochtje naar **Virginia Lake** zowel overdag als 's avonds de moeite waard. Ook de **Putiki Church** is interessant evenals de **Sarjeant Gallery** waar u de Denton-verzameling van 19e- en 20e-eeuwse foto's kunt bewonderen. Kinderen doet u een groot plezier met een bezoek aan **Kowhai Children's Playpark** en **Riverlands Family Park**. Gerestaureerde monumentale gebouwen, gaslampen en gietijzeren decoraties zorgen voor een historische sfeer. Voorname attracties langs Highway 3, ten westen van de stad, zijn **Bason Botanical Reserve** en **Bushy Park Scenic Reserve**. Deze natuurgebieden zijn met een kleine omweg gemakkelijk te bereiken. Highway 4 noordwaarts, door de Paraparas, staat terecht bekend om zijn schoonheid. Ten oosten van Wanganui en ten noorden van Palmerston North bereikt de Rangitikei River, waarvan de bovenloop uitstekend geschikt is voor wildwatervaren, bij Managaweka Highway 1. In Managaweka, in Wanganui en in Palmerston North kunt u alle benodigde informatie over wildwatervaren krijgen.

De Weg naar Jerusalem
Een van de hoogtepunten van een bezoek aan het gebied rond Wanganui is de 79 km lange **River Road**. Een bustochtje (te boeken bij Visitor Information Centre in Wanganui) is uw kans om kennis te maken met het leven in de afgelegen delen van

Nieuw-Zeeland. Als u **Jerusalem** ⓲ (door de Maori's Hiruharama genoemd) nadert, zult u begrijpen waarom de rooms-katholieke missionarissen zich bij deze bocht in de rivier hebben gevestigd en waarom de dichter James Baxter hier een commune heeft opgezet (die na zijn dood in 1972 uit elkaar viel). Tegen een kleine vergoeding kunt u het graf van de dichter bezoeken. Het hoogste punt van de route is **Pipiriki** ⓳ - populair bij trekkers. Ooit stond hier het stijlvolle **Pipiriki House Hotel**, dat in 1959 door brand is verwoest. Er zijn tal van mooie wandelroutes uitgezet. **Mangapurua**, ten noorden van Pipiriki, krijgt steeds meer bekendheid.

Na de Eerste Wereldoorlog hebben uit Europa terugkerende soldaten zich in de vallei gevestigd. In 1942 verlieten ze de vallei echter weer, gedwongen door de depressie van de jaren dertig en problemen met het boerenbedrijf. Een spookachtige, stille getuige van hun aanwezigheid is de **Bridge to Nowhere**, een verlaten betonnen brug.

Historische Boerderij
Highway 3 loopt vanuit Wanganui in zuidoostelijke richting naar Palmerston North, 70 km verderop. Hebt u de tijd, breng dan een bezoek aan **Ratana** ⓴, een stadje dat is genoemd naar een beroemde Maori-profeet en gebedsgenezer. In 1927 is hier een tempel gebouwd. De grootste plaats die u onderweg naar Palmerston North tegenkomt, is **Bulls** ㉑. U kunt uw veeteeltkennis uitbreiden door af te slaan naar **Flock House**, een agrarisch opleidingsinstituut. Het in 1895 gebouwde huis is in 1923 aangekocht door de *New Zealand Sheepgrowers*. Deze organisatie van Nieuw-Zeelandse schapenfokkers leidde de zonen van Britse zeemansweduwen op tot boer. Even ten noorden van Bulls brengt een leuke omweg u naar **Duddings Lake Reserve** (waar u boottochtjes kunt maken en kunt waterskiën) en **Heaton Park**, dat bekend is om zijn mooie oude iepen en eiken. Wanneer u verder richting Palmerston North rijdt, komt u langs **Mount Stewart**, die een mooi uitzicht biedt op de sappige weidegebieden van Manawatu. Aan de weg staat een monument ter nagedachtenis aan de eerste kolonis-

Kaart blz. 198-199

Taranaki is de Maori-naam voor de vulkaan die kapitein Cook Mount Egmont heeft genoemd. Na jaren van onenigheid over de officiële naam van deze vulkaan, heeft de regering van Nieuw-Zeeland in 1986 besloten om de vulkaan twee officiële namen te geven.

Onder: Jerusalem aan de Whanganui River.

ten. Niet ver hiervandaan, bij **Mount Lees Reserve** vindt u een **historische boerderij met tuinen**. **Palmerston North** ㉒ zelf is het bloeiende centrum van het welvarende agrarische district Manawatu en het plein is het kloppende hart van de stad. De Maori-naam van het plein, Te Marae o Hine (Plein van de Dochter van de Vrede), houdt de herinnering levend aan het vrouwelijke stamhoofd Te Rongorito. Zij spande zich tot het uiterste in om een einde te maken aan de stammenoorlogen in de begindagen van de Europese kolonisatie. Het nabijgelegen **Civic Centre**, gelegen op grond die vroe-ger van de spoorwegen was, bestaat uit een theater, een congrescentrum, een nieuw museum en een wetenschappelijk centrum. Bovendien bevindt zich in dit complex de **Manawatu Art Gallery**.

De laatste jaren heeft Palmerston North een opmerkelijke ontwikkeling doorge-maakt. Het aantal kleine wijnhuizen en cafés is sterk toegenomen. Bijzonder succes-vol is het zeven theaters tellende bioscoopcomplex: Palmerston North heeft officieel het grootste aantal bioscoopbezoekers van Nieuw-Zeeland. Het historische **Regent Theatre**, dat voorheen voornamelijk dienst deed als filmtheater, is inmiddels weer de belangrijkste gehoorzaal van de stad.

Onderwijs en Onderzoek

Vanuit de stad lopen er naar alle kanten wegen. Fitzherbert Avenue leidt naar de twee-de belangrijke locatie in de stad, de **Manawatu River**. Het feit dat er maar één brug over deze rivier ligt, veroorzaakt nogal eens problemen, aangezien die oeververbin-ding dagelijks wordt gebruikt door duizenden automobilisten en fietsers op weg naar de Massey University en een aantal wetenschappelijke onderzoeksinstituten. Even-eens aan de andere kant van de brug ligt het *International Pacific College* en de groot-ste legerbasis van Nieuw-Zeeland, Linton. Aan de stadskant van de Manawatu River ligt de trots van Palmerston North, de **Esplanade**: een openbaar park waar men zich heerlijk kan ontspannen. Kinderen kunnen hun hart ophalen in de speeltuin en de mi-

Onder: Boer en vriend.

niatuurspoorlijn is ook voor volwassenen een feest. Het **Lido Swimming Complex** (met binnenbad) ligt naast het motorkamp. Neem vooral ook een kijkje in de **Rose Garden**, een tuin waar een recordaantal nieuwe soorten rozen bloeit. Rondom Palmerston North loopt een wandelpad en de bossen liggen dichtbij. In de stad vinden vaak nationale sporttoernooien plaats, gedeeltelijk vanwege de centrale ligging, maar voornamelijk vanwege de uitstekende sportfaciliteiten, waaronder een 4000 zitplaatsen tellend stadion met verlichting dat ook wel wordt gebruikt voor rock-concerten.

Kaart blz. 198-199

Op Pad door Manawatu

Vanuit Palmerston North bereikt u na een korte rit in zuidelijke richting via Highway 57 **Tokomaru ㉓** en het **Steam Engine Museum**. Bij **Horseshoe Bend** kunt u picknicken en zwemmen. Highway 56 brengt u in westelijke richting naar de stranden bij **Himatangi** en **Foxton**. Het zijn weliswaar niet de mooiste stranden van Nieuw-Zeeland, maar het toezicht is er wel goed.

Palmerston North is qua aantal inwoners de op één na grootste stad in het Nieuw-Zeelandse binnenland.

    Feilding ligt twintig minuten verder noordwaarts aan Highway 54. Deze grote stad heeft twee pleinen, een motorcircuit en een renbaan. Op vrijdagochtend wordt er veemarkt gehouden. De omgeving leent zich bij uitstek voor een bezoek aan diverse stoeterijen - een unieke ervaring voor elke bezoeker van Manawatu. Misschien wel de mooiste route van en naar Palmerston North en het district Manawatu loopt door een ruige kloof, de **Manawatu Gorge**. De SH3 komt eerst door het groeiende plattelandsstadje Ashhurst. Reizigers kunnen hier een omweg maken naar het reservaat **Pohangina and Totara Reserve** met zijn ongerepte inheemse bossen. Voor de plaatselijke bevolking is dit een favoriete omgeving om te picknicken. De weg wordt vervolgens smaller en verbindt via de zuidzijde van de Manawatu Gorge de streek met Hawke's Bay. Voorzichtig rijden luidt hier het devies. Op de andere rivieroever ligt de spoorlijn naar Hastings en Napier, die in 1891 in gebruik is genomen. Laat u echter niet afleiden, de weg vereist tijdens het rijden namelijk grote concentratie.

Onder: De nationale sport van Nieuw-Zeeland.

WELLINGTON

De mooie, kleurrijke hoofdstad van Nieuw-Zeeland is vriendelijk en toegankelijk voor wie voor het eerst in de stad is; er is zoveel te zien en te doen en versnaperingen lokken overal.

Tawhiri-ma-tea, de Polynesische god van de wind en de storm, heeft in Wellington en Wairarapa vele bittere gevechten geleverd met zijn aardse broedergoden. Geen wonder dat Cook Strait, het water dat dit deel van het Noordereiland van het Zuidereiland scheidt, al van oudsher één van de verraderlijkste open wateren ter wereld vormt. Een spectaculair en enigszins zenuwslopend bestaan.

De Glazen Hoofdstad

De eerste Maori's zagen in het Noordereiland, dat rijk aan voedsel was voor hun Polynesische families, een grote vis. In de bek van die vis ligt inmiddels één van de mooiste hoofdsteden ter wereld. De haveninstallaties doen nauwelijks afbreuk aan de mooie, grote blauwe haven van Wellington en enkele hoge kantoorgebouwen liggen aan de voet van de groene heuvels die bezaaid zijn met witte, houten huizen. Op de goed verkopende prent van Charles Heaphy, tekenaar van de *New Zealand Company*, zijn de eerste zeilschepen afgebeeld die voor anker gingen in de haven. Dat romantische beeld wordt door de bevolking nog steeds gekoesterd. Vanaf enige afstand lijkt er sindsdien nog niet veel veranderd te zijn. Nader bekeken is dat natuurlijk wel het geval. Wellington werd in de tweede helft van de jaren zeventig flink door elkaar geschud. Toen werd een deel van het centrum gesloopt omdat de schilderachtige Victoriaanse 'bruidstaartgebouwen' die er stonden, niet aardbevingsbestendig waren. De wolkenkrabbers van staal en glas die ervoor in de plaats zijn gekomen, zien er wonderlijk genoeg minstens even kwetsbaar uit. De hoofdstedelingen noemen dit deel van de stad veelzeggend *Glass City*.

Blz. 210-211: Wellington ontwaakt. **Links:** De haven van Wellington. **Onder:** Civic Square.

Wellington wordt, niet ten onrechte, nogal eens vergeleken met San Francisco. Net als deze Amerikaanse stad bezit het een aantal oude houten huizen die in alle kleuren van de regenboog zijn geschilderd, de zogenoemde *Painted Ladies*, en net als San Francisco heeft Wellington een kabeltram. Vanaf de stad zoeft de tram naar een uitkijkpunt naast het universiteitsgebouw dat onlangs is aangepast aan de bouwnormen inzake aardbevingsbestendigheid. Vanaf dit punt hebt u een prachtig uitzicht op de haven.

Nadat een decennium lang de slopershamer was gehanteerd, is Wellington begonnen de weinige nog overgebleven oude gebouwen op te knappen. Zoals de universiteit, het uit rode baksteen opgetrokken klooster op de tegenoverliggende kaap en ook de juweeltjes in het centrum zoals het barokke St. James Theatre en het Government Building, dat met inheemse houtsoorten in Europese stijl is gebouwd en naar verluidt het grootste houten vloeroppervlak ter wereld heeft.

Te midden van de overblijfselen uit het Victoriaanse Wellington vindt u kleurrijke en gedurfde bouwsels en winkelpromenades. De talrijke koffiehuizen waar diverse soorten koffie geschonken worden, hebben de stad nog verder opgevrolijkt. Nergens is dit zo duidelijk te zien als op het roze met beige **Civic Square** Ⓐ. Hier liggen de moderne, stalen constructie van de New Town Hall (nieuwe stadhuis), de fortachtige gemeentegebouwen met hun kleurige pleisterwerk en de rechthoekige Old Town Hall evenals de oude vierkante bibliotheek

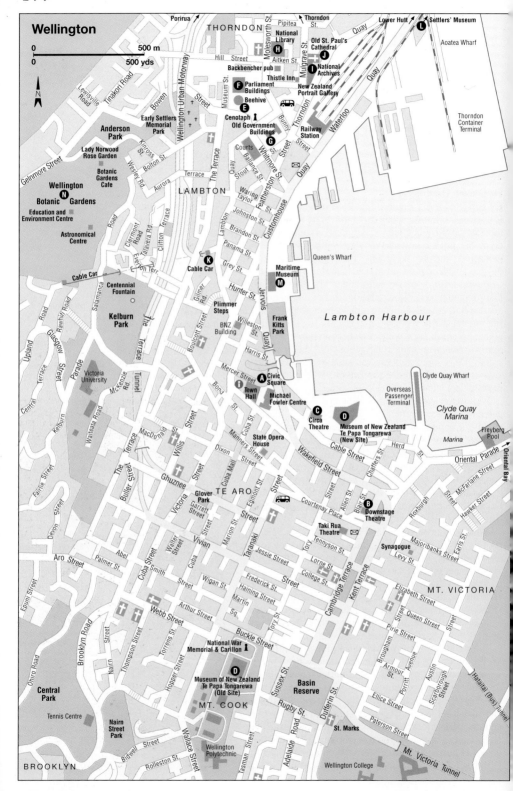

Wellington

0 ————— 500 m
0 ————— 500 yds

N

THORNDON

Porirua

Pipitea

Thorndon St.

Lower Hutt

Settlers' Museum **L**

Molesworth St.

Hill Street

National Library **H**

Aitken St.

Old St. Paul's Cathedral

National Archives **J**

I

Aoatea Wharf

Backbencher pub

Thistle Inn

New Zealand Portrait Gallery

Thorndon Container Terminal

Museum St.

Parliament Buildings **F**

Beehive **E**

Railway Station

Waterloo Quay

Quay

Lewisville Road

Tinakori Road

Bowen Street

Early Settlers Memorial Park

Cenotaph

Old Government Buildings **G**

Bunny St.

Whitmore St.

Anderson Park

Lady Norwood Rose Garden

Kinross St.

Wesley Rd.

Bolton St.

Aurora Terrace

The Terrace

Ballance St.

Stout St.

Featherston St.

Customhouse Quay

Courts

Botanic Gardens Cafe

Wellington **N** **Botanic Gardens**

Gelnmore Street

Education and Environment Centre

LAMBTON

Terrace

Waring Taylor

Johnston St.

Brandon St.

Panama St.

Lambton

Grey St.

Queen's Wharf

Astronomical Centre

Clermont Road

Talavera Rd.

Clifton Terrace

Maritime Museum **M**

Cable Car

Everton Terr.

Cable Car **K**

Centennial Fountain

Gilmer

Plimmer Steps

Willeston St.

BNZ Building

Frank Kitts Park

Jervois Quay

Lambton Harbour

Clyde Quay Wharf

Salamanca

The Terrace

Boulcott Street

Hunter St.

Harris St.

Overseas Passenger Terminal

Clyde Quay Marina

Kelburn Park

Upland Road

Glasgow Street

Rawhiti Road

McKenzie Rd.

Tunnel

Victoria University

Bond St.

Mercer Street

A Civic Square

Town Hall

Michael Fowler Centre

Marina

Freyberg Pool

Oriental Parade

Oriental Bay

Central Terrace

Fairlie Terrace

Kelburn Parade

Waiteata Road

The Terrace

MacDonald St.

Willis Street

Circa Theatre **C**

Museum of New Zealand Te Papa Tongarewa (New Site) **D**

Cable Street

Chaffers St.

Herd St.

McFarlane Street

Hawker St.

Devon Street

Buller Street

Ghuznee Street

State Opera House

Dixon Street

Manners Street

Cuba Mall

Victoria Street

Wakefield Street

Allen St.

B Downstage Theatre

Roxburgh St.

Aro Street

Abel Smith Street

Cuba Street

TE ARO

Glover Park

Garrett Street

Vivian Street

Marion St.

Taranaki Street

Eginton St.

Jessie Street

Courtenay Place

Taki Rua Theatre

Tory St.

Lorne St.

Tennyson St.

College St.

Cambridge Terrace

Kent Terrace

Synagogue

Levy St.

Majoribanks Street

Earls St.

Elizabeth Street

MT. VICTORIA

Epuni Street

Palmer St.

Cuba Street

Walter Street

Wigan St.

Frederick St.

Haining Street

Martin Sq.

Tory St.

Queen Street

Pirie Street

Brougham St.

Central Park

Brooklyn Road

Nairn Street

Thompson Street

Torrens St.

Hopper Street

Webb Street

Arthur Street

Buckle Street

National War Memorial & Carillon

Armour St.

Porritt Ave.

Austin Street

Scarborough Street

Tennis Centre

Nairn Street Park

Bidwill Street

Wallace Street

D Museum of New Zealand Te Papa Tongarewa (Old Site)

MT. COOK

Tasman Street

Sussex St.

Rugby St.

Adelaide Road

Dufferin St.

Basin Reserve

Ellice Street

Paterson Street

Hataitai (Bus Tunnel)

BROOKLYN

Rolleston St.

Wellington Polytechnic

St. Marks

Wellington College

Mt. Victoria Tunnel

(verbouwd tot de avant-gardistische City Gallery) en de ernaast gelegen nieuwe bibliotheek. In het interieur is veel metaal verwerkt en het doet aan een fabriek denken; het prachtige pleisterwerk aan de buitenkant is versierd met metalen palmen.

De **Old Town Hall** werd van de sloop gered, toen gastdirigenten, onder wie wijlen Leonard Bernstein, de zaal bestempelden als één van de beste concertzalen voor symfoniemuziek ter wereld - een passende thuisbasis dus voor het *New Zealand Symphony Orchestra*. Eenmaal in de twee jaar vormen de Old Town Hall en de New Town Hall het middelpunt van het **International Festival of the Arts** (met randevenementen in de hele stad), dat de status van Wellington als hoofdstad van de beeldende kunst in Nieuw-Zeeland nog eens nadrukkelijk onderstreept. Het nabijgelegen, gerenoveerde **State Opera House** en het **St. James Theatre** hebben in het kader van dat festival honderden voorstellingen voor het voetlicht gebracht.

Niet ver hiervandaan verheft zich de scheve piramide van **Downstage Ⓑ**, het eerste, van 1964 daterende, professionele theater van het land. De constructie bestaat uit beton, ijzer en hout. Downstage heeft een dochtergezelschap, Taki Rua, dat Maori- en zogenoemde South Pacific-stukken ten tonele brengt. In het oude havengebied staat Wellingtons tweede professionele theater, het **Circa Theatre Ⓒ**. De bruidstaartachtige voorgevel is afkomstig van de gesloopte Westport Chambers. Het gebouw is een goed voorbeeld van het nieuwe gezicht van het oude havengebied.

Recente Omwentelingen

Na de verplaatsing van de havenactiviteiten naar een nieuw containercomplex in het noorden van de stad, zijn de gebouwen die achterbleven, een belangrijke rol gaan spelen - met name sinds de jaren tachtig, toen Wellington te maken kreeg met een politieke herstructurering (privatisering) door verschillende regeringen. Binnen vijf jaar tijd werd het aantal ambtenaren van 88.000 teruggebracht tot 36.000, waarop de economisch aangeslagen stad genoodzaakt werd, zich opnieuw te definiëren.

Hoewel Wellington met ruimtegebrek te kampen had, heeft het die taak opvallend enthousiast aangepakt. De bezoeker wordt op een creatieve manier van het Civic Centre over de hoofdweg naar het oude havengebied geleid, het gebied van Wellington dat als eerste tot ontwikkeling kwam. Er is een plas uitgegraven naast het nieuwe onderkomen van de twee oude roeiverenigingen van de stad op het verlaten haventerrein. Alles draait in de ambitieuze plannen om een nieuw, 280 miljoen NZ$ kostend **Museum of New Zealand Ⓓ** en de verbouwing van oude kantoren en pakhuizen tot hotels of restaurants. De laatste tien jaar wordt hier een personenwagenrace (voor sedans) en een bootrace gehouden, inmiddels uitgegroeid tot volwaardige toeristische attracties.

De havenactiviteiten zijn dan wel een paar kilometer naar het noorden verplaatst, toch heeft Wellington nog altijd de drukste van de 13 grote havens van het land. Dat is voornamelijk te danken aan het feit dat de veerboten, dankzij hun railconstructie, onder alle weersomstandigheden Cook Strait kunnen oversteken en dat buitenlandse vissersschepen zich hier laten registreren en proviand inslaan. Het aantal overtochten over de woeste zeestraat neemt nog steeds toe, vooral omdat er onder druk van de door de regering aangemoedigde concurrentie steeds snellere veerboten op het water verschijnen. De sinds jaren varende veerboten zijn van het geprivatiseerde NZ Rail. Op het niet langer gebruikte spoorwegterrein aan het water zal een sportstadion worden gebouwd waarvan de kosten 72 miljoen NZ$ zullen bedragen. Stadion en museum zijn de grootste projecten

Kaart blz. 214

Onder: Detail van het Opera House, oude stad.

die moeten bijdragen tot verbetering van de economische vooruitzichten van de hele regio.

Bijenkorf

Bij het opvallende, ronde gebouw dat bekend staat onder de naam **Beehive** **E** (Bijenkorf), is het een komen en gaan van politici, ambtenaren en vertegenwoordigers van het zakenleven. Het gebouw vormt het werkterrein van de ministers en hun staf. De eind jaren zeventig gebouwde Beehive heeft een koperen koepel en vormt enigszins een contrast met de ernaast gelegen, hoekige **Parliament Buildings** **F** (1922) die van marmer zijn voorzien, en de **General Assembly Library** uit 1897, die wordt gekenmerkt door gotische torentjes. Recentelijk hebben de parlementsgebouwen een opknapbeurt gekregen. Aan Lambton Quay waar in 1840 nog water stroomde, liggen de **Government Buildings** **G** (1876).

Metalen palmboom, Civic Square, Wellington.

Aan de ene kant van de Beehive ligt het historische, uit rode bakstenen opgetrokken **Turnbull House**, waarboven de wolkenkrabber *Number One The Terrace*, het kantoorgebouw van het Ministerie van Financiën, uittorent. De *Reserve Bank* bevindt zich aan de andere kant van de weg. Aan de andere kant van de Beehive en het parlement liggen de nieuwe **St. Paul's Cathedral** en de **National Library** **H**, de nationale bibliotheek. Hier bevindt zich de Alexander Turnbull Library met zijn opmerkelijke boekenverzameling over de Nieuw-Zeelandse geschiedenis en de geschiedenis van de landen in de Grote Oceaan. Niet ver hiervandaan vindt u de **National Archives** **I** en daarnaast staat de door *pohutukawa's* omgeven **Old St. Paul's** **J** die van 1866 dateert. Deze kleine, indrukwekkende voormalige kathedraal in koloniaalgotische stijl is volledig opgetrokken uit hout - zelfs de spijkers zijn van hout. De Old St. Paul's is de parel van de in totaal dertig kerken die Wellington rijk is. Vele van deze kerken zijn eveneens een houten versie van de bekende hoge stenen gotische bouwsels en dat is uniek voor de koloniale stijl.

Linksonder: De beroemde Beehive.
Rechtsonder: Nieuwbouw.

Nieuwe Woonplaatsen

De **Hutt Valley** bestond grotendeels uit *kahikatea*-moerassen. De Maori's vonden deze streek in de pre-koloniale tijd niet geschikt voor bewoning vanwege de dichte bossen, die zich uitstrekten tot aan het water. Door de grote aardbevingen van 1848 en 1855 kwam het land ongeveer anderhalve meter omhoog, wat de *Pakeha's* tot de overtuiging bracht dat bouwen met hout het veiligst was - vooral nadat een hoteleigenaar om het leven was gekomen toen zijn hotel instortte. Landwinning uit zee was het antwoord op het ruimteprobleem en in de afgelopen 150 jaar zijn al honderden hectaren grond gewonnen, de helft meer dan men zich oorspronkelijk had voorgenomen.

Kaart blz. 214

Om veiligheidsredenen gaven de Maori's er de voorkeur aan, zich te vestigen op een eiland dat als gevolg van een latere aardbeving met de rest van Wellington zou worden verbonden. De huidige naam van dit schiereiland is Miramar, Spaans voor: 'Aanschouw de zee'. De hoofdstedelijke luchthaven is aangelegd op de strook zand die de verbinding vormt met de stad. De reiziger die per vliegtuig aankomt, zal deze luchthaven haten: de landingsbaan is te kort voor grote internationale vliegtuigen en de wind maakt de meeste landingen tot een adembenemend avontuur.

Honderden jaren vóór de komst van Cook zette de grote Polynesische ontdekkingsreiziger Kupe voet aan wal op Miramar en begon er met het verbouwen van gewassen. Het gebied werd de woonplaats van zijn zoon Tara en diens stam. Vis en gevogelte waren er in overvloed en op de zonnige, noordelijke hellingen kon volop *kumara* (bataat) worden verbouwd. Tara's stam was dan ook bereid het gebied te delen met andere migrerende groepen. De sporadisch verschijnende plunderaars werden afgeweerd met behulp van versterkingen die rond de landtongen werden aangelegd. Gedurende meer dan zeshonderd jaar heerste er overwegend vrede in Te Whanganui a Tara, de Grote Haven van Tara.

Daaraan maakte het *Pakeha*-musket een einde. In 1819 deden Te Rauparaha en andere oorlogszuchtige stamhoofden een bloedige aanval op de plaatselijke stammen.

Onder: Civic Square, Wellington.

De mensen die ze afslachtten, wisten niet eens wat musketten waren en begrepen niet hoe ze gewond konden raken. De nieuwe overheersers waren omringd door vijanden en ze waren dan ook blij toen in 1839 de blanken verschenen. De blanke stam liet hen kennis maken met de aardappel, die gemakkelijker te verbouwen was dan de *kumara*. De Hutt Valley was bijzonder vruchtbaar - Charles Heaphy mat een compostlaag van 2,5 m. Het staat vast, dat de Maori's uit dit gebied de kolonisten de eerste jaren in leven hielden met twee aardappeloogsten per jaar. In veel gevallen keken de nieuwkomers echter neer op de Maori's en ze legden absoluut geen respect aan de dag voor de akkers, de woon- en begraafplaatsen van de oorspronkelijke bewoners. De uitkijkplaats op Mount Victoria bijvoorbeeld, is boven op een oude Maori-begraafplaats aangelegd. Vanaf hier hebt u een mooi uitzicht over de haven. De 196 m hoge top is overigens via een goede weg bereikbaar. Bij **Kelburn** bevindt zich eveneens een goed uitkijkpunt, boven de schitterende **Botanical Gardens**. U kunt er naar toe met de **kabeltram Ⓚ** - 120 m vanaf Lambton Quay.

Uitkijken over de hoofdstad van Nieuw-Zeeland.

Onder: Kabeltram naar Kelburn.

Stad van Wakefield

De bewoners van Wellington hebben weinig respect getoond voor de stichter van hun stad, Edward Gibbon Wakefield. Het enige gedenkteken voor Wakefield in Wellington is zijn graf. Dat heeft veel te maken met het feit dat hij ooit in de gevangenis heeft gezeten, beschuldigd van het ontvoeren van een erfdochter. Zijn geliefde was echter uit vrije wil met hem meegegaan. Haar vader, sterk tegen de verbintenis gekant, daagde de jongeman voor het gerecht. In de gevangenis, Newgate Prison, ondervond Wakefield aan den lijve wat het betekende om in Engeland tot de armen te behoren. Hij bedacht een plan, waarbij rijke mensen zouden investeren in projecten die de minderbedeelden een kans moesten geven. John Stuart Mill, een bekende vrijheidsgezinde denker, behoorde tot de voorstanders van het plan.

Van de praktische uitvoering kwam echter weinig terecht. Idealisten waren dun

gezaaid, speculanten overal te vinden. Wakefields broer William, die was belast met het aankopen van land voor nieuwe emigranten, had daar slechts vier maanden de tijd voor. Een van zijn snelle overeenkomsten met de Maori's behelsde de aankoop van Wellington tegen betaling van: honderd musketten, honderd dekens, zestig rode slaapmutsen, een dozijn paraplu's en nog wat spijkers en bijlen.

Wakefield beweerde dat hij 'de kop van de vis en een groot stuk van het lijf', in totaal ongeveer acht miljoen hectaren, had gekocht voor negenduizend Britse pond. Dat de Maori's uitgingen van een gemeenschappelijk grondbezit, waarbij het land weliswaar met de blanken werd gedeeld, maar zij voor zichzelf gebieden reserveerden om er te wonen, akkers aan te leggen en hun doden te begraven, ging geheel aan hem voorbij. Bepaalde misverstanden zijn mogelijk veroorzaakt door het gebroken Maori en het pidginengels van de vertaler Dicky Barrett. Barrett begon als eerste in Wellington een kroeg. Later verhuurde hij die als kantoorruimte aan de regering.

De eerste kolonisten hadden weinig om Wakefield dankbaar voor te zijn, toen ze waren afgezet op het stuk strand bij het moerassige uiteinde van de Hutt Valley. Nadat ze er uit hun tenten waren gespoeld, verhuisden ze naar de smalle maar droge locatie van de huidige stad. Het gebied dat ze achterlieten, wordt Petone genoemd, wat einde van het zand betekent. In de loop van de tijd ontwikkelde zich op de nieuwe locatie een levendige arbeidersstad met zware en lichte industrie. De vlakke kuststrook ontwikkelt zich nu tot een populair recreatiegebied, waar vervallen arbeiderswoningen worden opgeknapt en verkocht aan welvarende kopers. In het **Settlers' Museum** ❶ wordt de herinnering aan de moeilijke begintijd levend gehouden.

De rol die Wakefield in die begintijd speelde, is mogelijk de reden waarom de titel 'Vader van Wellington' is toebedeeld aan een koopman die minder idealistisch was ingesteld. John Plimmer klaagde dat hij in plaats van in het beloofde 'paradijs' in een 'woeste, grimmige realiteit' terecht was gekomen. Plimmer had later weinig reden meer tot klagen: hij zag kans, in een aangespoeld scheepswrak een bloeiende han-

Kaart blz. 214

TIP

Bent u dol op cricket? Breng dan een bezoek aan het dagelijks geopende National Cricket Museum in de oude hoofdtribune in Basin Reserve.

Onder: Lambton Quay in 1903.

delsonderneming aan het strand op te bouwen. Net als vele andere ondernemers legde hij er zijn eigen laad- en losplaats aan en werd een zeer welgesteld man. Van het
oorspronkelijke wrak werd een stoel gemaakt die een ereplaats kreeg in de bestuurs-
kamer van de voornaamste handelsbank van het land, de *Bank of New Zealand.*

Lambton Quay, de straat waar Plimmer en andere handelaars hun zaken openden, liep destijds langs het strand en de geringe breedte van de straat leverde van
oudsher veel klachten op. Het smalle strand van Wellington bracht een constant gevecht tegen het water met zich mee. Tegenwoordig ligt Lambton Quay, als gevolg
van dit gevecht, op enige afstand van de haven.

De Kaden

De straten tussen de wolkenkrabbers zijn smal en tochtig, met weinig groen. Daar
staat tegenover, dat de botanische tuin en de kaden op een steenworp afstand liggen.
De kaden zijn open voor publiek, hetgeen vrijwel uniek is. Tegen lunchtijd joggen
politici en ambtenaren langs niet-begrijpende bemanningsleden van Russische en
Koreaanse vissersschepen. U kunt er genieten van haute cuisine-visgerechten in de
tot restaurants omgebouwde pakhuizen, of u kunt genieten van wat de zee te bieden
heeft en een bezoek brengen aan het **Maritime Museum ⓜ**.

Aan de zuidkant ligt de Overseas Passenger Terminal. Zo nu en dan leggen er
cruiseschepen aan en in het gebouw bevindt zich een populair restaurant. De nieuwe
jachthaven aan de zijde van de stad kan wedijveren met de oude, aan de andere kant
gelegen haven van de elegante **Royal Port Nicholson Yacht Club** met zijn populaire
clubruimtes. Daarnaast ligt het binnenbad **Freyberg Indoor Swimming Pool** aan de
rand van het stadsstrand van Oriental Bay, een strand waarvan het zand als overtolli-
ge scheepsballast werd gedumpt. U vindt hier een aantrekkelijke promenade omzoomd met grote Norfolkdennen die u naar de steile hellingen van Mount Victoria
brengt. Deze buitenwijk, van waar u een prachtig uitzicht hebt op de ondergaande

Onder: Haven van
Wellington.

zon, wordt regelmatig Mini-Rivièra genoemd. Waar de Maori's ooit *kumara* verbouwden, doen de *Pakeha's* nu hun best om zo bruin mogelijk te worden.

In de schaduw van de heuvel, aan de andere kant van de baai, ligt de oudste buitenwijk van het land, **Thorndon**, met houten arbeiders- en soldatenhuisjes die opgeknapt en in vrolijke kleuren geschilderd zijn, de zogenoemde *Painted Ladies*. Via historische wandelroutes kunt u van hieruit en vanuit het centrum de **Botanic Gardens** bereiken, om daar te genieten van de formele pracht van de Lady Norwood Rose Garden en de theesalons. Deze oude wijk wordt in tweeën gedeeld door een autosnelweg, die dwars over een kolonistenbegraafplaats loopt en midden in de stad abrupt eindigt - het gevolg van protesten van de milieubeweging.

Vanaf het einde van de jaren zestig raakten de bewoners van Thorndon zo bedreven in het organiseren van protestdemonstraties tegen de autosnelweg, dat delen van hun bedreigde wijk konden worden gered. Nog succesvoller waren de inwoners van het liederlijke Aro Valley bij de universiteit. Studenten en old-timers hielden de plannen van de gemeente tegen om hun houten huisjes te vervangen door beton.

Het streng ogende, grijze **National Museum (Te Papa Tongarewa) and Art Gallery** ⓓ, aan de andere kant van de heuvel, bezit Maori-kunstvoorwerpen en herinneringen aan kapitein Cook en het koloniale leven alsmede geologische en botanische monsters. In februari 1998 is het museum verhuisd naar een spectaculairder onderkomen aan het water. Daarnaast ligt **Basin Reserve**, een meer dat na een aardbeving is drooggevallen, en nu dienst doet als cricketveld. Aan Victoria Street ligt de **Wellington City Art Gallery**.

Achter Basin Reserve ligt de buitenwijk Newtown met zijn smalle straatjes, waar het wemelt van de nieuwkomers uit het Grote-Oceaangebied, Azië en Europa. Op de plaatselijke school kunt u wel twintig verschillende talen horen en in de winkels, die er uitzien als het decor van een western, zijn tal van exotische levensmiddelen uit een twaalftal landen te koop. In de nabijgelegen Island Bay woonden vroeger zoveel

Kaart blz. 214

TIP

In de sterrenwacht, Carter Observatory (Botanic Gardens), kan het publiek van ma. t/m vr. genieten van demonstraties en verhelderende voordrachten over de sterrenhemel van het zuidelijk halfrond.

Onder: De kleurrijke buitenwijken van Wellington.

Italiaanse vissers uit Stromboli en Sorrento, dat de wijk *Little Italy* werd genoemd. Van de vijftig vissersschepen in de baai zijn er echter nog maar een stuk of tien over. Sommige dragen nog steeds namen als *Michelangelo* en *San Marino*. Via enkele ruige baaien aan deze zuidelijke kust, die u te voet of per auto met vierwielaandrijving kunt ronden, komt u bij de beroemde **Red Rocks**, naar verluidt gekleurd door het bloed uit een wond in Kupes hand. Hier bevindt zich een zeehondenkolonie.

De Italianen van Island Bay hebben gezelschap gekregen van kolonisten uit de provincie Gujurat rond Bombay en er zijn dan ook veel winkeltjes met een Indiase eigenaar. Hier vindt u een presbyteriaanse kerk waar diensten worden gehouden in de taal van het eiland Niue, een prachtig Grieks-orthodox bedehuis, een Servisch-orthodoxe (houten) kerk met kapel en Poolse verenigingshuizen. Ze doen stuk voor stuk denken aan de tijd waarin Wellington de aanloophaven was van de immigranten.

Het Stroomgebied van de Hutt

Veel gezinnen in Nieuw-Zeeland zijn in de afgelopen vijftig jaar van de stad naar de voorsteden verhuisd. De nieuwe woonkernen liggen voornamelijk in de Hutt Valley en in het kustgebied Porirua, aan de andere kant van de heuvels. In het weekeinde trekken de inwoners van Wellington vaak naar het noordwesten, naar hun vakantiehuisjes aan de Kapiti Coast of naar Paremata voor (onder-)watersport.

MLC-gebouw.

Onder: Het agrarische gebied van Wairarapa.

Verderop aan de Gold Coast, zoals dit warmere gebied wordt genoemd, kunt u een dagtocht maken naar het ongerepte vogelreservaat van **Kapiti Island ㉔**, de hoofdstad van het krijgshaftige stamhoofd Te Rauparaha die de streek rond Wellington beheerste voordat de *Pakeha's* kwamen. Een van de vele mooie stranden ligt bij **Paraparaumu ㉕**, waar u waterglijbanen en watersportfaciliteiten aantreft.

Enkele kilometers verderop aan de Gold Coast kunt u, in **Lindale**, verrukkelijke kaas proeven en zien hoe schapen geschoren en koeien gemolken worden. De verzameling klassieke auto's van het **Southward Car Museum** is ook een bezoekje

waard. In deze vriendelijkere omgeving bevindt zich ook de **Hutt Valley** ❷ met de steden Lower Hutt en Upper Hutt en hun satellietsteden. In het vlakke stroomgebied van de Hutt River, die nogal eens buiten zijn oevers treedt, liggen televisie- en filmstudio's. U kunt er vissen, kajakken of een tochtje met een jetboot maken. Wat verderop in de vallei, bij Silver Stream, kunt u voor een ritje in de stoomtrein stappen.

Wanneer u zuidwaarts rijdt, ziet u kleine plaatsjes aan de steile oostelijke baaien liggen. **Eastbourne**, dat een contrast vormt met de grote stad, is vanwege zijn winkeltjes met zelfgemaakte spullen beslist de moeite waard. U kunt dit plaatsje bereiken via een veerboot of via de weg langs de baaien. De huizen zijn hier altijd duur en de herinnering aan de gracieuze Katherine Mansfield leeft voort. Niet ver hiervandaan, eveneens in de vallei, ligt **Wainuiomata**, dat bekendheid geniet vanwege zijn rugbyteam. Deze stad vormt de poort tot het **Rimutaka Forest Park**, een uitdaging voor trekkers. Aan de voet van de heuvel (Hutt-zijde) bevinden zich een aantal overheidsinstituten voor wetenschappelijk onderzoek en kades met benzineopslagtanks. Dit alles maakt geleidelijk plaats voor met struikgewas omzoomde baaien.

Een wandeling langs de kust naar de eerste vuurtoren van het land, in **Pencarrow**, is goed te doen. Ooit werd deze ruige kustlijn gevolgd door schaapherders die de eerste schapenhouderijen van het land begonnen in Wairarapa. De Maori's zetten de kolonisten met kano's het meer over en verkochten hun land aan de nieuwkomers.

Productief Achterland

Dankzij de centrale ligging van Wellington passeert nog steeds bijna eenderde van de jaarlijkse brutotonnage van het land ter waarde van zestig miljoen dollar de haven van Wellington. Bijna de helft hiervan wordt geproduceerd in het naburige agrarische gebied van Wairarapa. De rit door de Rimutaka Mountains (305 m), over de weg die 's winters soms alleen door auto's met sneeuwkettingen kan worden bedwongen, duurt ongeveer een uur. Ooit werden mensen en goederen met behulp van een motor langs de bijna loodrechte berghellingen omhooggetakeld. Een unieke stille getuige herinnert hier nog aan.

Op de uitgestrekte vlakte ten noorden van Lake Wairarapa liggen steden die een schril contrast vormen met de luidruchtige hoofdstad. **Greytown** wordt geassocieerd met een voormalige gouverneur, terwijl **Featherston** als een voormalig krijgsgevangenenkamp voor de Japanners een akelige rol in de geschiedenis heeft gespeeld. Toen de gevangenen dreigden te ontsnappen, werden ze door hun nerveuze bewakers om het leven gebracht. Tegenwoordig kunt u in deze plaatsen onder andere goed tweedehandse meubels kopen. **Martinborough** ❷ heeft zijn bekendheid te danken aan de uitstekende witte wijn die er wordt geproduceerd. Een goede manier om de streek te leren kennen, is vanuit Wellington mee te gaan met een wijngaardentocht.

De verder noordelijk gelegen, grote stad **Masterton** ❷ houdt de reputatie van de streek als schaapherdersland nog steeds hoog. Hier worden jaarlijks de beroemde schapenscheerderswedstrijden om de *Golden Shears* gehouden. In het seizoen van de eendenjacht stijgt het aantal inwoners van de stad net zo drastisch, als het water in het meer na een zware regenbui. Het heuvelgebied en de rivieren zijn zeer populair bij trekkers, kanoërs, vlotvaarders, plantenliefhebbers, milieubeschermers, jagers en iedereen die even wil ontsnappen aan de bijna 400.000 mensen, samengepakt op de veel kleinere oppervlakte aan de andere kant van de Rimutaka's.

Kaart blz. 198-199

Onder: Old St. Paul's Chatedral.

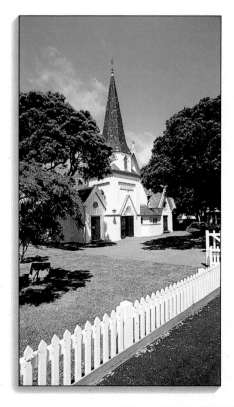

Zuidereiland

0   100 km
0   100 miles

Cape Farewell   Farewell Spit   D'Urville Island
Golden Collingwood Bay   Totaranui   Cape Jackson
Takaka   Abel Tasman N. P.   Marlborough Sounds
Kahurangi   Tasman
Motueka   Tasman Bay   Havelock   Picton
National   Richmond   Nelson   Blenheim
Karamea   Park   Wairau R.   Renwick
  Cape Campbell

Murchison   St. Arnaud   INLAND KAIKOURA RANGE
Westport   Lake Rotoroa   Lake Rotoiti
Cape Foulwind   Nelson Lakes N. P.   Kaikoura
Paparoa N. P.   Reefton   Lewis Pass   Hanmer Springs
Punakaiki

Tasman Sea

Greymouth   Hurunui R.   Cheviot
Hokitika   Arthur's Pass N. P.   Waipara
Ross   924   Arthur's Pass   Rangiora
  Lake Coleridge   Kaiapoi
  Darfield   Christchurch
  Lyttelton
Franz Josef Glacier   Methven   Akaroa
Fox Glacier   Mt. Cook N. P.   Canterbury Plains   Banks Peninsula
  3754 Mt. Cook   Lake Ellesmere
Westland N. P.   Mt. Cook   Ashburton
Haast   Lake Tekapo   Geraldine   *Canterbury*
  Rangitata R.   Fairlie   Temuka   *Bight*
Mount Aspiring   Lake Pukaki   Timaru
  Twizel   Lake Benmore
Mt. Aspiring N. P.   Lake Ohau   Waitaki R.
  Omarama   Waimate
3030   Lake Hawea   971
Treble Cone   Lake Wanaka   Lindis Pass   Kurow   Oamaru
2088   Wanaka
Milford Sound   Glenorchy   Ranfurly
  Cromwell   Omakau
Fiordland   Queenstown   Alexandra   Palmerston
National   Lake Wakatipu   Port Chalmers
  Te Anau Downs   Roxburgh   Mosgiel   Otago Peninsula
Park   Lake Te Anau   Clutha R.   **Dunedin**
Doubtful Sound   Te Anau   Lawrence
  Mossburn   Riversdale   Milton
Manapouri   Lumsden   Balclutha
Dusky Sound   Lake Manapouri   Gore   Catlins Forest Park
  Winton   Owaka
Clifden   **Invercargill**   Waka
Tuatapere   Riverton   Waipapa Point
  Bluff   Foveaux Strait
  980   Oban
Mt. Anglem
Stewart Island   Mt. Allen   750
Southwest Cape

GROTE

OCEAAN

ZUIDEREILAND

Een eiland met een buitengewoon gevarieerd landschap,
waar u zittend op het strand de nabijgelegen met sneeuw
bedekte bergtoppen kunt bewonderen.

Zoals algemeen bekend doet verandering van spijs eten, en het Zuidereiland kan het best worden vergeleken met een buffet waarvan u blijft opscheppen. Met sneeuw bedekte toppen torenen uit boven brede, door de zon verdroogde vlakten. In dicht, bijna ondoordringbaar regenwoud denderen spectaculaire watervallen naar beneden in diepe fjorden. Vruchtbare landbouwgrond wordt afgewisseld met onherbergzame keteldalen. Er zijn indrukwekkende gletsjers, maar ook meren met een bijna serene schoonheid. Kortom, het Zuidereiland kan terecht als afwisselend getypeerd worden. De boot waarin Maui zat, toen hij volgens een oude Polynesische legende het Noordereiland uit zee haalde, schijnt bijna alles wat moeder natuur te bieden heeft aan boord te hebben.

De twee belangrijkste toegangspoorten tot het Zuidereiland zijn Christchurch, de erg Engels aandoende 'tuinstad' van Nieuw-Zeeland, en Picton in de schilderachtige Marlborough Sounds. Van daaruit zullen onze schrijvers, die hun eigen regio door en door kennen, u helpen te ontdekken wat het land te bieden heeft. Marlborough, een streek gekenmerkt door eenzame baaien, kent ook vlakten die tot de gebieden met het grootste aantal zonuren van het hele land behoren. Dit tot groot genoegen van de wijnboeren die zich oogst na oogst kunnen verheugen over heerlijke wijn.

Aan de westkust gaat het er wild aan toe; de golven van de Tasman Sea beuken tegen de kust waar de stranden de oneindig uitgestrekte Zuidelijke Alpen ontmoeten. Daartussen komen lagen aan het oppervlak die rijk zijn aan kolen, en vroeger zelfs rijk waren aan goud. De westkust heeft afstand genomen van zijn hoogtijdagen en de goudkoorts en begint zich nu te profileren als toeristische bestemming waar ongerept natuurschoon de echte schat is. Via kronkelende bergpassen bereikt u een landschap met brede, vervlochten rivieren en hooggelegen schaaphouderijen. Warme minerale bronnen ontspringen aan de aarde waar ooit de reusachtige moa rondzwierf.

Christchurch met zijn parken en tuinen, winkelpromenades en koffiehuizen die de meanderende Avon River omzomen, vervolmaakt het kleurige buffet. Queenstown is de parel in de toeristische kroon; hier vindt u een combinatie van een ongeëvenaard mooi landschap en tal van avontuurlijke activiteiten die garant staan voor een adrenalinestoot. Aan de oostkust ligt Dunedin, een universiteitsstad waar de invloed van de eerste Schotse kolonisten duidelijk merkbaar is. Op nog geen half uur rijden van het centrum van de stad kunt u de albatrosnesten op de kliffen bewonderen.

Southland, het onderste deel van het eiland, is een streek met vruchtbare agrarische grond waar de mensen stralen, misschien wel in plaats van de zon. De Bluff-oester, een nationale culinaire specialiteit wordt gevonden op de zeebodem van Foveaux Strait. En alsof het bovenstaande nog niet genoeg is, heeft het Zuidereiland ook nog Fiordland, het gebied met de bekende Milford Track, Milford Sound, Mitre Peak en Doubtful Sound.

Stewart Island vormt het anker van het Zuidereiland. Maar goed dat het een anker heeft, anders zou iemand die op zoek is naar het paradijs, op het idee kunnen komen ermee weg te varen.

Blz. 224-227: Zuidelijke Alpen; de woeste kust van het Zuidereiland.

CHRISTCHURCH

In de stad die er al van oudsher prat op gaat typisch Engels te zijn en zich vasthoudt aan goede oude Britse tradities, vindt u tussen de prachtige tuinen en elegante bouwwerken af en toe een heuse excentriekeling.

Kaart
blz. 234

Christchurch loopt graag te koop met zijn traditionele genoegens - punteren op de Avon River, een tramritje maken door het centrum, een kopje koffie drinken op een terrasje bij de oude universiteit. Het zegt veel over de manier waarop Christchurch zichzelf graag afschildert: de meest Engelse stad buiten Engeland.

Van alle belangrijke steden in Nieuw-Zeeland was Christchurch de eerste, die agressievere methoden gebruikte om toeristen te lokken. U kunt nu per gondel de top van de vulkanische **Port Hills** bereiken. U kunt winkelen in één van de vele souvenirwinkels (met personeel dat vreemde talen spreekt) die verspreid liggen over het centrum of een gokje wagen in het casino. U kunt 's ochtends vroeg een ballonvaart maken over de stad en de omliggende vlakten. U kunt per helikopter naar **Akaroa** (op Banks Peninsula) vliegen om daar, ter afwisseling, te genieten van de Franse sfeer.

Allereerst iets over Christchurch zelf. U kunt met uw kennismaking het best beginnen op het centraal gelegen, eenvoudig te vinden **Cathedral Square**. Daar verheft zich de indrukwekkende, neogotische kathedraal van de *Church of England*. Vanaf de kathedraal strekken de straten zich in een roosterpatroon uit over de vlakten. In het centrum dragen de straten de namen van Engelse bisdommen - kleine bisdommen, want toen de stad begin jaren vijftig van de 19e eeuw werd gepland, waren de beste namen al vergeven aan andere gemeenschappen in de provincie Canterbury.

De stadskern wordt begrensd door vier brede lanen, die de randen vormen van een gebied ter grootte van 2,6 km², naar het model van de *City of London*. Binnen deze grenzen liggen goed verzorgde, met bomen omzoomde parken met namen als Cranmer en Latimer. Geen stadsplanoloog hoeft er ook maar over te denken aan deze dierbare parken te komen - dit is een les die stadsbestuurders in het verleden al hebben geleerd.

De Avon River zoekt zich kronkelend een weg door de stad. De plaatselijke bevolking maakt zichzelf graag wijs dat de stroom zijn naam dankt aan de rivier in het Engelse Stratford-upon-Avon, Shakespeares geboorteplaats. De Avon van Christchurch is echter genoemd naar een stroompje in Schotland, dat langs de woning liep van één van de eerste pioniersgezinnen van de stad. Samen met de ten zuidoosten van de stad gelegen Port Hills, is de Avon River het belangrijkste natuurlijke bezit van de stad. De met gras begroeide rivieroevers zijn breed en beplant met vele bomen. Onlangs heeft de stedelijke plantsoenendienst, tegen alle tradities in, de terugkeer van inheemse grassoorten mogelijk gemaakt. De wilgen die een stuk van de rivier omzomen, zijn naar verluidt stekken afkomstig van het graf van Napoleon op St. Helena, maar Christchurch gonst van dergelijke verhalen.

Engelser dan Engeland
Ten westen van de vier lanen ligt het uitgestrekte **Hagley Park** als een buffer tussen de stad en het platteland. In dit park vindt u behalve tal van speelweiden en botanische tuinen, ook grote open vlakten. Iedere inwoner van de stad Christchurch zal u trots vertellen, dat deze weiden en

Blz. 230-231: Enorm schaakbord, Cathedral Square. **Links:** Stadsomroeper. **Onder:** Monument voor kapitein Scott.

*Morris Dancers,
Cathedral Square.*

tuinen zijn aangelegd volgens de principes van de klassieke Engelse tuinarchitectuur.

Een stad die Engelser is dan Engeland ontstaat natuurlijk niet zonder dat daar van tevoren diep over is nagedacht. Christchurch was een geplande anglicaanse nederzetting en is grotendeels ontsproten aan het brein van John Robert Godley, een jonge conservatieve Engelsman die een uitgesproken afkeer had van het 19e-eeuwse gelijkheidsideaal en de industrialisatie. Godley streefde naar een maatschappij naar middeleeuws model met een harmonieuze vermenging van de invloeden van kerk en staat, voorgezeten door een welwillende betere stand. Als oprichter van de *Canterbury Association* kreeg hij steun voor zijn plannen van niet minder dan twee aartsbisschoppen, zeven bisschoppen, veertien leden van de hoge adel, vier leden van de lage adel en zestien parlementsleden. Het was de bedoeling, geld bijeen te krijgen en kolonisten te werven voor een nieuw, perfect 'stukje Engeland' in het zuiden van de Grote Oceaan.

Er werden hoge eisen gesteld aan de kandidaat-emigranten. Om in aanmerking te komen voor een betaalde overtocht naar de andere kant van de wereld, moest de potentiële emigrant een certificaat kunnen tonen van zijn predikant waarin stond dat de aanvrager niet dronk en nijver en eerlijk was en dat hij en zijn gezin tot de meest gerespecteerde leden van de gemeenschap behoorden. Uit dergelijke idealen kwamen de *Canterbury Pilgrims* voort. Hun eerste vier schepen - Christchurch's *Mayflower* - legden in 1850 aan in de naburige haven van Lyttelton. Vijf jaar later hadden in totaal 3549 nieuwkomers de reis gemaakt. De dromen van een kerkelijk utopia bleken echter moeilijk te verwezenlijken in de harde realiteit van het koloniale bestaan en er kwam een einde aan de *Canterbury Association*. Vanaf het midden van de jaren vijftig van de 19e eeuw groeide Christchurch op een minder geordende en ideale manier. Toch verdwijnen dromen niet helemaal. Een naam waaruit blijkt dat de drager ervan afstamt van de passagiers van de *First Four Ships*, heeft nog steeds een zeker cachet. U kunt de namen van die eerste officiële immigranten terugvinden op plaquettes in een hoek van Cathedral Square.

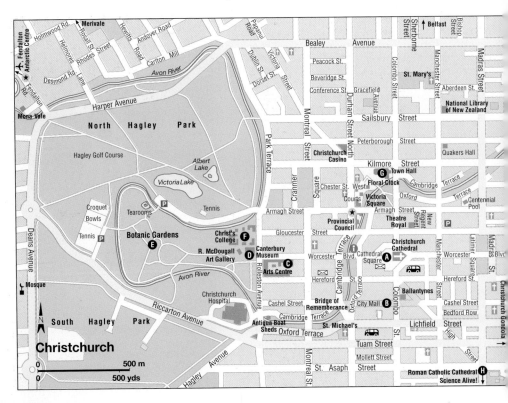

De Stad volgens Godley

Christchurch houdt zijn traditions hoog in het vaandel. De stad is zich ervan bewust dat charmes ook concrete waarde hebben: pasgetrouwde Japanse stellen komen bijvoorbeeld naar Christchurch om hun huwelijk te laten zegenen in mooie gotische kerken, zoals de **St. Barnabas** in de lommerrijke, dure buitenwijk Fendalton. En er zijn talloze tuinen, vele hectaren openbare parken en particuliere tuinen. Iemand heeft de stad ooit *Garden City* genoemd en sindsdien vinden de inwoners dat ze deze bijnaam eer aan moeten doen. Tuinieren is dan ook de grootste hobby van de inwoners en wie Christchurch, met name op het eind van de zomer bezoekt, kan vaststellen dat men in deze stad echt groene vingers heeft.

Christchurch heeft veel meer te bieden dan alleen mooie tuinen en parken. De stad is eveneens rijk aan interessante persoonlijkheden en boeiende verhalen. Een voorbeeld: in de jaren vijftig van de 20e eeuw veroorzaakte een schandaal, dat bekend zou worden als de Parker-Hulme-moord, enorme opschudding in de stad. Twee tienermeisjes van goede komaf brachten de moeder van één van beiden om het leven. De zaak deed de stad op zijn respectabele grondvesten schudden en een generatie lang werd er slechts op gedempte toon en vol afschuw over gesproken. Het verhaal is onlangs bewerkt tot een toneelstuk en een bekroonde film: *Heavenly Creatures*. U zou een bezoek kunnen brengen aan de plek waar het drama zich heeft afgespeeld in Victoria Park, in de voorname buitenwijk Cashmere, op de hellingen van de Port Hills.

Speaker's Corner

Wanneer u een wandeling door het stadscentrum maakt, komt u enkele bezienswaardigheden tegen en zult u interessante persoonlijkheden ontmoeten. U begint uiteraard op **Cathedral Square Ⓐ**. Het plein werd voor de Gemenebest Spelen van 1974, in het kader van de stadsverfraaiing, veranderd in een voetgangerszone. Nu is er weer een vernieuwingsplan voor het plein dat officieel dienst doet als *speakers corner* (net als

Kaart blz. 234

Christchurch heeft zijn oude tramlijnen in ere hersteld. Dagelijks rijden tussen 8.00 en 23.00 uur trams door het centrum.

Onder: Punteren door het centrum van de stad.

Hyde Park Corner in Londen). Zeker tijdens de lunchpauze op zonnige werkdagen is het plein een bezoekje waard. Topattractie is een optreden van de *Wizard* (tovenaar), een immigrant die aan het begin van de jaren zeventig van de 20e eeuw uit Australië is gekomen en sindsdien het geamuseerde publiek toespreekt. De *Wizard*, die gekleed is in een zwart gewaad of in jute, zet vol passie zijn standpunten uiteen over allerlei zaken variërend van koningshuis en vaderland, tot feminisme en de oorzaken van het broeikaseffect. Niemand weet of hij de *Wizard* serieus moet nemen of niet, maar hij heeft min of meer officieel de status van stadsmascotte gekregen.

In de zomer worden op het plein braderieën gehouden, met kraampjes waar allerlei kunstnijverheidsproducten en heerlijke internationale hapjes worden verkocht. December en januari zijn de maanden voor de lunchconcerten. Helaas is Cathedral Square na zonsondergang te onveilig om er alleen rond te kunnen lopen.

De Wizard,
Cathedral Square.

Een Wandeling door de Stad

De **kathedraal** is zeker een bezoek waard. Met de bouw is in 1864 begonnen en tegenwoordig is de kathedraal één van de mooiste neogotische kerken op het zuidelijk halfrond. Beklim de toren tot voorbij de klokkenstoel; van hieruit hebt u een adembenemend uitzicht over de stad. Pal achter de kathedraal liggen de kantoren van *The Press*, de kwaliteitskrant voor het establishment van Canterbury. Aan de westzijde van het plein staat het onlangs geopende **Southern Encounter Complex** - een aquarium waar u doorheen kunt lopen. Wanneer u Colombo Street in zuidelijke richting afloopt, vindt u, op de hoek van de winkelpromenade, die de **City Mall** ❸ wordt genoemd, Ballantynes, hèt warenhuis van Christchurch. Het in het zwart geklede personeel is buitengewoon behulpzaam - bijna niet van deze wereld.

Onder: De
Council
Chambers.

Loopt u via de City Mall naar de Avon River en de Bridge of Remembrance dan bevindt u zich in de betere winkelstraten van de stad. Aan de andere kant van de brug, aan Cambridge Terrace ligt de oude bibliotheek, dit is een architectonisch juweeltje.

Net als zoveel andere oude gebouwen in de stad Christchurch is de oude bibliotheek, waarin zich nu kantoren en een bank bevinden, zorgvuldig gerestaureerd.

Kaart
blz. 234

Sprookjesachtige Torens

Als u in noordelijke richting langs de Avon blijft lopen, bereikt u de onlangs omgedoopte Worcester Boulevard, die deel uitmaakt van de route van de opgeknapte historische trams die door de binnenstad rijden. Sla rechtsaf en steek de rivier over voor het **City's Information Centre**. Slaat u linksaf, Worcester Boulevard in, dan komt u bij het **Christchurch Arts Centre ☉**. Tal van sprookjesachtige torenspitsen, torens en kloostergangen kenmerken de voormalige universiteit van Canterbury. Sinds de universiteit is verhuisd naar een locatie in de buitenwijken, zijn in dit gotische gebouwencomplex ateliers voor ambachtslieden en kunstenaars, theaters, restaurantjes en appartementen gevestigd. Het Arts Centre is de thuisbasis van Court Theatre, een professioneel toneelgezelschap dat zich één van de beste van Nieuw-Zeeland mag noemen.

Dit is het hart van het oude Christchurch. Aan Rolleston Avenue ligt het **Canterbury Museum ☉**. Het gebouw is al bijna even opmerkelijk als de collectie. Achter het museum ligt de gemeentelijke kunstgalerie. De **McDougall Gallery** heeft een collectie vroege en moderne Nieuw-Zeelandse kunst.

De erachter gelegen **Botanic Gardens ☉** vormen een fantastisch eerbetoon aan de hoveniersraditie van de stad. U vindt er Engelse borders van overblijvende planten, stukken met inheemse planten, en kassen met subtropische planten en woestijnplanten. De tuin ligt in een bocht van de Avon, die zich door Hagley Park slingert.

Ten noorden van Canterbury Museum aan Rolleston Avenue, staat het anglicaanse **Christ's College ☉** - een degelijke kostschool naar Engelse stijl voor jongens. De oude en nieuwe gebouwen zijn schitterend. Als u via Armagh Street terugloopt naar het centrum, passeert u Cranmer Square. Aan de overkant staat de voormalige kweekschool **Christchurch Normal School**. Net als ongeveer de helft van alle opmerkelij-

TIP

Het in 1843 gebouwde Dean's Cottage is het oudste gebouw van Canterbury. Nu is het een particulier museum.

Onder: Dean's Cottage.

ke gebouwen in Christchurch is het opgetrokken in neogotische stijl. Vandalen en krakers hebben er jarenlang ongestoord huisgehouden, maar een projectontwikkelaar heeft inmiddels kans gezien, luxe-appartementen te maken van het complex. U vindt er ook één van de beste restaurants van de stad. Verderop aan Armagh Street liggen de oude **Provincial Council Buildings**. In deze gebouwen - mooie voorbeelden van een bescheidenere architectuur - was ooit de plaatselijke overheid gehuisvest.

Architectonische Triomfen

Jongleur, Arts Centre.

Achter de oude gebouwen van de *Provincial Council* ligt het recentelijk gerenoveerde Victoria Square. In de 19e eeuw was dit het marktplein van de stad, tegenwoordig vormt het een prachtig stuk groen naast de **Town Hall ⑥** (stadhuis). De Town Hall is geopend in 1972, nadat de stad 122 jaar lang geen beslissing had kunnen nemen over de bouw van een onderkomen voor het stadsbestuur. Deze creatie van de plaatselijke architecten Warren en Mahoney vormt nog altijd de trots van het moderne Christchurch en wordt gezien als één van de triomfen van de 20e-eeuwse architectuur. Imitaties van het gebouw zijn in het hele land terug te vinden. De sobere, maar toch elegante Town Hall bezit onder meer een gehoorzaal, een kamerconcertzaal, diverse vergaderruimten, een banketzaal en een restaurant met uitzicht op de Avon en het plein. De Town Hall is onlangs verbonden met één van de nieuwste architectonische hoogstandjes in de stad, het **Parkroyal Hotel** en, via een luchtbrug, met het nieuwe congrescentrum van de stad. Niet ver hiervandaan, aan Victoria Street, ligt het eerste casino van het land met zijn typische gevel die de vorm heeft van een rouletteschijf. Wie geïnteresseerd is in kerkelijke architectuur, mag de tweede kathedraal van Christchurch niet missen. Niet bepaald in de beste buurt van de stad staat de rooms-katholieke, in het begin van de 20e eeuw gebouwde **Cathedral of the Blessed Sacrament ⑧**, een Romaanse basiliek uit de volle Renaissance. George Bernard Shaw

Onder: Victoria Square.

sprak tijdens zijn bezoek aan de stad, kort nadat het gebouw was geopend, zijn bewondering uit voor de 'imposante kathedraal'. Dit stemde de anglicanen aanvankelijk trots, maar hun trots maakte al snel plaats voor frustratie, toen bleek dat de schrijver niet hun Christchurch Cathedral bedoelde, maar de rooms-katholieke basiliek. In hetzelfde deel van de stad staat het oude station, **Old Railway Station**, dat is verbouwd tot een wetenschappelijk centrum waar bezoekers zelf de knoppen en de hendels mogen bedienen. Ernaast vindt u een bioscoopcomplex.

Hagley Park biedt de beste faciliteiten voor joggers en daar maakt veel kantoorpersoneel in de lunchpauze dankbaar gebruik van. De fiets is in het vlakke Christchurch een perfect vervoermiddel. U zult er dan ook hordes scholieren en werknemers op tweewielers tegenkomen. Toeristen kunnen er fietsen huren, maar pas op voor de automobilisten. Wie geen held op de fiets is, blijft het beste in Hagley Park of kiest straten die zijn voorzien van rijwielpaden. Voor wie van minder vermoeiende vervoermiddelen houdt, is een bootje een echte aanrader. Vanaf de Avon krijgt u een heel andere kijk op de stad.

De Buitenwijken

Buiten het stadscentrum kunt u talloze straten met mooie huizen verkennen - in noordwestelijke richting naar Fendalton en Merivale of in zuidelijke richting naar de Port Hills. Voor wat onroerend goed betreft, is Christchurch erg klassenbewust. Het verloop van de grenzen tussen goede en slechte buurten is echter enigszins raadselachtig. Fendalton en Merivale, met hun mooie bomen en beschutte tuinen, zijn moeiteloos te herkennen als toevluchtsoorden van de welgestelde inwoners van Christchurch. Steekt u echter de verkeerde straat over, dan dalen de huizenprijzen drastisch. Merivale heeft één van de beste winkelcentra van de stad, met zeker zulke goede zaken en restaurants als het centrum.

De **Port Hills** zijn in geografisch opzicht duidelijk in het voordeel, vergeleken met de rest van Christchurch. Door hun hoge ligging hebben ze in de winter geen last van de smog. Vanaf **Summit Road**, die langs de toppen van de heuvels loopt, hebt u een spectaculair uitzicht op de stad, de vlakten en de Zuidelijke Alpen. Aan de andere kant kunt u de haven van Lyttelton en de heuvels van Banks Peninsula zien liggen. Er is een uitgebreid netwerk van wandelpaden aangelegd door de Port Hills en over het achterliggende schiereiland. De wandelingen die er kunnen worden gemaakt, variëren van ontspannen tochtjes van één tot twee uur tot inspannende trektochten met mogelijkheid tot uitrusten in hutten. Nadere details verstrekt het toeristeninformatiebureau. U kunt de heuvels ook bedwingen met behulp van een gondel - één van de grote attracties van de stad. Een restaurant, een bar en enkele souvenirwinkels wachten u na de tocht op. Onverschrokken zielen kunnen op de top een mountainbike huren en terug naar beneden zoeven of de heuvels verder verkennen.

Er zijn veel tuinen in dit gebied te bewonderen. Een van de opmerkelijkste is de **Garden of Gethsemane**, een particuliere tuin annex commerciële kwekerij, waar tal van bijzondere plantensoorten groeien. Met zijn charmante laantjes en kleine, van sierlatwerk voorziene kapel is deze tuin beslist een bezoek waard.

Het is aan te raden een auto- of busrit te maken naar **Lyttelton** ❶, de slaperig aandoende havenplaats aan de andere kant van de heuvels, waar op de hellingen tal van charmante huisjes liggen. Vanuit Lyttelton kunt u via een verkeerstunnel terugkeren naar Christchurch of door de heuvels doorreizen naar de aan zee gelegen buitenwijken Ferrymead, Redcliffs en Sumner. In het **Transport Museum** ❷ in Ferrymead kijken treinfanaten en liefhebbers van koloniale geschiedenis hun ogen uit. **Sumner** heeft

Kaart blz. 240

TIP

Een gratis bus rijdt van het bezoekerscentrum aan Worcester Boulevard naar de Port Hills-gondel.

Onder: Rooms-katholieke kathedraal.

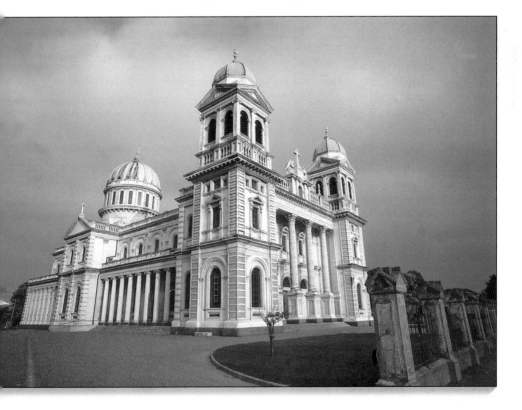

iets van een kunstenaarskolonie; het is ook enigszins onconventioneel. In de weekeinden, wanneer gezinnen met kinderen op het strand neerstrijken, is het er extra druk.

Aan de andere kant van de stad kunt u een bezoek brengen aan het interessante **Antarctic Centre ❸** van de luchthaven, waar de geschiedenis van Christchurch als vertrekpunt voor poolexpedities wordt getoond. Het Antarctic Centre is beslist een bezoek waard. Het nabijgelegen **Orana Park** is een safaripark waar steeds meer wilde dieren rondzwerven over 'Afrikaanse vlakten' en kunstmatig aangelegde eilanden. Per auto kunt u het afgezette leeuwengebied in. Verhalen over barre zuidpoolexpedities en confrontaties met wilde dieren zijn niet ieders smaak. Voor verfijndere geneugten kunt u terecht bij de vele wijnmakerijen in de landelijke omgeving van Christchurch, want Canterbury is één van de beste wijnstreken van Nieuw-Zeeland.

In het noordoosten van de stad ligt het **Queen Elizabeth II Park ❹**. Het stadion en het zwembadencomplex is gebouwd voor de Gemenebest Spelen van 1974 en doet nu dienst als een attractie voor het hele gezin. U vindt er waterglijbanen, een doolhof, skelters en tal van andere mogelijkheden tot vermaak.

International Antarctic Centre.

Rondrit op het Schiereiland

Als u nog tijd overhebt voordat u naar de bergen en de meren in het zuiden gaat, dan leent **Banks Peninsula**, aan de andere kant van de Port Hills, zich uitstekend voor een kort bezoek. Kapitein James Cook maakte hier één van zijn twee blunders, toen hij in de 18e eeuw om Nieuw-Zeeland heen voer: hij bracht het gebied als een eiland in plaats van als een schiereiland in kaart. Dat zou terecht zijn geweest als hij verschillende duizenden jaren eerder was gekomen: toen waren de uitgedoofde vulkanen die het schiereiland vormen, nog afgescheiden van het vasteland. (De tweede flater die Cook beging, betrof Stewart Island, ten zuiden van het Zuidereiland, dat volgens hem vastzat aan het vasteland.)

Onder: Botanic Gardens.

De heuvels van het schiereiland Banks Peninsula waren ooit helemaal bebost, maar

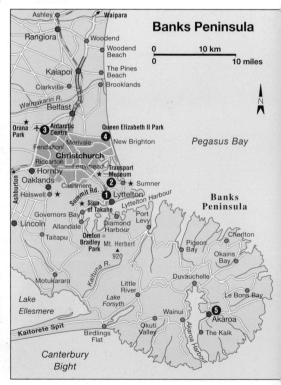

de bomen zijn al lang geleden gekapt. Toch zijn er nog wel wat bosgebieden over en bovendien vindt u hier tal van verrukkelijke valleien en baaien. Op beschut gelegen plaatsen worden tal van tuinbouwgewassen en planten geteeld die zo zuidelijk nergens anders gekweekt kunnen worden, waaronder kiwi's. Specialisten kweken er bovendien exotische noten en kruiden.

Andere aanraders zijn **Diamond Harbour**, **Okains Bay**, **Okuti Valley** en **Port Levy**. Deze plaatsjes, waar u de echte charmes van Canterbury leert kennen, liggen te midden van vruchtbare, ongerepte gebieden.

Kaart blz. 240

Frans Gebied

De parel van het schiereiland is **Akaroa ❺**, ongeveer 80 km van Christchurch. De Europese geschiedenis van dit plaatsje begon in 1838, toen er een Franse walvisvaarder arriveerde. Korte tijd beleefde Akaroa een bloeiperiode als Frans dorp. In Frankrijk gingen 63 emigranten aan boord van de *Comte de Paris* om een buitenpost in het Stille-Zuidzeegebied te vestigen. Bij hun aankomst, in 1840, wapperde de Union Jack echter al in dit gebied. Ondanks het feit dat de Fransen geïrriteerd en teleurgesteld waren, besloten ze te blijven. Ze plantten populieren uit Normandië, gaven de straten Franse namen en verbouwden wijn. Dat nam niet weg, dat ze in de minderheid waren ten opzichte van de Engelsen. Hun droom van een Franse buitenpost leeft echter voort. Vanuit de haven lopen smalle straatjes als Rue Lavaud en Rue Jolie kronkelend heuvelopwaarts. Stedelijke bouwverordeningen zorgen ervoor, dat de charmante koloniale stijl er gehandhaafd blijft. Een aanrader is het **Langlois-Eteveneaux House**, waar u een tentoonstelling kunt bekijken, en het aangebouwde koloniale museum. Veel inwoners van Christchurch bezitten een vakantiehuisje, een zogenoemde *bach*, in Akaroa of omgeving. In januari en februari kan het er dan ook erg druk zijn. Er zijn tal van bars, restaurants en eethuisjes. Door de geïsoleerde ligging van de plaats zijn de prijzen in restaurants vaak aan de hoge kant. Vers gevangen vis is op de

TIP

Een gratis bus rijdt van het bezoekerscentrum naar het Air Force Museum, waar u o.a. een antarctisch vliegtuig kunt zien. Het museum ligt ten zuiden van de stad op de voormalige luchtmachtbasis Wigram Air Force Base.

Onder: Lyttelton Harbour.

Kaart blz. 240

Banks Peninsula.

Onder: Museum in Langlois-Eteveneaux House.
Rechts: Wild dier, Akaroa Harbour.

kade te koop. De Akaroa Harbour, aan de zuidkust van het schiereiland, ligt vlakbij het leefgebied van de zeldzame Hector's dolfijn. Regelmatig zijn er boottochten. Passagiers zien misschien wel een dolfijn of een ander dier dat typisch is voor deze streek. Kerken behoren tot de bezienswaardigheden van Akaroa. De rooms-katholieke kerk **St. Patrick** is de oudste die nog enigszins in originele staat verkeert. Deze kerk is in 1864 gebouwd als derde bedehuis van de stad voor de Franse en de Ierse katholieken van Akaroa. Het is een charmant en volgestouwd gebouwtje met een opmerkelijk Beiers raam in de oostelijke muur.

De anglicaanse **St. Peter's Church** stamt uit 1863. Ongeveer vijftien jaar later is deze kerk aanzienlijk vergroot. Het is een strenger ogend gebouw in protestantse stijl. Ongeveer 6 km ten zuiden van Akaroa, op een zeer tot de verbeelding sprekende locatie aan het water, vindt u de opmerkelijke **Kaik**. Deze kleine Maori-kerk houdt de herinnering levend aan de Maori's die eens zo talrijk waren rond Akaroa Harbour.

In Akaroa is een tocht door de **Garden of Tane**, die u langs het spectaculair gelegen kerkhof voert, zeer de moeite waard. De graven hebben waarschijnlijk het beste uitzicht van het hele land en vormen een weerspiegeling van de geschiedenis van het gebied. De **Old French Cemetery**, aan de andere kant van de stad, is echter teleurstellend. Het is de laatste rustplaats van de eerste Europese inwoners van Akaroa. Na een afmattende klim hebt u een mooi uitzicht op de haven. In 1925 zijn graven geruimd en de meeste grafstenen moesten plaatsmaken voor een eenvoudig gedenkteken.

Verder Weg

Als u vanaf het schiereiland landinwaarts reist, ontdekt u het enorme achterland. De provincie Canterbury strekt zich vanaf de Zuidelijke Alpen uit tot aan de zee en beslaat van noord tot zuid honderden kilometers. **Hanmer Springs**, in het noorden, is een populaire bestemming voor een uitstapje. Hier kunt u genieten van een kuuroord, paardrijden en wandelen in de bergen. In Hanmer Springs bevindt zich het oude **Queen Mary Hospital**, dat oorspronkelijk is gebouwd als herstellingsoord voor oorlogsveteranen. Later kwam het in gebruik als afkickcentrum voor alcoholisten. De ligging, het gebouw ligt verscholen in een rustige vallei, vormde de aanleiding voor de inofficiële slogan: '1200 voet boven piekerniveau'. De kliniek bestaat nog steeds, zij het in gereduceerde vorm. De baden worden tegenwoordig voornamelijk gebruikt door toeristen of Nieuw-Zeelanders die een vakantiehuis in de omgeving in hun bezit hebben.

Een tocht met de populaire **TransAlpine Express** is een comfortabele, nostalgische manier om zowel de vlakten van Canterbury als de Zuidelijke Alpen te bezoeken. De trein vertrekt vanuit Christchurch, tuft door de vlakten en dan de bergen in bij Arthur's Pass. De tocht is bijzonder aantrekkelijk in de winter, als de bergen bedekt zijn met sneeuw. Een retourreis duurt één dag. Het is een erg populair uitstapje, dus vooruitboeken is aan te raden.

De vlakten die u vanuit de trein ziet, vormen het grootste en rijkste akkerland van Nieuw-Zeeland, hoewel er 's zomers vaak droogte heerst. Plaatselijke boeren strijden dan ook al jarenlang om het recht, water uit rivieren als de Rakaia te mogen gebruiken. Toeristen zijn waarschijnlijk meer geïnteresseerd in de zalm- en forelstand in de rivieren dan in irrigatiemogelijkheden.

Aan de rand van Christchurch ligt, op ongeveer 20 km ten zuiden van het centrum, de **Lincoln University** - toonaangevend op het gebied van de Nieuw-Zeelandse landbouw. Op telefonische afspraak zijn er rondleidingen mogelijk.

CANTERBURY

Een provincie waarvan de vlakten aan de kust en het binnenland omgeven worden door adembenemend mooie bergen - het kan nergens mooier zijn, als de wind tenminste goed staat.

Kaart blz. 248-249

In Canterbury komt het tot een ontmoeting tussen het bergland en de zee, waarbij de verbinding wordt gevormd door rivieren vol smeltwater die slingerend door de vlakte lopen. De Zuidelijke Alpen, de Grote Oceaan en twee rivieren (de Conway in het noorden en de Waitaki in het zuiden) vormen de grenzen van deze in het oosten gelegen provincie. De meeste mensen stellen zich Canterbury voor als een vlakke lappendeken waar lammetjes ronddartelen onder de door een noordwestelijke wind beheerste hemel. Dat Canterbury bestaat inderdaad.

De vlakte, 180 km lang en gemiddeld 40 km breed, is Nieuw-Zeelands grootste vlakke gebied en de lammeren uit Canterbury - gefokt voor zowel het vlees als de wol - worden beschouwd als de beste van het land. De noordwestenwind van Canterbury is berucht. Het is een soort föhn die warm, droog en stormachtig weer brengt, het stof doet opwaaien uit de rivierbeddingen en van het omgeploegde akkerland en die de schuld krijgt van de humeurigheid van de bevolking.

Canterbury heeft echter meer te bieden. Binnen deze provincie verheffen zich de hoogste bergen en stromen de breedste rivieren van Nieuw-Zeeland - om nog maar te zwijgen van de met gras begroeide en beboste heuvels, de mooie stranden, de uitgedoofde vulkanen en de beschutte baaien van het schiereiland Banks Peninsula. Canterbury wordt ook gekenmerkt door een grote verscheidenheid aan nederzettingen: u treft er steden aan, maar, in het hoogland, ook grote schapenfokkerijen, waar de Engelse tradities enthousiast in ere worden gehouden.

Blz. 244-245: Church of the Good Shepherd, Lake Tekapo. **Links:** Arthur's Pass, Mount Rolleston. **Onder:** Eenzaam schaap.

Ongekunstelde Charme

De vlakten van Canterbury vormen als het ware slechts een doorgang naar de specifieke kenmerken van de provincie - lucht, aarde en zee - maar ook de beschaving ligt er binnen handbereik. Nergens in de provincie bent u ooit meer dan een paar uur verwijderd van bergen, meren, stranden, vlakten, rivieren, steden en luchthavens. Het open landschap en het steeds wisselende klimaat maken de mens bewust van zijn omgeving. De reiziger leert al snel dat de zuidenwind regen en een snelle temperatuurdaling met zich brengt en dat een noordwestenwind staat voor droge warmte en een stijgend waterpeil in de rivieren door stortbuien in het hoogland. Oostenwind betekent een kille bries in de richting van Christchurch en langs de kust. Na anderhalve eeuw van Europesc kolonisatie is het land getemd tot een in cultuur gebrachte vlakte. Het boomloze landschap dat de 'pelgrims' van Canterbury als onheilspellend ondervonden, biedt tegenwoordig een ongeëvenaard lieflijke aanblik: een lappendeken van akkers, weiden met grazende schapen, windkeringen van naald- en loofbomen, doorsneden door lange, rechte wegen die de Romeinen zeer zouden hebben gewaardeerd. Vanuit de lucht is het uitzicht boeiend. Door de veelkleurige quilt van gewassen en weiden lopen geaderde schaduwen van oude rivierbeddingen, terwijl de nog bestaande rivieren zich zilverig glinsterend een weg banen. Steden, grote en kleine, liggen elegant langs de wegen verspreid, als bladluizen die zich vastklampen aan sappige stengels. Vanaf de grond gezien, zijn de vlakten echter minder indrukwekkend. Een reis

Noord-Zuidereiland

0   50 km
0   50 miles

N

Tasman Sea

Karamea Bight

Karamea

Hector
Ngakawau   Sed

Westport
Cape Foulwind ★

Charleston

B
Inanga

Punakaiki
Pancake Rocks ㉗   **Paparoa N. P.**

PAPAROA RANGE

Reefton ㉘

Barrytown
Runanga   Blackball   Ikamatua
Gre
R.   Ahaura   Spri
Junct

6

Greymouth ㉖   Stillwater
7   Moana
Kumara   Shantytown
Junction   *Lake Brunner*
Hokitika   Kumara   Inchbonnie
㉕

La
Sur

Ross   *Lake Kaniere*   Otira   Mt. Lon
Kowhitirangi   924   **Arthur's Pass National Park** ④   189
Hokitiku River Gorge   Mt. Rolleston   Arthur's
2271   Pass

PUKET
R

Abut Head   Harihari   *Lake Ianthe*
Okarito Lagoon   *Lake Wahapo*
Okarito ㉔   *L. Mapourika*
Whataroa   2644   *Lake Coleridge*   73
▲ Mt. Whitecombe   **Porter's Pass**   O

Franz Josef Glacier ㉒
Lake Matheson   2795   945   Springfield
Gillespies Beach   ▲ Mt. Arrowsmith   Sheffield
Mt. Cook National Park ⑥
Fox Glacier   3498   Mount Hutt ⑤
★ ▲ Mt. Tasman   Darfiel
Lake Moeraki   6   **Westland National Park**   **Hooker Glacier** ▲ 3754
Mt. Cook   TWO THUMB RANGE   Methven   Dunsand
Knights Point   *Lake Paringa*   Mt. Cook ⑨   1951   Mount   Raka

Canterbury Plains

Haast Beach   Haast Junction   *Rangitata R.*   Somers   Chertsey
Jackson Bay   *Haast R.*   Ben McLeod   Mayfield   77   1
㉓   **Mt. John Observatory**   Tinwald   Ashburton
Mount Aspiring National Park   Glentanner Park   **Church of Good Stepherd**
Mt. Huxley   *Lake Tekapo*   79   Geraldine
㉑ **Haast Pass**   ▲ 2499   Lake Tekapo ⑧   ⑦
Lake Pukaki   Orari
Makaroa   8   Burke   Fairlie   Temuka
Pass   Albury
Lake Ohau   Twizel   Pleasant Point   *Canterbur*

ZUIDERLIJKE   BEN OHAU RANGE   ALPEN   KIRKLISTON RANGE   Hunters Hills

3030   *Lake Benmore*   ① Timaru
▲ Mt. Aspiring   *Lake Wanaka*   Omarama   Pareora
Lake Hawea   971   *Bight*
Queenstown   Lindis Pass   Dunedin

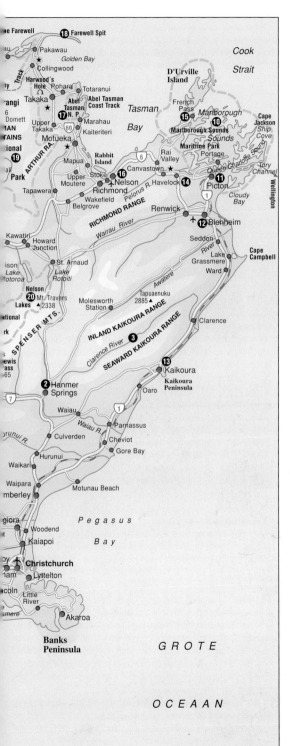

over Canterbury's lengteas is een monotone onderneming, vooral voor wie de grote weg volgt tussen Christchurch en de tweede stad van de provincie, **Timaru ❶**. Het mooiste landschap van Canterbury is te vinden in het binnenland, bij de uitlopers en de valleien van de Zuidelijke Alpen.

Drie grote wegen verschaffen toegang tot de bergpassen. Daarachter ligt Westland. De noordelijkste pas is de Lewis Pass. Een korte omweg naar het kleine kuuroord **Hanmer Springs** is beslist de moeite waard. De spectaculaire, centraal gelegen Arthur's Pass geeft toegang tot het omliggende, gelijknamige nationale park. Via de Burke Pass, in het zuiden, kunt u **Mackenzie Country** bereiken evenals het gebied rond Mount Cook met zijn schitterende panorama van gletsjermeren en bergen.

Gezond Worden in Hanmer

Hanmer Springs ❷, gewoonlijk genegeerd door de grote toeristenstroom, is nog altijd één van de rustigste vakantieoorden van Nieuw-Zeeland. Het dorpje, 136 km ten noorden van Christchurch, ligt in een goed bereikbare, beschutte, beboste vallei. De warme minerale bronnen bevinden zich in een parkachtige tuin met enorme coniferen. Wat kan nu heerlijker zijn dan een ontspannend openluchtbad op een winteravond, terwijl de sneeuwvlokken geluidloos verdwijnen in de stoom?

In 1883, ongeveer vierentwintig jaar nadat een Europese kolonist de geneeskrachtige bronnen bij toeval had ontdekt, werden ze officieel in gebruik genomen - ter behandeling van achtereenvolgens gewonde soldaten, psychiatrische patiënten en alcoholisten. Aanvankelijk werden de bronnen onderhouden door het Queen Mary Hospital, maar tegenwoordig valt het onlangs gemoderniseerde complex onder de verantwoording van de districtsraad. In de mooi aangelegde rotstuin bevindt zich een aantal baden waarvan het water varieert in temperatuur (dit staat aangegeven). Er is ook een zwembad met zoet water, een speciaal kinderbad en een warme waterstroom. Diverse goed aangegeven, goed begaanbare paden leiden u langs een grotere verscheidenheid aan exotische bomen dan in welk ander aangeplant bos ook in Nieuw-Zeeland. Dit was het eerste exotische bos dat in opdracht van de overheid werd aangeplant op het Zuidereiland. Enkele van de bomen zijn meer dan negentig jaar geleden geplant.

Een moeizamere tocht naar de top van **Conical Hill** of **Mount Isobel** beloont u met een schitterend uitzicht. Wie het pad over Mount Isobel volgt, komt tweehonderd soorten subalpiene bloeiende planten en varens tegen - een paradijs voor natuurliefhebbers. De **golfbaan** (18 holes) van Hanmer Springs is één van de hoogst gelegen golfbanen in Nieuw-Zeeland. U kunt in de omgeving van dit plaatsje ook vissen, jagen, tochtjes met een jetboot maken, skiën en trektochten maken te paard. Hoewel Hanmer Springs over voldoende accommodatie beschikt in de vorm van een hotel met tapvergunning plus een ruime selectie aan motels, pensions en campings, hangt in de hoofdstraat nog steeds de rustige, ontspannen sfeer van een typisch plattelandsstadje.

Bergflora, Arthur's Pass.

Ruige Schoonheid

De weg van Hanmer Springs via de Jack's Pass naar de geïsoleerde **Clarence Valley** ❸ is vanwege de ruige schoonheid van het stoppellandschap beslist het verkennen waard, met name stroomopwaarts. Wees echter gewaarschuwd: de weg - oorspronkelijk aangelegd voor de bouw en het onderhoud van de hoogspanningsleidingen die vanuit de waterkrachtcentrales in Otago naar Blenheim, Nelson en verder lopen - is onverhard, vaak steil en alleen bij goed weer berijdbaar. Het is bovendien geen doorgaande weg. Bij de brug over de Acheron River (vanaf de Jack's Pass gezien stroomafwaarts) en bij Rainbow Station over de Main Divide staan deugdelijk afgesloten hekken. Hanmer Springs is en blijft dan ook een stadje aan het einde van een doodlopende weg en er zit dus niet veel anders op, dan 13 km terug te rijden naar Highway 7 tussen Waipara en Reefton. In het westen slingert deze weg zich via de Waisu Valley naar de Lewis Pass, op 865 m hoogte. Deze weg (geopend in 1939), die onder alle weersomstandigheden berijdbaar is, leidt via een betrekkelijk gemakkelijke, schilderachtige route door het met beuken begroeide bergland naar de westkust. De Highway daalt af naar Maruia Springs en loopt vervolgens verder naar Rahu Saddle, Reefton en Greymouth. Ten zuiden van de 'Hanmer-turnoff', zoals deze plaatselijk bekend staat,

Onder:
Krachtcentrale
Oahu B.

loopt Highway 7 door het glooiende heuvellandschap van noordelijk Canterbury naar de aansluiting met Highway 1 bij Waipara. Proef, nu u toch hier bent, eens de wijn van één van de vele gerenommeerde wijngaarden. De weg loopt vervolgens verder en passeert de plattelandsdorpjes Culverden, Hurunui en Waikari. Hurunui bezit een historische bar, die gelukkig werd gespaard voor de slopershamer en thans wordt bezocht door de plaatselijke boeren. Als u goed kijkt, kunt u in het kalksteenlandschap rond Waikari allerlei door de natuur gevormde dierfiguren ontdekken.

Een Stukje Zwitserland

De snelste route tussen Christchurch en Westland wordt gevormd door de West Coast Road (Highway 73), die via de Arthur's Pass loopt. Aan deze bergpas - de meest centraal gelegen pas van het Zuidereiland - ligt een Nieuw-Zeelandse uitgave van een Zwitsers dorp. Het plaatsje **Arthur's Pass** ❹ bevindt zich in het hart van de Zuidelijke Alpen, op 154 km ten westen van Christchurch. Hoewel het niet kan bogen op groene weiden en rammelende koeienbellen, staat er wel een chaletachtig restaurant en heeft het, zoals het een zichzelf respecterend Zwitsers dorp betaamt, een keurig spoorwegstationnetje. De TransAlpine-passagierstrein stopt hier tweemaal per dag op zijn weg naar de kust en terug.

Er is ook een informatiecentrum van het *Department of Conservation*, waar u informatie kunt krijgen over de talloze goede wandelpaden en routes voor bergbeklimmers in de omgeving.

De Arthur's Pass ligt aan de oostelijke ingang van de Otira Tunnel, de enige spoorwegverbinding door de bergen. De 8 km lange, in 1923 (na een 15 jaar durende bouw) voltooide tunnel was het eerste geëlektrificeerde stuk spoorlijn van wat toen nog het Britse Rijk was. Elektrificatie van dit traject was noodzakelijk, omdat bij gebruik van stoomlocomotieven de treinpassagiers zouden zijn gestikt in de zwavelhoudende dampen. Tot op heden vormt de spoorlijn tussen de westkust en Canterbury een belangrijke verbinding. Een bijkomend pluspunt is het feit dat men nergens in Nieuw-Zeeland zo'n prachtig uitzicht heeft vanuit een trein.

De Arthur's Pass is het hoofdkwartier van het gelijknamige nationale park. Het vlakbij Christchurch gelegen, 100.000 ha tellende park is met zijn vele relatief goede paden één van de parken met de beste infrastructuur van het land. De 2271 m hoge Mount Rolleston overheerst het gebied, waarin dertig bergtoppen liggen die hoger zijn dan 1800 m. Voor overnachtingen kunt u terecht in één van de motels of in een jeugdherberg. De Arthur's Pass (924 m) is genoemd naar Arthur Dudley Dobson, die de oude Maori-route in 1864 opnieuw ontdekte. Deze bergovergang vormt de grens tussen Canterbury en Westland, een grens die vaak wordt benadrukt door de verschillen in weersgesteldheid. Bij noordwestenwind laat de reiziger de droge warmte van Canterbury achter zich, om in de Otira Gorge te worden geconfronteerd met hevige regen. Als er daarentegen een zuiden- of een oostenwind staat, blijven de regen en de kou achter in Canterbury en is er de plotselinge verrassing van een zonovergoten landschap. Het weer kan hier onverwacht omslaan, waarbij binnen vierentwintig uur soms 250 mm regen valt. De gemiddelde jaarlijkse neerslag bedraagt 3000 mm. De weg, die zich in de Otira Gorge kenmerkt door steile gedeelten met haarspeldbochten, is niet geschikt voor auto's met caravans en wordt 's winters bij slecht weer afgesloten voor alle verkeer. Rijd hier bij nat weer en in de winter in 's hemelsnaam voorzichtig! In voorkomende gevallen adviseert de *Automobile Association* reizigers de langere, maar gemakkelijkere en veiligere route via de Lewis Pass te nemen naar Westland.

Kaart blz. 248-249

TIP

De mooiste panorama's van Canterbury krijgt u onder ogen vanuit een luchtballon, nippend aan een glas champagne en zwevend over de Zuidelijke Alpen. Methven is het vertrekpunt van luchtballonvaarten.

Onder: De Rakaia River.

De majestueze bergen van Canterbury.

Een veel geziene verschijning in deze omgeving is de kea, de Nieuw-Zeelandse papegaai. Deze bergbewoner heeft criminele neigingen die verdergaan dan die van de beruchte stelende ekster. De ontdekkingsreiziger Julius von Haast werd het slachtoffer van die eigenschap, toen een roofzuchtig aangelegde kea er met zijn waardevolle collectie inheemse planten vandoor ging en ze vervolgens in een ravijn liet vallen. Houd uw etenswaren en glimmende voorwerpen altijd in het oog, want ook u kunt het slachtoffer van een criminele vogel worden!

De Arthur's Pass is niet het hoogste punt van de West Coast Road. Die eer valt te beurt aan de **Porter's Pass**, die 88 km ten westen van Christchurch op 945 m hoogte het berglandschap doorsnijdt. Dagjesmensen uit Christchurch gaan in de omgeving graag rodelen, schaatsen (op Lake Lyndon) of skiën. Er liggen pistes bij Porter Heights, Craigieburn, Broken River en op Mount Cheesman.

De populairste en beste piste van Canterbury ligt op **Mount Hutt ❺**, 100 km ten westen van Christchurch. Vlakbij, 11 km verderop, ligt het stadje Methven, waar accommodatie te vinden is voor elke beurs.

Het Dak van Nieuw-Zeeland

De parel onder de nationale parken van Nieuw-Zeeland is **Mount Cook National Park ❻**. Hier verheffen zich de hoogste bergtoppen van het land boven de kammen van de Zuidelijke Alpen. Het verst reikt Mount Cook, die tot 1991 een hoogte had van 3764 m. In dat jaar verloor de berg echter door een enorme aardverschuiving ongeveer tien meter van zijn top. Opnieuw gemeten, bedraagt de officiële hoogte tegenwoordig 3754 m. Daarmee is Mount Cook nog steeds Nieuw-Zeelands hoogste berg.

Het gebied rond Mount Cook deed ooit dienst als oefenterrein voor sir Edmund Hillary, de eerste mens die Mount Everest bedwong. Het park strekt zich over een lengte van slechts 80 km langs de bergruggen uit, maar heeft desalniettemin honderdveertig bergtoppen met een hoogte van meer dan 2134 m en vijf van de grootste glet-

Onder: Achter de kudde aan.

sjers van Nieuw-Zeeland binnen zijn grenzen. Mount Cook Line, de maatschappij die de luchthaven in de vallei aan de voet van Mount Cook heeft aangelegd en bedrijft, verzorgt dagelijks vluchten naar het park, dat slechts op 35 minuten vliegen van Christchurch en Queenstown ligt. Als het weer rond de landingsbaan van Mount Cook te slecht is, vliegt men naar de landingsbaan van Pukaki bij Twizel. Vandaar worden de passagiers over de weg naar hun bestemming vervoerd. Mount Cook ligt even ten westen van Christchurch, maar de bochtige weg ernaartoe is toch 330 km lang en beslist de moeite waard.

Per auto gaat de reis 121 km lang via Highway 1 in zuidelijke richting door de vlakte en over rivieren - niets herinnert meer aan de enorme problemen die de Maori's en pioniers tijdens deze reis ooit het hoofd moesten bieden. In de jaren vijftig van de 19e eeuw vormden de brede rivieren nog grote obstakels voor reizigers en kolonisten. Talloze mensen zijn destijds in Canterbury verdronken tijdens het oversteken van rivieren. Tussen 1840 en 1870 verdronken in heel Nieuw-Zeeland 1115 mensen in rivieren en in het parlement werd voorgesteld om de verdrinkingsdood als een natuurlijke doodsoorzaak te gaan beschouwen! Tegenwoordig zoeven automobilisten over de Rakaia River, de Ashburton River en de Rangitata River, zonder zich ook maar een ogenblik bewust te zijn van de gevaren waarmee de reizigers van vroeger te kampen hadden. Vlak achter de Rangitata River splitst de weg naar Mackenzie Country (Highway 79) zich westwaarts af van de hoofdweg. Deze *highway* brengt u naar de heuvels en het stadje **Geraldine ❼**. Van hieruit kunt u uitstapjes maken naar een historische boerderij in de Orari Gorge en naar de vele uitstekende vis- en picknickplekjes in de nabije kloven Waihi Gorge en Te Moana Gorge.

Mackenzie Country

Op weg naar Fairlie, een plattelandsstadje met een historisch museum, passeert u een **Clydesdale-stoeterij** en **Barkers**, de enige vlierbessenwijnkelders in Nieuw-Zeeland. Proef eens een glaasje van hun beroemde bisschopswijn die de toepasselijke naam Mountain Thunder heeft meegekregen.

Bij Fairlie laat u het gemoedelijke, groene landschap achter u. De weg, Highway 8, stijgt met verraderlijk gemak naar de Burke Pass. Daarachter strekt zich een andere wereld uit - een groot, met graspollen begroeid dal, dat bekend staat onder de naam **Mackenzie Country**. Het gebied is genoemd naar een Schotse herder die in 1855 probeerde gestolen schapen in dit geïsoleerde hoogland verborgen te houden. Via lange, rechte stukken weg bereikt u eerst **Twizel**. Het stadje is gebouwd ten behoeve van de arbeiders die werkten aan de dammen in de streek. Verwacht werd dat Twizel na beëindiging van de werkzaamheden een spookstadje zou worden. Niets is echter minder waar gebleken en het stadje maakt nu zelfs een bescheiden bloeiperiode door. Het *Department of Conservation* heeft een informatiecentrum aan de rand van de stad. Hier kunt u alles te weten komen over de wilde dieren die in de streek voorkomen, waaronder de zeldzame, zwart gevleugelde steltkluut. Nog maar ruim honderd steltkluten komen thans in het wild voor en een broedgebied van deze vogels, dat slechts enkele kilometers verderop aan de grote weg ligt, kan worden bezocht.

De weg bereikt al kronkelend door het landschap **Lake Tekapo ❽**, een mooi, turkooiskleurig gletsjermeer waarin de omliggende bergen zich spiegelen. Op de oever staat - geheel in harmonie met de omgeving - een eenvoudige stenen kerk, de **Church of the Good Shepherd**. Niet ver hiervandaan wordt de hooglandse

Kaart blz. 248-249

De naam van het circa 710 m boven zeeniveau gelegen, mooie Lake Tekapo is afgeleid van de Maori-woorden Taka (slaapmat) en Po (nacht). Het meer heeft zijn prachtige turkooiskleur te danken aan de fijne rotsdeeltjes die het smeltwater van de gletsjer bevat.

Onder: Pas op voor diefachtige kea's.

Kaart blz. 248-249

Mount Cook.

Onder: Mackenzie Highland Show. **Rechts:** Tasmangletsjer, Mount Cook.

herdershond geëerd, die een heel belangrijke rol heeft gespeeld bij de totstandkoming van de Nieuw-Zeelandse welvaart. Dit gebeurt in de vorm van een bronzen standbeeld dat is vervaardigd in opdracht van de schapenfokkers van Mackenzie Country.

Boven dit fantastische gebied worden vanaf het aan het meer gelegen Tekapo door Air Safaris and Services rondvluchten per helikopter en vliegtuig verzorgd. Vanuit Tekapo loopt de weg in zuidelijke richting verder door het pollenlandschap van **Mackenzie Basin**. Diverse vormen van wintersport zijn hier populair, onder andere skiën op Round Hill en schaatsen op het meer. 's Zomers wordt er veel gevist en zwemmen boten uit over het water. Verderop passeert u **Irishman Creek**, de schapenboerderij waar sir William Hamilton een propellerloze motorboot ontwikkelde. Zijn uitvinding maakte het mogelijk, de ondiepe rivieren van het eenzame achterland zowel stroomop- als stroomafwaarts te bevaren. Niet ver hiervandaan staat de voor publiek geopende **Mount John Observatory**. Vroeger hielp deze sterrenwacht, die dankzij de gunstige locatie de zuivere atmosfeer van Mackenzie Country te baat kan nemen, bij het traceren van Amerikaanse satellieten. De weg volgt grotendeels het kanaal dat water van Lake Tekapo afvoert naar de eerste van de waterkrachtcentrales van Waitaki op de noordelijke oever van Lake Pukaki. Het huidige Lake Pukaki is tweemaal zo groot als in 1979, toen het water nog onbelemmerd naar Lake Benmore stroomde. Tegenwoordig wordt Lake Pukaki in toom gehouden door betonnen dammen, die ervoor zorgen dat het water zoveel stijgt dat het kan worden gebruikt voor de opwekking van witte elektriciteit. De vroegere doolhof van vertakkingen van de brede rivier die wordt gevoed door de Tasman- en Hooker-gletsjers en in Lake Pukaki uitmondt, is voorgoed verdwenen. Bezoekers die via de nieuwe weg langs de zuidelijke hellingen van de Pukaki Valley naar **Mount Cook Village** ❾ rijden, kunnen nog af en toe een stukje van de oude, onverharde weg zien bovenkomen. De verdrinkingsdood van die weg maakte echter weinig medeleven los bij de mensen die hem goed hadden gekend en tijdens een hobbelende rit bijna waren gestikt in het opwaaiende stof. Dankzij de nieuwe, verharde weg, die een comfortabele hellingshoek vertoont, is de rijtijd naar het 'kluizenaarsverblijf' met het prachtige uitzicht - The Hermitage - gehalveerd.

Mount Cook Village ligt in het gelijknamige nationale park. Vandaar, dat er - afgezien van het Hermitage Hotel - slechts beperkt accommodatie is. Dat neemt niet weg, dat u er kunt kiezen uit volledig ingerichte huisjes met kookgelegenheid, Glencoe Lodge, een camping en een goed voorziene jeugdherberg. Vanuit het dorp lopen goed bewegwijzerde paden door de omliggende valleien. Sommige paden gaan over in 'klimtrajecten' die eerder geschikt zijn voor ervaren bergbeklimmers dan voor ongetrainde wandelaars. Een goede, professionele uitrusting is voor deze routes absoluut vereist. Overleg van tevoren met de parkbeheerders van de Park Board! Voor een aanzienlijk gemakkelijkere kennismaking met de bergen kunt u in één van de vliegtuigen stappen die op grote hoogte in de sneeuw landen. Bijna het hele jaar kan hier worden geskied; het opwindendst is de afdaling over de 29 km lange Tasman-gletsjer. Het spectaculaire uitzicht vanaf Mount Cook, vooral midden in de zomer, als de laatste zonnestralen de rozig gekleurde top beroeren, vormt voor menige toerist het hoogtepunt van zijn ontdekkingsreis door Canterbury. De berg, die door de Maori's Aorangi (Wolkenprikker) wordt genoemd, hult zich vaak in een mantel van wolken en onttrekt zich zo aan de waarneming van bezoekers. Maar weer of geen weer, het berglandschap is altijd indrukwekkend, altijd dramatisch. In dit gedeelte van Canterbury kun je je als mens alleen maar heel onbeduidend en nietig voelen.

NELSON EN MARLBOROUGH

De noordelijke punt van het Zuidereiland oefent grote aantrekkingskracht uit op wilde dieren en vormt met zijn ontspannen levensstijl een bron van rust. En dat is precies waar de meeste reizigers wel aan toe zijn na de enerverende overtocht over de woeste Cook Strait.

Kaart blz. 248-249

Nelson en Marlborough beschouwen zichzelf als een glinsterende gordel van zonneschijn rond het middel van een land dat van top tot teen trots mag zijn op zijn klimaat. Deze metaforische gordel is zo elastisch, dat hij de grote zomerse bezoekersstroom gemakkelijk aan kan. Het normale inwonertal van de stad Nelson (36.000) schijnt rond Kerstmis en Nieuwjaar te verdubbelen en in populaire kustplaatsen als Kaiteriteri loopt het aantal inwoners op van een handjevol tot ettelijke duizenden. Met hun auto's vol kinderen, al dan niet met caravans of boten aan hun trekhaak en tenten op het imperiaal, trekken de vakantiegangers massaal naar de hotels, motels en kampeerterreinen. Nelson en Marlborough zijn vanuit het zuiden te bereiken over de weg. Een lijnvlucht van Air New Zealand Link of Ansett brengt u naar de luchthaven van Nelson of van Blenheim. Het spannendst is natuurlijk een tocht per veerboot over Cook Strait vanuit Wellington.

Snel door de Straat

Cook Strait vormt een natuurlijke tunnel voor de westenwinden die op 40° Z.B. waaien. Bij slecht weer kan deze zee-engte één van de onaangenaamste stukjes water op aarde zijn. Zodra u echter door de smalle ingang van het Tory Channel de **Marlborough Sounds ❿** binnenvaart, komt u in een andere wereld terecht - een wereld van ontelbare inhammen en baaien, met heuvels die steil aflopen in zee. Ooit lag er een walvisstation bij de ingang van het Tory Channel. Dit laatste walvisstation van Nieuw-Zeeland sloot in 1964, waarmee een einde kwam aan de jacht op de trekkende bultruggen waarmee de familie Perano zich meer dan vijftig jaar had beziggehouden. Het kanaal is voor de Perano's bijna een eeuw lang de enige 'weg' geweest en dat geldt ook voor de meeste eigenaars van de vele vakantiehuizen en boerderijen aan de Marlborough Sounds. Boten zijn hier het belangrijkste transport- en communicatiemiddel; slechts enkele bewoners kennen de luxe bereikbaar te zijn via de weg. De dokter legt zijn visites per motorboot af en ook de post wordt per motorboot bezorgd.

Tijdens de één uur durende reis aan boord van de grote railveerboot door het Tory Channel en de Queen Charlotte Sound, krijgt u slechts een glimp van het prachtige landschap van de streek te zien. Verspreid op de kust liggen geïsoleerde huizen, waarvan vele bestemd zijn voor vakantiegangers.

De beroemdste van alle Zuidzeeverkenners, kapitein James Cook, bracht ongeveer honderd dagen door in en rond Ship Cove. En dat is heel begrijpelijk. Daar hees hij op 15 januari 1770 voor het eerst de Britse vlag op Nieuw-Zeelandse bodem. Om Cooks bezoeken te gedenken, is vlakbij de ingang naar de Queen Charlotte Sound, een monument opgericht.

Het commerciële centrum voor bijna alle activiteiten in de Marlborough Sounds is de stad **Picton ⓫**, gelegen aan één van de baaien van de Queen Charlotte Sound.

Blz. 256-257: Wijngaarden in Marlborough. **Links**: Walvissen kijken. **Onder**: De zandvlakte van Motueka.

Uitzicht over de Marlborough Sounds vanuit Picton.

Onder:
Wijngaarden bij Blenheim.

Picton is het beginpunt (of, als u wilt, het eindpunt) van het gedeelte van Highway 1 dat op het Zuidereiland ligt en van de voornaamste spoorlijn. Hier arriveren en vertrekken ook de *Cook Strait Ferries*. Picton is tevens de basis van de motorsloepen, watertaxi's en charterboten waarvan de plaatselijke bevolking en de bezoekers afhankelijk zijn. Een watervliegtuig verzorgt rondvluchten boven het gebied, of brengt u desgewenst naar uw accommodatie aan de nabijgelegen Kenepuru Sound. Per watervliegtuig duurt de reis slechts tien minuutjes, terwijl u er per auto minimaal twee uur over doet en per boot zelfs twee dagen. Aan Picton Bay ligt het oude koopvaardijschip *Echo* op het strand. Tegenwoordig doet het dienst als clubhuis van de plaatselijke jachtclub. De *Echo* was één van de laatste Nieuw-Zeelandse handelsschouwen, hoewel dit type platbodemzeilschip eigenlijk was ontworpen om te varen in ondiepe rivierhavens in plaats van in de diepe wateren van de zeearmen.

Aan de andere kant van de baai ligt een bezienswaardigheid die veel ouder is: de van een teakhouten romp voorziene *Edwin Fox*. Het is het enige overgebleven schip van de *British East India Company* ter wereld. De *Edwin Fox* kwam naar Nieuw-Zeeland met 19e-eeuwse immigranten, waarna er ten behoeve van de vleesindustrie van Picton vriescellen in werden gebouwd. Nu fungeert het schip, dat geleidelijk wordt gerestaureerd, als museum.

Wijn en Walvissen

Op 30 km ten zuiden van Picton ligt **Blenheim** ⑫, het administratieve centrum van de dunbevolkte provincie Marlborough. De aardige, maar niet spectaculaire landelijke stad ligt op een vlakte, de Wairau Plain, die sinds de opening van de nabijgelegen Montana-wijngaarden aan het einde van de jaren zestig is uitgegroeid tot één van de belangrijkste Nieuw-Zeelandse wijngebieden. Veel wijnmakerijen hebben winkels en restaurantjes geopend; de rondleidingen door de wijngaarden en het jaarlijkse festival waarbij alles draait om wijn en eten zijn belangrijke toeristische attracties ge-

worden. Druiven, appels, kersen, schapen - stuk voor stuk gedijen ze prima onder de zon van Marlborough. Maar niets is meer gebaat bij een reeks warme, droge zomerdagen dan de zoutziederij bij Lake Grassmere. Daar verdampt het zeewater in ondiepe lagunes tot er niets meer van over is dan verblindend witte zoutkristallen.

In tegenstelling tot de Sounds is de kust in het zuidelijke deel van de provincie onbeschut en rotsachtig. Bij het stadje Kaikoura in het westen botsen de zee en de bergen als het ware frontaal op elkaar. Op de smalle strook land is nauwelijks genoeg plaats voor de weg en de spoorlijn.

Kaikoura ⓭ is de toegangspoort tot een klein schiereiland dat de plaatselijke vissersboten beschutting biedt. De langoest die wordt gevangen langs deze rotsachtige kust, wordt vers verkocht in de kraampjes die u overal langs de weg tegenkomt. Belangrijker voor de economie van Kaikoura zijn echter de toeristen die voor de walvissen komen die hier vlak langs de kust zwemmen. Excursies per boot of vliegtuig brengen u naar de walvissen, maar wanneer u geluk hebt, kunt u ze vanaf de kust zien. De walvissen hebben de stad veel goeds gebracht, en voor wie op weg is naar Christchurch is het beslist de moeite waard in Kaikoura een tussenstop te maken. Een wandeling naar de zeehondenkolonie is eveneens een aanrader.

Vanaf Kaikoura landinwaarts reiken twee parallel lopende bergketens naar de hemel. Het hoogste punt is de top van de Tapuaenuku, die zich 2885 m boven de zeespiegel bevindt. Daarachter liggen de Awatere Valley en Molesworth, de grootste schapen- en veefokkerij van Nieuw-Zeeland.

De Wairau Valley en de Awatere Valley worden ook wel 'de bakermat van het landelijke Zuidereiland' genoemd. Hier heeft in het verleden echter een zo ernstige vorm van overbeweiding plaatsgevonden, dat de overheid zich genoodzaakt zag in te grijpen: in de jaren dertig werd het verwaarloosde Molesworth overgenomen. Veel van de 182.000 ha is inmiddels zorgvuldig hersteld en Molesworth telt tegenwoordig 10.000 stuks vee. Bezoekers kunnen in een auto met vierwielaandrijving de streek vanaf Nelson via Molesworth tot Hanmer Springs in het noorden van de provincie Canterbury verkennen.

Mosselen en Goud

De weg van Blenheim naar Nelson brengt u door de mooie Kaituna Valley naar **Havelock ⓮**, een vissers- en vakantiedorp aan de Pelorus Sound. Havelock is een kleinere uitgave van Picton, zonder de drukte van de veerboten die tussen het Noorder- en het Zuidereiland varen, maar met dezelfde uitstraling, want ook hier draait alles om het water. De Pelorus Sound en de Kenepuru Sound zijn van vitaal belang voor de groeiende Nieuw-Zeelandse visteelt. Het rustige, beschutte water leent zich uitstekend voor het kweken van zalm (in kooien) en groenlipmosselen (aan touwen die verbonden zijn met een boei). Ook worden er sint-jakobsschelpen en oesters gekweekt. Even voorbij Havelock ligt **Canvastown**, dat zijn naam te danken heeft aan het tentendorp dat als een paddestoel uit de grond schoot, toen in de jaren zestig van de 19e eeuw in de Wakamarina River goud werd ontdekt. De toestroom van goudzoekers duurde overigens maar kort en de meesten gingen verder naar Otago. Canvastown herdenkt zijn korte bloeiperiode met een monument bestaande uit in beton gegoten, oude goudzoekersgereedschappen. Bezoekers kunnen er goudzeven huren en nog altijd in de Wakamarina River een korreltje goud vinden.

In Rai Valley maken de bussen die de 115 km tussen Blenheim en Nelson afleggen, een korte tussenstop. Er is een afslag naar **French Pass ⓯**, aan de uiterste rand

Kaart blz. 248-249

Het Maori-woord Kaikoura betekent: langoest eten.

Onder: Graham Valley, Nelson.

van de Sounds. Een smalle, met riffen bezaaide doorgang ligt tussen het vasteland en D'Urville Island, een eiland dat is genoemd naar de 19e-eeuwse Franse ontdekkings-reiziger, Dumont d'Urville, die de waterweg in 1827 heeft ontdekt. Met het feit dat hij erin slaagde, zijn schip door de smalle doorgang te navigeren, gaf hij blijk van bij-zonder knap zeemanschap.

Een Stad Apart

Nelson ⑯ is binnen Nieuw-Zeeland echt een stad apart. De plaats is nooit aangeslo-ten geweest op het spoorwegnet van het land, wat heeft geleid tot een zekere geïso-leerdheid, die de luchtverbinding met Wellington niet heeft kunnen wegnemen. Zelfs het feit dat het, zestien jaar nadat de eerste kolonisten van dit district door de *New Zealand Company* aan wal waren gezet, bij koninklijk besluit in 1858 als zetel van een anglicaanse bisschop de stadsstatus kreeg, onderscheidt Nelson van nieuwe en grotere steden. De stad heeft meer dan alleen de stadsstatus aan zijn bisschop te dan-ken. Andrew Suter, die van 1867 tot 1891 bisschop van Nelson was, liet de bevolking een verzameling vroeg-koloniale aquarellen na, die tot de mooiste van het land beho-ren. De **Suter Gallery** aan Bridge Street, waar ze zijn ondergebracht, behoort, samen met de **School of Music** en het **Theatre Royal** (het oudste theatergebouw in het land), tot de culturele centra van de stad.

Wijnbar in een om-gebouwd pakhuis, Nelson.

Kerken (van alle gezindten) dragen ook bij aan de architectonische stijl van een district dat zijn koloniale erfgoed grotendeels heeft weten te bewaren, waaronder de hofstede **Broadgreen**. Enkele van de mooiste kerken liggen in de dorpjes op de vlak-te Waimea Plain - in Richmond, Waimea West en Wakefield. In Wakefield is in 1846 de parochiekerk **St. John's** gebouwd, de op één na oudste kerk van Nieuw-Zeeland en de oudste op het Zuidereiland. De omgeving van Nelson wordt gekenmerkt door de zandstranden en de uitgestrekte appelboomgaarden. De streek levert ook een groot deel van de nationale productie van nashi-peren, kiwi's, bessen en, als het om

Onder: Koloniale zitkamer, Broadgreen.

hop gaat, zelfs de hele nationale oogst. U vindt hier niet zoveel wijngaarden als in Marlborough, maar er komen er steeds meer, met name in Waimea en de Moutere Hills. Bosbouw en visserij zijn eveneens belangrijke bronnen van inkomsten. Toen de kunstnijverheid in de jaren zestig van de 20e eeuw een bloeiperiode beleefde, wist Nelson zich te ontwikkelen tot een belangrijk aardewerkcentrum, voornamelijk dankzij de goede klei die er wordt gedolven. Er zijn nog altijd talloze pottenbakkers, maar ook wevers, zilversmeden, glasblazers en andere ambachtslieden zijn goed vertegenwoordigd. Bij het **Nelson Visitor Centre** kunt u alles te weten komen over rondleidingen door wijngaarden en bezoeken aan ateliers van ambachtslieden.

Alternatieven in Golden Bay

Dankzij de beschikbaarheid van relatief goedkope kleine boerenbedrijven en de mogelijkheden voor seizoenwerk heeft de provincie Nelson, net als Coromandel, een bepaalde aantrekkingskracht voor mensen met een alternatieve levenswijze. U zult er veel campers tegenkomen. De valleien van de Motueka River en Golden Bay trekken van oudsher mensen met een holistische levensopvatting.

In Nelson voelt men zich geïsoleerd van de rest van Nieuw-Zeeland, maar Golden Bay ligt zelfs ten opzichte van Nelson nog geïsoleerd. Een weg over de steile, uit marmer en kalksteen bestaande Takaka Hill is de enige toegang voor alles en iedereen behalve vogels, vissen en mensen met een stevig paar schoenen. Alle transport gaat via deze weg - zware vrachtwagens zowel als het vakantieverkeer op weg naar Pohara Beach of het **Abel Tasman National Park** ⓱.

Bij Tarakohe, aan de weg naar het park dat naar Abel Tasman is genoemd, staat een gedenkteken voor de Nederlander die in de 17e eeuw dit eiland voor Europa heeft ontdekt. Op deze plek vond in december 1642 de eerste, nogal onzalige ontmoeting plaats tussen Europeanen en Maori's. Toen Tasman hier met zijn schepen, de *Heemskerck* en de *Zeehaen*, voor anker was gegaan, werd één van zijn sloepen aan-

Kaart blz. 248-249

TIP

Het Marlborough Wine and Food Festival wordt jaarlijks op de tweede zaterdag in februari gehouden.

Onder: Commune in Graham Valley.

Kaart blz. 248-249

Visser in Marlborough.

Onder en rechts: De bergen bij Kaikoura, gezien vanuit verschillende perspectieven.

gevallen. Hij verloor vier man, noemde het gebied 'Moordenaarsbaai' en ondernam geen enkele poging meer om in Nieuw-Zeeland aan land te gaan. De Maori's zouden nog honderddertig jaar in onwetendheid worden gelaten over de dubieuze genoegens van de Europese beschaving.

De naam Golden Bay heeft alles te maken met de schitterende kleur van het zand langs de granieten kust. Van deze kust genieten de vele mensen op het wandelpad van Totaranui naar Marahau nog het meest. De complete wandeling duurt drie of vier dagen. Wie niet over voldoende energie beschikt, kan in Kaiteriteri of Tarakohe de motorboot nemen en enkele baaien verderop weer uitstappen om verder te wandelen. Kajakken langs de baaien is ook een zeer geliefde bezigheid. Slechts 5 km ten westen van Takaka ligt **Pupu Springs**, waar een kort wandelpad u naar plassen met het helderste zoetwater ter wereld leidt.

Farewell Spit ⓲, gelegen aan de westelijke punt van Golden Bay, is een paradijs voor natuurkenners. Het 25 km lange strand ligt als een kromzwaard rond de baai en wordt elk jaar groter doordat er miljoenen kubieke meters nieuw zand worden toegevoegd door de stroming, die de westkust overspoelt en vervolgens haar lading dumpt als ze de tegenstrijdige getijden van Straat Cook ontmoet. De kustvlakte, erkend als een gebied van internationale betekenis, wordt beheerd door de overheid en is beperkt toegankelijk. U kunt een tocht naar de vuurtoren maken met de terreinauto, die regelmatig vanuit Collingwood vertrekt. De vertrektijd is afhankelijk van het tij.

Forel en Trektochten

Ten zuiden van Golden Bay komt u zelfs met een auto met vierwielaandrijving niet meer vooruit. Hier bevindt zich ten op één na grootste nationale park van het land: **Kahurangi National Park ⓳**. Veel mensen komen voor een trektocht naar dit bosgebied of voor een wandeling over het populaire pad dat de naam **Heaphy Track** draagt. Deze wandelroute van vier tot vijf dagen begint iets ten zuiden van Collingwood en loopt vervolgens door de bergen en via de westkust naar Karamea. Langs de route zijn diverse, goedkope overnachtingsmogelijkheden (hutten van het *Department of Conservation*). Hoewel Nelson zelf een overwegend droog klimaat heeft, komen wolkbreuken vrij vaak voor in de westelijke bergketens aan Golden Bay. Het water sijpelt door de zachte kalksteen en zo is een ondergronds stelsel van grotten en rivieren ontstaan dat wordt bezocht door speleologen uit alle hoeken van de wereld. Ook **Harwood's Hole** in Takaka Hill met een diepte van meer dan 200 m is zo ontstaan. Jarenlang werd deze grot beschouwd als de diepste grot van Nieuw-Zeeland. Een 400 m lange wandeling vanaf het einde van de weg in de Riwaka Valley, aan de kant van Takaka Hill waar Nelson ligt, brengt u bij het punt waar de Riwaka River tevoorschijn komt uit het binnenste van de heuvel, waar hij ontspringt. Voor mensen met gevoeligere voeten en minder geharde spieren zijn er andersoortige oases te vinden. Aan de oever van Lake Rotoroa, 90 km ten zuiden van de stad, in **Nelson Lakes National Park ⓴**, ligt op loopafstand van een gerestaureerde vissershut uit de jaren twintig uitstekend viswater. Op nog geen uur rijden vinden hengelaars 26 uitstekende rivieren om in te vissen. **St. Arnaud** aan het nabijgelegen Lake Rotoiti beschikt naast comfortabele accommodatie ook over twee skipistes (voor winterse bezoekers).

Vanuit het dorp kunt u via de Wairau Valley terugrijden naar Blenheim - vooropgesteld, dat u niet verder wenst te reizen naar Christchurch of West Coast.

WEST COAST

Wild en ruig, het ongastvrije terrein van de West Coast maakt haar mooiste plekken moeilijk bereikbaar, maar de aanhouder wint en wordt beloond met adembenemende stukken ongerepte natuur.

Kaart
blz.
248-249

Het Wilde Westen van Noord-Amerika is onsterfelijk gemaakt door Hollywood. Hoewel de wilde West Coast op het Nieuw-Zeelandse Zuidereiland minstens evenveel roem verdient, is het nooit zover gekomen. Toch hebben kust en kustbewoners een verleden dat even onstuimig is als dat van het Amerikaanse Westen. Ten tijde van de goudkoorts in de jaren zestig van de 19e eeuw staken de mannen hun sigaar aan met biljetten van vijf pond en tientallen steden met duizenden inwoners schoten als paddestoelen uit de grond in gebieden met ondergrondse rijkdom.

De drankzuchtige, vechtlustige en hardwerkende mannen en vrouwen uit die voorbije tijd hebben niet meer achtergelaten dan een legende. Langs de 500 km lange kust wonen tegenwoordig minder mensen dan in 1867, toen het inwonertal een hoogtepunt van 40.000 bereikte - 13 procent van de toenmalige totale Nieuw-Zeelandse bevolking. Het huidige aantal West Coasters bedraagt slechts 30.000 - minder dan één procent van het totaal van 3,3 miljoen Nieuw-Zeelanders. Het land zelf neemt meedogenloos de plaatsen terug waar ooit steden als Charleston (met twaalfduizend zielen en tachtig drankwinkels) een bloeiend bestaan leidden.

Blz. 266-267: In de Sullivan-mijn. **Links**: Vruchtbare grond, Westland National Park. **Onder**: Fox Glacier.

Een Onafhankelijk Karakter

Er zijn maar weinig West Coasters, maar ze hebben een sterke identiteit en staan bekend om hun nuchterheid, ruwheid, onafhankelijkheid en gastvrijheid. In West Coast worden de drankwetten al jaren ongestraft met voeten getreden. De grootste 'vijand' van de West Coasters is tegenwoordig echter niet de centrale overheid, maar een lobby van natuurbeschermers die zich inzet voor de inheemse bossen en de vogelstand. De bevolking, die met bos- en mijnbouw nauwelijks de eindjes aan elkaar weet te knopen, is fel gekant tegen de doelstellingen van al die milieuactivisten die niet eens in deze streek wonen.

West Coast heeft zijn inwoners nooit verleid met een gemakkelijk leven. Het gebied werd sinds ongeveer 1400 n.Chr., zij het spaarzaam, door Maori's bewoond. Zij waren vooral geïnteresseerd in de bij Arahura gevonden, uiterst begerenswaardige groensteen. Deze werd met moeite naar andere gebieden gebracht, eerst via de noordelijke route naar Nelson en later over bergpassen in de Main Divide naar Canterbury.

Vroege Ontdekkingsreizigers

Niet een van de twee grote ontdekkingsreizigers, Abel Tasman en James Cook, raakte erg gecharmeerd van West Coast toen zij er in respectievelijk 1642 en 1769 langs zeilden. 'Een ontoegankelijke kust', was de omschrijving die kapitein Cook hanteerde. 'Een langgerekt, eenzaam stuk land met een onheilspellende lucht en ondoordringbare wouden', was zo'n vijftig jaar later de mening van een Franse expeditieleider.

West Coast bood zelfs een zo onheilspellende aanblik, dat de Europeanen het gebied pas in 1846 serieus gingen verkennen. De mening van één van die eerste ontdekkingsreizigers, Thomas Brunner ('Het allerbe-

*Franz Josef
Glacier.*

roerdste stuk land dat ik in heel Nieuw-Zeeland heb gezien') had alleen maar een ont-moedigende uitwerking op anderen. Brunners afkeer was gewekt door de zware ont-beringen die hij had moeten doorstaan tijdens zijn 550 dagen lange reis door dit ge-bied. Pas in 1860 reageerden de autoriteiten positief op verslagen waarin melding werd gemaakt van gletsjers in het zuiden en routes door de Alpen naar Canterbury: de centrale overheid kocht West Coast van de Maori's voor driehonderd gouden Engelse ponden. Daarop ondernamen Europese kolonisten vastberaden pogingen om goud te vinden. In 1865 kende de goudkoorts een hoogtepunt.

De huidige bezoeker zal West Coast uitnodigender vinden. Het is een lange, smal-le strook met een wilde schoonheid die in het oosten wordt beschermd door de Alpen en in het westen wordt aangevallen door de woelige Tasman Sea. Nergens ter wereld zijn in de gematigde zones zulke grote gletsjers te vinden. Hier slijpen ze zich door de op ravijnen lijkende valleien een weg naar beneden van ongeveer 3000 m tot slechts 300 m boven de zeespiegel. Door varens omzoomde meren weerspiegelen de mach-tige bergen en de dichte, ongerepte wouden. Rivieren kolken via met zwerfkeien be-zaaide dalen naar de zee. Het regent er regelmatig. Watervallen storten zich in woeste stromen naar beneden. Dit is het natste bewoonde gebied in Nieuw-Zeeland. Als het ophoudt met regenen en de wolken zich terugtrekken achter de bergtoppen, klinkt door de lucht de vogelenzang en de enige smet op dit paradijs zijn zandmuggen met grote dorst naar menselijk bloed.

Het moderne West Coast is nog steeds een uitgesproken ruig gebied. Vervallen houten boerderijen en met mos begroeide hekken zijn de stille getuigen van de dagen van ontbering en teleurstelling. Overal is de aftakeling tastbaar aanwezig - niet ver-waarloosd maar triest. De tijd lijkt hier stil te staan. Reizigers die een bezoek brengen aan dit gebied, dat wat natuur betreft ongerept is en in emotioneel opzicht rauw, krij-gen onaangekondigd een extraatje in de vorm van een reis terug in de tijd.

Onder:
Natuurgeweld in
West Coast.

Langs de Kust

Dankzij de in 1965 geopende **Haast Pass** ❹ kunnen hedendaagse bezoekers die een fondrit willen maken over het Zuidereiland de kust bijna geheel volgen. Deze pas, die Westland en de zuidelijke meren van Centraal Otago met elkaar verbindt, is tevens de meest spectaculaire pas en zorgt voor een plotseling contrast tussen het droge grasland van Otago en de sappige vegetatie in het westen.

De beroemdste attractie van West Coast wordt gevormd door twee gletsjers, de **Fox Glacier** en de **Franz Josef Glacier** ❷, ongeveer 120 km ten noorden van Haast. Beide gletsjers begonnen in 1982 aan een opzienbarende opmars. De Franz Josef Glacier is inmiddels zo ver opgerukt, dat het glinsterende witte ijs voor het eerst in veertig jaar weer zichtbaar is vanuit het altaarraam van de St. James, de anglicaanse kerk die verscholen ligt in een bosje vlakbij het centrum van het stadje Franz Josef. De opmars van de Fox Glacier is minder spectaculair: deze is in de afgelopen twintig jaar 600 m de vallei in gezakt. Beide gletsjers liggen, op ongeveer 25 km afstand van elkaar, in het **Westland National Park**, 88.000 ha met bergtoppen, sneeuwvelden, bossen, meren en rivieren. De hoofdweg door het westelijk deel van het park, loopt vlak langs beide gletsjers.

Smalle, door struiken omzoomde wegen geven gemakkelijk toegang tot uitkijkpunten voor bezoekers die de meest zuidelijk gelegen Fox Glacier en de schilderachtigere Franz Josef Glacier van redelijk dichtbij willen zien. Vanuit een helikopter of een vliegtuig met ski's hebt u een schitterend uitzicht over de groenblauwe schakeringen van het ijslandschap met zijn ontelbare kloven en spleten. Het is ook mogelijk onder leiding van een gids een wandeling over het ijs te maken. Twee stadjes, die elk beschikken over een gevarieerd aanbod aan accommodatie, wedijveren met elkaar om in de behoeften van de gletsjerbezoekers te mogen voorzien. In beide plaatsen kunt u bij het *Department of Conservation* gedetailleerde informatie krijgen over de vele wandelmogelijkheden. Zo is er bijvoorbeeld de zware, maar alleszins lonende,

Kaart blz. 248-249

In 1865 verkende de Oostenrijker Julius Haast als eerste Europeaan de Franz Josef Glacier, die hij naar de Oostenrijkse keizer noemde.

Onder: Het oude westen, station van Glenmore.

tocht over de Copland Pass in de Main Divide naar de Hermitage bij Mount Cook. De wandelpaden van het park met een totale lengte van ongeveer 110 km lopen door een reservaat van gevarieerd inheems woud met een boeiend vogelleven. De toppen van Mount Cook, Mount Tasman en La Perouse die het gebied overheersen, weerspiegelen zich in Lake Matheson, één van de drie rustige meren in het park die tienduizend jaar geleden onder invloed van het ijs zijn ontstaan.

Lake Matheson met Mount Tasman en Mount Cook.

Onder:
Paardebloemen, Westland National Park.

Snoekforellen en Grote Zilverreigers

Het gebied ten zuiden van het nationale park wordt gekenmerkt door een prachtige kust. Ver ten zuiden van het stadje Haast ligt een bijzonder eenzaam gebied. De secundaire weg die er doorheen loopt, eindigt abrupt in **Jackson Bay ㉓**. Dit vissersdorp wordt in het voorjaar overspoeld door enthousiaste snoekforelvissers die zich massaal naar de nabijgelegen riviermonding begeven, een jaarlijks gebeuren dat zich aan de kust overigens afspeelt bij alle snelstromende rivieren. Vissen is een belangrijke bezigheid in het zuiden van Westland. Met name bij Haast is het goed vissen, zowel in de branding als in de rivier, terwijl hengelaars 45 km naar het noorden, bij het rustige vakantieplaatsje Lake Pargina, worden gelokt door zeeforel en chinookzalm. Via een korte omweg in westelijke richting vanuit het stadje Fox Glacier komt u bij **Gillespie's Beach**, dat bekend staat om zijn mijnwerkersbegraafplaats en zeehondenkolonie. Volgt u de hoofdweg ongeveer 60 km in noordelijke richting, dan kunt u nog een omweg maken en wel naar **Okarito Lagoon ㉔**, beroemd als enige broedplaats van de zeldzame grote zilverreiger. Ooit stonden er in Okarito 31 hotels. Nu zijn er alleen nog enkele vakantiehuisjes. In noordelijke richting loopt de hoofdweg naar **Ross** langs het idyllische Lake Ianthe. Ross was ooit een lucratief goudveld, waar de grootste klomp goud van de kuststreek werd gedolven (2970 g). Overblijfselen uit het zo glorieuze verleden blijven voor het nageslacht bewaard in het kleine plaatselijke museum.

Hokitika ㉕, voorheen de 'Wonderstad van het Zuidelijk Halfrond' met 'straten van goud' en een bloeiende zeehaven met honderd drankwinkels, ligt 30 km ten noorden van Ross. Hokitika is inmiddels een rustige plaats geworden, al ligt het vlakbij de belangrijkste luchthaven van West Coast. Tot de talrijke toeristische attracties behoren een historisch museum, diverse fabrieken waar sieraden van groensteen worden gemaakt, een goudmijn, de mogelijkheid om zelf op zoek te gaan naar goud en een 'glimwormvallei'. **Lake Kaniere** en de kloof **Hokitika Gorge** zijn beslist een bezoek waard. Bij Kumara Junction, 23 km ten noorden van Hokitika, kruist de weg de Arthur's Pass Highway, de verbinding tussen Westland en Canterbury. Enkele kilometers ten oosten van de kruising loopt deze *highway* naar het oude goudzoekersstadje Kumara. Vandaar kronkelt een weg naar Lake Brunner, het grootste meer van West Coast.

Goud en Pannenkoeken

Vlakbij Greymouth, ongeveer 10 km ten noorden van Kumara Junction, ligt **Shantytown**, een gereconstrueerd goudzoekersstadje waar u zelf met pan en zeef gouderts kunt wassen en vanwaar u zich per trein naar de oude Chinese installaties kunt laten rijden. Bij **Greymouth ㉖** sluit de andere transalpine weg uit Canterbury aan op Highway 6. Greymouth, met 3000 inwoners de grootste kustplaats, heeft zijn leidende positie te danken aan zijn zeehaven en de nabijgelegen houtzagerijen en kolenmijnen.

Voorbij Greymouth loopt de Coast Road naar

Westport langs de kust, die 43 km verder naar het noorden (bij Punakaiki) het merkwaardige uiterlijk van een stapel versteende pannenkoeken krijgt. De **Pancake Rocks** ❷ en hun trekgaten bestaan uit geërodeerde kalksteen. Vanaf de weg is de rotsformatie te bereiken na een korte wandeling. De rotsen zijn op hun mooist bij vloed, als de westenwind het woelige zeewater met volle kracht door de spleten jaagt.

Charleston met zijn nabijgelegen oude goudmijnen, ooit het bloeiende centrum van het district Buller, ligt 32 km verder naar het noorden. Bij een kruising, 21 km verder noordwaarts, gaat de kustweg over in Highway 67. Deze loopt naar het naburige Westport en vandaar naar de noordelijkste stad van West Coast, Karamea, 88 km verderop. Via deze weg kunt u het vertrekpunt bereiken van twee bekende wandelroutes - **Wangapeka Track**, die langs de Little Wanganui River loopt, en de 70 km lange **Heaphy Track** (vier tot zes dagen) naar Karamea en Golden Bay.

Vijf kilometer ten zuiden van Westport draait Highway 6 het land in om vervolgens 84 km lang één van de mooiste rivieren van het Zuidereiland, de Buller, te volgen naar Murchison. Hier verlaat u West Coast. De weg loopt vandaar verder naar Nelson en Blenheim.

Vertakking naar het Zuiden

Het gedeelte van deze weg dat door West Coast loopt, splitst zich in Highway 69 en Highway 65, die aansluiten op de Lewis Pass Highway. Highway 69 loopt vanaf Inangahua Junction (halverwege Westport en Murchison) door een gebied dat uitermate rijk is aan mineralen, om 34 km verder naar het zuiden in **Reefton** ❷ uit te komen dat zijn naam te danken heeft aan zijn beroemde kwartsaders. De streek was ooit rijk aan goud en steenkool. Het verhaal van de winning wordt verteld in de plaatselijke **School of Mines** en het **Black's Point Museum**.

De andere route, Highway 65, die vanuit Murchison naar de Lewis Pass loopt, sluit bij Springs Junction, 72 km naar het zuiden, aan op de grote Lewis Pass Highway.

Kaart
blz.
248-249

TIP

Wie van zeebanket houdt en in de lente West Coast bezoekt, moet echt de specialiteit, snoekforelbeignets, proeven. Deze zijn gevuld met kleine, maar voedzame, op wormen lijkende diertjes die je nog aan lijken te kijken - daar moet u natuurlijk wel tegen kunnen!

Onder: Pancake Rocks, Punakaiki.

QUEENSTOWN EN OTAGO

Queenstown, gelegen in een streek met adembenemend natuur-schoon, schaamt zich er niet voor een toeristische stad te zijn met een omvangrijk aanbod aan activiteiten en leuke winkels.

Kaart blz. 278

Queenstown, dat algemeen bekend staat als de parel in de kroon van het Nieuw-Zeelandse toerisme, is het kloppend hart van Centraal Otago. De stad is dermate populair geworden bij buitenlandse bezoekers, dat sommige Nieuw-Zeelanders het gevoel hebben dat er voor henzelf geen plaats meer is. In nog geen dertig jaar tijd is **Queenstown ❶** uitgegroeid van een slaperig stadje tot een werelds toeristenoord, een soort Sankt Moritz op het Zuidelijk Halfrond. De stad is groot geworden dankzij het toerisme en terwijl andere steden moesten vechten om zich staande te houden, beleefde Queenstown een periode van bloei die nog steeds voortduurt. Binnen een straal van slechts enkele kilometers maken de inventiviteit en de mechanische hoogstandjes van de Nieuw-Zeelanders enerzijds en een schitterend landschap anderzijds het mogelijk allerlei avontuurlijke activiteiten te ondernemen.

Een Verguld Landschap

Centraal Otago heeft een regionale eigenheid die duidelijk verschilt van andere delen van het land. De westkant wordt gedomineerd door een aantal indrukwekkende toppen van de Zuidelijke Alpen, die hoog oprijzen boven diepe, door gletsjers gevormde meren. De grootste aantrekkingskracht in het gebied oefent evenwel het vreemde landschap uit dat als het ware is uitgehouwen en afgeschaafd uit het plateau van glimmerlei van Centraal Otago. Het spel van licht en schaduw, dat wordt versterkt in de pure atmosfeer van het droge landklimaat op het plateau, doet nuances ontstaan die vrijwel nergens anders te vinden zijn. Het overheersend kale, simpele landschap hult zich in warmbruine tinten, met hier en daar accenten in wit, goud, oker en siënna. Het wonderlijke effect trekt al generaties lang landschapschilders naar dit gebied.

Mooie plaatjes alleen zullen echter niemand overhalen om een lapje grond af te bakenen in dit droge, vaak onherbergzame land. Gedurende negen eeuwen van wisselende bewoning hebben achtereenvolgens de moa, jade, grasland, goud, waterkracht en toerisme als trekpleister dienst gedaan.

Jagen op Moa's en Groensteen

De eersten die zich in deze regio vestigden, waren de Moa-jagers - Maori's die rond de 12e eeuw het binnenland introkken. Centraal Otago heeft de prachtige, bedreigde moa niet eeuwigdurend tot schuilplaats kunnen dienen. Vuur vernietigde struikgewas en bos en de moa's evenals tal van andere vogels verdwenen voor altijd. Tot de mooiste overblijfselen van moa's in Nieuw-Zeeland behoren de resten die zijn gevonden langs de oevers van de Clutha River, de 322 km lange rivier die zich al kronkelend over het plateau een weg baant naar de Stille Oceaan. Tegen het einde van de 15e eeuw werden de Moa-jagers overwonnen door de Ngati-Mamoe. Deze stam, die afkomstig was uit het noorden, werd op zijn beurt tweehonderd jaar later verslagen door nieuwe Maori-indringers. De Ngati-Mamoe vluchtten, waarschijnlijk naar de wouden van Fiordland, om vervolgens in de nevelen van de legenden te verdwijnen.

De overwinnaars, de Ngati-Tahu, maakten zich meester van de voorraad *pounamu*, ook bekend als Nieuw-

Blz. 274-275: Het spectaculaire Centrale Otago. **Links:** Met een jetboot op de Shotover River, Centraal Otago. **Onder:** Ten westen van Queenstown.

Chinees kamp bij Arrowtown, Otago.

Zeelandse jade, groensteen of nefriet - de kostbaarste steen van de Maori's. Het harde, duurzame en goed te bewerken materiaal werd gebruikt voor de vervaardiging van bijlen, beitels en wapens. *Pounamu* was een zo gewilde steensoort, dat de Maori's regelmatig heldhaftige expedities door Centraal Otago en de bergketens ondernamen om het van West Coast, de enige vindplaats, via de noordzijde van Lake Wakatipu naar de oostkust te brengen. Daarna werd het 'verwerkt' en geëxporteerd naar noordelijke stammen. Vandaag de dag wordt ditzelfde materiaal gebruikt in de Nieuw-Zeelandse sieraden- en souvenirindustrie. Ondanks de lucratieve handelsroute is de Maori-bevolking van Centraal Otago nooit groot geweest. De extreme temperaturen (de extreemste in Nieuw-Zeeland) waren voor de afstammelingen van de Polynesische reizigers uit de tropische Grote Oceaan moeilijk te verdragen. In 1836 zijn de laatste paar Maori-dorpen volledig verwoest door een oorlogszuchtige bende van het Noordereiland die op weg was naar het zuiden.

Groensteen werd vaak gebruikt om tiki's te maken, Polynesische amuletten in de vorm van menselijke figuren, die naar men geloofde een bepaalde macht (Maori: mana) hadden.

Goud in Gabriel's Gully

Ongeveer tien jaar lang was er niemand die het gebied betrad. Centraal Otago verkeerde in een diepe sluimer, alsof het krachten verzamelde voor de komende invasie van mensen en merinoschapen die de rust zouden verstoren. Het Europese tijdperk begon in 1847, nadat een landmeter een pad had vrijgemaakt voor pioniers die op zoek waren naar land waar ze hun schapen konden laten grazen. Tegen 1861 hadden deze kolonisten bijna al het potentiële grasland in bezit genomen. Dapper boden ze het hoofd aan de schade die ze bij voortduring ondervonden van winterse sneeuw, overstromingen in het voorjaar, droogte in de zomer, branden, wilde honden, ratten, konijnen en kea's.

Deze pioniers, die in het algemeen van Schotse afkomst waren, begonnen zich hier nog maar net thuis te voelen, toen de goudkoorts in heel Centraal Otago de kop opstak. In 1861 werd de eerste belangrijke vondst gedaan. Het goud 'schitterde als het sterrenbeeld Orion in een donkere vriesnacht' in een geul langs de Tuapeka River. De geluk-

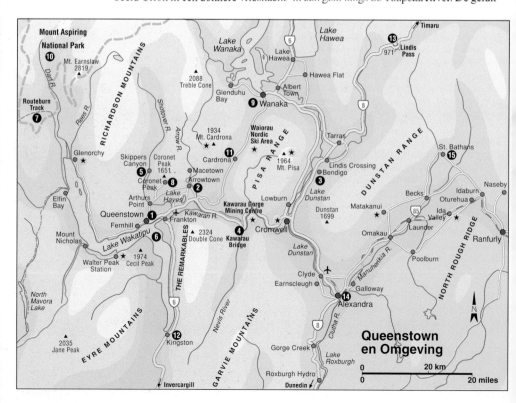

kige vinder was Gabriel Read, een goudzoeker die in 1849 ervaring had opgedaan in de velden van Californië. Daarmee was de goudkoorts van Centraal Otago begonnen. Binnen vier maanden tijd trokken drieduizend mannen, op zoek naar het glanzende goud, door de 5 km lange vallei. Elke vierkante centimeter grond werd afgegraven en gezeefd. Na een jaar hadden zich op het goudveld bij Tuapeka 11.500 mensen gevestigd, het dubbele van het inwonertal van de snel leegstromende tijdelijke hoofdstad, Dunedin. Het inkomen in Otago verdrievoudigde zich binnen een jaar, terwijl het aantal bezoekende schepen viermaal zo groot werd. Veel van de tweehonderd schepen hadden avonturiers aan boord die afkomstig waren van de Australische goudvelden in Victoria. In Gabriel's Gully droegen alle gouddelvers, ongeacht hun sociale positie, dezelfde blauwe overhemden en broeken van molsvel. Dit gevoel van maatschappelijke gelijkheid weerklinkt in het lof van een krant voor 'de vrije en ongedwongen openhartigheid - een veraderming na de gereserveerdheid en het vormelijke gedrag die overheersen in alle klassen in het Oude Land (Engeland)'. Ditzelfde gevoel komt ook tot uitdrukking in een lied uit die tijd:

On the diggings we're all on a level you know
The poor out here ain't oppressed by the rich
But dressed in blue shirts, you can't tell which is which.

Kaart blz. 278

De Rijkste Rivier ter Wereld

De zoektocht naar goud breidde zich al snel uit tot buiten Gabriel's Gully. Naarmate de goudzoekers verder het binnenland introkken naar het toen nog onherbergzame achterland van Centraal Otago, werden snel na elkaar nieuwe velden ontdekt in andere valleien - de Clutha aan de voet van de Dunstan Range, de Cardrona, de Shotover, de Arrow en de Kawarau. In 1862 stond de Shotover, die toen maar liefst 155 g goud per volle schep opleverde, bekend als de rijkste rivier ter wereld. Op één middag ontdekten twee Maori's, die trachtten hun hond van de verdrinkingsdood te redden, maar

Onder: De promenade langs Lake Wakatipu, Queenstown.

liefst 11 kg goud. Goud mocht dan in overvloed aanwezig zijn, voedsel was schaars in dit gebied. Menige goudzoeker kon maar net in leven blijven op het gangbare dieet van meel en thee, soms aangevuld met wat gestroopt schapenvlees.

Arrowtown ❷, op 20 km van Queenstown, is het meest schilderachtige en best bewaard gebleven goudzoekersstadje in Centraal Otago en wellicht het mooiste stadje van Nieuw-Zeeland. De pracht van lood en steen is bewaard gebleven - dit als het ware ter compensatie van de relatief schamele overblijfselen van de circa tachtig goudvelden die in één hectisch decennium in Centraal Otago als paddestoelen uit de grond schoten, om later in verval te geraken.

Een Bruid achter de Bar

Verspreid over het hele gebied liggen spookstadjes, schaduwen van de bontgekleurde nederzettingen van plaggen en golfplaat die de Engelse romanschrijver Anthony Trollope in 1872 alleen maar foeilelijk kon vinden. Twee van dergelijke stadjes, Macetown en Carrona, liggen in de heuvels boven Arrowtown. **Bendigo ❸**, bij de Clutha River op 25 km ten noorden van Cromwell (aan Highway 8), is een droom van een spookstad - vooral als de wind door de vervallen stenen huisjes aan de verlaten kruising fluit. Stel u Bendigo's saloon voor op een zaterdagavond in de jaren zestig van de 19e eeuw, toen 'een oorverdovend, gekmakend geschreeuw elk geluid binnen een straal van ongeveer een mijl volledig overstemde en teniet deed'. Achter de denkbeeldige bar moet u zich Mary Ann voorstellen, waarschijnlijk de meest succesvolle beginnende bardame in de geschiedenis van Nieuw-Zeeland. Nadat ze op haar trouwdag de bons had gekregen, verliet ze Cromwell, waar deze vernedering zich had afgespeeld, om nog diezelfde dag in dienst te treden in de saloon van Bendigo. Binnen twee uur tijd was de hele voorraad drank verdwenen in de dorstige kelen van gouddelvers die de nieuwe bardame in haar bruidsjurk met eigen ogen wilden zien.

Onder:
Vrijmetselaarshal, Arrowtown.

Verschillende goudzoekersstadjes met karakter hebben geweigerd zonder meer het loodje te leggen. Het voormalige Tuapeka, tegenwoordig **Lawrence** geheten, staat nog altijd fier overeind en ademt een duidelijk Victoriaanse sfeer uit. Een monument in Gabriel's Gully geeft de plek aan waar Gabriel Read zijn ontdekking deed. Ook elders in Centraal Otago zijn in de bergen, de kloven en de valleien evenals bij rivierbeddingen oude goudzoekersstadjes te vinden. Met name in het ruige achterland van Queenstown worden toeristische uitstapjes georganiseerd. De bontgekleurde nederzettingen van plaggen en golfplaat die in de jaren zestig van de 19e eeuw overal zijn ontstaan, zijn nu verdwenen uit de rivierdalen. Evenmin treft u er nog baggertuig aan dat in het begin van de 20e eeuw de laatste sporen goud heeft verwijderd. Nu zijn er nog maar weinig goudzoekers. Het zoeken naar goud is bijna uitsluitend voorbehouden aan toeristen, die het beschouwen als een aardige, maar (voor zover ze dat willen toegeven) niet erg lucratieve vorm van vrijetijdsbesteding.

Wildwateravonturen

De snelstromende rivieren in de buurt van Queenstown bieden mogelijkheden voor avontuurlijk wildwatervaren en jetboot varen. Dat laatste is de typisch Nieuw-Zeelandse manier om rivieren te bevaren, zowel stroomop- als stroomafwaarts. Motorboten zonder propeller schieten over ondiepe stroomversnellingen waar het water amper tot de enkels komt.

Deze snelle vaartuigen worden voortgestuwd door een straalstroom, die ontstaat als het water dat naar binnen wordt gezogen via een opening onderin de romp, onder hoge druk aan de achterkant via een pijp weer naar buiten wordt gepompt. Een jetboot kan over water scheren dat slechts 10 cm diep is, en maakt snelle wendingen van 180 graden binnen een bootlengte mogelijk.

Het bekendste van de ongeveer tien commerciële bedrijven, Shotover Jet, neemt passagiers mee op een spannende tocht over de Shotover River, scherend langs puntige rotsformaties. Ongetwijfeld is dit de spannendste jetboottocht ter wereld. Heli-Jet bezorgt u een drievoudige kick met behulp van achtereenvolgens een helikopter, een jetboot en een wildwatervlot.

Op het water van de meren en de rivieren rond Queenstown kunt u onder meer kanoën, zeilen, windsurfen, parasailen, waterskiën en tochten maken per vleugelboot of jetbike. Bungee jumpen is inmiddels erg populair en wordt op verschillende locaties beoefend. Voor een korte, maar spectaculaire sprong moet u boven bij de Skyline-gondel zijn, vanwaar u een prachtig uitzicht over Queenstown hebt. Een langere sprong kunt u maken vanaf de historische **Kawarau Bridge** ❹, 20 km verder noordelijk. Een van de hoogstgelegen locaties voor bungee jumping bereikt u na een indrukwekkende rit in een auto met vierwielaandrijving: **Skippers Canyon** ❺.

Daarnaast zijn er diverse traditionele, rustigere activiteiten om uit te kiezen - bijvoorbeeld vissen op forel in eenzame rivieren en beken of een excursie met de *Earnslaw*, een historisch stoomschip dat al sinds 1912 **Lake Wakatipu** ❻ bevaart.

Het Hol van de Reus

Lake Wakatipu, met zijn merkwaardig grillige vorm, zijn ritmische 'ademhaling' en zijn altijd koude water spreekt beslist tot de verbeelding en is misschien wel het meest mysterieuze meer van Centraal Otago. Volgens de Maori-legende is dit 'Hol van de Reus' (*Whakatipua*) ontstaan, toen een kwaadaardige reus tijdens zijn slaap door een dappere jongeling in brand werd gestoken, waardoor het ijs en de sneeuw van de omliggende bergen smolten en het 80 km lange reuzenhol volliep.

Kaart
blz. 278

TIP

Het Lake District Museum van Arrowtown is een bron van informatie voor wat betreft te zien zijn goud en mineralen, mijnwerkersgereedschap en voorwerpen van Chinese mijnwerkers en uit de koloniale tijd. Ook kunt u er een verzameling koetsen e.d. bewonderen.

Onder: Lake Hayes.

Lake Wakatipu, Lake Wanaka en Lake Hawea zijn stuk voor stuk gevormd door gletsjers. Het eigenaardige stijgen en dalen van het waterpeil van Lake Wakatipu (elke vijf minuten) is niet het gevolg van de hartslag van de reus zoals in de legende wordt beweerd, maar wordt veroorzaakt door wisselingen in atmosferische druk. Maar hoe de drie meren ook ontstaan mogen zijn, buiten kijf is dat het adembenemend mooie meren zijn. 'Ik ken geen meer dat een mooiere aanblik biedt dan dit', schreef Trollope in 1872 enthousiast.

Te Voet, Per Boot of Per Vliegtuig

Een grondige verkenning van de schitterende omgeving van Queenstown - met sneeuw bedekte bergtoppen, maagdelijke bossen, onbewoonde valleien en stemmige meren - is slechts mogelijk voor reizigers die bereid zijn de lucht in te gaan, het water te bevaren en de weg evenals smalle wandelpaden te trotseren.

Enorme fruit-beelden, Cromwell.

Van alle wandelroutes in het Wakatipu Basin is de **Routeburn Track** ❼ beslist het mooist. Het pad loopt door een schitterend afgelegen gebied ten noorden van Lake Wakatipu naar de Upper Hollyford Valley. De vier dagen durende tocht is één van de mooiste in Nieuw-Zeeland, maar vraagt meer ervaring en conditie dan de befaamde Milford Track in het naburige Fiordland. Passagiersschepen varen over Lake Wakatipu naar anders ontoegankelijke schapenboerderijen, waar u kunt kennismaken met het leven op de boerderij, kunt genieten van de boerenkost, de sfeer van de pioniersdagen kunt proeven en heerlijk kunt vissen op forel. Tijdens het visseizoen (1 oktober-31 juli) kunnen per jetboot, helikopter of voertuig met vierwielaandrijving tochten naar afgelegen, heldere viswateren worden gemaakt.

Vanuit de lucht krijgt u een onvergetelijke indruk van de meren, het gebergte en de fjorden. Dagelijks, afhankelijk van de vraag en het weer, worden vanaf Queenstown rondvluchten georganiseerd die tot de mooiste ter wereld behoren. Ook kunt u met Helicopter Line, zoals de naam al zegt, een tocht per helikopter maken.

De Mount Cook Group beheert drie van de grootste skipistes op het Zuidereiland. Op de **Coronet Peak**, slechts 18 km - via een verharde weg - van Queenstown, loopt het seizoen van juli tot september. 's Zomers brengt de stoeltjeslift talloze dagjesmensen naar de top (1645 m) voor het spectaculaire panorama. Wie meer spanning zoekt, kan genieten van een razendsnelle afdaling per rodelslee. Het tweede grote skigebied van de Group is **The Remarkables**, de ruige bergketen die de beroemde achtergrond vormt van Queenstown. Langlaufen en skiën is mogelijk in Browns Basin, Cardrona en op Mount Pisa. Queenstown bezit tal van overnachtingsmogelijkheden, restaurants en volop après-skivermaak. U vindt er bovendien winkels waar Nieuw-Zeelands handwerk wordt verkocht: kwaliteitsproducten van suède en leer, schapenvachten en wollen kleding, keramiek, houtsnijwerk en prachtige sieraden van groensteen.

Per Auto door het Achterland

Het wegennet in Centraal Otago is bepaald interessant en uitdagend te noemen. De meeste wegen zijn verhard, maar op de smallere wegen zijn grote rijvaardigheid en voorzichtigheid vereist, vooral in de winter. Autoverhuurbedrijven vertellen hun klanten dat, wanneer zij zich met hun huurauto op bepaalde wegen begeven, bijvoorbeeld wegen door Skippers Canyon, dit geheel voor eigen risico is.

Bijzonder aantrekkelijk is de 50 km lange tocht van Queenstown naar Arrowtown via de 'achterafweg' langs **Coronet Peak** ❽ en Millbrook Resort met zijn golfbaan en terug via het spiegelende Lake Hayes. Hier kunt u ook genieten van de Nieuw-Zeelandse bouwstijlen die toegepast zijn in de boerderijtjes waar ambachtslieden, kunstenaars en gepensioneerden een rustig leven leiden.

De Nieuw-Zeelandse Matterhorn

Ten noordoosten van Queenstown loopt Highway 6 langs de bovenloop van de Clutha River tot aan de bron bij **Wanaka** ❾, een bescheiden plaatsje (met twee skipistes en

Kaart blz. 278

Queenstown is weliswaar klein, maar er is van alles te doen. Tot de attracties behoren een gondellift, een oldtimer-museum, een kiwi- en vogelpark en Underwater World waar u door glas een kijkje in het meer kunt nemen. Ook zijn er ski's en snowboards te huur. Twee radiozenders richten zich speciaal op de toeristen!

Onder: In Centraal Otago is het goed skiën.

Kaart blz. 278

Rijden zoals vroeger, Arrowtown.

Onder: De vormen van Otago.
Rechts: Vingerhoedskruid in bloei.

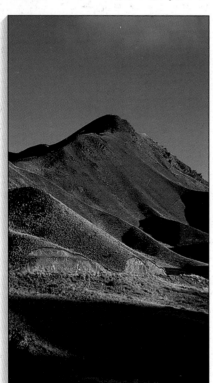

een natuurijsbaan). Sinds de opening van de Haast Pass in 1965 is Wanaka steeds belangrijker geworden. De transalpine weg, de laagste over de Main Divide, verbindt Centraal Otago met het gebied dat bekend staat om zijn gletsjers, West Coast. De weg loopt door het **Mount Aspiring National Park ❿**, een 161 km lang alpien natuurgebied dat wordt gedomineerd door de 3030 m hoge Mount Aspiring, die ook wel de Nieuw-Zeelandse Matterhorn wordt genoemd. Het park en de eenzame valleien die zich uitstrekken tot Lake Wanaka bieden ongeëvenaarde mogelijkheden voor het maken van wandelingen en trektochten evenals voor het vissen in een ongerepte wildernis. Een alternatieve, kortere weg tussen Queenstown en Wanaka is de Crown Range Road door de **Cardrona Valley ⓫**. Deze weg, de hoogstgelegen weg van Nieuw-Zeeland, is niet geschikt voor caravans. 's Winters wordt hij afgesloten en zelfs bij goed weer is de afstand weliswaar kleiner, maar duurt de reis niet minder lang.

Direct ten zuiden van Queenstown loopt Highway 6 pal langs Lake Wakatipu naar **Kingston ⓬**, waar een oude stoomtrein, de *Kingston Flyer* voor u klaar staat. Van hieruit kunt u via Highway 6 doorreizen naar Invercargill en de zuidkust. Halverwege, nog vóór Lumsden, kruist de weg Highway 94. Deze drukke, fraaie route loopt in westelijke richting vanuit Centraal Otago naar Lake Te Anau in Southland, de Eglinton Valley en de Milford Sound.

Een van Nieuw-Zeelands best bewaarde geheimen is de **Lindis Pass ⓭** (Highway 8), de verbinding tussen het noorden van Centraal Otago, Mount Cook en Mackenzie Country. De route loopt kronkelend door enkele van de charmantste en meest tot de verbeelding sprekende heuvellandschappen van het land.

Aanbevolen Routes

De voornaamste verkeersweg naar het hart van Centraal Otago is de zuidelijke verlenging van Highway 8, die parallel loopt aan de Clutha River, langs Roxburgh, Alexandra, Clyde en Cromwell. In deze voormalige goudzoekersstadjes heerst nog altijd een levendige sfeer dankzij hun band met de slagader van Otago: de machtige Clutha River, die ooit goud opleverde en sindsdien, door middel van irrigatie, het dorre land heeft veranderd in vruchtbare grond, beroemd om zijn steenvruchten. Thans is de rivier een belangrijke leverancier van elektriciteit. Door de aanleg van een dam bij Roxburgh in 1956 is een 32 km lang meer ontstaan tussen de stad en Alexandra. In 1993 is een grotere dam aangelegd, vlakbij de plek waar de Clutha River de kloof Cromwell Gorge verlaat, bij Clyde. Het achterliggende water is de kloof in gestroomd, zodat er een enorm meer is ontstaan. Het oude Cromwell en een groot deel van de Clutha Valley kwamen daardoor onder water te staan.

Arrowtown organiseert jaarlijks een festival en **Alexandra ⓮** onderscheidt zich door zijn kleurrijke bloemenparade - een eerbetoon aan de lente. 's Winters geeft men zich over aan schaatsen en curlen op het natuurijs bij de Manorburn Dam.

Bezoek aan een Goudzoekersstadje

Ten noorden van Alexandra buigt Highway 85 oostwaarts af om via de Manuherikia Valley de kust van Otago te bereiken. Onderweg kunt u een aardig uitstapje maken naar **St. Bathans ⓯**, een oud goudzoekersstadje en naar **Naseby**, een apart gehucht dat op 600 m hoogte ligt. Een bij weinigen bekende weg, die overigens alleen begaanbaar is bij goed weer, brengt u via de Dansey's Pass naar Duntroon en de vlakten die de naam Waitaki River Flats dragen. Een bezoek aan Centraal Otago is een onvergetelijke ervaring, ongeacht het seizoen.

ADRENALINE-JUNKIES

Avontuurlijke sporten genoeg in Nieuw-Zeeland. Net als je denkt dat je hartslag weer normaal is, staat er wel weer een andere waanzinnige activiteit op het programma.

Hoe en waarom nu juist de Nieuw-Zeelanders als eersten op het idee kwamen van bruggen te springen, over ondiepe rivieren te racen of in een opblaasbare bal van een heuvel te rollen, is een raadsel. Een vaststaand feit is dat ze, zonder de veiligheid uit het oog te verliezen, nieuwe sporten hebben geïntroduceerd die de beoefenaars een flinke adrenalinestoot geven.

Nieuw-Zeelanders lijken wel verslaafd aan adrenaline. De echte junkies beschouwen bungee jumpen ondertussen al als saai, *rap-jumping* is tegenwoordig hun middel om high te worden. Een andere favoriete, bloedstollende bezigheid is in een jetboot met halsbrekende snelheid angstaanjagend dicht langs rotsachtige oevers scheuren (zie boven).

De sector is tegenwoordig strikt gereglementeerd en het personeel is bijzonder goed geschoold. Allemaal hebben ze dezelfde verkooptraining gehad; graag laten ze de activiteiten gevaarlijker lijken dan ze zijn. Want hoe hoger u het risico inschat, des te groter is de adrenalinestoot wanneer u het 'wonder boven wonder' overleeft.

Wanneer u uw instructeur vraagt hoe lang hij al tandemsprongen doet, zal hij u altijd vertellen dat het vandaag de eerste keer is met een betalende klant. Als u op een brug staat en vraagt hoe lang een bungee-elastiek wordt gebruikt, luidt het antwoord steevast 100 sprongen en dit is sprong nummer 99.

Zulke foefjes zijn eenvoudig, maar doeltreffend. De waarheid is echter dat de sector qua veiligheid een bijzonder goede reputatie heeft.

Niemand heeft ooit een bevredigende verklaring gevonden voor het feit dat Nieuw-Zeelanders zo goed zijn in het bedenken van nieuwe avontuurlijke activiteiten variërend van door grotten varen op een vlot tot *parapenting*. Het moet eigenlijk wel liggen aan de combinatie van hun prachtige natuur en de geïsoleerde ligging van de rest van de wereld. Zij moeten hun kicks wel thuis krijgen en ze proberen alles ten minste één keer. Als het werkt, ontwikkelen ze de nieuwe sport verder, zodat ook bezoekers er plezier aan kunnen beleven.

△ **TANDEMSPRINGEN**
Tandemspringen is een vrije val van 30 seconden (195 km/h) samen met een instructeur (zie boven). Tijdens de afdaling met parachute kunt u dan weer wat kalmeren.

▽ **RAP-JUMPING**
Abseilen met het gezicht naar beneden. Zo kunt u de stad van een heel andere kant bekijken.

DE HEUVEL AFROLLEN

Niets illustreert de liefde van de Nieuw-Zeelanders voor het bizarre zo duidelijk als *zorbing*. Volgens een piloot van de Nieuw-Zeelandse luchtmacht geeft *zorbing* hetzelfde gevoel als wanneer men in een straalvliegtuig loopings en draaiingen om de as maakt, om vervolgens neer te storten - hoewel het in een *zorb* geen pijn doet. Burgers vergelijken het vaak met een ritje in de droogtrommel. De *zorb* bestaat uit twee ballen, waarbij de binnenste bal is opgehangen in de opgeblazen buitenste bal. Vanuit het binnenste hebt u een wazig beeld van afwisselend blauwe lucht en groen gras, totdat de kleuren met elkaar versmelten terwijl u heuvelafwaarts stuitert, valt en rolt. Liefhebbers gooien eerst een emmer water in de *zorb* om ervoor te zorgen dat ze geen houvast hebben aan de wanden. Men wil ook de snelstromende rivieren en watervallen van het land gaan gebruiken voor *zorbing*.

Zoals bij vele avontuurlijke sporten is kijken bijna net zo leuk als meedoen. Het begint met een vrolijke noot, als de *zorb* met een omgekeerd werkende stofzuiger wordt opgepompt en eindigt met gelach, wanneer de duizelige deelnemer probeert uit de bal te klimmen.

Zorbing is wellicht de veiligste van alle avontuurlijke sporten en net als bij alle andere avontuurlijke sporten ontbreekt de logische reden om het te doen.

△ AEROBATICS

Het vliegtuig is klein en de piloot lijkt wel gek. U krijgt geen kotszakje, maar u kunt de piloot wel zeggen wanneer hij moet stoppen. Loopings, draaiingen om de as, op de kop vliegen etc. zullen uw maag ongekende vormen doen aannemen. Een ritje in de achtbaan is er niets bij. Van tevoren kunt u beter niets eten!

TANDEMDELTAVLIEGEN

Tandemdeltavliegen is mogelijk één van de veiligste activiteiten, ondanks het 'rammele' uiterlijk. Wie geluk heeft, mag gedurende de vijf minuten opwaarts zelf vliegen.

▽ GLETSJERWANDELEN

Wandelen op wat een levende ijsberg lijkt te zijn, is een bloedstollende ervaring. Een bergtouw tussen u en uw gids vangt u op, mocht u in een gletsjerspleet vallen.

△ HELI-BUNGEE

Bevestigd aan een rekbare band uit een helikopter springen (wordt waarschijnlijk tijdelijk verboden door de *CAA*, Civil Aviation Authority).

SOUTHLAND

Southland ligt aan het einde van de wereld - nou ja, bijna - en de adembenemende schoonheid van het landschap zou u bijna doen geloven dat u een andere planeet betreedt. Sommigen beweren zelfs dat Southland niet bestaat...

Kaart blz. 292-293

Desgevraagd zal een historicus pur sang u vertellen dat Southland niet bestaat. Officieel is er geen provincie met die naam. Als u verder vraagt, zult u ontdekken dat de antwoorden nogal wat tegenstrijdigheden bevatten.

Toen de eerste blanke kolonisten van Southland in 1861 een provinciaal bestuur hadden gekregen, lieten ze de voor hun Schotse achtergrond zo typische zuinigheid varen en wierpen ze zich in negen wilde jaren met zoveel enthousiasme op de ontwikkeling van een stad, het landschap, een spoorlijn, een weg en andere tekenen van beschaving, dat ze bankroet werden verklaard. Het gevolg was, dat hun provincie in 1870 wettelijk en bestuurlijk aan hun naaste buur, Otago, werd gekoppeld.

Desondanks was de toekomst van de provincie, inofficieel althans, verzekerd. De 103.000 mensen die zich trots Southlanders noemen, hebben vandaag de dag namelijk maar weinig respect voor de argumenten van historici ten aanzien van het bestaansrecht van hun land. Ze wonen in het zuidelijkste district van Nieuw-Zeeland - Murihiku - het laatste stukje van de vissenstaart, zoals de Maori's het gebied noemden. Hun 'provincie' beslaat ongeveer 28.000 km². De grens begint even boven de adembenemend mooie heuvels en valleien van de Milford Sound van West Coast, loopt vlak langs de zuidelijke oever van Lake Wakatipu op de grens met Centraal Otago en kronkelt dan door één van de sappigste en meest productieve stukken land van Nieuw-Zeeland, om vlakbij een ongerept gebied met de naam Catlins de zuidoostkust te bereiken.

Southland is een provincie vol contrasten. Bewijzen dat de zuidkust ooit door Maori's werd bewoond, dateren al uit de 12e eeuw. Sinds de dagen van snelle groei in de jaren zestig van de 19e eeuw hebben de agrarische bewoners een land geschapen met ongekende mogelijkheden. Net als hun voornamelijk Schotse voorouders hebben de Southlanders de reputatie conservatief te zijn. Toch wordt de aard van de Southlanders ook gekenmerkt door een zeker lef. Deze karaktertrek blijkt uit de uitstekende manier waarop ze landbouw bedrijven - iets wat niet mogelijk was geweest als hun behoudende aard de boventoon had gevoerd.

Ook het landschap zelf is bijzonder contrastrijk. Aan de westkust doorklieven diepe fjorden de hoge bergen. Met sneeuw bedekte toppen reiken, te midden van begroeide valleien, hoog naar de hemel. Niet voor niets wordt dit gebied Fiordland genoemd. Verder landinwaarts liggen twee enorme vlakten die zich uitstrekken tot aan de zuid- en zuidoostkust. Deze vlakten spelen een essentiële rol voor de welvaart van de provincie en omsluiten het commerciële hart Invercargill.

Brughagedissen en Aluminium

De 57.000 inwoners van **Invercargill ❶** wonen vlakbij een riviermond waar stoomboten en zeilschepen af en aan plachten te varen. De Schotse achtergrond van deze stad blijkt duidelijk uit de straatnamen. De oorspronkelijke stadsplanners hebben met gulle hand ruimte toebedeeld aan doorgaande wegen en parken. Queens Park

Blz. 288-289: Oerbos in Fiordland. **Links:** Milford Track. **Onder:** Sutherland Falls, Fiordland National Park.

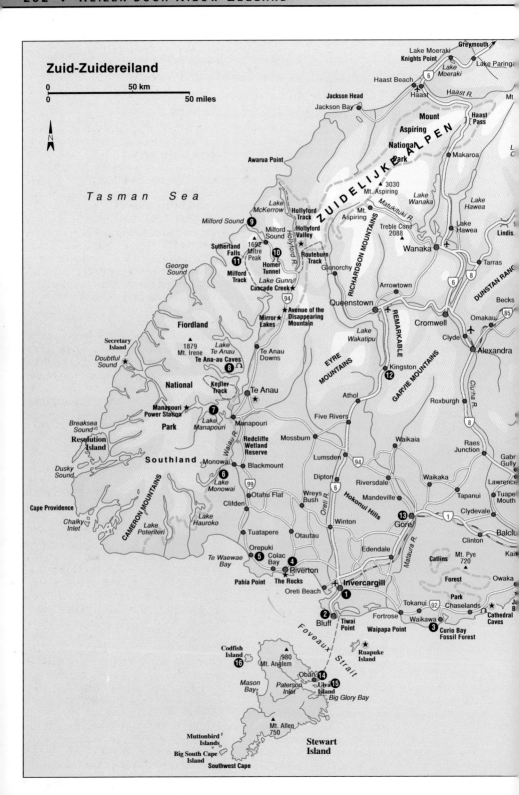

Zuid-Zuidereiland

0   50 km
0   50 miles

N

Tasman Sea

Greymouth
Lake Moeraki
Knights Point
Lake Paringa
Lake Moeraki
Haast Beach
Jackson Head
Haast
Haast R.
Mt.
Jackson Bay

Mount Aspiring National Park

Makaroa

Awarua Point

ZUIDELIJKE ALPEN

3030
Mt. Aspiring
Lake Wanaka
Haast Pass
L. C

Lake McKerrow
Milford Sound
Hollyford Track
Mt. Aspiring
Lake Hawea
Milford Sound
Hollyford Valley
Matukituki R.
Treble Cone 2088
Lindis
Sutherland Falls
1692 Mitre Peak
Milford Sound
Routeburn Track
Wanaka
Lake Hawea
Homer Tunnel
Hollyford R.
Milford Track
Lake Gunn
Cascade Creek
Glenorchy
Tarras
George Sound

Fiordland

RICHARDSON MOUNTAINS

DUNSTAN RANG

94
Avenue of the Disappearing Mountain
Arrowtown
Becks
Mirror Lakes
Te Anau Downs
Queenstown
Omakau
1879 Mt. Irene
Lake Te Anau
Te Ana-au Caves
Secretary Island
Lake Wakatipu
REMARKABLE
Cromwell
85
Doubtful Sound
Clyde
Kepler Track
Te Anau
EYRE MOUNTAINS
Kingston
GARVIE MOUNTAINS
Alexandra

National

Manapouri Power Station
Athol
Roxburgh
Clutha R.
Breaksea Sound
Lake Manapouri
Five Rivers

Park

Manapouri
Redcliffe Wetland Reserve
Waikaia
Raes Junction
Resolution Island
Mossburn
8
Gabr Gully
Dusky Sound
Southland
Monowai
Blackmount
Lumsden
94
Waikaka
Lawrence
CAMERON MOUNTAINS
Lake Monowai
Dipton
Riversdale
Mandeville
Tapanui
Tuapel Mouth
Cape Providence
99
Otahu Flat
Wreys Bush
Hokonui Hills
Clydevale
Chalky Inlet
Lake Poteriteri
Lake Hauroko
Clifden
Winton
Gore
Clinton
Balcl
Tuatapere
Otautau
1
Te Waewae Bay
Orepuki
Colac Bay
Edendale
Mt. Pye 720
Kai
Owaka
Riverton
Catlins
Forest
The Rocks
Pahia Point
Oreti Beach
Invercargill
Tokanui
92
Chaslands
Ja B
Bluff
Tiwai Point
Fortrose
Waikawa
Cathedral Caves
Foveaux Strait
Waipapa Point
Curio Bay Fossil Forest
Codfish Island
980 Mt. Anglem
Ruapuke Island
Mason Bay
Oban
Paterson Inlet
Ulva Island
Big Glory Bay
Muttonbird Islands
Mt. Allen 750
Stewart Island
Big South Cape Island
Southwest Cape

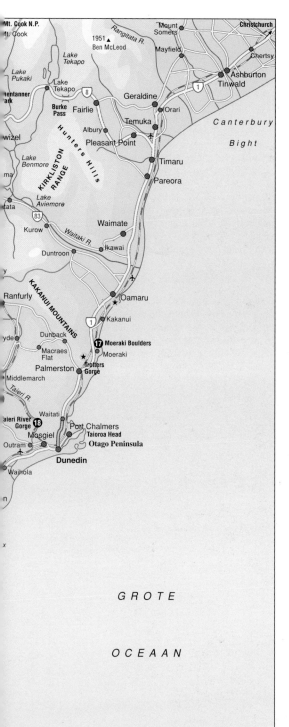

heeft een uitgebreid aanbod aan recreatie-mogelijkheden, uiteenlopend van verzonken rozentuinen en beeldhouwwerk van sir Charles Wheeler tot een golfbaan en een zwembad. Invercargill, de zuidelijkste stad van het Gemenebest en qua grootte de elfde stad van Nieuw-Zeeland, was de eerste die (in het piramidevormige museum) over een 'tuatarium' beschikte. Hier zwerven brug-hagedissen of tuatara's rond waarvan de voorouders het stenen tijdperk hebben overleefd. Bij het **Southland Centennial Museum** treft u ook de kunstgalerie van de stad en de sterrenwacht aan.

Op slechts 10 km ten zuiden van het centrum van de stad ligt **Oreti Beach**, een lang zandstrand waar de geharde bewoners van de streek graag zwemmen, zeilen en water-skiën. Het strand staat ook bekend om zijn sappige *toheroa*, een zeldzaam schaaldier met een lengte tot maar liefst 15 cm.

Einde van de Weg

Invercargill is ook hèt punt vanwaaruit u heel Southland kunt gaan verkennen. **Bluff** ❷ ligt 27 km verder naar het zuiden en onderweg naar deze havenstad wordt u geconfronteerd met de betekenis die de landbouw in dit gebied heeft. De enorme kunstmestfabriek, die fosfaatgesteente verwerkt dat wordt geïmporteerd uit diverse andere landen, onderstreept het feit dat de bodem van Southland constant moet worden gevoed. Hertenfokkerijen aan beide kanten van de weg zijn het bewijs van een snel-groeiende nieuwe vorm van veeteelt. Dertig jaar geleden kwamen herten hier alleen in de vrije natuur voor. Vandaag de dag worden de dieren met duizenden tegelijk gefokt op speciale boerderijen. De bast van hun geweien is een gewild product. De lucht in Bluff is zilt. Het is onmiskenbaar een havenstad. Grote schepen meren aan bij een kunstmatig eiland in de beschutte haven (op ingenieuze wijze aangelegd zonder het getij te verstoren). Dag en nacht zijn er mensen aan het werk. Reusachtige machines van aluminium die op slangen lijken, steken hun koppen in scheepsrompen en braken als het ware honderdduizenden bevroren lams- en schapenkarkassen uit voor levering aan afzetgebieden over de hele wereld.

Aan de andere kant van de haven staan drie gebouwen met een lengte van 600 m, omgeven door andere enorme constructies en gedomineerd door een 137 m hoge schoorsteenpijp. Dit is de aluminiumsmel-

Doubtful Sound, Fiordland National Park.

terij Tiwai Point, die 244.000 ton aluminium per jaar produceert. De onlangs voor vierhonderd miljoen dollar gemoderniseerde smelterij, min of meer verstopt op het eenzame schiereiland Tiwai waar de bijna constante wind de uitstoot verspreidt, is de voornaamste industriële werkgever in het zuiden. De energie voor dit enorme bedrijf wordt geleverd door een waterkrachtcentrale (Lake Manapouri) in Fiordland National Park. Bluff is echter beroemd om iets heel anders - iets wat gewoon voor het oprapen ligt. In Foveaux Strait, de 35 km water die Stewart Island van het vasteland scheiden, liggen oesterbedden. In de afgelopen jaren zijn deze bedden geteisterd door ziekte, maar er wordt alles aan gedaan om de genezing te bespoedigen. De oesterbedden worden met zorg beheerd en men hoopt dat de oestervangst binnenkort weer als vanouds zal zijn. Naar verluidt worden voetbalteams die naar Southland komen, vóór de wedstrijd naar Bluff gebracht, om de provincie daarna verslagen maar hunkerend naar de overheerlijke weekdieren weer te verlaten.

In Nieuw-Zeeland is Bluff letterlijk het eindpunt. Bezoekers staren hier uit over de zee naar Dog Island met zijn vuurtoren, Stewart Island en het daarachter liggende, verlaten Great South Basin. Slechts enkele subantarctische eilanden en de oneindige ijsvlakte van het zuidpoolgebied liggen daar nog achter. Bij Stirling Point staat een wegwijzer met de afstanden naar Londen, New York en andere verafgelegen plaatsen. Dichter bij de zuidpool van onze planeet zullen de meeste bezoekers wel nooit komen.

Vissen en Fjorden

Ten zuidoosten van Invercargill ligt de kleine vissershaven Waikawa, die u kunt bereiken via een mooie route door een glooiend heuvellandschap. Hoewel er in het verleden veel bomen en struiken zijn gekapt, bezit Southland nog grote stukken bos die goed worden onderhouden en beheerd. Aan het einde van de weg, 5 km van Waikawa, liggen, vlakbij de plaats **Curio Bay** ❸, de overblijfselen van een ver-

Onder: De majestueuze Milford Sound.

steend woud dat miljoenen jaren geleden begraven raakte. Deze momentopname van de tijd heeft elke vlam in het hout van de versteende stronken vastgelegd; zwerfkeien die zijn opengebroken door onbekende krachten, vertonen patronen van bladeren en takjes. Waikawa ligt aan de **Southern Scenic Route**, een belangrijke toeristische route in het zuiden. Deze loopt van Balclutha in het zuiden van Otago langs de zuidkust en Waikawa en eindigt in Te Anau. Rechtgeaarde hengelaars moeten tijdens de reis naar het zuidoosten beslist stoppen bij de brug over de Mataura River. Hier liggen de beste visstekken voor zeeforel ter wereld. De drie grote visrivieren van Southland die de provincie in drie stukken delen - de Mataura, de Oreti en de Aparima - bieden viswater met een totale lengte van bijna 500 km.

Daarnaast zijn er zeker acht kleinere rivieren (de Wyndham, de Mimihau, de Hedgehope, de Makarewa, de Lora, de Otapiri, de Dunsdale en de Waimatuku) en talloze beken met een overvloed aan zeeforel. Vissers die zonder iets te vangen naar huis gaan, hebben hun hengel waarschijnlijk achterstevoren vastgehouden.

Met Graspollen Begroeid Land

Hoewel het landschap erg vlak is, zijn er maar weinig dagen waarop de inwoners van Invercargill geen blik kunnen werpen op de bergen, tientallen kilometers verderop aan de grens met Fiordland. Wie haast heeft, kan dit enorme natuurgebied in minder dan twee uur bereiken door de centrale vlakten van Southland te doorkruisen via Winton en Dipton, en vervolgens te rijden via de Josephville Hill en Lumsden, totdat het glooiende, met graspollen begroeide land aangeeft dat een weerbarstigere natuur het heft in handen heeft. Tijdens deze reis door vruchtbaar land waar miljoenen stuks vee grazen, blijkt duidelijk hoe Southlands agrarische industrie zich heeft ontwikkeld. De belangrijkste recente verandering is, dat veel schapenfokkers zijn overgeschakeld op melkvee. Bij Edendale, in het oosten van Southland, is inmiddels een enorme melkpoederfabriek verrezen, die in de toekomst nog uitgebreid zal worden;

Kaart blz. 292-293

TIP

Bussen brengen bezoekers via een 2 km lange tunnel naar de machineruimte van de Manapouri-krachtcentrale.

Onder: Takitimu Mountains, ten oosten van Fiordland National Park.

de kosten bedroegen maar liefst honderd miljoen gulden. Het historische, aan zee gelegen **Riverton ❹**, de oudste Europese nederzetting van Southland, ligt 38 km van Invercargill vandaan. Robben- en walvisjagers vestigden zich hier in 1836 en de plaats heeft nog aandenkens uit die tijd. Het behoud van oude gebouwen staat hier hoog in het vaandel. Niet lang geleden bood de *New Zealand Historic Place Trust* een walvisvaardershuisje te koop aan voor het symbolische bedrag van één dollar, op voorwaarde dat de nieuwe eigenaar het zou onderhouden volgens de richtlijnen van de *Trust*.

Een van de zeld-zaamste vogels van Nieuw-Zeeland: de takahe.

Prachtige Hoogte- en Dieptepunten
Per jetboot kunt u een opwindende tocht over de Wairaurahiri River maken. Tien kilometer verderop ligt **Colac Bay**, eveneens een historische plaats. Colac Bay was ooit een Maori-dorp en later, tijdens de goudzoekersperiode van de jaren negentig van de 19e eeuw, een stad met zesduizend inwoners. Tegenwoordig staat de plaats onder de Southlanders bekend als een populair vakantieoord. Niet ver hiervandaan vindt u **Orepuki ❺**, waar heden en verleden in elkaar overgaan: het voormalige gerechtsgebouw doet tegenwoordig dienst als schapenscheerdersschuur. Ziet u hoe de zuidenwind de *macrocarpa*-bomen er als het ware toe heeft bewogen, de kust de rug toe te keren?

Wie van Orepuki naar Tuatapere reist, wordt begeleid door de bulderende branding van de prachtige oceaan. Aan de andere kant van Te Waewae Bay, waar u soms Hector's dolfijnen en zuidkapers kunt zien, doemen donkere, beboste bergen op - een voorteken van wat komen gaat. Vanuit het houtstadje Tuatapere, waar de verhalen over visserij en hertenjacht al even talrijk zijn als de boomstammen in de plaatselijke houtzagerijen, loopt de weg noordwaarts, vlak langs het mooie **Lake Monowai ❻** - een recreatieparadijs. Ten zuidoosten van Lake Monowai ligt de stad Clifden, bekend om twee nabijgelegen toeristische attracties: de **Clifden Suspension Bridge**,

Onder: Landelijke rust bij Te Anau.

een in 1902 gebouwde hangbrug, en de spookachtige **Clifden Caves**. Deze grotten kunt u zonder gids verkennen, maar neem minimaal twee zaklampen mee en houdt u aan alle aangegeven instructies. U bereikt de grotten door 17 km van Tuatapere links-af te slaan naar Eastern Bush. Onverschrokken zielen kunnen via een 30 km lange, onverharde weg naar **Lake Hauroko** rijden, het diepste meer van Nieuw-Zeeland. Het meer wordt omgeven door dichte wouden en steile hellingen. Een mooi voor-beeld van een Maori-grotgraf is in 1660 ontdekt op een *tapu* (heilig) eiland midden in het meer. Vanuit Clifden loopt de weg noordwaarts door Blackmount en dan door het **Redcliff Wetland Reserve**, een drassig reservaat waar fortuinlijke vogelliefhebbers de bosvalk in actie kunnen zien. Achter dit moerasgebied ligt **Lake Manapouri ❼** en in de verte ligt het majestueuze Fiordland met zijn bergen en meren.

Een Verloren Stam

Fiordland is met zijn 1.209.485 ha het grootste nationale park van Nieuw-Zeeland en een zogenoemd *World Heritage Park* (tot werelderfgoed uitgeroepen park). De eer-ste blik naar de overzijde van Lake Manapouri met zijn steile bergen en afgelegen diepe valleien, maakt al duidelijk waarom bepaalde oude Maori-legenden - zoals die over de mythische verloren stam van Te Anau - in dit woeste gebied nooit hun roman-tische aantrekkingskracht hebben verloren.

Kapitein James Cook ontdekte in 1770 de **Dusky Sound**, de grootste van de fjor-den. Drie jaar later keerde hij terug en richtte hij er de eerste brouwerij van Nieuw-Zeeland op. Cook liet ook andere, belangrijkere zaken bouwen, terwijl zijn schip werd gerepareerd: een timmermanswerkplaats en een smederij. In 1792 werd hier het eerste Nieuw-Zeelandse tehuis voor walvisjagers gebouwd en een jaar daarna was, met de tewaterlating van een 65-tons schip, de Nieuw-Zeelandse scheepsbouwindu-strie in de Dusky Sound een feit.

Tegenwoordig manoeuvreren vissers hun bootjes langs de rotsachtige kust waar

Kaart blz. 292-293

👁 **TIP**

Vergeet uw regen-kleding en rubber-laarzen niet, voor-al niet wanneer u de Milford Sound bezoekt of de Milford Track wilt lopen. In dit gebied wordt de neerslag gemeten in meters.

Onder:
Hertenveiling.

ooit robben- en walvisjagers probeerden 'het hoofd boven water te houden'. De meeste van de afgelegen inhammen zijn alleen bereikbaar via de zee, door de lucht of - voor de meest geharde trekkers - te voet.

Wie bergen, zee en bos tegelijk wil leren kennen, heeft twee aantrekkelijke opties. De eerste is een tocht per motorsloep over Lake Manapouri naar de West Arm. Ooit heeft men het dwaze idee opgevat het waterpeil van dit meer ten behoeve van de elektriciteitsvoorziening 27 m omhoog te brengen. De natuurbeschermers behaalden een overwinning, hoewel uiteindelijk bij de West Arm een enorme waterkrachtcentrale, tweehonderd meter onder de bergen, is gebouwd, die energie levert aan de aluminiumsmelterij Tiwai Point, en het waterpeil in het meer tegenwoordig kan worden geregeld. Noodzakelijk was echter de aanleg van een weg van de West Arm via de Wilmot Pass door het regenwoud naar de Hall Arm van de Doubtful Sound in een gebied dat bekend staat onder de naam Deep Cove. Water van Lake Manapouri wordt naar zee geleid door een 10 km lange afvoertunnel door de bergen. Ondanks alles blijft het toch een ongerept gebied waar onder andere tuimelaars ronddartelen in het diepe blauwe water. Duikers kunnen hier zwart koraal bewonderen, dat op uitzonderlijk geringe diepte groeit dankzij het donkerdere zoetwater afkomstig van de krachtcentrale.

Mackay Falls, Milford Track.

Onder: Het spiegelende water van Mirror Lakes, tussen Te Anau en de Milford Sound.

De uitvalsbasis voor een verkenning van deze uitgestrekte wildernis is het groeiende toeristenstadje **Te Anau**. Hier staan aan Lake Te Anau hotels, motels en buitenhuisjes tussen de huizen van de 3000 inwoners. In de valleien achter Te Anau zijn indrukwekkende landbouwprojecten - misschien wel de grootste projecten van Nieuw-Zeeland - van de grond gekomen. In het kader van deze projecten worden tal van nieuwe boerderijen gebouwd. Tot de toeristische trekpleisters van deze streek behoren de **Te Ana-au Caves ❽** aan Lake Te Anau. Hoewel deze grotten vermoedelijk al bekend waren bij de vroege Maori-ontdekkingsreizigers, werden ze pas in 1948 herontdekt door een plaatselijke ontdekker, Lawson Burrows. Een tocht naar de grotten duurt tussen twee en drie uur en kan worden geboekt bij Fiordland Travel in Te Anau. Via een wandelpad en na twee korte tochtjes in een punter bereikt u het hart van het grottenstelsel, waarin zich ook natuurlijke whirlpools, magische watervallen en een glimwormgrot bevinden. Het *Department of Conservation* beheert het **Te Anau Wildlife Centre**, dat net buiten de stad ligt. Daar kunt u de zeldzame takahe en andere inheemse vogels zien.

Het Achtste Wereldwonder

De tweede, spectaculairste weg die via Fiordland naar zee leidt, is de weg naar de wereldberoemde **Milford Sound ❾**, door de auteur Rudyard Kipling omschreven als 'het achtste wereldwonder'. Schrijvers en beeldende kunstenaars slagen er nauwelijks in, de schoonheid van het landschap vast te leggen dat zich ontrolt als de weg 30 km langs Lake Te Anau door dichte bossen en de 'Avenue of the Disappearing Mountain' loopt, waar reizigers hun ogen niet kunnen geloven. Bossen, riviervlakten en meertjes passeert de weg op zijn tocht door de bergen, alvorens af te dalen naar de beboste, stroomopwaarts gelegen Hollyford Valley bij Marian Camp.

Op dit punt splitst de weg zich. De ene aftakking loopt dood in Hollyford met het Murray Gunn Camp, een kamp dat goed geleid wordt door één van de interessantste persoonlijkheden van Fiordland. De hoofdweg loopt van hieruit in westelijke richting, de steile berg op, naar de oostelijke ingang van de **Homer Tunnel ❿**. Deze 1 km lange tunnel, waaraan vijf jaar is gewerkt, is genoemd naar de man die de Homer Saddle, de pas tussen de Hollyford Valley en de Cleddau Valley, heeft ontdekt. Hoewel de tunnel in 1940 is voltooid, is hij pas in 1953 breed genoeg gemaakt voor het wegverkeer. Lawines hebben inmiddels drie doden geëist en in 1983 kwam een wegwerker in dit gebied om het leven. Soms is Homer Fiordland op zijn hardst.

Kaart blz. 292-293

De Mooiste Inham
Vanaf de kant van Milford loopt de weg over een afstand van 10 km, tussen de steile berghellingen door, 690 m naar beneden, om uit te komen in de Cleddau Valley met zijn ontzagwekkende kloof. Uiteindelijk bereikt u het begin van de Milford Sound, waar u zich door de goede accommodatie waarschijnlijk eens te meer bewust wordt van de grote tegenstellingen die er in het leven bestaan. In de lounge van het **Milford Sound Hotel** treft u een kleine fototentoonstelling aan over de streekgeschiedenis. Achter het hotel ligt het graf van Donald Sutherland (1843-1919), 'de kluizenaar van Milford', die het eerste logement van Milford bezat. Een waterval, de **Sutherland Falls ⓫**, is naar hem genoemd. Regelmatig brengen boten toeristen van het zuidelijkste punt van de Milford Sound uit 16 km de open zee op. Deze excursies zijn erg populair en het verdient aanbeveling van tevoren te boeken. De inham wordt gedomineerd door de onvergetelijke **Mitre Peak** - een 1692 m hoge top van rotsgesteente - en verschillende andere bezienswaardigheden, zoals de 162 m hoge waterval **Bowen Falls**. Wie tijd heeft en de energie kan opbrengen, kan een tochtje per zeekajak overwegen. Nadere details verstrekt het **Te Anau Information Centre**. Gewoonlijk wemelt het in Milford van de dagjesmensen, maar aan het begin en het einde van de dag is het er opmerkelijk rustig. Ook wemelt het er van de zandmuggen, goed insmeren met een insectenwerend middel luidt dus het devies.

De Milford Sound is ook te voet bereikbaar. Wandelaars kunnen met een motorsloep van Te Anau naar Glade House aan de noordoever van het meer varen. Daar be-

De weg over de 670 m hoge Wilmot Pass is de steilste in Nieuw-Zeeland. Hij slingert door beukenbossen en meer dan vijfhonderd soorten mos en korstmos bedekken de rotsen waarin de weg is uitgehouwen.

Onder: 'Twaalf seconden durende val', Staircase Valley, MacKinnon Pass.

Kaart
blz.
292-293

*Het toppunt van
perfectie.*

Onder: Sterling
Falls, Milford
Sound.

gint de drie dagen durende wandeltocht naar de Milford Sound; via de Milford Track doorkruisen de wandelaars het meest majestueuze landschap dat moeder natuur voort kan brengen. Voor maaltijden en overnachtingsmogelijkheden kunnen de wandelaars terecht in diverse hutten langs de route.

Er liggen meer langeafstandspaden in Fiordland die wereldwijd bekendheid genieten, zoals de **Routeburn Track** en de spectaculaire **Kepler Track** die zich langs de bergtoppen en door de valleien slingert op de westelijke oever van het meer tegenover Te Anau. De jacht op edelherten wordt in bepaalde gebieden gestimuleerd. De vogels in het park - waaronder de takahe, een loopvogel die men uitgestorven waande, totdat hij in 1948 herontdekt werd - zijn beschermd. Vanaf het hoofdkantoor van het park in Te Anau kunnen tal van prachtige wandelingen door het bos worden gemaakt die beslist de moeite waard zijn. Vergelijkbare wandelpaden die geschikt zijn voor minder stoere wandelaars, lopen kriskras door het Manapouri-gebied. Tochtjes per motorsloep en rondvluchten laten alles weer van een heel andere kant zien.

Fiordland betekent voor Southland en heel Nieuw-Zeeland zo'n beetje hetzelfde als de Mona Lisa voor het Louvre - een ongeëvenaard hoogtepunt. Wie Southland in noordelijke richting verlaat, reist in de richting van Queenstown en wel via **Kingston** ⑫, waar een oude stoomtrein, de *Kingston Flyer*, de verbinding met Fairlight onderhoudt. Automobilisten kunnen ook in noordoostelijke richting naar Dunedin reizen. Deze route loopt via de Mataura Valley naar de tweede stad van Southland **Gore** ⑬ - waar jaarlijks een nationaal Country-and-Western-festival plaatsvindt - en tenslotte door het welvarende oostelijke deel van de 'provincie'. Op de achtergrond liggen de **Hokonui Hills**, die de scheiding vormen tussen de twee grote vlakten van Southland. In deze heuvels werd ooit door illegale whiskystokerijen een krachtig brouwsel vervaardigd. Als u goed oplet, ziet u misschien nog ergens een rookpluimpje kringelen, want de arm der wet schijnt nog niet alle illegale drankstokers te hebben kunnen bereiken.

WANDELPADEN

Een kennismaking met de schitterende Nieuw-Zeelandse natuur kan net zo eenvoudig zijn als een wandeling in het park. Het *Department of Conservation* beheert wandelpaden in nationale parken, waarvan de totale lengte nagenoeg overeenkomt met de totale lengte van het land. Vaak brengen deze paden u naar de mooiste landschappen van Nieuw-Zeeland. Waarschijnlijk is de **Milford Track** in Fiordland het bekendste wandelpad. Het begint bij een landinwaarts gelegen meer, en loopt vervolgens door een diep rivierdal en over een bergpas. Na vier dagen wordt de fjord bereikt die het eindpunt vormt. Het pad volgt de Clinton River vanaf de noordoever van Lake Te Anau naar de **Mintaro Hut**. Van daaruit loopt de route over de prachtige MacKinnon Pass en daalt af naar de **Quintin Hut**. Hier kunt u uw rugzak achterlaten, om een bezoek te brengen aan de **Sutherland Falls**, de hoogste waterval van Nieuw-Zeeland - beslist de moeite waard! Vanaf de Quintin Hut leidt het pad door regenwoud naar de Milford Sound. Vanwege zijn grote populariteit, moet u van tevoren boeken, wanneer u de Milford Track wilt lopen. Een vergunning is verkrijgbaar bij het hoofdkantoor van het nationale park in Te Anau. U kunt de wandeling maken onder leiding van een gids of op eigen gelegenheid als *freedom walker*. De Milford Track oefent aantrekkingskracht uit op mensen van alle leeftijden. Een redelijke conditie is echter een vereiste en u moet voor alle mogelijke weersomstandigheden de juiste kleding meenemen.

Iets minder bekend, maar even spectaculair is de **Routeburn Track** tussen Fiordland National Park en Mount Aspiring National Park. Deze drie dagen durende tocht maakte deel uit van een route die de Maori's ooit namen op hun zoektocht naar groensteen (jade). Dit pad loopt van de Main Divide aan de *highway* tussen Te Anau en Milford over de Key Summit naar Lake Howden, alvorens af te dalen naar het Mackenzie Basin. Van daaruit loopt het via de pas die de naam Harris Saddle draagt, naar de Routeburn Valley. Het uitzicht vanaf de Key Summit vormt zonder meer het hoogtepunt van deze tocht.

Een heel andere ervaring biedt u de **Abel Tasman National Park Coastal Track**. Deze drie tot vier dagen durende tocht leidt door bossen en over goudgele zandstranden. Dankzij zijn uitzonderlijke schoonheid is dit pad gedurende de afgelopen jaren bijzonder populair geworden. Het kan dan ook moeilijk zijn een plekje in een overnachtingshut te bemachtigen. Derhalve is het

aan te raden een tent mee te nemen. Voor dit pad hebt u een *Great Walks Pass* nodig, waarvoor u één prijs betaalt, ongeacht of u in een hut overnacht of kampeert. Bij vloed moet u af en toe om de inhammen heen wandelen. Kijk in de plaatselijke krant voor nadere details. Vergeet niet u met insectenwerende middelen te wapenen tegen de zandmuggen.

De **Heaphy Track** van Collingwood naar Karamea loopt u in vier tot zes dagen. Dit pad ligt grotendeels binnen de grenzen van **Kahurangi National Park**. Vanaf de **Brown Hut** loopt het pad door een beukenbos omhoog naar de Perry Saddle. Een hoogtepunt is ongetwijfeld het uitzicht van de top van Mount Perry (heen en terug twee uur vanaf de **Perry Saddle Hut**). Het pad slingert zich dan door de open Gouland Downs naar de **Mackay Hut**. Het volgende stuk van het pad, naar de **Heaphy Hut** wordt gekenmerkt door *nikau*-palmen. Dankzij dichte bebossing kan het laatste gedeelte van het pad, dat soms langs het strand loopt, schaduwrijk worden genoemd. Dit is het mooiste deel van de tocht, maar laat u niet verrassen door de zandmuggen. Gedetailleerde informatie over deze en andere wandelpaden verstrekken de kantoren van het *Department of Conservation*.

Rechts: MacKinnon Pass in de mist.

STEWART ISLAND

Voor het wild is het een paradijs, voor de mens is het zo nu en dan onbarmhartig, maar toch heeft dit ogenschijnlijk kille eiland zijn heel eigen charme.

Auckland
Noordereiland
Wellington
Christchurch
Zuidereiland

Aan het zuidelijke randje van de wereld, aan de andere kant van Foveaux Strait, op twintig minuten vliegen van Invercargill en drie kwartier varen van Bluff, ligt Stewart Island. Volgens de Polynesische legende is Stewart Island het anker van de boot van Maui (het Zuidereiland), waarin hij zat toen hij de grote vis (het Noordereiland) uit de zee trok. Omspoeld door de Grote Oceaan en de Zuidelijke IJszee ligt Stewart Island er vredig bij, als het anker van Nieuw-Zeeland.

Kapitein Cook, die het eiland als eerste Europeaan ontdekte, bracht het aanvankelijk in kaart als een schiereiland, toen hij in 1770 langs de zuidkust voer. De kolonisten die vervolgens naar Stewart Island kwamen, lieten een historische rijkdom achter die inmiddels is verdwenen - houtzaagmolens, tinmijnen en walvisstations. Vandaag de dag zijn de meeste van de 450 Stewarteilanders afhankelijk van de visvangst. Met hun kleine vissersboten trotseren ze de vaak stormachtige zee rond de rotsachtige kust, op jacht naar blauwe kabeljauw, langoesten (die wat lucratiever zijn) en andere eetbare zoutwaterdieren. Hun voornaamste basis, **Oban** ⓮ aan Halfmoon Bay, ligt aan de noordzijde van dit driehoekige, 172.000 ha grote eiland, dat ongeveer 65 km lang en 40 km breed is. Eilandjes, die zelfs nog rustiger zijn dan Stewart Island zelf, liggen verspreid voor de kust. Op vele van deze eilandjes komen jonge dunbekpijlstormvogels (titi) voor die bekend staan om hun malse vlees. Vogels, die na hun trek rond de wereld op de eilandjes komen broeden, zijn al sinds eeuwen een bron van voedsel, olie en veren voor de Maori's, die in 1864 de exclusieve jachtrechten op deze vogels hebben gekregen. Eenmaal per jaar vindt deze traditionele jacht nog plaats.

Onder: Paterson Inlet, Stewart Island.

Hard maar Bevredigend

Veel nieuwkomers komen naar Stewart Island op zoek naar rust. Het harde leven op het eiland wordt echter beheerst door het weer en de zee. Wie hier wil leven, moet niet voor een kleintje vervaard zijn. Desalniettemin straalt het beboste eiland, met zijn schoonheid, tevredenheid uit. Geen wonder dat de Maori's het de naam Rakiura gaven, wat zoiets als Hemelse Gloed betekent. De rust overheerst op Stewart Island waar voetgangers voorrang hebben op al het andere verkeer en het leven zich in een gezapig tempo voltrekt. Het wegennet van Stewart Island heeft een totale lengte van slechts 20 km. Zowel de landingsbaan als de haven liggen dichtbij Oban, waar de meeste eilandbewoners leven. Het **Visitor Information Centre** ligt slechts op enkele minuten lopen van de kade. Hier wordt gedetailleerde informatie verstrekt over de vele wandelroutes op het eiland.

In het kleine **Rakiura Museum** wordt de geschiedenis van Stewart Island verteld. Hier zijn voorwerpen uit de zeevaart en gereedschap uit de tinmijnen te zien. Ook kunt u er kennismaken met de plaatselijke fauna en een verzameling bijlen en andere voorwerpen bewonderen die de eerste walvisjagers met de plaatselijke Maori's hebben geruild. Stewart Island beschikt over accommodatie voor elk budget, hetgeen tegemoetkomt aan de toenemende toeristische behoefte. Het eiland beschikt nu weliswaar over een elektriciteitsnet, maar de levenswijze is nog steeds zeer ontspannen. Inheems bos, varens en met mos bedekte open plekken wemelen van de vogels.

In de lente klinkt de roep van de tui en de klokvogel door het woud. 's Zomers treft u hier de weka en de mees aan en 's winters maakt de waaierstaart zijn opwachting. De houtduif vliegt in elk jaargetijde van boom naar boom. Kortom, het eiland is een echt vogelparadijs. Vanaf Halfmoon Bay gezien aan de andere kant van de heuvel loopt de grote inham die de naam Paterson Inlet draagt, tot diep in het achterland door. Diverse paden en weggetjes brengen wandelaars naar tal van mooie plekken. Het is ook mogelijk, boottochtjes te maken. Een echte aanrader is een uitstapje naar **Ulva Island** ⓯, een eilandje middenin de inham. In de pionierstijd hees de postmeester op Ulva Island de vlag om de andere eilanden te laten weten dat de post was aangekomen. Dankzij de afwezigheid van roofdieren is ook Ulva Island rijk aan vogels, zoals de weka, de kakariki en de kereru (een inheemse duif). De vogels bouwen hun nest op de met mos bedekte bosgrond en in de inheemse bomen.

Verderop in de baai bevinden zich de overblijfselen van een oude houtzaagmolen en een walvisstation. Stewart Islands Big Glory Bay heeft een zalmkwekerij. Boten brengen bezoekers hier naartoe en maken een tussenstop op Ulva Island. U kunt het eiland ook per watertaxi bereiken. Deze vertrekt van de grote kade. De langere kronkelpaden die over het grootste deel van het eiland lopen, vergen meer van de conditie. Zij lopen langs veelbezochte plaatsen met exotische namen zoals Port William, Christmas Village en Yankee River. Voor de westkust van Stewart Island ligt **Codfish Island** ⓰, een voormalige Europese nederzetting waarvoor het harde leven teveel bleek. Tegenwoordig is het een vogelreservaat, waar onder andere de zeldzame en met uitsterving bedreigde kakapo voorkomt. Vistochten op zee kunnen van hieruit worden gemaakt en de meeste delen van Stewart Island zijn een paradijs voor wie op herten wil jagen. Vooral het witstaarthert is een erg geliefde prooi. Dankzij het zuiderlicht, is het 's zomers op Stewart Island vaak licht tot tien uur 's avonds. Wie op een heldere avond op **Observation Rock** over de Paterson Inlet uitkijkt, zal begrijpen waarom de naam die de Maori's aan Stewart Island gaven zo treffend is.

Kaart blz. 292-293

Het Department of Conservation doet verwoede pogingen om te voorkomen dat de kakapo uitsterft. Een broedprogramma op het vasteland moet kuikens voortbrengen bestemd voor Codfish Island.

Onder: Bewoner van Stewart Island.

DUNEDIN

Achter het degelijke, sombere gezicht van de door Schotten gebouwde stad die dankzij goudvonsten tot ontwikkeling is gekomen, gaat een levendige universiteitsstad schuil die dankzij de gunstige ligging optimaal kan profiteren van de natuurlijke schatten van de omgeving.

Kaart blz. 309

Dunedin is een door groen omgeven, aan een baai gelegen stad met leien en tinnen daken, torenspitsen, schoorstenen en kerken evenals schitterende Victoriaanse en Edwardiaanse gebouwen - een stad van cultuur en wetenschap. Volgens de honderdduizend vriendelijke inwoners is het leven hier goed en biedt de stad voldoende vrede en rust - een sfeer waar maar weinig andere plaatsen aan kunnen tippen. De beste plaats voor een eerste kennismaking is de haven. Otago Harbour is een 20 km lange, ondiepe fjord waar containerschepen en kustvaarders de plaats hebben ingenomen van oorlogskano's, walvisvaarders en driemasters. Het uitzicht vanaf de haven op de stad heeft Dunedins dichter Thomas Bracken geïnspireerd tot de volgende woorden:

Go, trav'ler, unto others boast of Venice and of Rome,
Of saintly Mark's majestic pile, and Peter's lofty dome;
Of Naples and her trellised bowers, of Rhineland far away
These may be grand, but give to me Dunedin from the Bay.

Rondom deze met wegen omzoomde haven liggen groene heuvels, waaronder de 300 m hoge Harbour Cone, een dode vulkaan, op het steile, smalle schiereiland Otago Peninsula en de geheimzinnig in wolken gehulde, 680 m hoge Mount Cargill. Aan de rand van het havengebied staan houten en stenen huizen, zowel permanente woningen als vakantieverblijven (die hier *cribs* en in het noorden *baches*) worden genoemd. De meest luxueuze gaan veelal schuil achter struiken of geboomte. Andere zijn eenvoudiger - huizen van vissers, havenarbeiders en forenzen.

Links: Moeraki Boulders.
Onder: Town Hall en kathedraal in Dunedin.

Rit over het Schiereiland

U kunt Dunedin natuurlijk ook vanaf het schiereiland bekijken. Om optimaal te genieten van de baai en het uitzicht op de stad, is het aan te raden de 'lage' weg op de heenweg te nemen en de 'hoge' op de terugweg. De 64 km lange route kan worden afgelegd in anderhalf uur, maar u kunt er ook een hele dag over doen. Dat geeft u de gelegenheid kennis te maken met het grootste deel van de geschiedenis van Dunedin. Wees voorzichtig bij het rijden over de smalle, kronkelende weg. Deze is oorspronkelijk bestemd voor paard en wagen en is gedeeltelijk door gevangenen aangelegd. De gevangenen waren destijds ondergebracht in een oud gevangenisschip dat langzaam langs de kust werd gesleept. Al gauw bereikt u de prachtige, 11 ha grote **Glenfalloch Woodland Gardens** ❶ - een ideale plaats voor een versnapering. Bij **Portobello** ❷ kunt u eerst een bezoek brengen aan het plaatselijke museum en vervolgens linksaf slaan naar het **Portobello Marine Laboratory**. Daar zijn allerlei zeebewoners - uiteenlopend van een 6 m lange haai tot een kleine garnaal, zeepaardjes, octopussen en pinguïns - te zien en te 'voelen'. Bij **Otakou** ❸ staat een Maori-kerk met een ontmoetingshuis. Beide lijken uit hout met snijwerk te zijn opgetrokken, maar zijn in werkelijkheid

Op Penguin Beach ziet u misschien wel een scholekster (zie boven) of grappige pinguïns. Ook kunt u een glimp opvangen van de zuidelijke zeeberen en gevlekte aalscholvers.

Onder: Gebrandschilderd raam in het spoorwegstation van Dunedin.

gebouwd van beton. Op het kerkhof erachter liggen drie grote Maori-stamhoofden uit de 19e eeuw begraven: de oorlogszuchtige Taiaroa; Ngatata, een noordelijk stamhoofd dat naar verluidt 'de *Pakeha's* in Cook Strait verwelkomd heeft' en Karetai, die door missionarissen werd overgehaald het kannibalisme op te geven en de bijbel ter hand te nemen. De *marae* (binnenplaats), die door de plaatselijke Maori's als heilig wordt beschouwd, is een historische plek in Otago (Otago is een Europese verbastering van het Maori-woord *Otakou*).

Wat verder naar het noorden liggen overblijfselen van de walvisindustrie die in 1831 rond Otago Harbour ontstond, zeventien jaar voordat de Europeanen het gebied koloniseerden. De oude fabriek is duidelijk te zien en te herkennen aan de plaquette. Op een plaquette aan de overkant van de weg wordt de eerste christelijke kerkdienst herdacht, die bisschop Pompalier in 1840 in Otago Harbour hield.

Albatrossen en een Kasteel

Als u vanaf de top van de heuvel voorbij Otakou naar het indrukwekkende **Taiaroa Head ❹** kijkt, werp dan ook eens een blik omhoog. De imposante zeevogels die u dan lui op de wind ziet drijven, zijn koningsalbatrossen. Met hun vleugelspanwijdte van 3 m zijn het de grootste vliegende vogels ter wereld. De kolonie telt tot twintig paartjes die rond de wereld vliegen met snelheden tot 110 km per uur, hier een partner voor het leven vinden en om de twee jaar een jong ter wereld brengen.

Het **Trust Bank Royal Albatross Centre**, dat in 1989 door de Britse prinses Anne is geopend, heeft observatiegalerijen en tentoonstellingsruimten. Onder leiding van een gids kunnen bezoekers de broedcyclus in de lente en zomer grotendeels volgen. Wie een bezoek wil brengen aan dit centrum moet tevoren contact opnemen met het Trust Bank Royal Albatross Centre zelf of met het **Dunedin Visitor Centre**. Bij Pilot Beach kunt u, gratis, genieten van de capriolen van de zuidelijke zeeberen.

Bij Taiaroa Head kunt u ook een kijkje nemen bij de opmerkelijke **Armstrong**

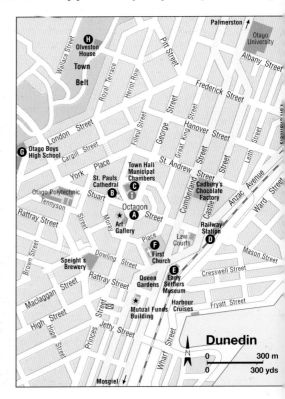

Disappearing Gun, die in 1886 is geïnstalleerd tijdens een periode dat de 'angst voor de Russen' groot was. Het 15-cm-kanon ligt verborgen onder de grond en komt naar boven als er moet worden gevuurd en verdwijnt weer onder de grond als er opnieuw moet worden geladen. Ruim anderhalve kilometer naar het oosten, aan een grindweg, ligt **Penguin Place ❺**, waar u de grappige, zeldzame geeloogpinguïns door de branding kunt zien paraderen. Neem voor een bezoek contact op met het **Albatross Centre** of het **Dunedin Visitor Centre**. Bezoek ook (gratis) de zuidelijke zeehondenkolonie op Pilot Beach en geniet van hun capriolen. De reis gaat via de toegangsweg naar Taiaroa Head terug naar Portobello. Vandaar neemt u de 'hoge weg' naar de stad. Hier ligt het honderd jaar oude **Larnach Castle ❻**. Dit statige gebouw is het enige kasteel dat Nieuw-Zeeland rijk is. Met de bouw van het huis van William J.M. Larnach, bankier en later zittend minister, was veertien jaar gemoeid (vanaf 1871). Een Engelse vakman werkte twaalf jaar aan het houtsnijwerk van de plafonds samen met twee Italiaanse ambachtslieden. Het kasteel raakte in verval, maar is inmiddels volledig gerestaureerd en de meeste van de 43 vertrekken (waaronder accommodatie) zijn opengesteld voor het publiek. Vanaf de 'hoge weg', die u terugbrengt naar Dunedin, hebt u een schitterend uitzicht over de haven.

De *MV Monarch* verzorgt regelmatig toeristische trips vanuit de binnenhaven van Dunedin naar Taiaroa Head.

Een Trotse Geschiedenis

Nog steeds is Dunedin een erg imposante stad, maar ooit was dit eveneens de dichtstbevolktste en rijkste stad van Nieuw-Zeeland. In de jaren zestig van de 19e eeuw, toen er in het achterland Otago goud werd ontdekt en goudkoorts uitbrak, ontwikkelde Dunedin zich in hoog tempo tot het financiële centrum van het land. Er vestigden zich immigranten uit alle uithoeken van de wereld, hoofdkantoren van nationale bedrijven schoten als paddestoelen uit de grond, industrie en particulier ondernemerschap bloei-

Kaart blz. 309

Wie de albatrossen wil bezoeken, moet weten wanneer ze thuis zijn! Sep.: de volwassen dieren arriveren. Okt.: balts- en paringstijd. Nov.: de eieren worden gelegd. Feb.: de kuikens komen uit de eieren. Sep.: de kuikens verlaten het nest.

Onder: De branding bij Tunnel Beach, Dunedin.

den. Dunedin kreeg de eerste universiteit van het land, een medische faculteit, de beste onderwijsinstellingen, de eerste elektrische trams, de eerste kabeltram ter wereld buiten de Verenigde Staten, de eerste wolfabrieken van het land en een eigen dagblad.

Eeuwen daarvoor al was de kust van Otago dichter bevolkt dan welk deel van het Noordereiland ook. Er woonden moa-jagers, groepen van vaak nomadische Maori's die zich voedden met vis, watervogels en moa's (enorme loopvogels die op grote emoes leken en zich gemakkelijk lieten vangen). Tijdens het hoogtij van de moa-jagers, waarschijnlijk in de 11e en de 12e eeuw, leefden er naar schatting tot achtduizend Maori's aan de riviermondingen van Otago. Toen de moa's zich verder terugtrokken, volgden de Maori's hen landinwaarts. Hun vuren verwoestten grote delen van de dichte begroeiing, waarna het kale, met pollen bedekte landschap ontstond dat vandaag de dag nog het merendeel van de landinwaarts gelegen heuvels kenmerkt - van achter Dunedin tot bijna aan de uitlopers van de Zuidelijke Alpen.

Spoorwegstation, Dunedin.

Linksonder: Bij Taiaroa Head bevindt zich een kolonie albatrossen. **Rechtsonder:** Larnach Castle.

Toen James Cook in 1770 langs Otago zeilde, had hij de toegang tot de haven niet gezien. Wel maakte hij een aantekening over de lange, witte stranden die tegenwoordig St. Kilda en St. Clair worden genoemd. 'Een groen, bebost land, maar zonder enige tekenen van bewoning', noteerde de kapitein in zijn logboek. Toch leefden er wel degelijk kleine groepen Maori's die een nomadisch bestaan leidden.

Nog geen dertig jaar later woonden robben- en walvisjagers in Otago en het duurde niet lang, of Europeanen waren een bekend verschijnsel aan de kust. Met de plaatselijke bevolking stonden zij echter lang niet altijd op goede voet. In 1813 werden vier Europese zeelui door Maori's gedood en opgegeten. Vier jaar nadien werden op een plek die nog altijd Murdering Beach heet (even ten noorden van de toegang tot de haven) drie robbenjagers om het leven gebracht die leden van een plaatselijke Maori-stam hadden beledigd. Kapitein James Kelly richtte daarop een slachtpartij aan die volgens sommige bronnen aan zeventig Maori's het leven kostte.

Godsdienstige beroering aan de andere kant van de wereld leidde tot de Europese

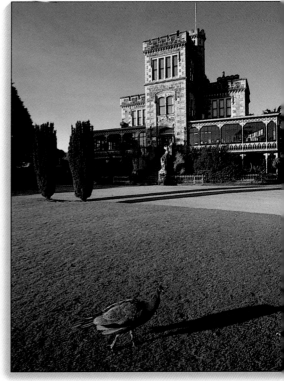

kolonisatie van Dunedin. Door de scheuring in de presbyteriaanse Kerk van Schotland ontstond het idee, een nederzetting te stichten in de kolonie Nieuw-Zeeland, die zou worden gekenmerkt door 'vroomheid, rechtschapenheid en vlijt'. De leiders waren aanhangers van een afsplitsing van de Schotse nationale kerk: kapitein William Cargill, een oorlogsveteraan, en de eerwaarde Thomas Burns, een neef van de beroemde dichter Robert. De *John Wickliffe* en de *Philip Laing* brachten in maart en april 1848 driehonderd Schotten naar het gebied dat was aangewezen door de in Londen gevestigde *New Zealand Company* en dat - voor 2400 Britse ponden - van de plaatselijke Maori's was gekocht. De eerste naam van de nederzetting, New Edinburgh, werd al spoedig vervangen door Dunedin (Edin on the Hill).

Een Stukje Wilde Westen
Toen er eenmaal goud was ontdekt in het binnenland, bleek de ontwikkeling van Dunedin niet te stuiten. In twee jaar tijd nam de bevolking van Otago toe van 12.000 tot 60.000 waaronder 35.000 goudzoekers uit het buitenland. Dunedin vormde het punt van aankomst voor de delvers, het dienstencentrum voor de goudvelden én de bank voor het goud. Met de nieuwe welvaart kwamen saloons, goktenten, bordelen en dubieuze dansgelegenheden. Dunedin bezat talloze kroegen en brouwerijen en tot op heden heeft de stad een reputatie hoog te houden wat betreft goed geleide drankgelegenheden. Een kwart eeuw lang groeide en bloeide Dunedin. Een voorbeeld voor de rest van Nieuw-Zeeland - totdat het goud begon op te raken. Op den duur had de aantrekkingskracht van het noorden waar het handel en klimaat betrof, het verval van de zuidelijke steden en provincies tot gevolg. De afgelopen decennia heeft Dunedin gestreden tegen de onvermijdelijke trek naar het noorden. De enorm uitgebreide universiteit (die inmiddels 14.000 studenten telt en bekend staat als de aardigste en meest sociale van het land), het College of Education (lerarenopleiding) en de Otago Polytechnic (technische hogeschool) lokken met elkaar 20.000 jongeren naar

Kaart blz. 306

Ten tijde van de goudkoorts kwam een bisschop in opspraak, toen bleek dat een gebouw dat hij bezat, onderdak bood aan jonge dames van lichte zeden. Uiteindelijk erkende men dat de geestelijke niets te verwijten viel.

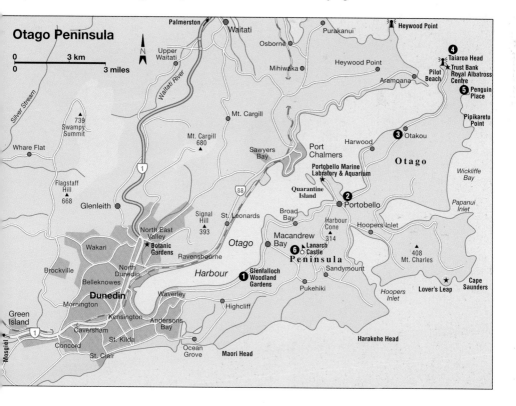

Dunedin en verstevigen daarmee de positie die het inneemt als Nieuw-Zeelands beste onderwijsstad.

Town Hall, Dunedin.

De Stad van de Schotse Ruit

Dunedin is de meest Schotse én de meest Victoriaanse stad van Nieuw-Zeeland. In het centrum staat een groot standbeeld van de Schotse dichter Robert Burns - heel toepasselijk met zijn rug naar de anglicaanse St. Paul's Cathedral en met zijn gezicht naar een voormalige kroeg. Hier staan de enige kiltmakerij en de enige whiskydistilleerderij van het land en er zijn talloze Hooglandse doedelzakbands. Ook wordt hier *Burn's Night* gevierd. Met zijn fraaie gebouwen uit de Edwardiaanse en latere perioden kan Dunedin bogen op de interessantste en meest veelzijdige architectuur van het land. Er is een grote variatie in bouwstijlen, uiteenlopend van uitbundig versierd Victoriaans via Edwardiaanse grandeur naar indrukwekkende Art Deco en hypermoderne beton-en-glas-constructies die al nationale prijzen in de wacht hebben gesleept.

Buitengewone Gebouwen

U begint op **Octagon Ⓐ**, dat Princes Street en George Street in het centrum met elkaar verbindt. Een populaire plek om de lunchpauze door te brengen. Even ten westen van hier ligt de **Dunedin Public Art Gallery** met zijn omvangrijke verzameling van 18e- en 19e-eeuwse Engelse aquarellen. Net ten noorden van de galerij ligt **St. Paul's Cathedral Ⓑ**, waar op 40 m hoge gotische pilaren het enige stenen kerkgewelf van Nieuw-Zeeland rust. Het orgel telt vier klavieren en 3500 pijpen. Het 'nieuwe' priesterkoor van deze kerk is in 1971 ingewijd en heeft een nationale prijs gewonnen.

Naast de kathedraal liggen de honderd jaar oude **Municipal Chambers Ⓒ**, gebouwd naar een ontwerp van de beroemde koloniale architect R.W. Lawson. Daarachter staat de 2280 zitplaatsen tellende **Town Hall**, tot voor kort het grootste stadhuis van het land. De overheidskantoren die oorspronkelijk waren gehuisvest in

Onder: Otago University.

de Municipal Chambers, zijn tegenwoordig gevestigd in het **Civic Centre**. Het moderne, trapvormige ontwerp van dit gebouw heeft heel wat kritiek te verduren gehad vanwege het contrast met de Victoriaanse Chambers.
Nu zijn het stedelijke **Visitor Centre** en conferentieruimten ondergebracht in de Municipal Chambers. De indrukwekkende klokkentoren en de torenspits werden in 1989 weer opgebouwd tijdens een grote voorjaarsschoonmaak van het stadscentrum, waarbij veel groen werd aangelegd. In oostelijke richting, aan Lower Stuart Street, staan klassieke oude gebouwen als het kantoor van de *Allied Press*, het gerechtsgebouw en het politiebureau - mooie voorbeelden van in steen uitgevoerde kunst.
Vervolgens komt u bij het **Dunedin Railway Station ⓓ** dat mogelijk het mooiste stenen gebouw van het land is. De ontwerper, George Troup, werd ervoor geridderd en hij kreeg de bijnaam *Gingerbread George*. Het spoorwegstation, dat is opgetrokken in Vlaamse renaissancestijl, met een overdekte rijweg en gaanderij, heeft een 37 m hoge vierkante toren met drie enorme wijzerplaten. In de grote vertrekhal ligt een mozaïekvloer van majolica met negen centrale panelen waarop een kleine Engelse *Puffing Billy* staat afgebeeld. De oorspronkelijke vloer bestond uit 725.760 vierkantjes (1,5 cm²) van Royal-Doultonporselein. Andere ornamenten in het station zijn van origineel Doultonporselein en gebrandschilderd kerkachtig glas. Tegenwoordig doen nog maar twee passagierstreinen per dag dit rijkversierde stationsgebouw aan.

Op het Juiste Spoor
Dunedin heeft altijd al iets gehad met treinen, geen wonder dus dat het een opmerkelijk station heeft. De *Josephine*, één van de eerste stoomlocomotieven van het land (een Fairlie), staat tegenwoordig te pronken in een glazen vitrine naast het **Otago Early Settlers Museum ⓔ**. U vindt hier ook de *JA1274*, de laatste in Dunedin gebouwde stoomlocomotief die op de hoofdlijn grote treinen heeft getrokken. Een groepje treinfanaten beheert een particuliere lijn (met allerlei locomotieven) tussen de

Kaart
blz. 306

TIP

Groot én klein kunnen genieten van een rondleiding (alleen op afspraak) door de chocoladefabriek van Cadbury aan Cumberland Street (ga gewoon op de geur af!). De ronddraaiende chocolade-eieren en bergen chocolade maken de sfeer hier enigszins onwerkelijk.

Onder: Dunedin gezien vanaf Mount Cargill.

stranden St. Clair en St. Kilda. De Otago Excursion Train Trust heeft een aantal oude rijtuigen en ander rijdend materieel opgeknapt en beheert een huurtrein.

Speciale toeristentreinen worden ingezet op de grote hoofdlijn van de stad naar het noorden en soms ook naar het zuiden. Via een ruige kloof, de Taieri Gorge, met zijn spectaculaire brug bereiken toeristentreinen het achterland Otago. Dankzij de busaansluitingen vanaf het eindpunt Middlemarch in Centraal Otago is het mogelijk rechtstreeks door te reizen naar Queenstown.

Geeloogpinguïn, Otago Peninsula.

Stedelijke Hoogtepunten

De eerste wolkenkrabber van het land, het **Mutual Funds Building** uit 1910 staat in de buurt van het station, dichtbij het oorspronkelijke centrum van Dunedin, het gebied rond de beurs. Tengevolge van landwinning is de waterkant van de haven steeds meer opgeschoven. De vele mooie, oude kantoorgebouwen doen, nu het stadscentrum in noordelijke richting is verplaatst, veelal dienst als opslagruimte, voor zover ze niet op de nominatie staan om te worden gesloopt. Een monument in de vorm van een met waterspuwers versierde 'bruidstaart' in de buurt van de beurs houdt de herinnering levend aan de stichter, kapitein Cargill. Het bevond zich eerst bovenop ondergrondse herentoiletten, totdat een publiek schandaal leidde tot de sluiting ervan.

De **First Church ❻**, op Moray Place, is in 1867 gebouwd door de stichters ter verheerlijking van God, de Vader. De torenspits reikt 55 m hoog naar de hemel. De kerk, eveneens ontworpen door Lawson, is het meest historische gebouw van de stad. De door Lawson ontworpen **Otago Boys High School ❼** is een torengebouw dat zich boven de stad verheft, vlakbij de Town Belt, een 200 ha grote en 8 km lange groenstrook, die de stad van de buitenwijken scheidt.

Tijdens een wandeling door de **Town Belt** hebt u één van de mooiste uitzichten op een stad en haven van Nieuw-Zeeland. **Olveston ❽**, 'de parel van Dunedin', ligt in de Town Belt. Het in Jakobijnse stijl, uit baksteen en eikenhout opgetrokken landhuis is

Onder: Otago Early Settlers Museum.

in 1904 naar een ontwerp van de beroemde Engelse architect, sir Ernest George, gebouwd voor de zakenman David Theomin. Hij liet het in 1966 aan de stad na. Het vijfendertig kamers tellende huis wordt beschouwd als het beste Nieuw-Zeelandse voorbeeld van stijlvol Edwardiaans wonen. Aan de noordzijde van Dunedin vindt u de (bijna) aaneengesloten campussen van de University of Otago, de Otago Polytechnic en Dunedin College of Education. Boven het gotische gebouwencomplex van de universiteit verheft zich een grote klokkentoren. Even ten westen van hier raken liefhebbers van kunstvoorwerpen van de eilanden uit de Grote Oceaan en Maori-kunst evenals van voorwerpen uit de zeevaart en de koloniale tijd niet uitgekeken op het veelomvattende bezit van het **Otago Museum**.

Verder Reizen

Wie een bezoek brengt aan Dunedin, moet zich zeker niet tot de stad alleen beperken. Voorbij de voorsteden, tachtig kilometer verder naar het noorden, liggen de opmerkelijke **Moeraki Boulders** ⓱, enorme ronde stenen, die als de 'knikkers van de duivel' aan de kust liggen. Volgens een Maori-legende zijn het de voorraadmanden van een kano die is vergaan. In werkelijkheid zijn ze zestig miljoen jaar geleden aan de kust ontstaan, toen kalksteenzouten zich geleidelijk hebben afgezet rondom een kleine kern. Deze voor de kust gelegen kolossen van enkele tonnen en een omtrek tot maar liefst 4,3 m krijgen geleidelijk een ronde vorm doordat het zachte materiaal verweerd onder invloed van de zee. Niet ver ten westen van Dunedin, in de **Taieri River Gorge** ⓲, schieten avontuurlijke toeristen op jetboten tussen de begroeide rotsen door. Wie minder energie wil verbranden, kan proberen een forel aan de haak te slaan. Zowel ten noorden als ten zuiden van Dunedin wordt de kust gekenmerkt door een ongekende schoonheid en aangename levensstijl. Er wonen relatief weinig mensen in dit schitterende gebied, dat nog steeds niet ontdekt is door de grote toeristenstroom. Het binnenland, Centraal Otago, verwelkomt u in een geheel andere wereld.

Kaart blz. 292-293

Het Otago Museum heeft een zielige collectie van opgezette kakapo's uit de vroege koloniale tijd. Interessante krantenknipsels vertellen waarom ze zijn opgezet en verklaren ook waarom de vogel nu bijna uitgestorven is.

Onder: Zeehond op Penguin Beach.
Blz. 314: Te voet door de Zuidelijke Alpen.

REISINFORMATIE

Noot Van De Redactie

De samenstellers van deze reisinformatie streven ernaar de informatie zo actueel mogelijk te houden. Gegevens zoals telefoonnummers, openingstijden, prijzen en dergelijke zijn echter altijd aan verandering onderhevig. Wij vragen dan ook uw begrip indien u ter plekke gewijzigde omstandigheden aantreft.

Prijzen zijn vermeld in Nieuw-Zeelandse dollars (NZ$), tenzij anders is aangegeven.

Reizen Naar Nieuw-Zeeland

MET HET VLIEGTUIG

Nieuw-Zeeland is als eilandstaat en als een van de meest geïsoleerde landen ter wereld bijna volledig afhankelijk van het vliegverkeer. Van de meer dan een miljoen jaarlijkse bezoekers, vliegt ruim 99 procent met een internationale luchtvaartmaatschappij. De overige reizigers komen met de cruiseschepen die zo nu en dan aanleggen in de Bay of Islands, Auckland Tauranga of Wellington.

De voornaamste toegangspoort tot het land is Auckland International Airport in Mangere, 24 km ten zuiden van het stadscentrum.

Er ligt een mooie internationale luchthaven bij Harewood, dichtbij Christchurch, de grootste stad op het Zuidereiland, en steeds meer luchtvaartmaatschappijen bieden vluchten daarheen.

De luchthaven van Wellington, de hoofdstad, heeft de toegang voor de meeste soorten breedrompvliegtuigen beperkt in verband met de lengte van de start- en landingsbanen.

Er zijn vele manieren en luchtvaartmaatschappijen om naar Nieuw-Zeeland te vliegen. Hieronder vindt u een aantal mogelijkheden die alvast een eerste aanzet kunnen geven tot de voor u meest geschikte planning van uw reis. Voor de meest actuele informatie kunt u contact opnemen met de genoemde luchtvaartmaatschappijen of uw reisbureau.

De Nieuw-Zeelandse luchtvaartmaatschappij Air New Zealand vliegt een aantal malen per week vanaf Londen en Frankfurt naar Auckland, met een technische tussenstop van een uur in Los Angeles. De vliegtijd vanaf Frankfurt naar Los Angeles bedraagt ongeveer 12 uur, na de tussenstop duurt de reis tot Auckland nog circa 13 uur. Passagiers hebben de mogelijkheid om tussenstops te maken op eilanden in de Stille Zuidzee. Voor verdere inlichtingen kunt u bellen met Air New Zealand in Amsterdam, tel. 0800-0221016, of in Antwerpen, tel. 03-2021355.

KLM heeft geen rechtstreekse vluchten naar Nieuw-Zeeland. De vluchten naar Auckland maken allemaal een tussenstop, hetzij in Sydney, Singapore of Hongkong, waarna de reis verder gaat met een andere maatschappij. Neem voor meer informatie contact op met de KLM in Amsterdam, tel. 020-4747747.

Sabena vliegt niet naar Nieuw-Zeeland; voor alternatieven en overige inlichtingen kunt u bellen met Sabena, tel. 02-7232323.

Britannia Airways verzorgt ongeveer eenmaal per drie weken vanuit Nederland een chartervlucht naar Auckland met een tussenstop in Australië. Voor meer informatie kunt u contact opnemen met Britannia Airways in Amsterdam, tel. 020-4221422.

De luchtvaartmaatschappij Cathay Pacific vliegt vanaf Amsterdam via Hongkong naar Auckland en Christchurch. Bel voor nadere inlichtingen en reserveringen met Cathay Pacific Airways in Amsterdam, tel. 020-6532010.

De Australische luchtvaartmaatschappij Qantas verzorgt vluchten vanaf Frankfurt en Londen via Australië naar Nieuw-Zeeland. De vlucht vanaf Amsterdam of Brussel naar Frankfurt of Londen wordt door Qantas geregeld met een andere maatschappij en is bij de prijs van het ticket inbegrepen. U kunt voor meer informatie contact opnemen met Qantas Airways in Amsterdam, tel. 020-6838081.

Er zijn uiteraard ook maatschappijen die chartervluchten uitvoeren op bestemmingen in Nieuw-Zeeland. De prijzen en vliegtijden enz. van dergelijke vluchten zijn echter voortdurend aan wijzigingen en speciale aanbiedingen onderhevig. Het is dan ook onmogelijk om een zorgvuldig overzicht van deze vluchten te geven, waar u iets aan hebt op het moment dat u uw reis gaat voorbereiden. Voor uitgebreide informatie verwijzen wij u derhalve naar uw reisbureau. Veel luchtvaartmaatschappijen hebben eveneens een website op Internet, waar u actuele vluchtschema's en andere informatie kunt opvragen (zie ook *Internet* in de rubriek *Nuttige Adressen*).

Adressen van luchtvaartmaatschappijen in Nieuw-Zeeland vindt u in de rubriek *Nuttige Adressen*; vergeet niet uw retourvlucht op tijd te herbevestigen.

MET DE BOOT

De meeste scheepvaartmaatschappijen die cruises door het zuiden van de Grote Oceaan organiseren, vertrekken vanuit Sydney en vervoeren hun passagiers van en naar Nieuw-Zeeland per vliegtuig. P&O Line, Sitmar, Royal Viking en een toenemend aantal andere cruisemaatschappijen doen echter gedurende het hele jaar Nieuw-Zeeland aan, voornamelijk tijdens de periode van november tot april. Soms nemen vrachtboten ook groepjes passagiers mee.

REISBENODIGDHEDEN

PASPOORTEN EN VISA

Reizigers met een Nederlands of Belgisch paspoort hebben voor een bezoek tot drie maanden aan Nieuw-Zeeland geen visum nodig. U moet wel in het bezit zijn van een paspoort dat geldig is tot minimaal drie maanden na de geplande vertrekdatum uit Nieuw-Zeeland. Ook moet u beschikken over voldoende geldmiddelen om gedurende uw verblijf in uw onderhoud te kunnen voorzien. Bovendien moet u een bewijs kunnen tonen dat u het land ook weer zult verlaten; dit kan bijvoorbeeld een retour- of doorreisticket zijn. Bij aankomst in Nieuw-Zeeland dient u een *arrival card* in te vullen en zal er een *Visitor Permit* in uw paspoort worden gestempeld. In sommige gevallen kan iemand de toegang tot Nieuw-Zeeland worden geweigerd; zie *Douane* in deze rubriek.

Voor meer informatie over visa en werk- of studiemogelijkheden in Nieuw-Zeeland kunt u contact opnemen met de ambassade of het consulaat in uw eigen land (zie *Ambassades en Consulaten van Nieuw-Zeeland in Nederland en België* in de rubriek *Nuttige Adressen*).

Neem ook een fotokopie van uw paspoort mee en bewaar deze gescheiden van het origineel, tezamen met twee pasfoto's. Als uw paspoort is gestolen of zoek geraakt, dient u een vervangend reisdocument aan te vragen bij uw ambassade of consulaat in Nieuw-Zeeland (zie *Ambassades en Consulaten van Nederland en België in Nieuw-Zeeland* in de rubriek *Nuttige Adressen)*; de extra pasfoto's en het kopiepaspoort kunnen u dan veel tijd en moeite besparen.

GELDZAKEN

De munteenheid is de Nieuw-Zeelandse dollar (NZ$), die is onderverdeeld in 100 *cents*. Het land ging in 1967 over op decimaal geld, nadat het eerst het Britse systeem van ponden, shillings en penny's had aangehouden.

De waarde van één Nieuw-Zeelandse dollar is ongeveer *f* 1,14 (Bfr. 22). Voor actuele valutakoersen en vragen over de in- en uitvoer van geld kunt u bellen met de GWK infolijn, tel. 0800-0566 (gratis). Zie ook *Internet* onder het kopje *Overige Adressen*.

Er zijn geen in- of uitvoerbeperkingen voor Nieuw-Zeelandse of andere valuta. Travellercheques en creditcards zijn in Nieuw-Zeeland algemeen aanvaarde betalingsmiddelen. U kunt niet terecht met eurocheques of girobetaalkaarten.

Mocht u onverhoopt uw creditcard, bankpas en/of travellercheques kwijtraken, dan kunt u contact opnemen met de betreffende maatschappij:
American Express: tel. 0031-20-5048666 (Nederland) of tel. 09-3674567 (Nieuw-Zeeland), travellercheques tel. 0800-0220100 (Nederland);
Bankpassen: tel. 0031-8000313 (Nederland);
Diners: tel. 0031-20-5573407 (Nederland) of tel. 0800-657373 (Nieuw-Zeeland; gratis);
Euro/Master/Access: tel. 0031-30-2835555 (In Nederland; ook voor collectgesprekken);
Thomas Cook: Travellercheques tel. 0800-0228630 (Nederland);
Visa: tel. 0031-20-6600611 (Nederland) of 0800-445594 (Nieuw-Zeeland; gratis), travellercheques, tel. 0800-0225484.

Op de luchthaven zijn postkantoren en banken vaak alleen geopend tijdens de kantooruren die in Nieuw-Zeeland worden aangehouden (zie *Openingstijden* in de rubriek *Een eerste Kennismaking*).

In Nieuw-Zeeland wordt op goederen en diensten een soort omzetbelasting geheven, de *Goods and Services Tax* (GST) van 12,5 procent; deze kan niet worden teruggevorderd.

GEZONDHEID

ZIEKTEKOSTENVERZEKERING

De meeste bezoekers - waaronder ook Nederlandse en Belgische - kunnen *niet* gratis gebruik maken van de medische voorzieningen in Nieuw-Zeeland. Zorg er daarom voor dat u niet vertrekt zonder een uitgebreide ziektekosten- en/of reisverzekering. Denk ook aan een ongevallendekking. Laat u informeren door uw reisbureau, verzekeringsmaatschappij of bank. Bewaar de rekeningen van alle kosten die u hebt gemaakt, zodat u deze kunt declareren.

Als u van plan bent een avontuurlijke of actieve vakantie te houden, controleer dan van tevoren of die activiteiten wel worden gedekt door uw verzekeringspolis. Sporten die grote risico's met zich meebrengen, zoals abseilen, bungee jumping, skiën en dergelijke, worden vaak niet meeverzekerd.

MEDICIJNGEBRUIK

Indien u medicijnen gebruikt, is het verstandig om een dubbele voorraad mee te nemen. Bewaar beide sets tijdens de vliegreis in uw handbagage; in het bagageruim is het vaak te koud voor medicijnen. Na aankomst kunt u de twee sets beter gescheiden bewaren, zodat u bij verlies altijd nog één set overhoudt.

Vraag uw huisarts voor de zekerheid om een briefje (in het Engels) met de naam van uw aandoening en van de samenstelling en dosering van de medicijnen, zodat u in geval van nood snel geholpen kunt worden. Indien u veel medicijnen meeneemt, is het aan te raden het voorschrift van uw arts bij de hand te houden, om eventuele problemen met de douane te voorkomen. Vraag uw arts ook om een medisch attest indien u allergisch bent voor bepaalde geneesmiddelen.

Indien u medicijnen gebruikt die in Nieuw-Zeeland onder de narcoticawet vallen, moet u zich voor vertrek goed laten voorlichten over hoe u problemen met de Nieuw-Zeelandse douane kunt voorkomen. Informeer bijvoorbeeld bij de ANWB in Nederland of bij de ambassade in Den Haag of Brussel (zie *Ambassades en Consulaten van Nieuw-Zeeland in Nederland en België* in de rubriek *Nuttige Adressen*).

OVERIGE GEZONDHEIDSADVIEZEN

Het verdient aanbeveling enige algemene gezondheidsadviezen in acht te nemen. Denk bijvoorbeeld aan een goede EHBO-set, Oral Rehydration Salt (zie verderop) en een stopmiddel (loperamide).

Reizigersdiarree kan op verschillende manieren worden voorkomen. Vraag uw huisarts van tevoren om individueel advies en ook om medicijnen tegen ernstige diarree. Als u de eerste verschijnselen van maag- of darmproblemen bemerkt, probeer dan een dieet van warme, niet te sterke, thee en een beetje geduld. Maagproblemen zijn vaak het gevolg van een verandering in voedsel en omgeving; meestal is het ongemak na enige dagen vanzelf weer verdwenen. Zorg er wel voor dat u niet teveel vocht verliest en gebruik eventueel O.R.S. (Oral Rehydration Salt), verkrijgbaar bij de apotheek. Bij ernstige diarree kunt u Imodium-tabletten gebruiken.

Controleer voor vertrek de uiterste houdbaarheidsdatum van geneesmiddelen.

Nieuw-Zeeland staat bekend om het heldere licht. Dit kan leiden tot ernstige verbranding, zelfs op dagen waarop de temperatuur verraderlijk laag is en vooral tussen 10.00-15.00 uur moet u er terdege rekening mee houden. Goede zonnebrandcrèmes (minimaal factor 15) en een zonnehoed zijn heel belangrijk. Denk er ook aan dat bepaalde geneesmiddelen allergische reacties op zonlicht kunnen veroorzaken.

In gebieden met een hoge luchtvochtigheid kunnen *sandflies* een ware plaag zijn. U kunt ze echter op afstand houden met muggenwerende middelen.

Vanwege het besmettingsgevaar met de parasiet Giardai lambia, die enorme buikklachten kan veroorzaken, moet u water uit meren en bergstroompjes ruim tien minuten laten koken.

Dragers van een bril of contactlenzen doen er verstandig aan een reservebril of -lenzen (plus lensvloeistoffen) mee te nemen.

De reis per vliegtuig vanuit Europa naar Nieuw-Zeeland neemt over het algemeen ongeveer 30 uur in beslag; het is dan ook beslist geen overbodige luxe tijdens de eerste twee dagen van uw verblijf voldoende rust te nemen.

KLEDING

Wie in de zomer komt, kan het beste enkele truien of jacks meenemen voor de koelere avonden of frisse dagen, met name in het zuiden van het Noordereiland.

De meeste delen van het land kunt u het hele jaar bezoeken met niet al te dikke kleding en een regenjas of paraplu, maar in de toeristenoorden Rotorua, Taupo en Queenstown, is het aan te raden om tijdens de winter warme kleren en warme schoenen mee te nemen.

DOUANE

De douanebeambten hebben het recht iemand de toegang tot Nieuw-Zeeland te onthouden, indien blijkt dat op die persoon sectie 7 van de *Immigration Act 1987* van toepassing is. Deze wet heeft betrekking op personen die:
- wegens een overtreding zijn veroordeeld tot een gevangenisstraf van vijf jaar of meer (ongeacht of een van die overtredingen later is geschrapt);
- in de voorafgaande tien jaar zijn veroordeeld tot een gevangenisstraf van 12 maanden of meer;
- onderhevig zijn aan een bevel tot uitzetting uit Nieuw-Zeeland;
- uit enig land zijn gedeporteerd;
- ervan worden verdacht een gevaar te vormen voor de veiligheid of de openbare orde van Nieuw-Zeeland;
- ervan worden verdacht gelieerd te zijn aan een groep of organisatie met criminele motieven en op die gronden worden beschouwd als een gevaar voor de openbare orde of het algemeen belang van Nieuw-Zeeland.

Bezoekers van 17 jaar en ouder mogen belastingvrij invoeren: 200 sigaretten *of* 50 sigaren *of* 250 gram tabak, danwel een bepaalde hoeveelheid van elk mits dit bij elkaar de 250 gram niet overschrijdt; 4,5 liter wijn *of* bier; een fles van maximaal 1125 ml sterke drank; en goederen tot een totale waarde van NZ$700.

De invoer van drugs, vuur- en andere wapens, onzedelijke videobanden en dergelijke is verboden.

Aangezien Nieuw-Zeeland in grote mate afhankelijk is van handel met de rest van de wereld op het gebied van land- en tuinbouw, kent het land strenge regels betreffende de invoer van dieren en van plantaardige of dierlijke zaken.

Voor meer informatie over invoerbepalingen kunt u contact opnemen met de ambassade of het consulaat in uw eigen land (zie *Ambassades en Consulaten van Nieuw-Zeeland in Nederland en België* in de rubriek *Nuttige Adressen*). Nederlandse reizigers kunnen voor de invoerbepalingen die gelden voor hun eigen land bellen met de Belastingtelefoon Douane, tel. 0800-0143 (vanuit Nieuw-Zeeland tel. 0031-455743031).

Als u medicijnen gebruikt, controleer dan van tevoren of deze wellicht in Nieuw-Zeeland onder de narcoticawet vallen; zie *Medicijngebruik* onder *Gezondheid* in deze rubriek.

Laat uw bagage nooit onbeheerd of bij een vreemde achter, en neem zelf ook niets mee van of voor anderen!

BIJ VERTREK

Houd er rekening mee dat u uw retourvlucht 72 uur voor vertrek moet herbevestigen bij uw luchtvaartmaatschappij; doet u dit niet, dan vervalt uw reservering. Dit geldt overigens ook voor binnenlandse vluchten. Het is sowieso altijd verstandig van tevoren even te controleren of er geen wijzigingen in het vluchtschema zijn opgetreden. Hiermee voorkomt u dat u voor onaangename verrassingen komt te staan.

Op alle vliegvelden wordt luchthavenbelasting geheven. Voor internationale vluchten bedraagt deze NZ$20.

Denk eraan dat u geen (delen van) beschermde dieren en planten mee het land uitneemt, of souvenirs die daarvan zijn gemaakt. Als u dat toch doet, riskeert u bij terugkeer in Nederland een flinke boete, en bovendien worden de goederen in beslag genomen. Onder de reglementen van de CITES-conventie wordt strikt toezicht gehouden op de handel in bedreigde dier- en plantensoorten. De invoer van dergelijke producten is alleen toegestaan indien u beschikt over een invoervergunning van het CITES-bureau van het Ministerie van Landbouw, Natuurbeheer en Visserij. Zie voor invoerbepalingen het telefoonnummer van de Belastingtelefoon onder het kopje *Douane*.

Er is geen limiet aan het uitvoeren van geld dat is overgebleven van het ingevoerde geld. Er zijn wisselkantoren op de internationale luchthavens van Auckland, Wellington en Christchurch.

EEN EERSTE KENNISMAKING

Nieuw-Zeeland, een gecentraliseerde democratie met een economie naar westers model, kent algemeen kiesrecht voor volwassenen (en een zogenoemd 'gemengde-leden'-systeem van evenredige vertegenwoordiging). Het honderdtwintig leden tellende Huis van Afgevaardigden wordt voor drie jaar gekozen. Er zijn vier speciale electoraten voor de Maori's die op een aparte lijst willen stemmen. De helft van de overige zetels van het Huis wordt evenredig naar de steun die de afzonderlijke partijen krijgen tijdens een speciale 'partij'-stemming op de dag van de verkiezingen, verdeeld. De overige parlementsleden vertegenwoordigen electoraten.

De gouverneur-generaal (de vertegenwoordiger van de Britse koningin als vorstin van Nieuw-Zeeland) wijst de minister-president aan die zich gesteund weet door een meerderheid in het Huis van Afgevaardigden. De minister-president benoemt op zijn beurt een kabinet, dat verantwoording verschuldigd is aan het Huis van Afgevaardigden.

Op plaatselijk niveau is Nieuw-Zeeland verdeeld in gemeenten en districten. De Chatham Islands (een afzonderlijk district) behoren tot geen enkele regio. Tokelau is een autonoom eiland, dat juridisch gezien deel uit maakt van het *dominion* Nieuw-Zeeland.

De belangrijkste politieke partijen zijn de Labour Party, de (conservatieve) National Party, de Alliance Party en de New Zealand First Party.

BEVOLKING

Nieuw-Zeeland telt ongeveer 3,5 miljoen inwoners, waarvan er meer dan twee miljoen in of rond de voornaamste steden leven. Ongeveer 90 procent van de totale bevolking leeft in dorpen met meer dan duizend inwoners.

De Europeanen (door de Maori's *Pakeha* genoemd) die bijna tweehonderd jaar geleden naar Nieuw-Zeeland kwamen, waren voor het merendeel van Britse afkomst. De huidige Nieuw-Zeelandse bevolking bestaat voor bijna 80 procent uit Europeanen, waar de Britten nog altijd een groot aandeel van vormen. De rest van de bevolking bestaat uit Maori's (ongeveer 13 procent) en bewoners van de eilanden in de Grote Oceaan (5 procent).

ECONOMIE

Zijn exportinkomsten heeft Nieuw-Zeeland grotendeels te danken aan de agrarische sector en dan met name aan de producten vlees, wol en zuivel.

Bij de bosbouw die de basis vormt voor de belangrijke pulp- en papierindustrie is sprake van uitbreiding. Behalve kolen, ligniet, aardgas en goud, beschikt het land over weinig natuurlijke hulpbronnen. Het aanzienlijke potentieel op het gebied van hydro-elektriciteit wordt benut om op grote schaal goedkope elektriciteit op te wekken, hetgeen de Nieuw-Zeelandse fabrieksnijverheid ten goede komt. Het Kapuni Field op het Noordereiland en het Maui Field voor de kust van Taranaki leveren aardgas voor de productie van vloeibare brandstof voor de binnenlandse en buitenlandse markt.

Ondanks de kleine binnenlandse markt en het feit dat Nieuw-Zeeland op grote afstand van de belangrijkste industrielanden van de wereld ligt, heeft het land een hoge levensstandaard.

Het toerisme is een van de belangrijkste pijlers van de Nieuw-Zeelandse economie.

GEOGRAFIE

Nieuw-Zeeland bestaat uit drie hoofdeilanden: het Noordereiland, het Zuidereiland en Stewart Island, over een lengte van noord tot zuid van ongeveer 1600 kilometer, gelegen tussen 34 en 47 graden zuiderbreedte.

Op het Zuidereiland strekken de Zuidelijke Alpen zich uit in noord-zuidrichting; in het zuidwesten bereiken ze de zee en de grillige kust van Fiordland. Met zijn huidige hoogte van 3754 m is Mount Cook het hoogste punt. In december 1991 zorgde een grote aardverschuiving ervoor dat de berg 10 m lager werd. De vlakten die de naam Canterbury Plains dragen, liggen ten oosten van het gebergte.

Het Noordereiland is hoofdzakelijk heuvelachtig met hier en daar bergen, waaronder vulkanen - twee daarvan zijn nog steeds actief. De laaglanden van het Noordereiland liggen vooral aan de kust en in de Waikato Valley.

De belangrijkste rivieren zijn: de Waikato, Clutha, Waihou, Rangitaiki, Mokau, Wanganui en Manawatu.

TIJDZONES

Nieuw-Zeeland kent maar een tijdzone en loopt 12 uur voor op Greenwich Mean Time (GMT). Dit houdt in dat het er 11 uur later is dan in Nederland en België. Als het in Nieuw-Zeeland 12.00 uur is op maandag, is het in Nederland en België 1.00 uur maandagochtend.

Vanaf begin oktober tot eind maart wordt de klok in Nieuw-Zeeland een uur vooruit gezet, zodat gedurende het grootste deel van deze periode het tijdsverschil met Nederland en België 12 uur bedraagt. Wanneer wij in Nederland en België de zomertijd hanteren (eind maart tot eind oktober), is het tijdsverschil 'slechts' tien uur. Wilt u het exacte tijdsverschil weten, dan kunt u contact opnemen met Inlichtingen Buitenland van de KPN, tel. 0900-8418. De verre Chathameilanden, 800 km ten oosten van Christchurch, lopen drie kwartier voor op New Zealand Standard Time.

Reizigers vanuit het westelijk halfrond, die westwaarts naar Nieuw-Zeeland reizen, verliezen een hele dag zodra zij de Internationale Datumgrens passeren en krijgen die dag weer terug wanneer ze in oostelijke richting terugkeren vanuit Nieuw-Zeeland. Het land loopt zo ver op de rest van de wereld voor, aangezien het zo dichtbij de Internationale Datumgrens ligt, dat het een van de eerste landen is waar men de nieuwe dageraad ziet (na Fiji en enkele andere kleine eilanden in de Grote Oceaan).

KLIMAAT

Het klimaat is in het algemeen gematigd en de neerslag is gelijkmatig over het jaar verdeeld. De zomer en de herfst, van december tot mei zijn het mooist en de beste tijd om met vakantie te gaan. De Nieuw-Zeelanders nemen van oudsher hun grote vakantie vanaf kerstmis tot en met januari; toeristen dienen in deze periode dan ook hun accommodatie en binnenlands transport ruim van tevoren te boeken aangezien alle faciliteiten dan maximaal worden benut.

De wind kan gedurende het hele jaar erg sterk zijn in Cook Strait, tussen de twee hoofdeilanden, maar de zomers zijn in de meeste gebieden in het algemeen warm en aangenaam.

In de winter kan het erg koud zijn in het midden en zuiden van het Noordereiland en in de kustgebieden van het Zuidereiland en zelfs bijzonder koud in de centrale gebieden van het Zuidereiland.

FOOIEN

Het geven van fooien is niet gebruikelijk of verplicht in Nieuw-Zeeland, maar u kunt in restaurants en hotels gerust een fooi geven wanneer de bediening vriendelijk en snel is geweest.

MATEN EN GEWICHTEN

In Nieuw-Zeeland wordt gebruikgemaakt van het metrieke stelsel. Maten en gewichten zijn dan ook identiek aan die van het Europese continent.

ELEKTRICITEIT

De netspanning in Nieuw-Zeeland is 230 volt, 50 hertz. De meeste hotels en motels hebben ook stopcontacten van 110 volt voor scheerapparaten. Voor de zekerheid kunt u een adapter meenemen. De stopcontacten in Nieuw-Zeeland zijn berekend op stekkers met (twee of drie) platte pinnen, dus Nederlandse stekkers passen er niet in. U zult dan ook een verloop- of wereldstekker nodig hebben.

OPENINGSTIJDEN

Houd er rekening mee dat openingstijden sterk kunnen variëren en snel kunnen veranderen; als u er zeker van wilt zijn dat u niet voor een gesloten deur komt te staan, is het aan te raden van tevoren even te bellen.

Kantooruren zijn meestal van 9.00-17.00 uur, maandag tot en met vrijdag.

Banken zijn van maandag tot en met vrijdag geopend van 9.30-16.30 uur.

Postkantoren zijn doorgaans van maandag tot en met vrijdag geopend van 9.00-17.00 uur.

De meeste winkels zijn van maandag tot en met vrijdag geopend van 9.00-17.30 uur en op zaterdag van 9.00 uur tot vroeg in de middag. In de grote steden en de grotere toeristengebieden zijn veel winkels zeven dagen per week geopend, vaak ook 's avonds.

FEEST- EN HERDENKINGSDAGEN

VASTE NATIONALE FEESTDAGEN

Nieuw-Zeeland kent de volgende officiële nationale feestdagen:

1 januari:	Nieuwjaarsdag
Januari:	Eerste werkdag na nieuwjaarsdag is een vaste vrije dag
6 februari:	*Waitangi Day*
Maart/april:	Goede Vrijdag/Tweede Paasdag
25 april:	*Anzac Day*
Juni:	*Queen's Birthday* (eerste maandag in de maand)
Oktober:	*Labour Day* (laatste maandag in de maand)
25 december:	Eerste Kerstdag
26 december:	*Boxing Day*
December:	Eerste werkdag na 26 december is een vaste vrije dag

PROVINCIALE FEESTDAGEN

Behalve de genoemde feestdagen heeft elke provincie een feestdag ter gelegenheid van de provinciale verjaardag:

Januari: Southland, Wellington, Nelson, Northland en Auckland;
Maart: Otago, Southland, Taranaki en Otago;
November: Hawke's Bay en Marlborough
December: Canterbury, Westland en Chathameilanden

Als de feestdag op zaterdag of zondag valt, dan geldt de maandag erna als de feestdag.

GODSDIENST

De meerderheid van de Nieuw-Zeelandse bevolking is christelijk. Ongeveer 22 procent is anglicaans, 16 procent presbyteriaans en 15 procent rooms-katholiek. U vindt in Nieuw-Zeeland ook methodisten, baptisten, joden, hindoes en boeddhisten.

De Maori's zijn grotendeels aanhangers van de Ratana en Ringatu christelijke sekten.

TAAL

Engels en Maori zijn de officiële talen van Nieuw-Zeeland, waarvan het Engels het meest gebruikt wordt. Toeristen moeten het echt van het Engels hebben, omdat het overgrote deel van de Nieuw-Zeelanders geen enkele andere Europese taal machtig is.

COMMUNICATIE

KRANTEN EN TIJDSCHRIFTEN

De geletterdheid in Nieuw-Zeeland is bijzonder hoog. De meeste plaatsen hebben een bibliotheek, en de verkoop van boeken, tijdschriften en kranten is per hoofd van de bevolking hoger dan elders ter wereld. De *New Zealand Herald*, het ochtendblad uit Auckland, wordt in Greater Auckland door meer dan een op de vier personen gekocht, een getal waarmee men in andere steden ter wereld dik tevreden zou zijn. Bijna elke grote stad heeft een eigen krant en er zijn tal van kleinere kranten in dorpen, provinciesteden en voorsteden.

Ochtendbladen zijn onder meer *The Press* (Christchurch), *Otago Daily Times* (Dunedin) en *The Dominion* (Wellington). In Christchurch is *The Star* een veelgelezen avondblad; in Wellington is er de *Evening Post*. De *Sunday Star Times* en de *Sunday News* zijn zondagskranten.

In verband met de grote boekverkoop hebben alle grote Britse uitgeverijen distributieorganisaties opgericht in Nieuw-Zeeland. Deze tak van industrie wordt ondersteund door mooie boekwinkels en zeer goede bibliotheken.

In een enkele speciaalzaak kunt u een Nederlandse of Belgische krant krijgen.

RADIO EN TELEVISIE

Naast Radio New Zealand (RNZ), een radiozender in overheidshanden, zijn er vele particuliere stations die lokaal uitzenden.

Tourist Information FM is een zender waarop 24 uur per dag toeristische informatie wordt gegeven in het Engels, Duits en Japans. Er wordt uitgezonden op drie frequenties: 88.2 MHz (Engels), 100.4 MHz (Duits) en 100.8 MHz (Japans). Deze zender geeft informatie over de geschiedenis en cultuur van Nieuw-Zeeland (met de nadruk op de mythologie en legenden van de Maori) en over plaatselijke activiteiten en attracties.

Er zijn twee televisiekanalen die worden beheerd door een in naam onafhankelijke overheidsinstelling, Television New Zealand (TVNZ), naast een derde kanaal, TV3 Network Services, dat in particuliere handen is. Daarnaast is er Sky Television, een particulier bedrijf dat abonnementstelevisie op drie kanalen biedt, met nieuws door de BBC en CNN. Er zijn ook tal van regionale televisiestations.

Via de Wereldomroep kunt u op de hoogte blijven van de ontwikkelingen en het nieuws in Nederland en de rest van de wereld. Als u de Wereldomroep wilt kunnen ontvangen in Nieuw-Zeeland, bel dan voor uw vertrek met tel. 035-6724333 om te informeren naar het uitzendschema dat van toepassing is gedurende uw reisperiode. Folders met de actuele zendschema's zijn ook verkrijgbaar bij de ANWB-kantoren en vóór de paspoortcontrole op Schiphol. Zie ook *Internet* in de rubriek *Nuttige Adressen*.

Behalve naar de Wereldomroep, kunt u ook naar Nederlandstalige programma's luisteren via Radio Echo.

TELEFOON, TELEX EN FAX

De meeste telefooncellen werken met telefoonkaarten, maar er zijn ook enkele openbare telefoons die op munten of met creditcards werken.

Telefoonkaarten zijn te koop bij de meeste kiosken en benzinestations. Tussen 20.00 uur en 8.00 uur is het goedkoper om te bellen. U moet daarbij natuurlijk wel rekening houden met het tijdsverschil.
Voor het aanvragen van een collectgesprek of scope kaartgesprek vanuit Nieuw-Zeeland naar Nederland kunt u bellen met tel. 000931.

Als u vanuit Nieuw-Zeeland naar Nederland of België wilt bellen, moet u draaien: 00, landencode (Nederland 31; België 32), netnummer (zonder de eerste nul) en abonneenummer.

Om te telefoneren vanuit Nederland naar Nieuw-Zeeland moet u draaien: 00-64-netnummer (zonder de eerste nul) en abonneenummer. De netnummers in dit boek zijn compleet, dus inclusief de eerste nul van het netnummer.

Indien u niet rechtstreeks contact krijgt, kunt u het via de operator van KPN Telecom proberen, tel. 0800-0410.

Voor het versturen van een telegram kunt u terecht bij postkantoren; ze kunnen ook telefonisch worden opgegeven. De grote postkantoren - en ook sommige hotels - bieden eveneens telexfaciliteiten. Faxdiensten worden door veel hotels geboden.

Enkele netnummers in Nieuw-Zeeland:

Auckland	09
Christchurch	03
Dunedin	03
Fox Glacier	03
Franz Josef Glacier	03
Hamilton	07
Hanmer Springs	03
Invercargill	03
Marlborough Sounds	03
Methven	03
Mount Cook	03
Paihia	09
Palmerston North	06
Queenstown	03
Rotorua	07
Russell	09
Te Anau	03
Wairakei	07
Waitomo Caves	07
Wellington	04
Whangarei	09

NOODGEVALLEN

Het alarmnummer van ambulance, brandweer en politie is **111**.

De alarmnummers staan ook vermeld voorin telefoonboeken en *Yellow Pages* (Gouden Gids).

VEILIGHEID EN MISDAAD

Hoewel Nieuw-Zeeland bekend staat als een van de veiligste bestemmingen ter wereld, doet u er goed aan enkele simpele voorzorgsmaatregelen tegen diefstal te nemen: sluit uw auto altijd af en laat geen camera's en andere kostbare voorwerpen in het zicht liggen. Maak gebruik van de kluisjes in hotels voor uw paspoort en kostbaarheden.

VERLOREN EIGENDOMMEN

Mocht u onverhoopt uw paspoort verliezen, neem dan contact op met uw ambassade of consulaat in Nieuw-Zeeland; zie *Ambassades en Consulaten van Nederland en België in Nieuw-Zeeland* in de rubriek *Nuttige Adressen*.

MEDISCHE ZORG

De medische zorg in Nieuw-Zeeland is van een hoog niveau. Als u iets mocht overkomen tijdens uw bezoek hoeft u zich dan ook geen zorgen te maken over de medische hulp.

Het is wel van groot belang dat u voor uw vertrek naar Nieuw-Zeeland een uitgebreide ziektekostenen/of reisverzekering afsluit; zie *Ziektekostenverzekering* onder *Gezondheid* in de rubriek *Reisbenodigdheden*.

Laat uw verzekeringspapieren invullen en ondertekenen na een dokters- of ziekenhuisbehandeling en bewaar alle rekeningen en andere bewijzen; deze hebt u nodig om de kosten na thuiskomst te kunnen verhalen op uw verzekering.

Apotheken zijn geopend gedurende winkeltijden (zie *Openingstijden* in de rubriek *Een eerste Kennismaking*). Voor acute gevallen is er een 24-uurs dienst. In de plaatselijke pers en bij alle apotheken wordt de naam van de dienstdoende apotheek

vermeld. U kunt eveneens terecht bij *Accident Info Service*, deze dienst geeft advies bij ongelukken en ziekten. Een telefoondienst helpt u 24 uur per dag: tel. 09-5294418 of tel. 0800-263345.

Diabetici en mensen die last hebben van allergieën kunnen voor speciale levensmiddelen terecht bij de zogenaamde Health Shops.

SPECIALE FACILITEITEN

GEHANDICAPTEN

In Nieuw-Zeeland wordt duidelijk rekening gehouden met de minder valide reiziger. Veel hotels, musea en andere toeristische attracties zijn goed toegankelijk voor mensen in rolstoelen. Informatie over vervoer voor gehandicapten is verkrijgbaar bij het **New Zealand Disabilities Resource Centre** in Palmerston North (zie *Overige Adressen* in de rubriek *Nuttige Adressen*), of via tel. 0800-801981 (alleen gratis in Nieuw-Zeeland). Ook nuttig is de *Reiswijzer voor gehandicapten* die in Nederland verkrijgbaar is bij de ANWB-vestigingen.

FOTOGRAFIE

De beroepsfotografen die aan dit boek hebben mee-
gewerkt, hebben een eensluidend advies voor goede
resultaten in kleur: houd rekening met de hitte. Het
blootstellen van camera en films aan de zon veroorzaakt reacties in de emulsielaag van de film waardoor de kleurgevoeligheid wordt aangetast. Bewaar
uw camera en films daarom zoveel mogelijk op een
koele plaats, liefst in een ruimte met airconditioning,
maar in ieder geval in de schaduw; dus niet op de
hoedenplank van de auto. Controleer de datumcode
op het pakje als u nieuwe films koopt.

Een ander gevaar waardoor films worden bedreigd is vocht, bijvoorbeeld door de hoge luchtvochtigheid. Er zijn speciale tassen in de handel die
een vochtabsorberende stof bevatten waarin u uw camera en films kunt bewaren. Een zakje silicagel in
een goed afsluitbare tas kan ook goed voldoen.
Vraag advies aan uw fotozaak.

Om foto's te maken met bevredigende contrasten
en kleuren, kunt u het beste vóór 10.30 uur of ná
15.00 uur fotograferen. Rond het middaguur is het
licht te sterk, waardoor subtiele kleurnuances verloren gaan. Het licht van de vroege morgen en late
middag geeft mooiere contrasten en een grotere
kleurintensiteit. Voor haarscherpe resultaten is het
aan te bevelen vanaf een statief te fotograferen, en
voor detailopnamen een flitser te gebruiken.

REIZEN IN NIEUW-ZEELAND

VANAF DE LUCHTHAVENS

Op alle luchthavens zijn taxi's beschikbaar. Op de
vliegvelden van Auckland, Christchurch, Wellington
en sommige regionale luchthavens kunt u ook gebruik maken van het openbaar vervoer, wat goedkoper is.

MET HET VLIEGTUIG

De twee voornaamste binnenlandse luchtvaartmaatschappijen zijn Air New Zealand en Ansett New
Zealand. Air New Zealand vliegt met Boeing 737 jets
en F27 turbopropvliegtuigen, terwijl Ansett New
Zealand gebruik maakt van BAE 146 jets. Daarnaast
bestaan er tal van kleinere regionale maatschappijen.
In de grote steden en in toeristengebieden kunt u gebruik maken van helikopters.

Bij een aantal vliegtuigmaatschappijen kunt u
voor regionale vluchten een *airpass* kopen. Informeer
hiernaar bij uw reisbureau of bij de betreffende
luchtvaartmaatschappij.

MET DE BOOT

Er varen tal van passagiers- en vrachtboten tussen
het Noorder- en het Zuidereiland. Er vertrekken dagelijks geregeld boten in beide richtingen, maar het
is aan te raden om tijdens de zomervakantie de overtocht van uw auto van tevoren te boeken. De reistij-
den variëren van 1,5 uur (per catamaran) tot 3 uur.

Vanaf Bluff op het Zuidereiland kunt u dagelijks
met een boot Stewart Island bereiken. De overtocht
neemt ongeveer een uur in beslag.

MET DE TREIN

Op de voornaamste lijnen tussen Auckland en
Wellington op het Noordereiland en tussen
Christchurch en Invercargill op het Zuidereiland rijden comfortabele passagierstreinen. Behalve deze
treinen zijn er enkele dagelijkse treindiensten langs
toeristische routes die minder faciliteiten bieden.

Tussen Christchurch en Greymouth rijdt dagelijks
de TranzAlpine Express. Studenten en leden van de
Internationale Jeugdherberg Associatie krijgen kor-

ting. Reserveert u uw plaatsje voor deze trein in Nieuw-Zeeland zelf dan gelden ook speciale tarieven, afhankelijk van de klasse. Zorg er wel voor dat u ruim van tevoren een zitplaats bespreekt, want het is een populaire treinverbinding.

Op intercitytreinen en op treinen langs toeristenroutes zijn maaltijden en versnaperingen verkrijgbaar.

De vier grote centra beschikken elk over forenzentreindiensten, maar Wellington heeft een redelijk regelmatige en frequente treinverbinding met de noordelijke voorsteden en satellietsteden.

Met een zogenaamde *travel pass* kunt u onbeperkt reizen per trein, bus en veerboot tussen het Noorderen Zuidereiland. Informeer hiernaar bij uw reisbureau of bij treinspecialist Incento (zie voor adresgegevens *Overige Adressen* en *Internet* in de rubriek *Nuttige Adressen*).

MET DE BUS

Er is een uitstekend busnetwerk door het hele land met moderne en comfortabele bussen, waarvan sommige voorzien zijn van een toilet. Ook hier is het verstandig van tevoren plaatsen te boeken, met name tijdens de zomermaanden.

Er zijn buspassen verkrijgbaar, die dan weer te combineren zijn met tickets voor de trein, boot en vliegtuig. Informeer hiernaar bij uw reisbureau.

Shuttlebussen rijden via vaste trajecten vanaf luchthavens, trein- en busstations naar hotels en vice versa. In sommige steden verzorgen deze bussen ook de verbindingen tussen verschillende attracties. U kunt naar believen in- en uitstappen.

MET DE TAXI

In alle steden en dorpen kunt u 24 uur per dag een taxi bellen.

HUURAUTO'S

Huurauto's zijn in alle soorten en maten beschikbaar. U kunt ook een auto met chauffeur huren.

De minimumleeftijd om een auto te kunnen huren is over het algemeen 21 jaar. In de meeste gevallen zult u, behalve uw eigen rijbewijs, ook een internationaal rijbewijs nodig hebben; deze kunt u in Nederland bijvoorbeeld kopen bij de ANWB. Het kan voorkomen dat de verhuurder een rijbewijs eist dat minimaal een of drie jaar geldig is.

Het kan zijn dat de verzekering van de auto bij de huurprijs is inbegrepen; vraag dit voor alle duidelijkheid na. Uw eigen risico kunt u afkopen door een aparte verzekering af te sluiten. Een WA-verzekering is verplicht. Voor nadere gegevens kunt u terecht bij de ANWB in Nederland of bij Touring in België, danwel bij het Verkeersbureau in Frankfurt of bij de ambassade in Den Haag of Brussel; zie de rubriek *Nuttige Adressen*.

Als u een auto of camper wilt huren, boek dan vroegtijdig - met name in het hoogseizoen is de vraag groot. Tegen bijbetaling is het bij de grotere bedrijven mogelijk uw auto op een andere plaats achter te laten dan waar u hem hebt opgehaald.

TIPS VOOR AUTOMOBILISTEN

In Nieuw-Zeeland rijdt men, net als in Groot-Brittannië, aan de **linkerkant** van de weg.

De conditie van de hoofdwegen, die voornamelijk bestaan uit geasfalteerde tweebaanswegen, is goed en gewoonlijk comfortabel. De rijstroken zijn echter behoorlijk smal; denk hieraan bij het inhalen. Het natte wegdek na zware regenbuien is ook iets waar u rekening mee moet houden. Het kan voorkomen dat bij zeer slecht weer bepaalde bergwegen tijdelijk worden afgesloten. De bewegwijzering door de Automobile Association is prima.

Een stadsplattegrond komt zeer goed van pas als u door de grote steden rijdt. In sommige steden heeft men namelijk eenrichtingsverkeer ingesteld en is het niet eenvoudig de plaats van bestemming te bereiken. Een camper kan op de smalle wegen het verkeer nogal eens ophouden. Laat daarom zo nu en dan automobilisten passeren door even naar de kant te gaan.

Indien uw auto niet zichtbaar is vanaf een afstand van 50 m, dient u uw autoverlichting 's nachts aan te laten.

Aardgas en LPG zijn goedkoper dan gewone benzine en veel voertuigen zijn tegenwoordig uitgerust met tanks voor deze alternatieve brandstoffen.

In Nieuw-Zeeland gelden de volgende maximum snelheden: 50 km/u binnen de bebouwde kom, 100 km/u op auto- en snelwegen, 30 km/u indien u een overweg nadert en 20 km/u bij het passeren van een schoolbus. In een *Limited Speed Zone* (LSZ) is de snelheid vaak beperkt tot 50 km/u.

De Automobile Association heeft een uitgebreid dienstenpakket voor automobilisten. Dankzij onderlinge overeenkomsten hebben leden van buitenlandse verenigingen - waaronder de Nederlandse ANWB en de Belgische Touring - hier ook recht op. Vergeet uw lidmaatschapskaart dus niet. Bij pech onderweg kunt u bellen met tel. 0800-500222. Als u een Internationale Reis- en Kredietbrief heeft, worden de kosten van de wegenwachthulp gedeeltelijk vergoed.

Bij de vestigingen van de Automobile Association kunt u ook terecht voor wegenkaarten, hotel- en campinggidsen en allerhande overige informatie. Gegevens van de Automobile Association vindt u onder *Overige Adressen* in de rubriek *Nuttige Adressen*.

MET DE FIETS

Het overwegend heuvelachtige landschap maakt

Nieuw-Zeeland tot een waar paradijs voor de liefhebber van fietstochten. Meer dan 300 *off the road* routes zijn over de eilanden uitgezet. Midden oktober tot en met april is de beste tijd voor het maken van een tocht op een ATB of mountainbike. Omdat er behalve geasfalteerde wegen ook veel gravelwegen zijn, wordt het gebruik van een racefiets afgeraden.

U kunt Nieuw-Zeeland individueel per fiets verkennen, maar ook georganiseerde fietstochten behoren tot de mogelijkheden. Informeer bijvoorbeeld in Nieuw -Zeeland bij:

Ruamanhanga Mountain Biking, tel. 06-3797722, fax 06-3796732;

Adventure South, P.O. Box 33-153, Christchurch, tel. 03-3321222, fax 03-3324030;

Dreamers & East Capers, P.O. Box 280, Opotiki, tel. 07-3155577, fax 07-3156450.

TIPS VOOR FIETSERS

U kunt uw eigen fiets meenemen naar Nieuw-Zeeland (als u met Air New Zealand vliegt is dat zelfs gratis), maar er zijn ook voldoende bedrijven waar u een fiets kunt huren. De gemiddelde huurprijs is NZ$15 per dag.

Uw fiets moet een spatbord hebben, en het dragen van een fietshelm is verplicht. Een bandendikte van 28 of 32 mm is aan te raden in verband met de gravelwegen.

In uw fietstas mogen zeker de volgende zaken niet ontbreken: basis reserveonderdelen, regenkleding en een warme trui. Gaat u lange tochten maken dan is het dragen van een speciale fietsbroek geen overbodige luxe.

Uitgebreide routekaarten kunt u, op vertoon van uw ANWB- of Touring-lidmaatschapskaart, gratis afhalen bij de Automobile Association (zie *Overige Adressen* in de rubriek *Nuttige Adressen*).

ACCOMMODATIE

HOTELS EN MOTELS

In de meeste grote steden, in veel provinciesteden en alle vakantieoorden waar toeristen komen, staan hotels van internationaal niveau. De kleinere steden en dorpen bieden bescheidenere accommodatie in hotels, waar vakantiegangers zich kunnen ontspannen en vermaken.

Overal in het land vindt u kleine motels, die bijna altijd schoon en comfortabel zijn en ideale faciliteiten bieden voor gezinsvakanties. Vele beschikken over kookfaciliteiten en vaak is er een echte keuken met een eettafel, zodat maaltijden in het appartement kunnen worden genuttigd. In sommige motels krijgt u een warm ontbijt geserveerd en de appartementen worden dagelijks schoongemaakt.

Er bestaat nog geen nationaal beoordelingssysteem voor hotels en motels en het niveau verschilt overal, maar de locatie en het tarief vormen een betrouwbare graadmeter. Bij de genoemde prijzen wordt ervan uitgegaan dat twee personen een tweepersoonskamer delen, voor een bijkomende persoon moet doorgaans een toeslag worden betaald. Reisbureaus beschikken over een schat aan informatie en kunnen u informeren over de kortingen die gewoonlijk voor kinderen worden gegeven. (Een richtlijn: kinderen jonger dan twee jaar: gratis; van twee tot vier jaar: een kwart van de prijs; van vijf tot negen jaar: halve prijs; tien jaar en ouder: volle prijs.)

Hier volgt een overzicht van een aantal populaire hotels en motels in de vier grote steden en in enkele van de populaire vakantieoorden. De lijst is niet volledig, maar geeft een indruk van de mogelijkheden. Gewoonlijk komt bovenop de hotelprijs nog *Goods and Services Tax* (GST) ter hoogte van 12,5 procent.

De code achter de vermelde hotels geeft een indicatie van de prijs voor een tweepersoonskamer per nacht, inclusief GST. De prijzen van hotelkamers zijn onderverdeeld in vijf categorieën:

$	=	minder dan NZ$ 100
$$	=	NZ$ 100-150
$$$	=	NZ$ 150-200
$$$$	=	NZ$ 200-250
$$$$$	=	vanaf NZ$ 250

Aberdeen Motor Lodge, 76 Great South Road, Remuera, tel. 5245381, fax 5233581. 18 kamers (max. 4-5 personen per kamer). $

Airport Gateway Hotel, 206 Kirkbride Road, Mangere, tel. 2754079, fax 2753232. 51 kamers (max. 4 personen per kamer). 3 km van luchthaven. Nabij stadscentrum en wijnmakerij. Vergaderfaciliteiten. $

Auckland Airport Travelodge, hoek Ascot Road en Kirkbride Road, tel. 2751059, fax 2757884. 243 kamers (max. 3 personen per kamer). 5 km naar luchthaven en 14 km naar de stad. Sauna, fitnessruimte, buitenbad, speeltuin. $$$$

Barrycourt Motor Inn and Convention Centre, 10-20 Gladstone Road, Parnell, tel. 3033789, fax 3773309. 107 kamers (max. 5 personen per kamer). 2 km van de stad, 1 km van het strand. Restaurant met tapvergunning, bar en whirlpool. $

Best Western International Motel, 6 Sarsfield Street, Herne Bay, tel. 5355213, fax 5374437. 10 kamers (max. 4 personen per kamer). Dichtbij jachthaven. Nabij bowling-, golf- en tennisclubs en restaurants. $

Carlton Hotel, hoek Vincent Street en Mayoral Drive, tel. 3663000, fax 3660121. 286 kamers (max. 3 personen per kamer). 1 km van de kust, roomservice (24 uur), winkeltjes in het hotel, wisselkantoor, hotelarts. $$$$$

Domain Lodge, 155 Park Road, Grafton, tel. 3032509, fax 3580677. 28 kamers (max. 5 personen per kamer). 20 m van winkelcentrum. Naast park en speeltuin. $

Garden Inn, 10 Tidal Road, Mangere, tel. 2750194. 62 kamers (max. 5 personen per kamer). Nabij luchthaven. Dichtbij autoverhuurbedrijven Budget en Thrifty. $

Grafton Oaks Hotel, 121 Grafton Road, Grafton, tel. 3090167, fax 3775962. 44 kamers (max. 4 personen per kamer). 1 km van stadscentrum, 3 km van het strand. $$

Grand Chancellor Hotel Auckland Airport, hoek Kirkbride Road en Ascot Road, Mangere, tel. 2751059, fax 2753322. 160 kamers (max. 3 personen per kamer). 3 km van luchthaven, 17 km van de stad. Fitnessruimte, verwarmd zwembad, restaurant, bar, roomservice (24 uur), parkeergelegenheid, autoverhuur. Nabij golfbaan. $$$

Harbour City Hotel, 96-100 Quay Street, tel. 3770349, fax 3078159. 188 kamers (max. 3 personen per kamer). Tegenover de grote kade en de Harbour Ferry Buildings, 300 m van het einde van Queen Street, de hoofdstraat van Auckland. Restaurant, bar, parkeergelegenheid, uitzicht op haven. $$$$

Hyatt Regency Auckland, hoek Waterloo Quadrant en Princes Street, tel. 3661234, fax 3032932. 275 kamers (max. 3 personen per kamer). 200 m van de stad. 24 uur per dag roomservice, vergaderfaciliteiten, zakencentrum, restaurants en balzaal. $$$

Mount Albert Lodge, 201 Carrington Road, Mount Albert, tel. 8462199, fax 8462127. 25 kamers (max. 5 personen per kamer). 100 m van winkels en restaurants. Nabij golfbaan en renbaan. $

Oakwood Manor, 610-612 Massey Road, Mangere, tel. 2750539, fax 2750534. 55 kamers (max. 6 personen per kamer). Gratis vervoer van en naar luchthaven 24 uur per dag. $$ (groepskorting mogelijk).

Park Towers Hotel, 3 Scotia Place, tel. 3092800, fax 3021964. 103 kamers (max. 3 personen per kamer). Centraal gelegen. Restaurant, bar. $

Poenamo Hotel, hoek Northcote Road en Sunnybrae Road, Northcote, tel. 4806109, fax 4180365. 24 kamers (max. 3 personen per kamer). Naast golfbaan, 4 km van het strand. $$

Quality Hotel Anzac Avenue, 150 Anzac Avenue, tel. 3798509, fax 3798582. 110 kamers (max. 3 personen per kamer). Centraal gelegen, mooi uitzicht op de haven. Restaurant, bar en sauna. $$$

Quality Hotel Logan Park, 187 Campbell Road, Greenlane, tel. 6341269, fax 6368115. 222 kamers (max. 3 personen per kamer). Gelegen in een parkachtige omgeving. Vergaderfaciliteiten, whirlpool en zwembaden. $$

Quality Hotel Rosepark, 100 Gladstone Road, Parnell, tel. 3773619, fax 3033716. 117 kamers (max. 5 personen per kamer). 1,5 km van de stad. $$$

Ranfurly Evergreen Lodge Motel, 285 Manukua Road, Epsom, tel. 6389059, fax 6308374. 12 kamers (max. 5 personen per kamer). 500 m van restaurants, 1 km van renbaan en festivalterrein. Langs de route van de bus naar de luchthaven. $

Royal Park Lodge, 161 Great South Road, Green Lane, tel. 5247988, fax 5249262. 20 kamers (max. 2 personen per kamer). 3 minuten van de renbaan, park en festivalterrein. $$

Sheraton Hotel 83 Symonds Street, tel. 3795132, fax 3779367. 407 kamers (max. 3 personen per kamer). Centraal. Schitterende uitzichten op de stad. Binnenzwembad, whirlpool, restaurants en bars. $$$$

Stamford Plaza, Albert Street, tel. 3098888, fax 3030583. 332 kamers (max. 3 personen per kamer). Centraal gelegen, luxueus hotel. Grote balzaal. Japans restaurant, interessante banketbakker. Fitnesscentrum en zwembad. $$$$$

Whitaker Lodge Motel, 21 Whitaker Place, tel. 3773623, fax 3773621. 21 kamers (max. 5 personen per kamer). Gelegen aan de rand van het zakendistrict. Rustig en vredig. $

White Heron Hotel, 138 St. Stephens Avenue, Parnell, tel. 3796860, fax 3091540. 72 kamers

(max. 4 personen per kamer). Dichtbij voornaamste attracties.
$$$

CHRISTCHURCH

NETNUMMER: 03

Admiral Motel, 168 Bealey Avenue, tel. 3793554, fax 3793272. 9 appartementen (max. 6 personen per appartement). Nabij Cathedral Square en gemeentehuis. $

Airport Gateway Motor Lodge, 45 Roydvale Avenue, Burnside, tel. 3587093, fax 3583654. 30 motelsuites (max. 6 personen per suite). 2 km van luchthaven. $

Airport Lodge Motel, 105 Roydvale Road, Burnside, tel. 3585119, fax 3587164. 25 kamers (max. 6 personen per kamer). 8 km van stadscentrum, 2,5 km van luchthaven. $

Ashleigh Court Motel, 47 Matai Street West, Lower Riccarton, tel. 3481888, fax 3482973. 10 kamers (max. 6 personen per kamer). $-$$

Autolodge Hotel, 72 Papanui Road, St. Albins, tel. 3556109, fax 3553543. 74 kamers (max. 3 personen per kamer). $-$$

Belmont Motel, 172 Bealey Avenue, tel. 3794037, fax 3669194. 18 kamers (max. 6 personen per kamer). $$

Carlton Hotel, hoek Papanui Road en Bealey Avenue, tel. 3556159. 10 kamers (max. 2 personen per kamer). Erg goedkoop en dichtbij gemeentehuis. $

Colonial Inn, 43 Papanui Road, Merivale, tel. 3559139, fax 3555457. 27 kamers (max. 6 personen per kamer). $-$$

Cotswold Motor Inn, 88 Papanui Road, tel. 3553535, fax 3556695. 71 kamers (max. 6 personen per kamer). 2 km van stadscentrum. Authentieke antieke meubels en inrichting. $

Diplomat Motel, 127 Papanui Road, Merivale, tel. 3556009, fax 3556007. 16 kamers (max. 6 personen per kamer). $$

The George Hotel, 50 Park Terrace, tel. 3794560, fax 3666747. 54 kamers (max. 4 personen per kamer). $$$

Gothic Heights Motel, 430 Hagley Avenue, tel. 3660838, fax 3660188. 15 kamers (max. 5 personen per kamer). $

Latimer Lodge, 30 Latimer Square, tel. 3796760, fax 3660133. 90 kamers (max. 4 personen per kamer). 500 m van stadscentrum. $$

Millennium Christchurch, 14 Cathedral Square, tel. 3651111, fax 3657676. 179 kamers (max. 3 personen per kamer). Restaurant, bar, fitnesszaal, zakencentrum. In centrum van de stad. $$$-$$$$$

Noah's Hotel, op de hoek van Worcester Street en Oxford Terrace, tel. 3794700, fax 3795357. Er zijn 208 kamers (max. 3 personen per kamer). $$$$$

Pacific Park Christchurch, 263 Bealey Avenue, tel. 3798660, fax 3669973. 66 kamers (max. 2 personen per kamer). Rustige, beschutte locatie. $-$$$

Parkroyal Christchurch, hoek Kilmore Street en Durham Street, tel. 3657799, fax 3650082. 297 kamers (max. 4 personen per kamer). Verbonden met stadhuis en vergadercentrum. $$$$$

Quality Hotel Central, 776 Colombo Street, tel. 3795880. 90 kamers (max. 3 personen per kamer). Parkeergelegenheid. Dichtbij stadscentrum. $$$

Quality Hotel Durham Street, hoek Kilmore Street en Durham Street, tel. 3654699, fax 3666302. 161 kamers (max. 3 personen per kamer). Dichtbij stadhuis en vergadercentrum. $$$

Russley Hotel, Roydvale Avenue, Burnside, tel. 3586500, fax 3586501. 68 kamers (max. 3 personen per kamer). 2 km van luchthaven, 8 km van stadscentrum. $-$$

Southern Comfort Motel, 53 Bealey Avenue, tel. 3660383, fax 3660382. 20 kamers (max. 4 personen per kamer). Restaurant en parken in directe omgeving. $

The Towers, hoek Deans Avenue en Kilmarnock Street, tel. 3480613. 34 kamers (max. 6 personen per kamer). 3 km van stadscentrum. $-$$

Windsor Court Motel, 136 New Brighton Road, Shirley, tel. 3858032, fax 3857544. 7 kamers (max. 8 personen per kamer). Rustig, ver van de weg gelegen. 10 minuten rijden naar 7 golfbanen. $

DUNEDIN

NETNUMMER: 03

Abbey Motor Lodge, 900 Cumberland Street en 680 Castle Street, tel. 4775380, fax 4778715. 50 appartementen (max. 5 personen per appartement). Verwarmd binnenbad, sauna en whirlpool. $-$$$$$

Adrian Motel, 101 Queens Drive, St. Kilda, tel. 4552009, fax 4556222. 17 kamers (max. 7 personen per kamer). 3 km naar stadscentrum. Nabij strand. $

Cargill's Hotel, 678 George Street, tel. 4777983, fax 4778098. 51 kamers (max. 3 personen per kamer). 1,5 km van stadscentrum. $$

Pacific Park Hotel, 22 Wallace Street, Roslyn, tel. 4773374, fax 4771434. 57 kamers (max. 5 personen per kamer). 400 m van Moana Pool. $-$$

Quality Hotel Dunedin, 10 Smith Street, tel. 4776784, fax 4740115. 54 kamers (max. 4 personen per kamer). 300 m van stadscentrum. $$

Shoreline Hotel, 47 Timaru Street, tel. 4555196, fax 4555193. 36 kamers (max. 3 personen per kamer). Dichtbij haven. $

Skyline Leisure Lodge, Duke Street, Dunedin North, tel. 4775360, fax 4775460. 81 kamers (max. 4 personen per kamer). 200 m van winkelcentrum. Naast botanische tuin. $$

Southern Cross Hotel, 118 High Street, tel. 4770752, fax 4775776. 134 kamers (max. 3 personen per kamer). Centraal gelegen. 1 km van Moana Pool. $$$-$$$$$

FOX GLACIER

NETNUMMER: 03

A1 Motel, Fox Glacier, tel. 7510804, fax 7510706. 10 kamers (max. 5 personen per kamer). 1,6 km van postkantoor en restaurant. 20 km van strand. $
Fox Glacier Plaza Westland Hotel, Fox Glacier, tel. 7510839, fax 7510868. 49 kamers (max. 4 personen per kamer). Restaurant. $-$$ (26 budgetkamers).
Glacier Country Hotel, Fox Glacier, tel. 7510847, fax 7510822. 51 kamers (max. 4 personen per kamer). Restaurant. $$

FRANZ JOSEF GLACIER

NETNUMMER: 03

A1 Rata Grove Motel, 6 Cron Steet, tel. 7520741. 10 appartementen (max. 6 personen per appartement). 50 m van winkels, restaurant en postkantoor. 6 km van Franz Josef Glacier. $
Franz Josef Glacier Hotel, Main Road, tel. 7520729, fax 7520709. 147 kamers. $-$$$$
Glacier Gateway Motor Lodge, Main Road, tel. 7520776, fax 7520732. 25 kamers (max. 5 personen per kamer). 500 m van restaurants en winkels, toegangsweg tot de gletsjer. $
Glacier View Motel, Franz Josef Glacier, tel. 7520705, fax 7520761. 14 appartementen (max. 6 personen per appartement). 2,5 km van luchthaven, 1,5 km van restaurant. Spectaculair uitzicht op berg en gletsjer. $
Westland Motor Inn, Franz Josef, tel. 7520729, fax 7520709. 100 kamers (max. 3 personen per kamer). Een minuut van postkantoor, winkels, restaurant en bar. 6 km van gletsjer. $$

HANMER SPRINGS

NETNUMMER: 03

Alpine Spa Lodge, hoek Amuri Drive en Harrogate Street, tel./fax 3157311. 28 kamers (max. 8 personen per kamer). 50 m van winkels en zwembaden. $-$$$
The Chalets, 56 Jacks Pass Road, tel. 3157097, 9 kamers (max. 8 personen per kamer). 1 km van restaurants en winkelcentrum. $
Greenacres Motel, 86 Conical Hill Road, tel./fax 3157125. Er zijn in totaal 13 appartementen (max. 6 personen per appartement). Het ligt 500 m van het stadje Hanmer en 800 m van warme bronnen. $-$$
Hanmer Resort Motel, 7 Cheltenham Street, tel. 3157362. 15 kamers (max. 6 personen per kamer). Naast warme minerale bronnen. $-$$
Hanmer Springs Larchwood Motels, 12 Bath Street, tel./fax 3157281. 16 kamers (max. 6 personen per kamer). Vlakbij squashbanen, warme bronnen en wandelpaden door het bos. $-$$$

MARLBOROUGH SOUNDS

NETNUMMER: 03

Gem Resort, Bay of Many Caves, tel. 5799771, fax. 5799771. 11 kamers (max. 10 personen per kamer). In het hartje van de Marlborough Sounds. Rustig. Prachtige vakantieplaats. $
The Portage Hotel, Kenepuru Sound, tel./fax 5734309. 42 kamers (max. 4 personen per kamer). $
Punga Cove Resort, Endeavour Inlet, tel. 5798561. 9 kamers (max. 8 personen per kamer). Eigen strand. Goede zwemgelegenheid en prima viswater. $$
Raetihi Lodge, Kenepuru Sound, tel. 5734300, fax 5734300. 18 kamers (max. 2 personen per kamer). Spelletjeskamer en buitenactiviteiten. $-$$

METHVEN

NETNUMMER: 03

Canterbury Hotel, tel. 3028045. 11 kamers. $
Mount Hutt Motel, State Highway 77, tel. 3028382, fax 3028382. 10 appartementen (max. 6 personen per appartement). $

MOUNT COOK

NETNUMMER: 03

The Hermitage Hotel, Mount Cook, tel. 4351809, fax 4351879. 104 kamers (max. 3 personen per kamer). 50 km van Twizel. Prachtig uitzicht. $$$$
Mount Cook Chalets, Mount Cook, tel. 4351809, fax 4351879. 18 kamers (max. 6 personen per kamer). $$
Mount Cook Travelodge, Mount Cook, tel. 4351809. 57 kamers (max. 4 personen per kamer). 1 km van The Hermitage Hotel. $$$

PAIHIA

NETNUMMER: 09

Aarangi-Tui Motel, 16 Williams Road, tel./fax 4027496. 7 appartementen (max. 6 personen per appartement). Centraal gelegen. 500 m van postkantoor, strand, winkelcentrum en restaurant. $-$$$
Abel Tasman Lodge, Waterfront, Marsden Road,

tel. 4027521, fax 4027576. 25 appartementen (max. 5 personen per appartement). Aan het strand. 50 m van restaurant, 100 m van postkantoor en winkelcentrum. $-$$$
Aloha Motel, Seaview Road, tel./fax 4027540. 20 appartementen (max. 9 personen per appartement). 500 m van winkelcentrum. $-$$
Autolodge, Marsden Road, tel. 4027416, fax 4028348. 76 kamers (max. 3 personen per kamer). 25 km van luchthaven, 20 m van strand. Conferentiefaciliteiten. $$
Beachcomber Resort, 1 Seaview Road, tel. 4027434, fax 4028202. 45 kamers (max. 5 personen per kamer). Nabij postkantoor, centrum en restaurants. Privé-strand met veilig zwemwater. Uitzicht op zee. $$$
CasaBella Motel, McMurray Road, tel. 4027387, fax 4027166. 20 kamers (max. 4 personen per kamer). 50 m van winkelcentrum, 80 m van strand. Naast restaurant. $-$$$
Cook's Lookout Motel, Causeway Road (zijstraat van Yorke Road), Haruru Falls, tel. 4027409, fax 4027972. 12 kamers (max. 6 personen per kamer). 3 km naar centrum. Prachtige tuinen. $-$$
Marlin Court Hotel, hoek Seaview Road en McMurray Road, tel. 4027693, fax 4027910. 12 kamers (max. 6 personen per kamer). 1 km van veerboten en historische plekken. Dichtbij stadscentrum. $-$$
Quality Resort Waitangi, Waitangi, tel. 4027411, fax 4028200. 145 kamers (max. 3 personen per kamer). In historisch gebied. Restaurant, bar, zwembad en vergaderzalen. $$$

QUEENSTOWN

NETNUMMER: 03

Alpine Sun Motel, 14 Hallenstein Street, tel. 4428482, fax 4426432. 10 appartementen (max. 5 personen per appartement). Gelegen in zakendistrict. $
Ambassador Motel, 2 Man Street, tel. 4428593, fax 4428797. 16 appartementen (max. 6 personen per appartement). 75 m van centrum, 10 km van luchthaven. $$
Bellevue Court, 39 Shotover Street, tel. 4427562, fax 4427560. 5 kamers (max. 5 personen per kamer). Elke kamer heeft eigen patio/balkon. Skiverhuur aanwezig. $
Blue Peaks Lodge, hoek Stanley Street en Sydney Street, tel. 4429224, fax 4426847. 60 appartementen (max. 6 personen per appartement). 6 km van luchthaven. $
Earnslaw Lodge, 53 Frankton Road, tel. 4428728, fax 4427376. 25 kamers (max. 4 personen per kamer). Gelegen aan een meer langs de weg naar de stad. $$-$$$

Holiday Inn, Sainsbury Road, Fernhill, tel. 0800-655557, fax 4427354. 150 kamers (max. 4 personen per kamer). 1,5 km naar de stad. Restaurant. $$$
Lake Hayes Motel, Lake Hayes Road, tel. 4421705, fax 4421894. 7 appartementen (max. 6 personen per appartement). Uitzicht op Lake Hayes, 8 km van Queenstown. $
The Lodges, 8 Lake Esplanade, tel. 4427552, fax 4426493. 13 kamers (max. 7 personen per kamer). 2 straten van het centrum. Gelegen aan het meer. $$$-$$$$$
Millennium Queenstown, hoek Frankton Road en Stanley Street, tel. 4418888, fax 4418889. 220 kamers (max. 3 personen per kamer). Restaurant, bar, parkeergelegenheid, fitnessruimte, whirlpool. $$$
Nugget Point Resort, Arthurs Point, tel. 4427273, fax 4427308. 35 kamers (max. 6 personen per kamer). 15 km van luchthaven, 7 km van stad. $$$$
Quality Hotel Queenstown, hoek Adelaide Street en Frankton Road, tel. 4428123, fax 4427472. 246 kamers (max. 3 personen per kamer). Restaurant, bar, parkeergelegenheid. $$$
Quality Resort Terraces, 48 Frankton Road, tel. 4427950, fax 4428066. 85 kamers (max. 5 personen per kamer). Restaurant. $$$
Queenstown Parkroyal, Beach Street, tel. 4427800, fax 4428895. 139 kamers (max. 4 personen per kamer). Gelegen aan het meer. Restaurant en bar. $$$
Turner Heights Townhouses, bovenaan Turner Street, tel. 4428383, fax 4429494. 13 kamers (max. 6 personen per kamer). $$

ROTORUA

NETNUMMER: 07

Acapulco Motel, hoek Malfroy Road en Eason Street, tel. 3479569, fax 3479568. 15 kamers (max. 5 personen per kamer). Rustige ligging nabij stadscentrum. 500 m van restaurant en winkels. $
Devonwood Manor, 312 Fenton Street, tel. 3481999, fax 3462855. 35 kamers (max. 6 personen per kamer). 1 km van stadscentrum. Gebouwd in de stijl van een Engels Manor. $
Gibson Court Motel, 10 Gibson Street, tel. 3462822, fax 3489481. 10 kamers (max. 4 personen per kamer). 1 km naar warmwaterbronnen. Op korte afstand per auto van plaatselijke renbaan. $
The Grand Hotel, hoek Hinemoa Street en Fenton Street, tel. 3482089, fax 3463219. 40 kamers (max. 2 personen per kamer). In de stad gelegen. Restaurant en bars. $
Lake Plaza Rotorua Hotel, aan de zijde van het meer aan Eruera Street, tel. 3481174, fax 3460238. 200 kamers (max. 4 personen per kamer). Tegenover Polynesian Pools. 500 m van stadscentrum. $$
Lakewood Manor, hoek Lake Road en Bennetts Road, tel. 3462110, fax 3463985. 37 kamers (max.

3 personen per kamer). 10 minuten van stadscentrum, 5 minuten van zwembaden. $

Manary Lakeside Resort, 77 Robinson Avenue, tel. 3456792, fax 3459339. 30 kamers (max. 4 personen per kamer). Gelegen aan het meer. Eigen warme baden. $-$$

Maple Grove Motel, 4 Meade Street, tel. 3481139. 10 kamers (max. 8 personen per kamer). 3 km van stadscentrum, 500 m van warmwaterbronnen. $

Millennium Rotorua, Eruera Street, tel. 3471234, fax 3481234. 227 kamers (max. 2 personen per kamer). Naast Polynesian Pools. Fitnesscentrum. 100 m van stadscentrum, 500 m van meer. $$$

Motel Monterey, 50 Whakaue Street, tel. 3481044, fax 3462264. 15 kamers (max. 6 personen per kamer). 200 m van stadscentrum. Rustig maar nabij winkels, restaurant en meer. $

Muriaroha Lodge, 411 Old Taupo Road, tel. 3461220, fax 3461338. 6 kamers (max. 4 personen per kamer). Luxe accommodatie. 3 km van centrum. $$$$$

Okawa Bay Resort, Mourea, Lake Rotoiti, tel. 3624599, fax 3624594. 42 kamers (max. 3 personen per kamer). Aan de oevers van Lake Rotoiti, vissen op forel, waterskiën. Vergaderfaciliteiten. $$$

The Princes Gate Hotel, 1 Arawa Street, tel. 3481179, fax 3486215. 50 kamers (max. 4 personen per kamer). Nabij stadscentrum, restaurants, winkels. $$

Puhi Nui Motor Lodge, 16 Sala Street, tel. 3484182, fax 3476595. 40 appartementen (max. 5 personen per appartement). Verwarmd buitenbad en whirlpool. 2 km van stadscentrum. $$

Quality Hotel Rotorua, Fenton Street, tel. 3480199, fax 3461973. 136 kamers (max. 3 personen per kamer). Naast renbaan, sportvelden en golfbanen. $$

Regent Motels, 39 Pukaki Street, tel. 3484079, fax 3484032. 15 kamers (max. 7 personen per kamer). Centraal gelegen, nabij restaurants. $

Sheraton Rotorua, Fenton Street, tel. 3495200, fax 3488378. 130 kamers (max. 4 personen per kamer). Restaurant en bars. $$$$

Solitaire Lodge, Road 5, Lake Tarawera, tel. 3628208, fax 3628445. 10 kamers (max. 4 personen per kamer). Schitterend gelegen aan de rand van het meer. Luxe accommodatie. $$$$$

THC Rotorua, Whakarewarewa, tel. 3481189, fax 3471620. 124 kamers (max. 3 personen per kamer). Elke avond *hangi* en Maori-concert. Gelegen in het hartje van bronnengebied. $$$

Tiki Lodge, 69 Lake Road, tel./fax 3483913. 6 appartementen (max. 7 personen per appartement). 2 km van Rainbow Springs, kruidentuinen. Naast Kuirau Park. $

Utuhina Hot Springs Lodge, Lake Road, tel. 3485785. 10 appartementen (max. 13 personen per appartement). $-$$

Willow Lodge Motel, 156 Fairy Springs Road, tel. 3487335, fax 3473452. 8 kamers (max. 7 personen per kamer). Naast Rainbow/Fairy Springs. 4 km van stadscentrum. $

Wylie Court Motor Lodge, 345 Fenton Street, tel. 3477879, fax 3461494. 36 kamers (max. 6 personen per kamer). $$-$$$$

RUSSELL

NETNUMMER: 09

Duke of Marlborough Hotel, The Strand, tel. 4037829, fax 4037828. 29 kamers (max. 3 personen per kamer). Gelegen aan het water, naast veerbootterminal. $-$$$$

Dukes Lodge, Russell, tel. 4037899, fax 4037289. 12 kamers (max. 6 personen per kamer). Gelegen aan het water. $$

Flagstaff Homestead, Queen Street, tel. 4037862. 8 kamers (max. 6 personen per kamer). 200 m van postkantoor, winkelcentrum, restaurant, 100 m van het water. $

Hananui Lodge Motel, tel. 4037875. 10 kamers (max. 6 personen per kamer). Tegenover het strand. Nabij museum en historische gebouwen. $-$$$

Mako Hotel, Wellington Street, tel. 4037770. 7 kamers (max. 5 personen per kamer). 200 m van het water. $$

Motel Russell, 1 Bay Road, tel. 4037854, fax 4038001. 13 kamers (max. 7 personen per kamer). $-$$

Te Maiki Villas, Flagstaff Road, tel. 4037046, fax 4037106. 8 villa's (max. 6 personen per villa). Goede accommodatie nabij het strand. Alle villa's hebben een keuken. $$-$$$

TE ANAU

NETNUMMER: 03

Aden Motel, 59 Quintin Drive, tel. 2497748, fax 2497434. 12 appartementen (max. 7 personen per appartement). Dichtbij meer en winkels. $

Explorer Motel, 6 Cleddau Street, tel. 2497156, fax 2497149. 11 kamers (max. 6 personen per kamer). 500 m van centrum. $

Lakeside Motel, Lake Front Drive, tel. 2497435, fax 2497529. 13 appartementen (max. 8 personen per appartement). Centraal gelegen. 100 m van restaurant. $

Luxmore Hotel, Main Street, tel. 2497526, fax 2497272. 105 kamers (max. 4 personen per kamer). Binnen 300 m van alle faciliteiten en attracties, 100 m van meer. $$

Matai Lodge, 42 Mokonui Street, tel. 2497360. 7 kamers (max. 3 personen per kamer). $

Quality Hotel Te Anau, 20 Lake Front Drive, tel.

2497421, fax 2498037. 105 kamers (max. 3 personen per kamer). Tuin aan het meer. Restaurant en bar. $$

Te Anau Downs Hotel, Milford Highway, tel. 2497811, fax 2497753. 25 kamers (max. 4 personen per kamer). Gelegen aan de weg naar Milford Sound. Rustig. Restaurant met tapvergunning. Gesloten van 20 mei tot 10 sep. $

Te Anau Travelodge, Lake Front Drive, tel. 2497411, fax 2497947. 112 kamers (max. 3 personen per kamer). Restaurant en bar. $$

WAIRAKEI

NETNUMMER: 07

Wairakei Resort, Wairakei, tel. 3748021, fax 3748485. 130 kamers (max. 3 personen per kamer). Gelegen in bronnengebied, naast mooie golfbaan. $$

WAITOMO CAVES

NETNUMMER: 07

Waitomo Caves Hotel, tel. 8788227, fax 8788858. 37 kamers (max. 3 personen per kamer). Nabij kalksteengrotten. 19 km van Te Kuiti. $$

WELLINGTON

NETNUMMER: 04

Academy Motor Lodge, 327 Adelaide Road, tel. 3896166, fax 3891761. 20 kamers (max. 6 personen per kamer). 400 m van winkelcentrum en restaurant, 4 km van stadscentrum. $-$$

Airport Hotel, 16 Kemp Street, Evans Bay, tel. 3872189, fax 3872787. 120 kamers (max. 4 personen per kamer). Nabij zwembaden. $-$$

Apollo Lodge Motel, 49 Majoribanks Street, tel. 3851849, fax 3851849. 35 appartementen (max. 5 personen per appartement). Nabij dierentuin, 300 m van winkelcentrum. $-$$

Bay Plaza Hotel, 40 Oriental Parade, tel. 3857799, fax 3852936. 78 kamers (max. 4 personen per kamer). $$

Halswell Lodge, 21 Kent Terrace, tel. 3850196, fax 3850503. 29 appartementen (max. 3 personen per appartement). Gelegen in het uitgaans- en restaurantcentrum. $-$$

Harbour City Motor Inn, 92 Webb Street, tel. 3849809, fax 3849806. 25 appartementen (max. 5 personen per appartement). $$

Jade Court, 44 Huanui Street, Porirua East, tel. 2375255, fax 2375254. 10 appartementen (max. 6 personen per appartement). Binnen loopafstand van winkels. $

James Cook Centra, 147 The Terrace, tel. 4999500,

fax 4999800. 260 kamers (max. 3 personen per kamer). Midden in de stad, 750 m van treinstation. $$$$$

Parkroyal Wellington, hoek Grey Street en Featherton Street, tel. 4722722, fax 4724724. 230 kamers (max. 4 personen per kamer). Vijfsterrenhotel in centrum van de stad. $$$$$

Plaza International Hotel, 148 Wakefield Street, tel. 4733900, fax 4733929. 186 kamers (max. 4 personen per kamer). Restaurant en bar. $$$$$

Portland Towers Hotel, 24 Hawkestone Street, tel. 4732208, fax 4733892. 107 kamers (max. 3 personen per kamer). 2 minuten van parlementair centrum. $$

Quality Hotel Oriental Parade, 73 Roxburgh Street, Mt Victoria, tel. 3850279, fax 3845324. 117 kamers (max. 3 personen per kamer). Dichtbij stadscentrum. $$$

Quality Hotel Plimmer Towers, hoek Boulcott Street en Gilmer Terrace, tel. 4733750, fax 4736329. 94 kamers (max. 4 personen per kamer). Centraal gelegen, nabij veerbootterminal, kabelbaan en treinstation. $$$$

Quality Hotel Willis Street, 355 Willis Street, tel. 3859819, fax 3859811. 84 kamers (max. 3 personen per kamer). Restaurant, bar, fitnessruimte. $$$

St George Hotel, hoek Willis Street en Boulcott Street, tel. 4739139, fax 4739650. 90 kamers (max. 6 personen per kamer). Centraal gelegen. $

The Tas Hotel, hoek Willis Street en Dixon Street, tel. 3852153, fax 3851311. 37 kamers (max. 4 personen per kamer). Centrum van de stad. $$

Willis Lodge, 318 Willis Street, tel. 3845955, fax 3845697. 23 appartementen (max. 3 personen per appartement). 1 km van stadscentrum. Dichtbij tennisbanen en museum. $$

'MOTOR CAMPS'

De meeste *motorcamps* (campings) hebben gemeenschappelijke was-, kook- en toiletgelegenheden. Wie kampeert moet zijn eigen camper of tent meenemen, maar de kampen in grotere plaatsen en in de steden beschikken over hutten.

Motorcamps vallen onder de *Camping Ground Regulation* (1936) en worden in categorieën ingedeeld door de Automobile Association (AA). Controleer de faciliteiten bij de AA (zie *Overige Adressen* in de rubriek *Nuttige Adressen*) en informeer ook of er kampeerplaatsen beschikbaar zijn. Boek zonodig in de zomermaanden ruim van tevoren, want Nieuw-Zeelanders zijn fervente kampeerders.

VERBLIJF OP OF BIJ EEN BOERDERIJ

Het is tegenwoordig mogelijk om te overnachten op boerderijen in het hele land. Bezoekers kunnen de woning delen met de boer en zijn gezin, of, in veel gevallen, verblijven in een huisje bij de boerderij. Dit heeft zich inmiddels ontwikkeld tot een van de snelstgroeiende vakantiemogelijkheden in Nieuw-Zeeland en het biedt de bezoekers een uitstekende gelegenheid om het echte Nieuw-Zeeland te zien, dat al sinds de vroege koloniale tijd afhankelijk is van de veeboeren voor het economisch welzijn. De leden van de boerengezinnen zijn gewoonlijk uitstekende gastheren en -vrouwen en ze zijn uitermate vriendelijk en informeel.

Veel gezinnen in Nieuw-Zeeland, zowel op boerderijen als in steden, bieden graag onderdak aan plaatselijke en buitenlandse bezoekers. Adressen van deze vriendelijke gastgezinnen, kunnen als volgt worden benaderd:

Homestay Ltd, P.O. Box 25, 115 Auckland, tel. 09-5755980, fax 09-5759977.
Hospitality Plus, Hunters Road, Taupaki, Auckland, tel. 09-8109175, fax 09-8109448.
New Zealand Farm Holidays, P.O. Box 256 Silverdale, Auckland, tel. 09-4255430, fax 09-4268474.
New Zealand Home Hospitality, P.O. Box 309 Nelson, tel. 03-5482424, fax 03-5469519.
New Zealand Travel Hosts, 279 William Street, Kaiapoi, tel. 03-3276340 (tevens fax).
Rural Holidays New Zealand, P.O. Box 2155 Christchurch, tel. 03-3661919, fax 03-3793087.
Rural Tours 'The Country Experience' NZ, 92 Victoria Street, Cambridge, tel. 07-8278055, fax 07-8277154.
Sam Horrocks and Co, Rd 2 Ngaruawahia, tel. 07-8254864, fax 07-8254887.

JEUGDHERBERGEN

De Youth Hostel Association beschikt over een uitgebreide keten jeugdherbergen voor leden in heel Nieuw-Zeeland. Informatie over de ligging ervan en over lidmaatschap van de organisatie kunt u verkrijgen bij: **Youth Hostel Association of New Zealand**, P.O. Box 436 Christchurch, New Zealand.

Uit ETEN

DE KEUKEN VAN NIEUW-ZEELAND

Dankzij de overvloed, afwisseling en kwaliteit van vers vlees en landbouwproducten zijn de Nieuw-Zeelandse voorraadkamers gevuld met rijkdommen waaromheen zich een authentieke keuken heeft ontwikkeld. De Nieuw-Zeelandse tuinderijen worden wellicht slechts geëvenaard door die in Californië. De omliggende zeeën vormen een bron van tenminste vijftig commercieel interessante soorten vis en schaaldieren.

De opkomst van fantasierijke restaurants en de grote hoeveelheid uitstekende koks van eigen bodem is pas een verschijnsel van de laatste twintig jaar. Gedurende die periode veranderde de keuken van saaie braadstukken en gekookte groenten gevolgd door kledderige toetjes, in de gastronomische heerlijkheden die zich ontwikkelden doordat men de eetgewoonten van andere landen ging volgen en aanpassen.

De Nieuw-Zeelandse keuken heeft gerechten ontwikkeld waarbij ingrediënten worden verwerkt die in het land ruimschoots aanwezig zijn. In het verleden dacht men nog dat de enige keuken die van de Engelse voorouders van het land was en de Franse keuken die aan jonge chef-koks in de dop werd onderwezen. Was er vroeger geen enkele speling, nu zijn de koks niet meer aan een stijl gebonden en beseffen ze dat koken te maken heeft met fantasie en flair, niet alleen met het stijf vasthouden aan basisprincipes. Aangezien veel Nieuw-Zeelanders vaak naar het buitenland reizen, zijn de oude opvattingen van de eilandbevolking jegens voedsel al lang verdwenen.

En wat zijn dan wel die Nieuw-Zeelandse heerlijkheden? Groenten zoals asperges, artisjokken en avocado's - in sommige landen luxe-artikelen - zijn in overvloed aanwezig. Snijbiet, dat elders hoog gewaardeerd wordt, is in Nieuw-Zeeland de normaalste zaak van de wereld. Kumara is de glazigste en smakelijkste van alle zoete aardappels ter wereld, en pompoen, dat in veel gerechten wordt verwerkt in dit land, wordt in andere landen weinig gebruikt. Nieuw-Zeelandse kiwi's, appels, tamarillo's, passievruchten, boysenbessen, aardbeien en peren behoren tot de vruchten die naar alle uithoeken van de wereld worden verscheept. Andere vruchten zijn onder meer pepino's, babaco's en zogeheten *prince melons*.

Nieuw-Zeelands lamsvlees is nagenoeg perfect; een stuk gebraden lamsbout of spare ribs van lamsvlees zijn echte aanraders, evenals rundvlees. Vis is in overvloed aanwezig en van uitstekende kwaliteit, evenals schaaldieren: rivierkreeft, kreeft, paua (abalone), tua tua en toheroa. Daarnaast eet men ook veel wild.

In de maanden januari tot en met maart kunt u kennismaken met de culinaire genoegens van Nieuw-Zeeland, als veel dorpen en steden in het teken staan van de *Wine & Food Festivals*.

RESTAURANTS

Er zijn honderden goede restaurants in Auckland, Wellington, Christchurch en Dunedin, en in veel plaatsen daartussenin.

In alle vakantieoorden zijn goede restaurants en steeds meer ervan specialiseren zich in etnische maaltijden, met name de Chinese, Indiase, Italiaanse en Thaise keuken. Hieronder staan enkele van de bekendere en gevestigde restaurants vermeld. BYO betekent *Bring Your Own* en houdt in dat een restaurant een vergunning heeft voor de consumptie, maar niet voor de verkoop, van alcohol. De klanten mogen dus hun eigen alcoholische drank meenemen en in het restaurant nuttigen.

De volgende symbolen geven de gemiddelde prijs per persoon aan voor een dineetje, inclusief bediening en belasting:

$ = NZ$ 9-16
$$ = NZ$ 17-24
$$$ = vanaf NZ$ 25

AUCKLAND

Netnummer: 09

Antoine's, 333 Parnell Road, tel. 3798756. Elegant, bijzonder innovatief restaurant voor fijnproevers, gelegen in een drukke winkelstraat die nog veel andere goede eetgelegenheden telt. $$$
Bariton, 2 Freyberg Place, tel. 3660266. Het terras dat uitziet op Shortland Street en High Street is een leuk plekje om te lunchen. $$
Blitz, 43 Ponsonby Road, tel 3678370. Nieuw-Zeelandse keuken met Aziatische invloeden. Omvangrijke wijnkaart. Moderne inrichting. $$-$$$
Bolero, 129 Hurstmere Road, tel. 4893104. Een plaats om gezien te worden en andere mensen te zien in de populaire buitenwijk Takapuna. Bijzonder aan te bevelen is de tonijn met Chinese groenten. $$$
D-72 Diner, 72 Dominion Road, Mount Eden, tel. 6231972. Eenvoudig restaurant. Gezonde, smakelijke gerechten. $$$

Essence, 72 Jervois Rd, tel. 3762049. Een van de beste restaurants in de stad met originele *Pacific Rim Cuisine* (Europees-Aziatisch). $$$
Good Earth, 235 Symonds Street, tel 3735132. Gezond eten in een onconventionele omgeving. $$$
Harbourside, Ferry Building (eerste verdieping), tel. 3070556. Net als het op de begane grond gelegen **CinCin**, biedt dit restaurant fantasievolle gerechten, hoofdzakelijk met vis. Het uitzicht is hier echter beter. $$$
Iguacu, 269 Parnell Road, tel. 3584804. Groot, druk café-restaurant waar Franse en Italiaanse gerechten worden geserveerd. $$
Kermadec, Viaduct Quay (tegenover het Maritime Museum), tel 03-3090413. Zeer goede visgerechten. Erg lawaaierig net als het ernaast gelegen **Gaults on Quay**, tel. 09-3771200). Beide $$$.
The Mexican Café, 67 Victoria Street West, tel. 3732311. Populair bij de Aucklanders. Grote porties. Wat lawaaierig. $$
Porterhouse Blue, 58 Calliope Road, Devonport, tel. 4450309. Niet midden in het drukke uitgaanscentrum. Gespecialiseerd in vis en de Moreton Bay Bug, een soort krab. $$
Prego, 226 Ponsonby Road, tel. 3763095. Heerlijke Italiaanse gerechten, waaronder risotto en pizza. $$$
Rosinis, 20 High Street, tel. 3070225. Erg populair café-restaurant in een kleine, drukke zijstraat van Queen Street. $$
Starfish, 26 Victoria Road, Devonport, tel. 4460877. Specialiteiten: vis en verse salades. Bijzonder aan te bevelen is *fish curry* (een visschotel met kerrie). Het menu wordt dagelijks gewijzigd. $$

BAY OF ISLANDS

Bistro 40/Only Seafood, 40 Marsden Road, Paihia, tel. 09-4027444. Bistro/visrestaurant. Gezellig, maar nogal drukbezocht in het weekeinde en in het vakantieseizoen. $$
Gables, The Strand, Russell, tel. 09-4037618. Een van de oudste gebouwen in de buurt, met uitzicht op de Bay of Islands. $$-$$$
Kelly Tarton's Shipwreck Restaurant, Waitangi Bridge, Paihia, tel. 09-4027018. Deze oude driemaster, de *Tui*, is overdag een museum en 's avonds een uiterst sfeervol restaurant vol met voorwerpen die met de zee te maken hebben. $$$
Poppy's Villa, 4 Marguerita Street, tel. 07-3371700. Uiterst smaakvol ingericht restaurant voor elegante dineetjes in de avonduren. $$
Redwoods Café, Kerikeri, waar Highway 1 zich afsplitst naar het noorden van de stad, tel. 09-4076681. Goede, gezonde gerechten worden geserveerd in een eethuisje dat in de groentetuin van een boerderijtje ligt. $
Rendezvous, 116 Hinemoa Street, 07-3489273. Hier kunt u specialiteiten met lamsvlees en wild be-

stellen, de gerechten worden geserveerd in een huis in tudorstijl. $$

Rotorua, Alzac's, 135 Tutanekai, tel. 07-3472127. Heerlijke koffie en de maaltijden zijn waar voor uw geld. $$$

Saltwater Café & Bar, 14 Kings Road, tel. 09-4027783. Erg populair bij rugzaktoeristen. Goedkope hamburgers en heerlijke oesters. $

Tamaki Tours, tel. 07-3462823. Een reisorganisatie die een goede *hangi* (een Maori-feestmaal bereid in een ondergrondse oven) aanbiedt. Te boeken bij Visitor Information. $$$

Zanelli's, 23 Amohia Street, tel. 07-3484908. Erg populair, goed Italiaans restaurant. $$$

CHRISTCHURCH

NETNUMMER: 03

Annies Wine Bar and Restaurant, Gloucester Street (in het Arts Centre), tel. 3650566. Rustieke sfeer, goed eten, een uitstekende wijnkaart. Populair bij theaterbezoekers. $$

The Blue Note, 20 Regent Street, tel. 3799674. Elegant dineren begeleid door jazzmuziek uit de pianobar. Erg modern. $$

Dux de Lux, Worcester Boulevard (in het Arts Centre). Bar en buffet-restaurant waar vaak openluchtconcerten worden gegeven. Onconventionele, studentikoze sfeer. $$$

French Farm Winery, Akaroa Valley Road (circa 10 km van Akaroa), tel. 3045784. De perfecte plek voor lunch en een glas wijn - Provence op het zuidelijk halfrond. $$

Jin, 16 New Regent Street, tel. 3790087. Er heerst beslist geen tekort aan Japanse restaurants in Christchurch, maar dit kan getypeerd worden als betrouwbaar en minder toeristisch dan menig ander. $$-$$$

Kanniga's Thai, Carlton Courts, hoek Bealey Avenue en Papanui Road, tel. 3556228. Lekkere Thaise gerechten. Eenvoudige inrichting. Het ernaast gelegen **La Bamba** (Carlton Courts, tel. 3553633) serveert uitstekend Frans eten. Beide $.

Le Bon Bolli, hoek Worcester Boulevard en Montreal Street, tel. 3749444. Erg populair Frans restaurant in het Arts Centre. Verfijnd dineren op de eerste verdieping, informele bistro op de begane grond. $$-$$$

Lyttelton Brasserie, 3 Norwich Quay, tel. 3288855. Europees-Aziatische gerechten. Mooi uitzicht op de haven. $$-$$$

Panini Bar, Lichfield Street (The Stranges Building), tel. 3775543. Kleine Toscaanse sandwichbar waar *panini* (belegde broodjes) en heerlijke koffie worden geserveerd. $

Pedro's, 143 Worcester Street, tel. 3797668. Pedro is afkomstig uit Baskenland en is een populaire per-

soonlijkheid in Christchurch. Hij verwent zijn klanten met heerlijke gerechten uit zijn vaderland, die in een rustgevende sfeer worden geserveerd. $$

Sumner Wine Bar, 27 Wakefield Avenue, tel. 3267230. Voor een goede afsluiting van een op het strand doorgebrachte zomerdag! Heerlijke salades en wildgerechten. $$-$$$

DUNEDIN

NETNUMMER: 03

Bell Pepper Blues, 474 Princes Street, tel. 4740973. Goed restaurant met aangename 'open haard'-sfeer. Uitstekende keuken. Altijd drukbezocht. $$$

Bennu, 12 Moray Place, tel. 4745055. Fantasievolle gerechten, waaronder pizza, pasta en taco's, worden geserveerd in het stijlvol ingerichte oude gebouw van het Savoy. $$

Etrusco, 8 Moray Place, tel. 4773737. Het interieur is Edwardiaans, het eten Italiaans. Bijzonder uitgebreid spaghetti-menu. $$

Ombrellos, 10 Clarendon Street, tel. 4778773. Bijzonder fantasievolle keuken. Mooi interieur met houten panelen. Uitstekende wijnkaart. $$

The Percolator, 142 Stuart Street, tel. 4775462. Nieuw-Zeeland is een land van koffieliefhebbers geworden en dit koffiehuis beantwoordt aan al hun verwachtingen. Kleine gerechten worden de hele dag geserveerd. $

NAPIER

NETNUMMER: 06

Casa-Gardini Bistro & Bar, 77 Dalton Street, tel. 8353846. Restaurant in mediterrane stijl met interessante, seizoengebonden gerechten bereid met verse ingrediënten van de plaatselijke markt. $$-$$$

Pierre sur le Quai, 62 West Quay, Ahuriri, tel. 8340189. Uitstekende Franse visschotels worden geserveerd in een oud pakhuis in de vissershaven. $$-$$$

Thorps, Hastings Street, tel. 8356699. Een koffiehuis in Art Deco-stijl, ideaal voor een goedkope lunchsnack of iets voor de grotere honger. $

Ujazi, 28 Tennyson Street, tel. 8351490. Gezellig eethuisje waar het werk van plaatselijke kunstenaars tentoongesteld wordt. $

Westshore Fish Café, 110 Charles Street, tel. 8340227. Net buiten het stadscentrum, maar de moeite waard vanwege de goedkope verse vis. $$

NELSON

Appelman's, 38 Bridge Street, tel. 5468105. Een bezoekje waard vanwege de heerlijke vis, de inrichting is echter aan de saaie kant. $$-$$$

Boat Shed Café, 350 Wakefield Quay, tel. 5469783. Erg leuk restaurant met uitzicht op het water. Fantasievolle visgerechten. $$-$$$
Broccoli Row, 5 Buxton Square, tel. 5489621. Vegetarische gerechten en visschotels. Kleine tuin. $-$$
Chez Eelco, 296 Trafalgar Road. De oudste eetgelegenheid in de openlucht van Nieuw-Zeeland. Eenvoudig eten, lekkere koffie. Staat bekend om zijn vissoep, die ook ingeblikt in de supermarkt te koop is. $
The Honest Lawyer, 1 Point Road, tel. 5474070. Gebouw in oude stijl buiten Nelson met grote biertuin. Nieuw-Zeelandse keuken. Omvangrijke wijnkaart. $$

QUEENSTOWN

Boardwalk Café, Steamer Wharf, tel. 4425630. Uitstekend visrestaurant met uitzicht op Lake Wakatipu en de Remarkables. Probeer bij goed weer een tafeltje op één van de balkons te bemachtigen. $$-$$$
Gibbston Valley, Kawarau Gorge (aan de Cromwell Highway). Mooie wijngaard waar overdag uitstekende maaltijden worden geserveerd - ideaal voor wie de wijnen van deze wijngaard wil proeven. $$$
Lone Star, 14 Brecon Street, tel. 4429995. Zoals de naam al doet vermoeden een restaurant in Westernstijl. Enorme porties en lekkere gerechten. $$
Minami Jujisei, 45 Beach Street, tel. 4429854. Betrouwbare Japanse keuken. Vooral aan te bevelen voor wie nog nooit Japans heeft gegeten. $$
Solera Vino, 25 Beach Street, tel. 4426082. Een erg mooi Spaans restaurant met uitgebreide wijnkaart. $$-$$$

TAUPO

NETNUMMER: 07

The Bach, 116 Lake Terrace, tel. 3787856. Met veel fantasie gemaakte pizza's worden geserveerd in een oud huisje. $$-$$$
Cobb & Co/Jesse James, hoek Tongariro Street en Tuwharetoa Street, tel. 3786165. Café met biertuin; het restaurant serveert goede, eenvoudige gerechten en is populair bij de plaatselijke bevolking. $$
Finch's, 64 Tuwharetoa Street, tel. 3772425. Nieuw-Zeelandse keuken met Europees-Aziatische invloeden. Verse ingrediënten van de plaatselijke markt worden bij de bereiding van de gerechten gebruikt. $$$
Wairakei Prawn Farm, Wairakei Park (staat aangegeven vanaf Highway 5). Geserveerd worden grote, zoetwatergarnalen uit de eigen kwekerij. Een goed lunchadres. $$
Walnut Keep, 77 Spa Road, tel. 3780777. Nieuw-

Zeelandse keuken met een uitgebreide wijnkaart. $$

WELLINGTON

NETNUMMER: 04

Brooklyn Café and Grill, 1 Todman Street, tel. 3859592. De eigenaar is de auteur van restaurantkritieken voor een toonaangevend blad. Goed volgens ieders criteria. $$
Café L'Affare, 27 College Street, tel. 3859748. Hier wordt een uitstekend ontbijt geserveerd. Brandt zijn eigen koffie. $
The Grain of Salt, 232 Oriental Parade, tel. 3848642. Een restaurant met een onder fijnproevers gevestigde reputatie. $$$
La Strada, Edward Street, tel. 3844625. Gerechten met een Zuid-Europees karakter. $$
Maharaja's, 87 Cuba Street, tel. 5689259. Cuba Street is één van de drukste verkeersaders van Wellington en in dit restaurant worden echte Indiase gerechten geserveerd. $$$
Paradiso, 20 Courtenay Place, tel. 3842675. Een van de vele populaire restaurants van Courtenay Place, met een eveneens populaire bar. Bijzonder fantasievolle *Pacific Rim Cuisine*. $$
Shed 5, Queens Wharf, tel. 4999069. Lunch en diner worden geserveerd in dit omgebouwde pakhuis tegenover het Maritime Museum. $$
Si, The Overseas Terminal, Chaffers Street, tel. 3829856. Behoort tot de beste Italiaanse restaurants van de stad. Prachtig uitzicht op Wellington - vooral 's avonds. $$$
Siows, 41 Vivian Street, tel. 8017771. Bekend om zijn uitstekende kerriegerechten en Maleisische grilschotels. $$

DRANKEN

Nu men naast de traditionele gerechten als vleespasteitjes en *fish and chips* ook graag taco's, pizza's en kebabs op tafel zet, is het ook gewoon geworden om een glas of een karaf wijn te bestellen, naast het traditionele glas bier. Nieuw-Zeelanders behoren - samen met de Australiërs - tot de grootste bierdrinkers ter wereld. Er wordt wel beweerd dat veel Nieuw-Zeelandse bieren, die ook plaatselijk verkrijgbaar zijn, niet onderdoen voor de grote Deense en Duitse bieren.

De wijnen zijn een stuk verbeterd. Tot dertig jaar geleden werden er alleen hybride druiven verbouwd, waarvan sherry, port en middelmatige tafelwijn werd gemaakt. Nu is iedereen van mening dat dit land enkele van de beste witte wijnen produceert. Dankzij het koele zeeklimaat en de zomerse regenbuien wordt er in Nieuw-Zeeland lichte, elegante, fruitige wijn gemaakt. Er wordt ook meer aandacht besteed aan de productie van rode wijn, die sinds een aantal jaren in opkomst is. Nieuw-Zeelandse wijnen als Chardonnay, Riesling, Sauvignon Blanc en Pinot Noir doen niet langer onder voor hun Franse naamgenoten. Voor de echte liefhebbers zijn er zelfs verschillende wijnroutes uitgezet. Meer informatie hierover is te verkrijgen bij het Verkeersbureau voor Nieuw-Zeeland (zie de rubriek *Nuttige Adressen*) of ter plekke bij de *Visitor Information Network Centres*.

Indien u alcohol wilt kopen, zult u naar een *bottleshop* moeten gaan.

TOERISTISCHE TIPS

NATIONALE PARKEN

Nieuw-Zeeland heeft in totaal 13 nationale parken, verdeeld over het Noorder- en het Zuidereiland.

NOORDEREILAND

Egmont National Park strekt zich uit rondom de 2518 m hoge, slapende vulkaan Taranaki (Mount Egmont). In dit park, dat vlakbij New Plymouth ligt, kunt u naar hartelust wandelen, bergbeklimmen, skiën, jagen en vissen. Wandelaars en bergbeklimmers kunnen kiezen uit diverse routes die variëren in afstand en moeilijkheidsgraad. Er zijn ook hutten waarin kan worden overnacht. Ervaren bergbeklimmers kunnen in de zomer de *Round-The-Mountain-Track* volgen naar de top van de Taranaki. Houd echter wel rekening met snel omslaande weersomstandigheden.

In het **Tongariro National Park**, ten zuiden van het Taupo-meer, bevinden zich drie actieve vulkanen: de 1968 m hoge Tongariro, de Ngauruhoe (2291 m) en de Ruapehu (2797 m). Dit park werd reeds in 1894 tot nationaal park uitgeroepen, op initiatief van de Maori's. Het inmiddels 70.000 ha grote park bestaat uit moerassen, bossen, graslanden, regenwouden en een kale alpenwoestijn, en het is een waar paradijs voor vogelliefhebbers. U kunt de krater van Mount Ruapehu bekijken vanuit een helikopter. Mountain Air is een van de bedrijfjes die een dergelijke rondvlucht verzorgt. Informeer bij een van de *Visitor Centres* naar de verschillende sportieve mogelijkheden, zoals wandelen, kamperen, klimmen, skiën en wildwatervaren.

Urewera National Park is een oerwoudgebied met een oppervlakte van 214.000 ha, waarin woeste bergen, prachtige watervallen en stille meren liggen. Het herbergt ook vele verschillende boom- en vogelsoorten. Het is eigenlijk alleen voor ervaren trekkers goed toegankelijk. Er kunnen verschillende Tracks gevolgd worden, onder andere naar het Waikaremoana-meer. Vooral 's zomers wordt dit park door veel wandelaars bezocht, waardoor er een tekort aan hutten kan ontstaan. U doet er dan ook verstandig aan een tent mee te nemen.

Wanganui National Park, ten oosten van New

Plymouth, dankt zijn naam aan de langste rivier van Nieuw-Zeeland, die zich door een schilderachtig dal slingert. Het park kenmerkt zich door een oerwoudachtige begroeiing.

ZUIDEREILAND

Het **Abel Tasman National Park** aan de Golden Bay is erg populair, ondanks zijn relatief kleine oppervlak van 23.000 ha. Vogelliefhebbers kunnen er hun hart ophalen. Het park is niet met het openbaar vervoer bereikbaar. Voor overnachtingen in een van de hutten moet u van tevoren bij een kantoor van het Department of Conservation (DOC) coupons kopen.

Niet ver van Christchurch - en daardoor meestal vrij druk - ligt **Arthur's Pass National Park**, een van de grootste nationale parken van Nieuw-Zeeland (ongeveer 100.000 ha). Het gebied telt vele bergen van meer dan 2000 m, waaronder de 2271 m hoge Mount Rolleston. Het park is vanuit verschillende plaatsen goed bereikbaar per bus of trein, en er zijn voldoende mogelijkheden om te overnachten.

Fiordland National Park heeft een oppervlak van maar liefst 1.209.485 ha, en is daarmee het grootste nationale park van Nieuw-Zeeland. Natuurliefhebbers en sportieve mensen hebben hier een ruime keuze aan mogelijkheden.

Kahurangi National Park, met een oppervlakte van 452.000 ha (het op een na grootste natuurreservaat van het land) is in 1997 geopend. Doordat water door de zachte kalksteen heensijpelde, zijn hier ondergrondse grotten en rivieren ontstaan. In het park zelf vindt u verschillende wandelroutes, zowel boven als onder de grond. Voor een bezoek aan de grotten onder leiding van een gids kunt u in Nelson bij Arthur Freeman een excursie boeken.

Mount Aspiring National Park beslaat een oppervlakte van circa 290.000 ha. Dit natuurgebied is genoemd naar de 3036 m hoge, piramidevormige Mount Aspiring. Zowel voor nog vrij onervaren wandelaars als voor doorgewinterde bergbeklimmers zijn hier mogelijkheden te over.

In het **Mount Cook National Park** vindt u de gelijknamige berg, met ongeveer 3754 m de hoogste van Nieuw-Zeeland. Het gebied telt maar liefst 140 bergtoppen die hoger zijn dan 2134 m, en bovendien enkele van de grootste gletsjers van het land. Sportieve uitdagingen zijn er dan ook in overvloed. Met Mount Cook Airlines kunnen rondvluchten worden gemaakt.

Nelson Lakes National Park is voor vissers een heerlijk toevluchtsoord. Zij kunnen hun geluk proberen bij het Rotorua-meer en het Rotoiti-meer, of op forellenjacht gaan in een van de vele rivieren in het park.

Paparoa National Park ligt aan de westkust, tussen Greymouth en Westport. In dit park vindt u de Pancake Rocks, die gevormd zijn uit geërodeerd kalksteen. Vanaf de weg is het ongeveer een kwartier lopen naar de rotsen. Vooral bij vloed vormen de golven die door de rotsen omhoog worden gejaagd, een indrukwekkend schouwspel.

Westland National Park is ruim 100.000 ha groot, en het huisvest twee beroemde attracties: de Fox en de Franz-Josef gletsjers. In het park vindt u bergen, bossen, watervallen, meren, heetwaterbronnen, rivieren en sneeuwvelden. Er kunnen rondvluchten over het park worden gemaakt, en onder leiding van een gids kunt u ook wandelingen over het ijs maken.

KUNST EN CULTUUR

Nieuw-Zeeland kent een relatief korte geschreven geschiedenis, maar alle belangrijke centra, de meeste provinciesteden en veel rustige dorpjes hebben een museum. Ook is de interesse in beeldende kunst explosief toegenomen sinds de Tweede Wereldoorlog en zijn er kunstgalerieën opgericht met mooie collecties.

MUSEA

National Museum of New Zealand, Buckle Street, Wellington. Dit mooie, vijftig jaar oude gebouw bevat verzamelingen met traditionele Maori-kunst en -cultuur, waaronder houtsnedes en versierde huizen, kano's, wapens en andere voorwerpen. Het museum beschikt over een van de beste verzamelingen Polynesische kunst en voorwerpen ter wereld en er zijn ook verzamelingen uit Micronesië en Melanesië en veel voorwerpen uit Zuidoost-Azië. Andere onderwerpen zijn: Europese ontdekking en kolonisatie van Nieuw-Zeeland, geologische geschiedenis van het gebied, verzamelingen flora en fauna, waaronder de overblijfselen van de grote loopvogel die ooit in heel Nieuw-Zeeland voorkwam, de moa. Dagelijks geopend van 10.00 tot 16.45 uur. De National Art Gallery bevindt zich in hetzelfde gebouw.

Far North Regional Museum, Centennial Buildings, South Road, Kaitaia. De collectie omvat een 'koloniale' kamer, gebruiksvoorwerpen van de Maori en een moa-tentoonstelling, evenals een kamer met het anker van de Surville en aanverwante zaken, en de fotoverzameling van Northwood. Geopend van 10.00 tot 17.00 uur (maandag tot en met vrijdag),

13.00 tot 17.00 uur (zaterdag en zondag) en dagelijks van 10.00 tot 19.00 uur tussen kerstmis en februari.

Captain Cook Memorial Museum, York Street, Russell. Dit museum is genoemd naar kapitein James Cook en bevat vooral plaatselijke overblijfselen uit het begin van de Europese kolonisatie. Het betreft hier voorwerpen uit de Maoricultuur, oorlogsexposities, voorwerpen voor de walvisjacht en overblijfselen van de vroege handelaren en missionarissen. Geopend van 10.00 tot 16.00 uur (maandag tot en met zaterdag), 14.00 tot 16.00 uur (zondag), 8.00 tot 17.00 uur (dagelijks tijdens schoolvakanties).

Auckland Institute and Museum, Auckland Domain. Gelegen in de schitterende omgeving van het bekendste park in Auckland. De exposities van het War Memorial Museum omvatten een mooie selectie voorwerpen en houtsnedes van de Maori en volken uit de Grote Oceaan. Andere afdelingen omvatten materiaal gewijd aan de natuurhistorie van Nieuw-Zeeland, Aziatische en andere toegepaste kunst, geschiedenis van de zeevaart en oorlogen, de geschiedenis van Auckland en een planetarium. Het Institute biedt onderdak aan de Institute Library, Auckland Astronomical Society, een centrum voor antropologie en Maori Studies, een sectie schelpenkunde, en de Ornithological Society of New Zealand. Geopend: dagelijks van 10.00 tot 17.00 uur.

The Bath House - Rotorua's Art and History Museum. De galerie huisvest tal van collecties, die de ontwikkeling volgen van schilder- en prentenkunst in Nieuw-Zeeland. Er zijn belangrijke werken te bewonderen van Christopher Perkins, Rita Angus, Colin McCahon, Toss Woollaston, WG Baker en tal van andere hedendaagse Nieuw-Zeelandse schilders. Tevens een indrukwekkende collectie beelden van de Maori in schilderijen en portretten. Het museum beschikt over een collectie van 6000 prenten van het gebied rond het vulkanisch plateau, en een koloniaal cottage dat een beeld schetst van de periode 1870-1900 toen Rotorua door Europeanen werd gekoloniseerd. Er is een verzameling kaurigom en een expositie over wilde dieren, die verband houdt met de houtindustrie die deze regio overheerst. Er is een vleugel gewijd aan de plaatselijke Te Arawa Maori, die een grote hoeveelheid van hun gebruiksvoorwerpen bevat.

Canterbury Museum, Rolleston Avenue, in Christchurch. Dit museum werd in 1870 geopend en bevat de grootste tentoonstelling ter wereld over de Zuidpool. De exposities omvatten een 27 m hoog skelet van een blauwe vinvis en uitrustingen die werden gebruikt tijdens diverse expedities. Er is een bijbehorende studiezaal en een filmtheater. Andere exposities omvatten onder meer een zaal met oosterse kunst, een vogelexpositie, een kostuumgalerij, een straat met winkels en een afdeling met Maoricultuur waaronder voorwerpen uit de tijd van de moa-ja-

gers. Dagelijks geopend van 10.00 tot 16.30 uur.

Lakes District Museum, Buckingham Street, Arrowtown. De collectie is ondergebracht in een voormalig bankgebouw van twee verdiepingen uit 1875 en bevat voorwerpen op het gebied van mijnbouw en geologie zoals monsters goud en mineralen, goudmijnersgereedschap en voorwerpen gebruikt door Chinese mijnwerkers. Daarnaast zijn er huishoudelijke voorwerpen en landbouwgereedschappen, oude werktuigen en machines en een collectie door paarden getrokken voertuigen te bezichtigen. Een verzameling van 3000 oude foto's, boeken en documenten vertelt over de plaatselijke geschiedenis van 1862 tot rond 1920. Dagelijks geopend van 9.00 tot 17.00 uur.

Otago Museum, Great King Street, Dunedin. Uitstekende verzamelingen en tentoonstellingen, waaronder collecties uit de Grote Oceaan, zalen over Melanesië en Polynesië, een Maori-zaal, zalen over zeevaartgeschiedenis en het leven op en in de zee, keramiek zoals Griekse vazen en beelden, Nieuw-Zeelands vogelleven en een historische collectie met betrekking tot Otago. Geopend op weekdagen van 10.00 tot 17.00 uur, en in weekeinden van 13.00 tot 17.00 uur.

Otago Early Settlers Museum, 220 Cumberland Street, Dunedin. Het museum werd geopend in 1908 en de collecties omvatten geschriften en documenten over de emigratie naar en de vroege kolonisatie van het gebied rond Otago. Een uitgebreide verzameling voorwerpen uit de pionierstijd, waaronder ambachtelijke producten, kostuums, overblijfselen van de walvisvaart en uit de tijd van de goudkoorts, en huishoudelijke apparaten. Schilderijen en foto's met daarop de eerste kolonisten en dorpen zijn ook te bezichtigen. Geopend: 8.30 tot 16.30 uur (maandag tot en met vrijdag), 10.30 tot 16.30 uur (zaterdag), 13.30 tot 16.30 uur (zondag).

Museum of Transport and Technology (Motat), Great North Road, Western Springs, 5 km van centrum van Auckland. Onder meer vliegtuigen, een werkende tram en trein, oude auto's, rijtuigen, de ontwikkeling van de drukkunst en fotografie, rekenmachines van de abacus tot de computer en een koloniaal dorp waar gebouwen worden onderhouden en bewaard. Onder de vele spannende exposities bevinden zich de overblijfselen van het vliegtuig van Richard Pearse, dat in maart 1903 tweemaal met succes het luchtruim koos, drie maanden na de gebroeders Wright, en 'Meg Merrilees', een F-klasse zadeltanklocomotief gebouwd door de Yorkshire Engine Co. uit Leeds, Engeland, in 1874. Geopend: 9.00 tot 17.00 uur (weekdagen), 10.00 tot 17.00 uur (weekeinden en feestdagen).

The Steam Traction Society Museum, Lethbridge Road, 4 km ten noorden van Fielding. Uniek in Nieuw-Zeeland, aangezien het zich specialiseert in Britse tractiemotoren, stoomwalsen en verplaatsbare machines. Er zijn twintig machines, die ofwel werken ofwel in restauratie zijn ofwel wachten op restauratie, te bezichtigen. Geopend: zondagmiddag, waarbij de derde zondag van elke maand een *Steam Day* is. Ook geopend na een afspraak met de secretaris.

The Ferrymead Trust, gelegen op een gebied van 40 hectare langs de Heathcote River, Christchurch. Het historische park van de Trust bevat talrijke historische voorwerpen: oude machines, auto's, fietsen, kaardwalsen, brandweerauto's, tramrijtuigen, spoorweglocomotieven, vliegtuigen, huishoudelijke apparaten, landbouwwerktuigen en drukwerkapparatuur. Speciale attracties zijn ritjes op een 1,5 km lange trambaan en een 1 km lange spoorweg. De laatste Kitson stoomlocomotief met ingebouwde trailers, gebouwd in 1881 in Leeds, Engeland, is er te bewonderen. Geopend: dagelijks 10.00 tot 16.30 uur.

Queenstown Motor Museum, Brecon Street, Queenstown. Dit museumcomplex bevat meer dan 60 exposities die, hoewel ze zo nu en dan veranderen, altijd oude en klassieke auto's en motors bevatten, evenals minder oude en na-oorlogse modellen en vliegtuigmotoren. Enkele van de vele tentoongestelde merken zijn Bentley, Rolls-Royce, Aston Martin, Maserati, Mercedes, en veel andere Europese speciale auto's. Er is ook een reeks Amerikaanse auto's, waaronder Model T Fords. Geopend: dagelijks van 9.00 tot 17.30 uur.

Army Memorial Museum, State Highway No. 1, ten zuiden van Waiouru. Het museum bevat voorwerpen uit de Nieuw-Zeelandse militaire geschiedenis, waaronder wapens, uniformen, foto's, schilderijen, medailles, uitrustingen, dagboeken, persoonlijke bezittingen en andere overblijfselen, van de Maori-oorlogen tot heden. Dagelijks geopend van 9.00 tot 16.30 uur.

Waikato Museum of Art and History, hoek van Victoria Street en Grantham Street, Hamilton. Dit mooie gebouw van vijf verdiepingen benut de ligging aan de rivier ten volle. De gerestaureerde Maori-kano, Te Winika, en hedendaagse Tainui-houtsnedes en Tukutuku-weefsels zijn permanent te bezichtigen. Daarnaast is er een wisselend programma, dat stukken laat zien uit de grote verzameling Nieuw-Zeelandse schone kunst en de geschiedenis van Tainui en Waikato. Ook doen nationale en internationale trekkende exposities het museum vaak aan.

KUNSTGALERIEËN

Nieuw-Zeeland telt 21 openbare kunstgalerieën; de grootste worden hieronder besproken.

The Auckland City Art Gallery, Wellesley/ Kitchener Street, Auckland. Geopend in 1888; de verzameling omvat Nieuw-Zeelandse schilderijen, beeldhouwwerken, tekeningen, prenten en foto's van 1800 tot heden. Tevens uitgebreide collectie Frances

Hodgkins. Er zijn schilderijen en tekeningen van oude Europese meesters, een kleine Gotische collectie en een collectie 19e- en 20e-eeuwse Japanse prenten. Daarnaast internationale beelden en prenten. Geopend: dagelijks 10.00 tot 16.30 uur. Gratis rondleidingen om 12.00 uur (maandag tot en met vrijdag), 14.00 uur (zondag).

Govett-Brewster Art Gallery, Queen Street, New Plymouth. Dit is een van de beste verzamelingen hedendaagse kunst in Nieuw-Zeeland. De meeste Nieuw-Zeelandse kunstenaars van naam zijn vertegenwoordigd, met werken van Patrick Hanly, Michael Illingworth, Colin McCahon en Brent Wong. Ook een aanzienlijke collectie kinetische sculpturen, schilderijen en films van Len Lye. Geopend: 10.30 tot 17.00 uur (maandag tot en met vrijdag), 13.00 tot 17.00 uur (zaterdag en zondag).

Sargeant Gallery, Queen's Park, Wanganui. Een permanente tentoonstelling van de Nieuw-Zeelandse collectie, waaronder olieverfschilderijen, aquarellen en prenten uit de 19e en 20e eeuw. Daarnaast 19e- en 20e-eeuwse westerse kunst, met Britse olieverfschilderijen, aquarellen en prenten, evenals Europese werken, waaronder tekeningen van Poccetti, de Denton Collection van 19e- en 20e-eeuwse fotografie, een expositie over posters en strips uit de Eerste Wereldoorlog. Geopend: 10.30 tot 16.00 uur (maandag tot en met vrijdag), 10.30 tot 12.00 uur (zaterdag), 13.30 tot 16.00 uur (zondag).

Manawatu Art Gallery, 398 Main Street, Palmerston North. De collectie richt zich op Nieuw-Zeelands werk vanaf 1880 en op werken van alle belangrijke hedendaagse schilders. Het museum bevat twee grote verzamelingen tekeningen door James Cook en olieverfschilderijen, aquarellen en tekeningen door H. Linley Richardson. Geopend: 10.00 tot 16.30 uur (dinsdag tot en met vrijdag), 13.00 tot 17.00 uur (zaterdag, zondag en feestdagen).

Dowse Art Gallery, Civic Centre, Lower Hutt. Deze galerie richt zich op Nieuw-Zeelandse kunst, voornamelijk hedendaagse, met enkele oudere werken. Geopend: 10.00 tot 16.00 uur (maandag tot en met vrijdag), 13.00 tot 17.00 uur (zaterdag en zondag).

National Art Gallery, Buckle Street, Wellington. De collecties van de National Gallery omvatten Nieuw-Zeelandse, Australische, Britse en buitenlandse 19e- en 20e-eeuwse schilderijen, tekeningen, grafische kunst en beeldhouwwerken. De nadruk ligt op Nieuw-Zeelandse kunst vanaf 1840, met een brede selectie vroege aquarellen, olieverfschilderijen en tekeningen. Tevens een grote verzameling etsen en gravures van oude en moderne meesters.

Wellington City Art Gallery, 50 Victoria Street. Deze galerie richt zich minder op het verzamelen van werk maar meer op het organiseren van tijdelijke shows van Nieuw-Zeelandse kunst en ontwerpen. Geopend: dagelijks van 10.00 tot 18.00 uur en van 10.00 tot 20.00 uur op woensdag.

Bishop Suter Art Gallery, Bridge Street, Nelson. De hoofdcollecties zijn aquarellen, waaronder werken van John Gully, J.C. Richmond, C.Y. Fell, Frances Hodgkins en James Nairn. Geopend: 10.00 tot 16.00 uur (dinsdag tot en met zondag).

Robert McDougall Art Gallery, Botanic Gardens, Rolleston Avenue, Christchurch. De Robert McDougall Art Gallery bevat kenmerkende werken van Hollandse, Franse, Italiaanse en met name Britse schilderkunst, tekeningen, prenten en beeldhouwwerken en Europese kunstvormen. De Nieuw-Zeelandse collectie is een van de uitgebreidste in dit gebied, met name wat betreft werken uit Canterbury. Dagelijks geopend van 10.00 tot 16.30 uur.

Dunedin Public Art Gallery, Logan Park, Dunedin. Opgericht rond 1880; bevat een grote verzameling 18e- en 19e-eeuwse Engelse aquarellen, evenals belangrijke portret- en landschapskunstenaars in olieverf van tussen de 16e en de 19e eeuw. De Nieuw-Zeelandse collectie loopt uiteen vanaf halverwege de 19e eeuw en bevat een retrospectief van Frances Hodgkins. Geopend: 10.00 tot 16.30 uur (maandag tot en met vrijdag), 14.00 tot 17.00 uur (zaterdag, zondag en feestdagen).

Enkele andere provinciale openbare kunstgalerieën zijn:
Aigantighe Art Gallery, Timaru.
Forrester Art Gallery, Oamaru.
Forum North Arts Centre, Whangarei.
Hawke's Bay Exhibition Centre, Hastings.
Hocken Library, University of Otago, Dunedin.
Waikato Art Museum, Hamilton.

UITGAAN

AUCKLAND

De grootste stad van Nieuw-Zeeland heeft op cultureel gebied niet zoveel te bieden. Merkwaardig genoeg beschikt de metropool, die bijna één miljoen inwoners telt, over geen enkel repertoiretheater. Wie weten wil welke voorstellingen op het moment bezocht kunnen worden, kan het beste in de *New Zealand Herald* kijken. Reserveren kan via Ticketek (Aotea Centre, Aotea Square, Queen Street, tel. 09-3075000).

THEATER

Bel voor nadere inlichtingen over voorstellingen van het **Auckland Theatre** op diverse locaties tel. 09-3094949.

Amateur-theatergezelschappen geven voorstellingen in het **Dolphin Theatre** (Spring Street, Onehunga, tel. 09-6367322) en in het **Howick Little Theatre** (Lloyd Elsmore Park, Pakuranga, tel. 09-5341406).

CONCERTEN

De belangrijkste zalen voor concerten en opera-uitvoeringen zijn het moderne **Aotea Centre** (Aotea Square, Queen Street, tel. 09-3075000); het 700 zitplaatsen tellende, in 1997 geopende **Sky City Theatre** in het Casino Complex (hoek Victoria Street en Albert Street, tel. 09-9126000) en het **Maidment Theatre** (in de universiteit, hoek Princes Street en Alfred Street, tel. 09-3082383).

Authentieke Maori-ceremonies en -dansen zijn dagelijks om 11.00 uur en 13.30 uur te zien in het **Auckland Museum** (Domain, tel. 09-3067080). De voorstellingen duren ongeveer 45 minuten.

FESTIVALS

Het Pacifica Arts Festival dat in oneven jaren in februari wordt gehouden, is een kleurrijke reeks culturele evenementen die u niet mag missen. Mensen afkomstig uit Polynesië, Melanesië en van andere eilanden in de Grote Oceaan tonen dan wat ze kunnen (nadere inlichtingen verstrekt Auckland Visitor

Information, 24 Wellesley Street West, tel. 09-3666888). Het belangrijkste filmfestival van Nieuw-Zeeland wordt in de tweede week van februari gehouden. Te zien zijn de meest recente producties van de filmindustrie die de laatste jaren weer opleeft.

OOSTKAAP

Bij Gisborne ligt in de zee de datumgrens, tussen gisteren en vandaag. Om het eerste nieuwe licht in het nieuwe jaar te begroeten kunt u elk jaar het **First Light Festival** bezoeken in de stad Gisborne.

WELLINGTON

Wellington is niet alleen de nationale hoofdstad, maar ook de cultuurstad van Nieuw-Zeeland. De stad beschikt over drie repertoiretheaters. Tal van muziekevenementen vinden hier plaats evenals het beroemde International Festival of Arts. Op het einde van het jaar zijn er op verschillende locaties voorstellingen van de New Zealand School of Dance en de New Zealand Drama School, Toi Whakari (nadere inlichtingen verstrekt Visitor Information). Andere handige informatiebronnen zijn: het maandelijks verschijnende tijdschrift *Theatre News*, *NZ Musician* (moderne muziek), *Music in New Zealand* (klassieke muziek) en *Rip it Up* (pop/rock) - verkrijgbaar bij de grotere krantenkiosken of in de bibliotheek.

THEATER

Bats Theatre, 1 Kent Terrace, tel. 04-8024175. Het 'nieuwe theater' van Wellington heeft de moed te experimenteren met minder bekend werk. U kunt dan ook vaak kort voor de voorstelling nog kaartjes krijgen.
Circa Theatre, 1 Taranaki Street, tel. 04-8017992. Dit theater wordt geleid door de acteurs zelf. Geboden wordt een stimulerende reeks dramavoorstellingen op een locatie aan het water bij het nieuwe National Museum.
Downstage Theatre, 2 Courtenay Place, tel. 04-8016946. Toneelstukken variërend van Shakespeare tot moderne auteurs evenals voorstellingen van het voornaamste Maori-toneelgezelschap, Taki Rua. Het theater ligt in het hart van de restaurant- en uitgaanswijk.
Royal New Zealand Ballet Company, het voornaamste balletgezelschap van het land, dat 45 jaar geleden werd opgericht, heeft zijn thuisbasis in het St. James Theatre (77 Courtenay Place, tel. 04-8024060) en in het State Opera House (111 Manners Street). Kaartjes zijn verkrijgbaar bij Ticketek, tel. 04-3850832).

CONCERTEN

Michael Fowler Centre. In de concertzaal van het mooie Civic Centre treedt iedereen op die in de muziek naam heeft gemaakt. Inlichtingen bij: MFC Ticketing, tel. 04-8014263.

MUZIEK IN PUBS

Livemuziek (niet alleen maar Ierse folkmuziek) is te horen in **Molly Malones** (hoek Taranaki Place en Courtenay Place). **Tatou** (22 Cambridge Terrace) heeft een goede reputatie als het gaat om jazz. In een moderne, mooie omgeving wordt de muziek ten gehore gebracht.

FESTIVALS

Het **International Festival of Arts**, het grootste festival van Nieuw-Zeeland, wordt in even jaren in maart gehouden. Het is een belangrijk evenement voor Nieuw-Zeelandse en buitenlandse kunstenaars. Voor sommige deelevenementen zijn al maanden van tevoren geen kaartjes meer verkrijgbaar. Bel voor inlichtingen over het programma: tel. 04-4730149. Reserveren bij: Ticketek, tel. 04-3850832 of MFC Ticketing (tel. 04-8014263).
Fringe Festival, inlichtingen verstrekt Fringe Arts Trust, tel. 04-3845141. Elk jaar is de stad in maart en april het toneel voor originele straatartiesten en experimentele dans-, muziek- en toneelgezelschappen.

CHRISTCHURCH

Christchurch is een stad met een ontspannen sfeer, waar veel kunstenaars en ambachtslieden zich hebben gevestigd. Het aanbod op het gebied van theater en concerten is erg gevarieerd en evenementen staan opgesomd in de gids die de Canterbury Tourism Council voor bezoekers uitgeeft (*What's On Guide*). In de krant *The Press* staan eveneens alle wetenswaardigheden over culturele evenementen.

THEATER

Court Theatre, Arts Centre, 20 Worcester Boulevard, tel. 0800-333100 (gratis). Wordt beschouwd als het voornaamste theater van Nieuw-Zeeland. Een klein, goed gezelschap met Britse gastacteurs voert moderne drama's op. Het zelfde gebouw fungeert ook als thuisbasis voor het **Southern Ballet and Dance Theatre**, tel. 03-3797219.
Theatre Royal, 145 Gloucester Street, tel. 03-3778899, is niet zo voornaam als de naam doet vermoeden. Dit theater wordt niet alleen gebruikt voor theatervoorstellingen, maar ook voor opera- en dansvoorstellingen en bijvoorbeeld hypnoseshows.

CONCERTEN

Convention Centre/Town Hall, 86 Kilmore Street, tel. 03-3778899. Dit moderne gebouw bij het casino is de locatie voor belangrijke muziekevenementen, variërend van klassiek tot pop. Het is ook het hoofdkantoor van een nationaal toonaangevende organisatie die theater- en concertkaartjes verkoopt. Betalen met creditcard is mogelijk.

MUZIEK IN PUBS

Op vrijdag en zaterdag, treden in bijna alle pubs livebands op. Enkele bands zijn verrassend goed. Pubs in het centrum zijn o.a. **Dux de Lux** (Arts Centre, Worcester Boulevard), **The Club** (Provincial Chambers, Armagh Street) en **Trader MacKendrys Tavern** (179 Cashel Street). In **The Edge** (85 Hereford Street, tel. 03-3772686), een grote moderne bar, spelen bijna elke dag bands. De **Southern Blues Bar** (198 Madras Street, tel. 03-3651654) heeft, zoals de naam al doet vermoeden, redelijk goede rhythm-and-blues op het programma staan.

DUNEDIN

Achter de gevels van de eens zo elegante gebouwen, gaat een jeugdige stad schuil. Dunedin, waar de oudste universiteit van Nieuw-Zeeland staat, ademt dankzij het grote aantal studenten, een ontspannen sfeer uit. Het aanbod aan pubmuziek en theatervoorstellingen is groot. Het **Fortune Theatre** (231 Stewart Street, tel. 03-4778323) heeft een bijzonder goede reputatie. **The Summer Arts Festival** wordt jaarlijks in februari en begin maart gehouden.

SPORT EN ONTSPANNING

VERZEKERING

Als u in uw vakantie een risicovolle sport wilt beoefenen, dan dient u zich ervan bewust te zijn dat dit veelal niet wordt gedekt door standaard verzekeringspolissen; zie ook *Ziektekostenverzekering* onder *Gezondheid* in de rubriek *Reisbenodigdheden*.

ACTIEF

Nieuw-Zeeland is het land van de vele buitensporten. Er worden regelmatig nieuwe uitdagende vormen van sport uitgeprobeerd en wereldwijd geïntroduceerd. De meest bekende is wel bungee jumping. Tot de nieuwste uitdagingen behoren *The Rack* en *Zorbing*.

De *Rack-rider* hangt tijdens een ongeveer zeven minuten durende vlucht aan een kabel van ongeveer 12 meter lang onder aan een helikopter en wordt met een snelheid van zo'n 100 km per uur over diverse bezienswaardigheden van Nieuw-Zeeland gevlogen. De *Rack-rider* is voorzien van een parachute en een helm. In deze helm zit een koptelefoon waarmee de *Rack-rider* in contact staat met de piloot en kan genieten van zijn favoriete muziek. Voor meer informatie kunt u contact opnemen met **The Green Spot**, Taupo, tel. 07-3773508 (tevens fax). De Nederlandse emigrant Jan Gerritsen is mede-ontwikkelaar van deze bezigheid.

Zorbing gaat als volgt: met een grote plastic bal (diameter buitenzijde drie meter en binnenzijde twee meter) rent u een heuvel af, duikt u in een speciaal gat in de bal en met zo'n vijftig km per uur rolt u binnen tien seconden circa 100 à 200 m de heuvel af. Voor inlichtingen kunt u contact opnemen met **Zorb Limited**, P.O. Box 90841, Auckland, tel. 09-4451691, fax 09-4458842 (zie ook *Internet* in de rubriek *Nuttige Adressen*). Voor reserveringen: tel. 025-850628.

De belangrijkste buitensportcentra zijn: de streken rond Queenstown en Wanaka evenals Waitomo op het Noordereiland.

ABSEILEN

In het prachtige grottenstelsel **Magapu cave system**

bij Waitomo (Lost World Adventures, tel. 07-8787640, fax 07-8786184) kunt u 100 m diep, langs verticale wanden, abseilen. Met eventuele angsten wordt van tevoren afgerekend, en wel tijdens de instructie die een aantal uren in beslag neemt.

BUNGEE JUMPING

Queenstown is de plaats waar de internationale bungee-jumping-rage is begonnen. In **Skippers Canyon** alleen al kunt u zich van drie bruggen met een hoogte variërend van 43 tot 102 meter, in de diepte storten.

Bel hiervoor A.J. Hackett, tel. 03-4427122. Deze hartverlammende sport is eveneens populair in **Taupo**.

FIETSEN

Het typisch Nieuw-Zeelandse winderige, regenachtige weer kan het fietsplezier soms aardig bederven. Ook het heuvelachtige landschap en de smalle kronkelwegen vol met slecht bestuurde recreatievoertuigen maken de fietser het leven zwaar. Toch is het beslist de moeite waard, het land per fiets te verkennen. Bij sommige georganiseerde fietstochten zorgt een bus voor het vervoer van de bagage. Er kunnen mountainbikes gehuurd worden.

Enkele van de voor fietsers meest geschikte delen van het land liggen op het Zuidereiland: **Wanaka**, **Glenorchy**, **Queenstown** en **Fiordland**. Tot de bezienswaardigheden behoren verlaten goudzoekersplaatsjes, zoals Macetown, adembenemend mooie ravijnen in de Nevis Valley, en de wegen naar de skigebieden waar u een prachtig uitzicht hebt over het merengebied. Gedetailleerde routebeschrijvingen vindt u onder andere in het boek *Classic New Zealand Mountain-Bike Rides*. Adventure South in Christchurch (tel. 03-3321222) organiseert fietsreizen van vijf tot twaalf dagen op het Zuidereiland.

DUIKEN

Duiken is in de heldere wateren van Nieuw-Zeeland een waar genoegen. Geen wonder dat het land meer duikers onder zijn inwoners telt, dan welk ander land ook ter wereld. In de **Marlborough Sounds** en elders liggen veel scheepswrakken die absoluut het verkennen waard zijn.

De beste tijd voor duikers is van januari tot april, wanneer de watertemperaturen aan de oostkust van het noordelijk deel van het Noordereiland gemiddeld 21° C bedragen; daar liggen namelijk de interessantste duikgebieden van Nieuw-Zeeland, waaronder de **Bay of Islands**. **Ocean's Motel** (Matauri, tel. 09-4027551) vormt een goede uitvalsbasis voor een bezoek aan het wrak van het gezonken Greenpeace-schip de *Rainbow Warrior* dat hier vanuit de haven

van Auckland naartoe is gesleept. Het motel wordt geleid door een Maori, Dover Samuels. Voor reserveringen en uitrusting (ook voor het duikgebied Three Kings, 50 km van de noordpunt van Nieuw-Zeeland), kunt u contact opnemen met Paihia Dive (tel. 09-4027551; fax 09-4027110) in Paihia.

De Poor Knights, 22 km vóór de oostkust bij Whangarei, zijn bij duikers geliefd vanwege de vele vissen en de steile koraalwanden. Nadere inlichtingen bij Aqua Action, Tutukaka/Whangarei, tel. 09-4343867, fax 09-4343884. Divers World, 70 Moorhouse Ave, Christchurch, tel. 03-3795804 verzorgt tochten voor duikers in de ongerepte baaien van het grootste nationale park van Nieuw-Zeeland, **Fiordland**.

WERKVAKANTIE OP DE BOERDERIJ

Voor wie een beperkt budget heeft en toch het land en de mensen wil leren kennen, is een werkvakantie op de boerderij een goedkope oplossing. Meer dan 180 boerderijen bieden in ruil voor vier uurtjes licht werk per dag (tuinieren, hout hakken voor de open haard, dieren voeren) gratis accommodatie aan, inclusief maaltijden en een gastvrij onthaal. Flexibele werkuren zijn eveneens mogelijk, zodat er tijd genoeg overblijft, om de streek te verkennen. Bij het **F.H.I.N.Z.** (Free Helpers in New Zealand), Kumeroa Lodge, RD 1 Woodville, tel. 06-3764582 (tevens fax) is een brochure verkrijgbaar.

VISSEN

Van oktober tot april lokken de rustige wateren hengelaars uit alle uithoeken van de wereld naar Nieuw-Zeeland. Een op de vier Nieuw-Zeelanders gaat wel eens vissen, maar er is genoeg vis voor iedereen. De beste plekjes voor het vissen op forel zijn: **Lake Rotorua**, Dennis Ward, tel. 07-3574974; en **Lake Tarawera**, Clear Water Pride, tel./fax 07-3628590. In het **Nelson Lake District**, in het noorden van het Zuidereiland, helpt een gids u bij het vinden van paling met een extreem hoog gewicht en zeeforel met een lengte van wel 0,6 meter. Aanbevolen wordt o.a. de gids Boris Cech (tel. 03-5211840). In de **Bay of Islands** is tonijn, haai, zwaardvis en zwarte marlijn te vinden (Game Fishing Charters, Paihia, tel. 09-4027311).

GOLF

Er zijn ongeveer vierhonderd golfbanen in Nieuw-Zeeland, waar tegen een kleine vergoeding uitrusting te huur is. De mooiste banen liggen aan de Bay of Islands (Waitangi), bij Taupo (Wairakei), in Auckland (Titirangi) en in Arrowtown (Millbrook Golf and Country Club).

WANDELTOCHTEN

Voor acht wandelroutes, die bekend staan onder de naam **Great Walks**, hebt u een pas nodig. Deze is verkrijgbaar bij de kantoren van het **Department of Conservation** (DOC). De prijs is ervan afhankelijk of u in een hut (tussen de NZ$ 6-14 per nacht) of op een camping (NZ$ 6) overnacht. Ambitieuze wandelaars kunnen voor de overige langeafstandspaden een jaarpas kopen. Gedetailleerde routebeschrijvingen zijn verkrijgbaar bij het DOC of bij de boekhandel.

Het aantal wandelaars op de Milford Track wordt beperkt gehouden. Geïnteresseerden kunnen zich inschrijven bij het Fiordland National Park Visitor Centre in Te Anau, tel. 03-2498514, fax 03-2498515. Begeleid door een gids kunt u door de indrukwekkendste landschappen van het land wandelen. Hier volgen enkele voorbeelden (de prijzen zijn gebaseerd op één persoon, inclusief accommodatie, vervoer van de bagage en alle maaltijden):

Routeburn Walk (drie dagen, ongeveer NZ$ 780), tel. 03-4428200, fax 03-4426072.

Abel Tasman Walk (vijf of zeven dagen, ongeveer NZ$ 900-1200), Abel Tasman National Park Enterprises, tel. 03-5287801, fax 03-5286087.

Milford Track (vijf of zes dagen, ongeveer NZ$ 1200), Milford Track Office, Te Anau Travelodge, tel. 03-2497411, fax 03-2497590.

Gedetailleerde kaarten en inlichtingen over wandeltochten en nationale wandelpassen, verstrekt het **Department of Conservation** (DOC), Conservation Information Centre, Ferry Building, Quay Street, Auckland, tel. 09-3796476, fax 09-3793609. Geopend dec.-jan.: ma.-vr. 9.30-13.00 uur en 13.30-16.30 uur, za. 10.00-15.00 uur; overige maanden: ma.-vr. 9.00-13.00 uur en 13.30-16.00 uur. Er zijn DOC-kantoren in alle belangrijke steden.

PAARDRIJDEN

Nieuw-Zeeland zien vanaf een paardenrug - een onvergetelijke ervaring! Ongetwijfeld is dit ook de beste manier om het land en de mensen van dichtbij te leren kennen. Aanbevelenswaardig zijn o.a.: **Cape Farewell Horse Treks** (Don en Gail McKnight), Puponga, tel. 03-5248031. Op het Noordereiland bij Wellsford en per auto op negentig minuten van Auckland, organiseren Sharley en Laly Haddon ritten over het strand. Ook kunt u bij hen een paard met gesloten wagen huren: **Pakiri Beach Horse Riding**, Pakiri Beach, Wellsford, tel./fax 09-4226275. **Backcountry Saddle Expeditions** (Darrin en Debbie Thompson), Cardrona Valley, Wanaka, tel. 03-4438151, organiseren tochten in de bergen van het Zuidereiland. Tochten door het boerenland van Noord-Canterbury worden verzorgd door **Harunui Horse Treks** (Rob en Mandy Stanley), Hawarden (tussen Hanmer Springs en Christchurch)

tel. 03-3144204. Op de genoemde adressen kunt u niet alleen terecht voor dagtochten, maar ook voor langere tochten te paard.

BERGSPORT

Voordat de Nieuw-Zeelander Edmund Hillary Mount Everest bedwong, oefende hij in de Zuidelijke Alpen. Maar zelfs voor minder ambitieuze bergbeklimmers, heeft Nieuw-Zeeland heel wat te bieden. Een uitstekende berggids, die het hele jaar door beschikbaar is voor zowel beginnende als gevorderde bergbeklimmers, is Gottlieb Braun-Elwert uit Tekapo (Alpine Recreation, Lake Tekapo, P.O. Box 75, tel. 03-6806736, fax 03-6806765). Het boek van Hugh Logan *Great Peaks of New Zealand* (uitgeverij John Mcintoe Ltd, Wellington) staat vol met nuttige informatie en is dan ook een must voor wie in Nieuw-Zeeland de bergen in wil.

PARAGLIDING

Paragliding is de eenvoudigste manier om de lucht in te gaan en wie dit in het indrukwekkende landschap rondom Lake Wanaka doet, zal beslist een adembenemende ervaring rijker zijn. Een dag kost u ongeveer NZ$ 120. Bel voor nadere inlichtingen met de School of Paragliding, Wanaka, tel. 03-4439193.

WILDWATERVAREN/JETBOOT VAREN

Veel Nieuw-Zeelandse rivieren zijn bij uitstek geschikt voor wildwatervaren. De snelle en wendbare jetboten - een uitvinding van een Nieuw-Zeelandse boer - scheren over het wateroppervlak. Een van de beste plekken hiervoor is de **Shotover River**. Ook kunt u wildwatervaren met maximaal zeven andere mensen in een opblaasbare boot. Enkele van de opwindendste rivieren zijn de Shotover (Queenstown), de **Kawarau** en de **Kaituna** (Rotorua).

WATERSPORTEN

ZEILEN

De maanden tussen oktober en april bieden voor zeilers de beste omstandigheden. Het aanbod aan zeilboten voor tochten van één dag of langer, met of zonder kapitein, is het grootst in de **Bay of Islands**, **Auckland**, en de **Marlborough Sounds** (Compass Charters, Picton, tel. 03-5738332, fax 03-5738587). U kunt ook voor een week een volledig uitgerust jacht van 12 m huren. De kosten liggen tussen de NZ$ 2000-3000 per week, afhankelijk van het seizoen. (Moorings Rainbow, Auckland en Bay of Islands, tel 09-3774840, fax 09-3774820.) Een van de mooiste tochten die u maar kunt maken, is de 120 zeemijlen lange Coastal Cruise langs de kust van

Auckland naar de Bay of Islands. Een dag zeilen met een groep kost u ongeveer NZ$ 60 per persoon.

WINDSURFEN

Nieuw-Zeeland is een ideaal land voor windsurfers, want windstille dagen komen hier slechts zelden voor. Goede bestemmingen voor windsurfers zijn onder andere: **Orewa Beach** (ten noorden van Auckland), **Piha Beach** (ten noordwesten van Auckland), **New Plymouth, Makatan Island** bij Tauranga en voor de kust bij **Gisborne**. Op het Zuidereiland zijn de wind en de golven bijzonder goed op de volgende plaatsen: **Kaikoura, Whites Bay** (Blenheim), **Pegasus Bay** en **Sumner Bay** bij Christchurch, en de baaien rond Dunedin en Cape Foulwind (Westport).

KAJAKKEN

Deze sport geniet een ware bloeiperiode in Nieuw-Zeeland, en dan met name in het **Abel Tasman Park**. U kunt een kajak huren voor een tocht van één of meer dagen onder begeleiding van een gids of op eigen houtje. Inlichtingen verstrekt: Abel Tasman Kayaks, tel. 03-5278022. Andere aan te bevelen bestemmingen zijn: **Fiordland National Park** (Fiordland Wilderness Experiences, tel. 03-2497700); **Marlborough Sounds** (Adventure Company, Picton, tel. 03-5736078); **Bay of Islands** (Coastal Kayakers, Paihia, tel. 09-4028105); **Stewart Island** (Sea Kayaks, tel. 03-2191080); **Lake Taupo** (Bruce Webber Adventures, tel. 07-3784715); **Lake Rotorua** (Greig Bosley, Rotorua, tel. 07-3489451) en **Whanganui River** (Plateau Outdoor Professionals, National Park, tel. 07-8922740).

WALVISSEN/DOLFIJNEN

U kunt samen met de dolfijnen zwemmen en walvissen van dichtbij bewonderen bij **Kaikoura** aan de oostkust van het Zuidereiland. Enorme potvissen zwemmen tussen april en juni op nauwelijks één kilometer afstand van de kust. U kunt er tijdens de zomer ook orka's zien en in juni en juli maken bultruggen hun opwachting. Neem voor nadere inlichtingen contact op met: Whale Watch, tel. 03-3195045, fax 03-3196545, of Dolphin Experience (Kaikoura Wildlife Centre), tel. 03-3196622, fax 03-3196868. Wie een bezoekje wil brengen aan de walvissen, moet enkele dagen van tevoren kaartjes reserveren.

WINTERSPORT

SKIËN EN SNOWBOARDEN

In de winter worden de Kiwi's als het ware omgeto-

verd in 'Skiwi's'. Tussen juli en oktober verhuizen de Nieuw-Zeelanders, zodra er voldoende sneeuw ligt, van het water naar de bergen. Het land telt 27 bergtoppen die hoger zijn dan 3000 m en nog eens 140 toppen hoger dan 2000 m. Veel skioorden bieden een spectaculair uitzicht op groene dalen en blauwe meertjes. De sneeuwgrens ligt doorgaans op ongeveer 1000 m en alle skigebieden liggen boven de boomgrens. Dit betekent dat er voor iedereen voldoende ruimte is en de omstandigheden zijn met name voor snowboarden ideaal.

De twaalf skigebieden van skiclubs zijn ook voor niet-leden toegankelijk, maar de faciliteiten zijn eenvoudig. Meestal is er maar één stoeltjeslift die niet eens helemaal naar boven gaat. Hier is het dan ook normaliter goedkoper dan in de 13, veelal op het Zuidereiland gelegen, commerciële skicentra. De pistes liggen op 20-30 km van de skioorden. Voertuigen met vierwielaandrijving zijn niet noodzakelijk, sneeuwkettingen vaak wel.

Het skiseizoen loopt van juli tot september, maar wordt vaak verlengd met behulp van kunstsneeuw. Een dagpas kost u tussen de NZ$ 30-40 en skispullen ongeveer NZ$ 30 per dag.

De skicentra op het Zuidereiland met de beste organisatie zijn: **Cardrona and Treble Cone** (Wanaka Visitor Centre, tel. 03-4437660); **Coronet Peak and Remarkables** (Queenstown, tel. 03-4428238); **Mount Hutt** (Methven, op negentig minuten rijden van Christchurch, tel. 03-3028811) en **Ohau** (Twizel, tel. 03-4389885). De grootste skipiste van Nieuw-Zeeland ligt op het Noordereiland en wel in Tongariro National Park rond de Ruapehu: **Whakapapa** (basis: National Park of Whakapapa Village, tel. 07-8923729) of **Turoa** (Ohakune, tel. 06-3858456). Een interessante, afwisselende reisroute voor een tiendaagse skivakantie per auto loopt van Christchurch naar Methven, Tekapo, Mount Cook, Ohau (Twizel), Wanaka en heeft Queenstown als eindpunt.

HELI-SKIËN

Dit is in Nieuw-Zeeland betaalbare luxe! Deze sport kunt u onder andere beoefenen in: Wanaka (Harris Mountains Heli-Ski, tel. 03-4437930) en Mount Cook (Alpine Guides, tel. 03-4351834).

Drie tot vijf keer per dag kost u tussen de NZ$ 500-700.

LANGLAUFEN

Tot nu toe is er maar één plaats waar u kunt langlaufen en wel in Wanaka, dichtbij het skigebied van Cardrona, waar paden met een totale lengte van 25 km zijn uitgezet op een hoogte van 1500 m. Bel voor inlichtingen met: Waiorau Nordic Ski Area, tel. 03-4437542.

WINKELEN

SCHAPENVACHTEN

Met ongeveer vijfenvijftig miljoen schapen in Nieuw-Zeeland, is het niet verwonderlijk dat een van de voornaamste souvenirs van het land de schapenvachten en wollen producten zijn. U zult nergens ter wereld goedkopere schapenwollen kleding vinden en dankzij de kleur en de verscheidenheid van de schapenvachten en wollen producten vormen zij een ideaal geschenk of souvenir. In veel winkels vindt u een enorme keuze aan jassen en jacks van schapenvacht, kalfsleer, opossum, hertenleer, leer en suède. Autostoelhoezen zijn populair, evenals schapenwollen vloerkleden. De grotere zaken verpakken en verzenden alle producten naar het buitenland.

HOUTSNEDES

Houtsnedes van de Maori zijn bijna overal verkrijgbaar. Het traditioneelste Maori-gebied van Nieuw-Zeeland is de Oostkaap; voor iets authentieks kunt u in dit gebied terecht.
Maori Arts and Crafts Institute, Rotorua (dagelijks geopend tussen 8.00 en 17.00 uur). Dit in Whakarewarewa gelegen instituut leidt de meeste traditionele Maori-houtsnijders op. Hier leren jonge mensen ook om been en groensteen te bewerken.

GROENSTEEN

Nieuw-Zeelandse jade, beter bekend als groensteen, is wat kwaliteit betreft niet te vergelijken met Chinese of Birmese jade, maar is toch een typisch nationaal product. De jade is bijna overal verkrijgbaar en wordt verwerkt tot juwelen, beeldjes, versieringen en Maori-tiki's. De West Coast (Zuidereiland) is de voornaamste vindplaats van groensteen. In fabrieken in steden aan de West Coast, zoals Greymouth en Hokitika, kunnen bezoekers kijken hoe de jade wordt bewerkt.

AMBACHTSPRODUCTEN

Er is een explosieve groei geweest in de vervaardiging van ambachtsproducten, die ter plekke worden verkocht door plaatselijke ambachtslieden en in plaatselijke winkeltjes die zich vooral op de toerist richten. Potten zijn wel het meest verkrijgbaar, maar ook quilts, versierde dozen, rotan, handgesponnen brei- en weefwerk, houtsnedes, Kauri-producten, houten speelgoed, berkenbastfiguren, schilderijen, glaswerk en lederwaren behoren tot de enorme hoeveelheid ambachtsproducten.

De gebruikelijke winkelcentra vindt u in Auckland, Wellington en Christchurch. Queen Street in Auckland is een voor de hand liggende plek om uw geld te besteden. Karangahape Road, een van de drukste en oudste winkelstraten in Auckland, biedt een grote keuze aan interessante winkels. De straat ligt bovenaan Queen Street en de naam Karangahape betekent 'kronkelende rand van menselijke activiteit', een toepasselijke beschrijving van de drukte. De straat ontleent haar karakter aan de verscheidenheid aan winkels en de etnische mengeling van de Polynesische en Europese gemeenschappen van Auckland. Kleine tweedehands-kledingwinkels en meubelzaakjes strijden om klandizie met ruime warenhuizen. Een ander winkelgebied in Auckland is het bij de haven gelegen complex Downtown. Dit centrum is via een glazen loopbrug verbonden met de Downtown Airline (Bus) Terminal, zelf ook een winkelcentrum, en vormt zo een uitstekende locatie voor toeristen die nog even snel willen rondneuzen.

In Wellington zijn de voornaamste winkelstraten Willis Street en Customhouse Quay, terwijl u in Christchurch voor de beste koopjes terecht kunt in de buurt rond Cathedral Square. Wie van plan is Queenstown aan te doen, kan erop gerust zijn dat er in de straten veel souvenirwinkels zijn. De prijzen staan meestal vast, maar onderhandelen wordt steeds gebruikelijker. Queenstown vormt een uitzondering op de normale openingstijden; de meeste winkels zijn zeven dagen per week tot laat open.

Houd er bij het winkelen rekening mee dat het verboden is producten van beschermde planten en dieren bij terugkeer in Nederland in te voeren. Onder de reglementen van de CITES-conventie wordt strikt toezicht gehouden op de handel in bedreigde dier- en plantensoorten. Wilt u zeker weten dat het artikel dat u wilt kopen niet onder de beschermde producten valt, vraag dan naar het CITES-certificaat; als dit is afgegeven, dan kunt u het artikel met een gerust hart kopen.
Zie ook het telefoonnummer van de Belastingtelefoon Douane onder *Douane* in de rubriek *Een Eerste Kennismaking*.

NUTTIGE ADRESSEN

TOERISTENINFORMATIE

Nieuw-Zeeland beschikt over een uitgebreid netwerk van *Visitor Information Network Centres*, waar u informatie kunt krijgen over het land in het algemeen en het gebied waarin u zich bevindt in het bijzonder. Veel van deze VIN-kantoren bieden ook nog aanvullende diensten zoals het maken van reserveringen voor accommodatie, vervoer en plaatselijke attracties.

De informatiebureaus zijn te herkennen aan een groene 'i'. Bij het Verkeersbureau voor Nieuw-Zeeland (het adres vindt u elders in deze rubriek) kunt u een plattegrond aanvragen waarop alle informatiebureaus zijn aangegeven.

LUCHTVAARTMAATSCHAPPIJEN

AUCKLAND

NETNUMMER: 09

Air New Zealand
Reserveringen en inlichtingen: tel. 3573000;
Inlichtingen aankomst: tel. 3573030;
Inlichtingen vertrek: tel. 3672323.
Air New Zealand Travelcentres:
Hoek Queen & Customs Street, tel. 3662424;
139 Queen Street, tel. 3662584;
Plaza Shopping Centre, Pakuranga, tel. 5767090;
Manukau City Centre, Manukau City, tel. 2621830;
Jupiter House, hoek Milford & Kitchener Road, Milford, tel. 4861775;
228 Broadway, Newmarket, tel. 5204035;
Luchthaven: Domestic Terminal, tel. 2563999.

KLM
2nd Floor
369 Queen Street
Tel. 3091782
Fax 3660133

Qantas
154 Queen Street
Reserveringen: tel. 3578900
Luchthaven: tel. 2566310

Sabena (c/o World Aviation Systems)
Trustbank Building
229 Queen Street
Tel. 3794455
Fax 3775648

CHRISTCHURCH

NETNUMMER: 03

Air New Zealand
Reserveringen en inlichtingen: tel. 3795200;
Inlichtingen aankomst en vertrek: tel. 3747100;
Air New Zealand Travelcentres:
The Triangle Centre, 702 Colombo Street, tel. 3534899;
South City Centre, 549 Colombo Street, tel. 3534926.

Qantas
Price Waterhouse Centre
119 Armagh Street
Reserveringen: tel. 0800-808767

WELLINGTON

NETNUMMER: 04

Air New Zealand
Reserveringen en inlichtingen: tel. 3889737;
Inlichtingen aankomst en vertrek: tel. 3889900;
Air New Zealand Travelcentres:
Hoek Lambton Quay en Panama Street, tel. 4711616;
79 Willis Street, tel. 4952910;
175 High Street, Lower Hutt, tel. 5706120.

Qantas
ASB Bank Tower
2 Hunter Street
Reserveringen: tel. 0800-808767
Luchthaven: tel. 3882310

AMBASSADES EN CONSULATEN VAN NIEUW-ZEELAND IN NEDERLAND EN BELGIË

IN NEDERLAND

Ambassade van Nieuw-Zeeland
Carnegielaan 10
2517 KH Den Haag
Tel. 070-3469324
Fax 070-3632983
Immigration Service tel. 3658037

IN BELGIE

Ambassade van Nieuw-Zeeland
Boulevard du Regent 47-48
1000 Brussel
Tel. 02-5121040
Fax 02-5134856

Consulaat van Nieuw-Zeeland
Grote Markt 9
2000 Antwerpen
Tel. 03-2331608
Fax 03-2262969

AMBASSADES EN CONSULATEN VAN NEDERLAND EN BELGIË IN NIEUW-ZEELAND

Wanneer u als buitenlandse bezoeker door Nieuw-Zeeland reist, kan het gebeuren dat u in een noodgeval contact moet opnemen met uw eigen land. In zulke gevallen, of wanneer uw paspoort is gestolen of zoekgeraakt, kan het personeel van uw ambassade of een van de consulaten u de helpende hand bieden. Hieronder volgt een lijst van ambassades en consulaten in Nieuw-Zeeland.
Ambassades en consulaten zijn geopend op de kantooruren die in Nieuw-Zeeland worden aangehouden.

VOOR NEDERLAND

Ambassade van Nederland
Investment House, 10th Floor
Ballance and Featherston Street
Wellington
Postadres:
P.O. Box 840
Wellington
Tel. 04-4716390
Fax 04-4712923

Consulaat van Nederland
57-59 Symonds Street
Auckland 1
Postadres:
P.O. Box 3816
Auckland 1
Tel. 09-3795399
Fax 09-3795807

Consulaat van Nederland
c/o Prouvost Hart (NZ) Ltd.
Amsterdam House, 2nd Floor
161-163 Kilmore Street
Christchurch 1
Postadres:
P.O. Box 3041

Christchurch
Tel. 03-3669280
Fax 03-3717900

VOOR BELGIË

Ambassade van België
Axon House, 12th Floor
1-3 Willeston Street
P.O Box 3379 Wellington
Wellington
Tel. 04-4729558/9559
Fax 04-4712764

Consulaat van België
Penthouse Fisher International Building
Waterloo Quadrant 18
P.O. B 4071 Auckland
Tel. 09-3796690
Fax 09-3099570

Consulaat van België
Clyde Road 56A
P.O. Box 434
Christchurch
Tel. 03-3480969
Fax 03-3793636

VERKEERSBUREAU VOOR NIEUW-ZEELAND

Voor uitgebreide toeristische informatie over Nieuw-Zeeland kunt u terecht bij het Verkeersbureau voor Nieuw-Zeeland in Frankfurt. U kunt hier de gratis Nederlandstalige vakantiegids aanvragen.

New Zealand Tourism Board
Rossmarkt 11
D-60311 Frankfurt am Main 1
Duitsland
Tel. (00-49)69-9712110
Fax (00-49)69-97121113

OVERIGE ADRESSEN

NEW ZEALAND AUTOMOBILE ASSOCIATION

Leden van de Nederlandse ANWB en de Belgische Touring kunnen op vertoon van hun lidmaatschapspas gebruik maken van diensten en toeristische informatie van de zusterclub in Nieuw-Zeeland, de New Zealand Automobile Association (AA). Vestigingen van de AA vindt u door het hele land. Het hoofdkantoor is gevestigd in Auckland:

New Zealand Automobile Association (AA)
Auckland Area Office
AA Centre
99 Albert Street
Tel. 09-3774660

TREINREIZEN

Voor brochures en vragen over treinreizen in Nieuw-Zeeland kunt u terecht bij Incento B.V:
Incento B.V
Stationsweg 40
1404 AP Bussum
Tel. 035-6955111
Fax 035-6955155

VERVOER GEHANDICAPTEN

Informatie over vervoer voor gehandicapten is in Nieuw-Zeeland verkrijgbaar bij:
New Zealand Disabilities Resource Centre
840 Tremaine Ave
Palmerston North
Tel. 06-3562311 of gratis (alleen in Nieuw-Zeeland)
tel. 0800-801981
Fax 06-3555459

INTERNET

LUCHTVAARTMAATSCHAPPIJEN

Via Internet kunt u actuele vluchtschema's en overige informatie van de verschillende luchtvaartmaatschappijen opvragen.

Air New Zealand: www.airnz.com
Cathay Pacific: www.cathaypacific-air.com
KLM: www.klm.com
Qantas: www.qantas.com
Sabena: www.sabena.com

TOERISTENINFORMATIE

Aanvullende informatie over Nieuw-Zeeland kunt u vinden op de volgende websites:
www.nz-travel.co.nz
www.nzir.dol.govt.nz/rights/leave/dates

De Nederlandse Ambassade in Wellington heeft ook een eigen website:
Ambassade:
ourworld.compuserve.com/homepages/nlgovwel/

Als u erover nadenkt om in Nieuw-Zeeland te gaan wonen kunt u hierover meer informatie vinden op de website van het Ministerie van Immigration:
Ministerie: www.immigration.govt.nz

De website van Incento B.V. biedt u alle informatie over treinreizen door Nieuw-Zeeland.
Incento: www.incento.nl

De koers kunt u vlak voor vertrek nog eens uitrekenen met de koerstabel op de website van het Grenswisselkantoor:
GWK: www.gwk.nl

Informatie over de sport *zorbing* kunt u verkrijgen via Internet:
Zorbing: www.zorb.com

NIEUWS

Als u informatie wilt krijgen over bijvoorbeeld het uitzendschema van de Wereldomroep, kunt u een kijkje nemen op hun website:
Wereldomroep: www.rnw.nl

Alle laatste nieuwsfeiten op een rijtje van de nieuwszender van Nieuw-Zeeland op internet:
Nieuwszender: www.nznetnews.co.nz

LEZENSWAARD

Wanneer u bedenkt dat in Nieuw-Zeeland de meeste boeken en tijdschriften ter wereld worden gelezen per hoofd van de bevolking, is het de moeite waard om een bezoek te brengen aan enkele van de betere boekwinkels in Nieuw-Zeeland. Whitcoull's is de voornaamste boekhandel van het land (tevens kantoorboekhandel) en biedt een goede selectie kwaliteitstitels. Er is een schat aan informatie over Nieuw-Zeeland op papier gezet.

GESCHIEDENIS EN BIOGRAFIEËN

Dictionary of New Zealand Biography. Een bloemlezing over de periode vanaf 1769 in drie banden.

King, Michael, *Maori: A Photographic and Social Study*. De geschiedenis, bondig beschreven door één van de voornaamste Maori-historici van Nieuw-Zeeland, geïllustreerd.

Makereti, *The Old-Time Maori*. Dit door een Maori geschreven, etnografische werk, het eerste in zijn soort, is voor het eerst verschenen in 1938.

Salmond, Anne, *Two Worlds: Meetings between Maori and Europeans 1642-1772*. Een fascinerend werk waarin de auteur tracht de standpunten van beide partijen weer te geven.

Sinclair, Keith, *A History of New Zealand*. Beschreven wordt de complete algemene geschiedenis, beginnend vóór de komst van de Europeanen.

LITERATUUR

Evans, Patrick, *The Penguin History of New Zealand Literature*.

Hierna volgen een aantal titels van Nieuw-Zeelandse auteurs:

Crump, Barry, *A Good Keen Man* (1960); *Hang on a Minute Mate* (1961) e.a. Populaire boeken van een Nieuw-Zeelandse avonturier.

Duff, Alan, *Once Were Warriors*. De eerste roman die de basis vormde voor een internationaal succesvolle film.

Frame, Janet, *Owls Do Cry* (1961), *Living in Maniototo* (1979) en andere romans evenals een fascinerende autobiografie in drie delen.

Gee, Maurice, *Plumb* (1979), *Going West* (1992) e.a. Kritisch toegejuigde romans.

Hulme, *The Bone People* (1984). Winnaar van de Britse Booker McConnell-prijs voor fictie.

Koea, Shonagh, *The Woman Who Never Went Home* (1987); *The Grandiflora Tree* (1989); *Fifteen Rubies by Candlelight* (1993) e.a.

Mansfield, Katherine, *Collected Stories of Katherine Mansfield*. Deze auteur is het bekendste 'literaire exportartikel' van Nieuw-Zeeland.

O'Sullivan, Vincent (red.), *The Oxford Book of New Zealand Short Stories*.

Shadbolt, Maurice, T*he Season of the Jew* (1987). De bekendste roman van deze productieve, bijzonder gerespecteerde hedendaagse auteur.

Traditional Maori Stories. Vertaald door Margaret Orbell.

Wedde, Ian en McQueen, Harvey (red.), *The Penguin Book of New Zealand Verse*.

Wendt, Albert, *Leaves of the Banyan Tree* (1979); *Ola* (1991), e.a. Uitstekende, Samoaanse schrijver van romans, gedichten en korte verhalen.

HANDBOEKEN

DuFresne, Jim en Williams, Jeff, *Tramping in New Zealand*. Lonely Planet-gids.

Moon, Geoff, *A Field Guide to New Zealand Birds*. De bijbel voor de vogelliefhebber.

The New Zealand Adventure Annual and Directory. Handige overzichten.

Orman, Tony, *Fishing the Wild Places of New Zealand*. Enkele vermakelijke persoonlijke verhalen en praktisch advies.

Pope, Diana en Pope, Jeremy, *The Mobil New Zealand Travel Guide: North Island* en *The Mobil New Zealand Travel Guide: South Island*. Uitstekende achtergrondinformatie. De aandacht van de lezer wordt gevestigd op bezienswaardigheden.

ANDERE INSIGHT GUIDES

Het volgende boek over de regio is verkrijgbaar bij **Uitgeverij Cambium** in Zeewolde of de goede boekhandel.

Nederlandstalig
Australië, ISBN 90.6655.102.X

Engelstalig
Sydney, ISBN 98.1234.092.0

FOTOVERANTWOORDING

Wetenswaard pagina's
Blz. 108-109 *Met de klok mee, vanaf linksonder: NHPA/ANT, NHPA/ANT, Wolfgang Bittmann, Wolfgang Bittmann, NHPA/ANT, NHPA/ANT, Hans Klüche, Craig Dowling.*
Blz. 168-169 *Met de klok mee, vanaf linksonder: Axel Poignant Archive, Axel Poignant Archive, Blaine Harrington, Blaine Harrington, Hans Klüche, Axel Poignant Archive, Axel Poignant Archive, Axel Poignant Archive.*
Blz. 192-193 *Met de klok mee, vanaf linksonder: Jerry Dennis, Wolfgang Bittmann, Blaine Harrington, Jerry Dennis, Blaine Harrington, Jerry Dennis, Blaine Harrington.*
Blz. 286-287 *Met de klok mee, vanaf linksboven: Blaine Harrington, Simon Grosset/FSP, Simon Grosset/FSP, Simon Grosset/FSP, Simon Grosset/FSP, Simon Grosset/FSP, Hans Klüche, Simon Grosset/FSP.*

Polyglott Kartographie, Lovell Johns *Kaarten*
Zoë Goodwin *Redactie*
Mohammed Dar *Productie*
Klaus Geisler, Graham Mitchener *Vormgeving*
Hilary Genin *Fotoredactie*

INDEX

Bij vetgedrukte paginacijfers wordt het betreffende onderwerp het meest uitgebreid behandeld.

M

N

U

V

W

Y

Z

Met Insight Guides kunt u alle kanten uit

Alaska
Alsace
Amsterdam
Argentina
Athens
Atlanta
Australië*
Bahamas
Bali*
Baltic States
Bangkok
Barbados
Barcelona
Beijing
Belgium
Belize
Bermuda
Boston
Brazil
Brussel
Budapest
Buenos Aires
Burgundy
Burma
Californië*
Canada*
Caribbean Grand Tour
Chicago
Chile
China*
Corsica
Costa Rica
Crossing America
Cyprus
Cuba*
Czech & Slovak
Denmark
Dublin
East Asia
Eastern Europe
Ecuador*
Egypt
Finland
Florence
Florida*
France
French Riviera
Gambia & Senegal*
Germany
Gran Canaria
Great Britain
Greece
Greek Islands
Hawaii
Hong Kong

Hungary
Iceland
Ierland*
India
Indonesië*
Israël*
Istanbul
Italy
Jamaica*
Japan
Jerusalem
Jordanië*
Kenya
Korea
Kreta*
Laos & Cambodia
London
Los Angeles
Madeira
Madrid
Maleisië*
Mallorca & Ibiza
Malta
Mexico*
Morocco
Namibia
Nationale Parken West-
   Amerika*
Nepal
Netherlands The
New England*
New York State
New York City
New Orleans
Nieuw-Zeeland*
Northern Spain
Norway
Old South
Oman & U.A.E.
Oxford
Pacific Northwest
Pakistan
Paris
Peru*
Philippines
Philadelphia
Poland
Portugal
Prague
Provence*
Puerto Rico
Rio de Janeiro
Rocky Mountains*
Rome
Russia

San Fransisco
Sardinia
Schotland*
Seattle
Sicily
Singapore
South America
South Asia
Southern California
South India
South Tyrol
Spain
Sri Lanka*
Sweden
Switzerland
Sydney
Syria & Lebanon
Taiwan
Tenerife
Texas
Thailand*
Tokyo
Toscane*
Trinidad & Tobago
Tunisia
Turkey
Turkish Coast
US National Parks East
Vancouver
Venezuela*
Venice
Vienna
Vietnam*
Wales
Wild West
Zuid-Afrika*
Zuid-Spanje*
Zuidwest-Amerika*

* **Nederlandstalige editie**

Uitgeverij Cambium B.V. streeft ernaar de informatie in haar reisgidsen steeds zo actueel mogelijk te houden. Honderden medewerkers over de hele wereld houden ons op de hoogte van de nieuwste ontwikkelingen. Het is echter mogelijk dat u ter plekke gewijzigde omstandigheden aantreft, zoals openingstijden, prijzen, telefoonnummers, adressen en dergelijke. Wij vertrouwen op uw begrip en zouden het zeer op prijs stellen indien u ons van dit soort veranderingen op de hoogte wilt brengen.
U kunt schrijven naar:

Uitgeverij Cambium B.V.
T.a.v. Redactie
Gildenveld 50
3892 DJ Zeewolde